国家社会科学基金重点项目13AKS003

# 当代中国国家凝聚力研究

RESEARCH ON THE NATIONAL COHESION OF CONTEMPORARY CHINA

刘学谦 刘玉成 何新生◎著

当代中国出版社
Contemporary China Publishing House

2020年·北京

图书在版编目(CIP)数据

当代中国国家凝聚力研究 / 刘学谦,刘玉成,何新生著. -- 北京:当代中国出版社,2020.12
ISBN 978-7-5154-1057-9

Ⅰ.①当… Ⅱ.①刘… ②刘… ③何… Ⅲ.①中华民族—民族精神—研究 Ⅳ.① C955.2

中国版本图书馆 CIP 数据核字(2021)第 000058 号

出 版 人　曹宏举
责任编辑　隋　丹　汪宗跃
责任校对　康　莹
印刷监制　刘艳平
封面设计　胡椒书衣
出版发行　当代中国出版社
地　　址　北京市地安门西大街旌勇里 8 号
网　　址　http://www.ddzg.net　邮箱:ddzgcbs@sina.com
邮政编码　100009
编 辑 部　(010)66572264　66572154　66572132　66572180
市 场 部　(010)66572281　66572161　66572157　83221785
印　　刷　北京润田金辉印刷有限公司
开　　本　720 毫米 × 1020 毫米　1/16
印　　张　29.25 印张　2 插页　430 千字
版　　次　2020 年 12 月第 1 版
印　　次　2020 年 12 月第 1 次印刷
定　　价　99.00 元

## 《当代中国国家凝聚力研究》课题组

**组长** 刘学谦

**成员**（以姓氏笔画为序）

马志刚　王　健　白文娟　刘玉成　李　赞　李　菁

杨多贵　何雯雯　何新生　陈　翔　陈　甫　郜明芳

栾笑语　高　鑫　甄翠敏　裴珍珍　薛晓光

# 序言

## 满足人民美好生活需要<br>凝聚人民强大力量

正值本书即将出版之际，全国人民在中国共产党坚强领导下，万众一心，抗击新冠肺炎疫情斗争取得重大战略成果，人民的生命健康安全得到有力保护。根据新加坡民调机构发布的各个国家和地区民众对政府抗疫满意度的调查报告，在全球 23 个经济体中，中国大陆民众对政府抗疫的满意度最高，而西方国家民众对政府的疫情应对措施普遍感到不满。另据央视网消息：英国舆观调查公司和剑桥大学共同展开的一项调查数据显示，面对疫情最有凝聚力的是中国人。68% 的中国受访者表示，自新冠肺炎疫情发生以来，中国的整体社会凝聚力提升。这一比例在所有受访国家民众中最高。俄罗斯卫星通讯社报道称，这显示出中国民众在疫情面前表现出了最强的凝聚力。我国抗击新冠肺炎疫情斗争取得重大战略成果，得到全国人民高度认可，不是偶然的。无论是人民对政府的满意度最高，还是凝聚力最强，最根本的是我们有中国共产党的坚强领导和中国特色社会主义制度所体现的集中力量办大事、人民群众当家作主等优越性，使得全社会能够形成战胜一切困难、取得胜利的强大合力。

凝聚力是自然界和人类社会中普遍存在的、有规律的客观现象。历史已经并将继续证明，世界上无论何种制度、哪个时代的国家，都需要运用政治、经济、文化、安全等各种手段，以满足人们对美好生活的需要为动力，增强国家凝聚力，形成命运共同体。不能满足人民需要的国家，一定是人民不需要的国家。不能凝聚人民力量的国家是必然失败的国家；而具有强大凝聚力的国家，不管遇到多少困难，依靠人民的力量一定能够走向复兴和繁荣。

我对社会主义国家凝聚力问题的思考，是从20世纪90年代初期开始的。东欧剧变、苏联解体之后，社会主义国家还有没有凝聚力？这是一个令人忧心忡忡的问题。我认为，社会主义国家要保持对人民的强大凝聚力，最根本的是根据社会主要矛盾的变化，不断满足人民发展变化的需要。据此认识，我先后出版《社会主义群体凝聚力学》（红旗出版社1991年版）、《当代中国凝聚力大典》（红旗出版社1997年版）、《群体凝聚力理论研究与运用》（红旗出版社2008年版）、《国家凝聚力理论与实证研究》（经济日报出版社2013年版）等著作，在《人民日报》《光明日报》《经济日报》《中国社会科学报》等报刊发表有关凝聚力文章近20篇。2013年成功申报国家社科基金重点项目《当代中国国家凝聚力研究》。该书作为国家社科基金重点项目最终成果报告，以“人民的需要及其满足是国家凝聚力产生的源泉和动力”为逻辑起点，首次构建了国家凝聚力的理论体系。包括国家凝聚力概念与特点，国家凝聚力源泉和动力，国家凝聚力的周期变化，国家凝聚力的五大构成要素形成的国家物质凝聚力、国家精神凝聚力、国家政治凝聚力、国家文化凝聚力和国家安全凝聚力，国家凝聚力合力与五个方面凝聚力相互联系、不可分割的关系等。党的十九大报告提出，新时代人民群众的需要已经从“物质文化需要”发展到“美好生活需要”。根据国家凝聚力源泉和动力的变化，我们进一步完善了国家凝聚力理论。运用这个理论，我们分析当代中国国家历史，形成了五个基本观点：一是当代中国国家凝聚力是强大的；二是当代中国国家凝聚力是具有中国特色的；三是当代中国国家凝聚力是一个基础明确、动力客观、表征清晰、要素完备的复合体系；四是当代中国国家凝聚力在中国共产党的领导下是实现中国梦的正能量；五是增强当代中国国家凝聚力必须尊重客观规律。我相信，这五个基本观点是经得起历史检验的。

国家凝聚力理论研究既是一门新学科，也是一门开放的学科。希望有更多的专家学者关注这个新学科，投入到这个新学科研究，从而让国家凝聚力理论更加完善和成熟，在服务我国全面建设社会主义现代化国家、实现中华民族伟大复兴的同时，逐步走向世界，为世界的发展贡献中国专家的智慧和力量。

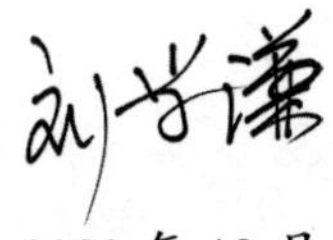

2020 年 12 月

# 目录

# 绪　论

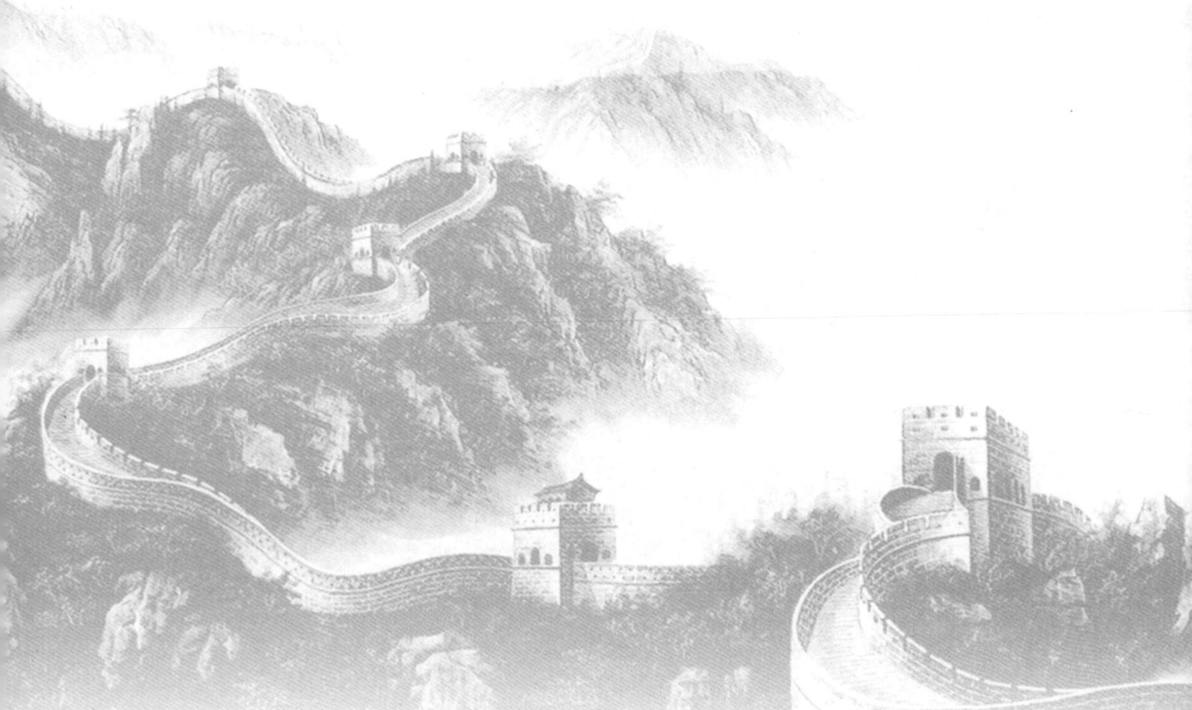

国家凝聚力是一个既古老又年轻的课题，说古老是因为国家凝聚力伴随着国家的诞生而诞生，国家因有凝聚力才能生存和发展，因无凝聚力而衰败和灭亡；说年轻是因为对国家凝聚力的研究作为一门新的学科出现，还是近几年的事，概念、规律、原理和体系都在探索之中。因此，尽管我们做了很多努力，仍不能说已经形成完美的学科体系。但是，我们在探索的成果方面，初步形成有自己特色的基本理论体系。《当代中国国家凝聚力研究》是我们的最新研究成果。

## 一、当代中国国家凝聚力研究的意义

研究当代中国国家凝聚力，对于总结中华人民共和国成立以来国家凝聚力建设的经验和教训，认识和把握当代中国国家凝聚力的形成和变化规律，进一步丰富中国特色社会主义国家学说，提升各级领导干部落实“四个全面”的能力和水平，全面增强当代中国国家凝聚力，实现中华民族伟大复兴中国梦，具有理论和现实意义。

（1）总结当代中国国家凝聚力经验教训的需要。从中华人民共和国成立到党的十九大的召开，我们国家从东亚病夫和一盘散沙，成为民富国强和凝聚力强大的世界巨人。在这个过程中，我们有许多值得认真总结并让我们永远珍惜的经验，也有许多值得认真汲取并让我们十分痛心的教训。无论经验还是教训，对于我们来说都是十分宝贵的。从国家凝聚力的角度，运用国家凝聚力的理论进行科学分析，总结出让后人继承的正确抉择和让后人警醒的错误危害，不仅对落实党中央提出的“四个全面”有意义，对维护世界的和平与可持续发展也有重要意义。

（2）增强国家凝聚力，实现中华民族伟大复兴的需要。根据国际国内新形势的变化，结合我国当代经济政治社会发展的新特点，提出在国家发展新时期增强当代中国国家凝聚力的重大措施和路径，对强化全国人民的国家意识、国家责任，增强政治认同、制度认同、道路认同和文化认同，为全面建设小康社会、实现中华民族的伟大复兴，凝聚全社会的智慧和力量发挥重要作用。

（3）全面增强国家综合实力，提升当代中国国际影响力的需要。一个国家的国际影响力是和该国的综合实力成正比的。一般认为一个国家的综合实力越强，国家的国际影响力就越强。但前提条件是，一个国家的综合实力中，必须包含着强大的国家凝聚力。只有具有强大国家凝聚力的国家综合实力，才能具有强大的国际影响力。但是国家凝聚力和国家综合实力并不是一个概念，包含但并不等同，它们各有自己的形成规律。我们研究国家凝聚力既研究其自身的规律，也研究其同国家综合实力的关系，在指导发展的实践中，通过增强国家综合实力中的国家凝聚力，达到提升当代中国国际影响力的目的。

（4）发展科学社会主义国家建设学说，健全中国特色的国家凝聚力理论体系的需要。国家凝聚力存在的客观性和重要性，决定着无论在什么社会形态下，都是国家建设必不可少的重要内容。当代中国是社会主义国家，人民群众是国家的主人，国家凝聚力的强弱反映了国家满足人民群众日益增长的物质文化需求到美好生活需要的变化情况和人民群众对物质、精神、政治、文化、安全的认同情况。国家凝聚力是国家发展的动力，其强弱直接影响着中国特色社会主义的巩固与发展。因此，推进中国特色社会主义发展，不能不研究当代中国国家凝聚力，不能不努力认识和把握当代中国国家凝聚力形成和变化的规律。但是就当前已有的成果看，距离形成完善的国家凝聚力学科体系，还有一定的距离。这一客观实际，充分表明了加快国家凝聚力研究的重要性和紧迫性。

（5）凝聚中国力量，为经济社会可持续发展增添新动力的需要。当前，我国社会正在努力化解各种矛盾和风险，努力跨越中等收入陷阱，统筹推进“四个全面”战略布局。我国的经济正向形态更高级、分工更复杂、结构更合理的阶段演变。完成这样的任务，必须凝聚全国人民的智慧和力量，每一个人都必须具有强烈的国家责任和担当意识。只有不断提升当代中国国家凝聚力，才能够更好地完成这样的重要使命。实践证明，强大的国家凝聚力有利于经济社会各类矛盾的有效解决，而这些矛盾的有效解决又反过来会强化国家凝聚力。

## 二、当代中国国家凝聚力研究的理论基础

在当代中国国家凝聚力的研究中，我们始终坚持以马克思列宁主义、毛泽东思想、邓小平理论、“三个代表”重要思想、科学发展观、习近平新时代中国特色社会主义思想为指导，从而保证我们的研究工作能够沿着正确的方向不断深入。国家凝聚力的源泉和动力是我们依据社会基本矛盾运动的马克思历史唯物主义原理发现并确立的。社会分工理论又使我们明确了国家不同社会群体之间要凝聚起来的历史必然性，和国家凝聚不同社会群体的人民需求的广泛性（不是少数人，而是参与社会分工的全部人员）和全面性（不是人的单一需要，而是人的全面需要）等等。辩证唯物主义的三人规律可指导我们正确认识国家凝聚力各要素之间相互作用和相互影响的关系。特别是国家凝聚力的周期变化与人民需要变化之间的质量互变与否定之否定关系。政治经济学为我们提供了解决满足人民物质需要所必须遵循的规律和方法等。正是有了马克思列宁主义、毛泽东思想和中国特色社会主义理论的指导，才使我们研究的当代中国国家凝聚力成为独立的学科有了可能。正是由于我们有了科学理论的指导，才使我们跳出了单纯从国家凝聚力表面现象，如情感、责任、道德、爱国等研究的局限性，而是深入到决定、影响这些现象背后的原因入手，找出了这样表现而不是那样表现的规律性，使我们能够突破传统的研究，建立国家凝聚力的理论构成体系。

## 三、当代中国国家凝聚力研究的主要内容

第一部分：国家凝聚力基础理论研究，包括理论基础、概念、特点、

基本原理等。这一部分奠定了整个著作的理论基础，也是本著作的理论创新部分。该部分分为三章。

第一章，介绍了当代中国国家凝聚力研究的马列理论支撑。包括：人民群众的需要及其需要的满足是国家凝聚力发展的原动力；马克思的全面生产理论是国家凝聚力要素构成和平衡发展的重要依据；马克思的辩证唯物主义为国家凝聚力研究提供了立场、观点和方法途径。

第二章，介绍了当代中国国家凝聚力的意义、内涵、特点；国家凝聚力与要素的人民认同；国家凝聚力与其他凝聚力，如党的凝聚力、民族凝聚力、社会群体凝聚力等的相关性。

第三章，当代中国国家凝聚力的形成与变化的基本理论。首先分析了国家凝聚力的源泉与动力及两者间的关系；其次根据国家凝聚力源泉的不同，将国家凝聚力细分为国家物质凝聚力、国家精神凝聚力、国家政治凝聚力、国家文化凝聚力、国家安全凝聚力，这五个方面的凝聚力是相互联系、相互支撑、相互补充的；并从物化形态、意识化形态、行为形态、文化形态四个方面分析了国家凝聚力的具体表现形态；最后分析了国家凝聚力的周期概念、周期的阶段特征、周期的转化条件等理论。

第二部分：国家凝聚力专题研究。国家凝聚力的五个方面凝聚力在功能上是独立的，有各自发挥作用的方向与重点。第四章至第八章分别对五个方面凝聚力进行了系统研究，第九章对国家凝聚力结构整体性与功能独立性进行了研究。

第四章，当代中国国家物质凝聚力研究。从国家物质凝聚力的构成要素：国家财富、国民平均寿命、国家科技创新能力、国民社会保障程度、国民收入分配公平度和可持续发展能力等方面，对当代中国国家物质凝聚力的基本理论进行了系统研究。

第五章，当代中国国家精神凝聚力研究。从国家精神凝聚力的构成要素：国家理想、国家信仰、国家精神、国家道德等方面，对当代中国国家精神凝聚力的基本理论进行了系统研究。

第六章，当代中国国家政治凝聚力研究。从国家政治凝聚力的构成要素：政治制度认同、领导人执政能力与执政水平、民主与法制建设、党的凝聚力、反腐败等方面，对当代中国国家政治凝聚力的基本理论进行了系统研究。

第七章，当代中国国家文化凝聚力研究。从国家文化凝聚力的构成要素：文化载体、文化教育、文化传播、文化产业等方面，对当代中国国家文化凝聚力的基本理论进行了系统研究。

第八章，当代中国国家安全凝聚力研究。从国家安全凝聚力的构成要素：军事安全、政治安全、经济安全、社会安全、生态安全、文化安全、科技安全、信息安全等方面，对当代中国国家安全凝聚力的基本理论进行了系统研究。

第九章，当代中国国家凝聚力的结构整体性与功能独立性。首先，国家五方面凝聚力的要素功能独立性表现为：五方面凝聚力的体系是独立的，五方面凝聚力的形成与功能的发挥是独立的；国家五方面凝聚力的结构整体性表现为：五方面凝聚力是一个整体，只有平衡发展国家凝聚力才会强大。其次，对国家五方面凝聚力在不同历史阶段演进中，扮演的不同角色、发挥的不同功能进行分析研究。

第三部分：运用国家凝聚力的理论研究成果，对当代中国国家凝聚力进行深入分析，提出了当代中国国家凝聚力保持强大的重要措施与建议。本部分包括第十章、第十一章。

第十章，当代中国国家凝聚力历史轨迹分析。根据习近平总书记关于改革开放前后两个历史时期不能相互否定的指示（简称"'两个不能否定'的指示"），课题组将当代中国国家凝聚力的演化轨迹划分为统一、完整的六个阶段：国家凝聚力的形成时期（1949—1956 年）、国家凝聚力的强化发展时期（1957—1965 年）、国家凝聚力的不平衡发展时期（1966—1976 年）、国家凝聚力的调整发展时期（1977—1992 年）、国家凝聚力的全面发展时期（1993—2012 年）、国家凝聚力的全面增强时期（2013 年至今）。我们还通过对演化轨迹的分析得出增强当代中国国家凝聚力发展的四条结论与八点经验。

第十一章，提出全面增强国家凝聚力的重要措施与建议。此章包括：注意国家凝聚力五方面的平衡建设；顺利完成国家凝聚力的周期转换；实现国家凝聚力与党的凝聚力、民族凝聚力等协同发展；保持正能量，保证国家凝聚力的源泉、目标、方向正确；增强国家的国际影响力。

本书还包括附章部分，从中国历史上国家凝聚力的传承、中国共产党凝聚力的历史积淀两方面进行资料补充，使结构更为完整。

附章一，中国历史上的国家凝聚力传承。从国家凝聚力的角度来研究中国历史，就会发现，凡是能够把满足人民的需要作为国家发展目标去推进，国家凝聚力就强，国家或朝代存在的时间就长；不能满足人民的基本需要，或不能满足人民群众已经变化了的需要的国家就会弱化甚至丧失国家凝聚力，国家就会发生动乱，人民就会起义，导致国家四分五裂或朝代存在的时间短。本书选取中国历史上公认的盛世，如汉朝“文景之治”、唐朝“贞观之治”和“开元盛世”、明朝“永宣之治”、清朝“康乾盛世”等，从国家凝聚力的五个方面分别分析盛世的治国理念与措施，对增强当代中国国家凝聚力给予启示。

附章二，中国共产党凝聚力的历史积淀。这一时期的分析从 1921 年中国共产党的成立至 1949 年中华人民共和国的成立。首先，党的凝聚力是国家凝聚力的内核；其次，没有战争年代强大的党的凝聚力，就不会实现新中国成立初期政策的平稳过渡。而这一强大的党的凝聚力随着新中国的成立转化为中华人民共和国的国家凝聚力，从而实现了新中国成立后国家取得的一系列伟大成就。因此，研究党的发展历史，对中国共产党凝聚力进行历史积淀分析，对当下全面从严治党、增强国家凝聚力有重要启示。

## 四、当代中国国家凝聚力研究的基本观点

（1）当代中国国家凝聚力是强大的。中华人民共和国成立以来，国家凝聚力从弱到强，先后经历了形成时期、强化发展时期、不平衡发展时期、调整时期、全面发展时期、全面增强时期六个阶段。在中华人民共和国成立以来的整个历史时期，尽管国家凝聚力建设出现过失调，有时甚至出现了弱化现象，但从没有进入衰落的周期，而是始终保持在上升的周期，这就保持了当代中国国家凝聚力的强大。没有国家凝聚力的强大，就不会有当代中国成为世界经济大国的今天，更不会有中华民族伟大复兴的明天。

（2）当代中国国家凝聚力是具有中国特色的。它不同于中外古代国家

的凝聚力和现代西方国家的凝聚力，也不同于民族凝聚力。当代中国国家凝聚力与当代中国坚持以马克思主义为指导，坚持中国共产党的领导，坚持走中国特色社会主义道路具有因果关系。国家的性质不同，人民对国家的期望和要求不同，构成国家凝聚力的源泉和动力也就不同。这是当代中国国家凝聚力同西方国家、伊斯兰国家凝聚力的根本区别所在。

（3）当代中国国家凝聚力是一个基础明确、动力客观、表征清晰、要素完备的复合体系。当代中国国家凝聚力是以共同的理想、目标和利益为基础，以国家满足人民日益增长的物质文化需要到美好生活需要为动力，以国家对人民的内向聚合力、人民群众之间的相互吸引力和对世界的国际影响力为表征，以国家物质、精神、政治、文化和安全凝聚力为构成要素的多元复合体系。基础、动力、表征、要素之间既相互独立，又缺一不可；既互为条件，又相互作用，推动国家凝聚力由弱到强，由单一到全面的发展。

（4）当代中国国家凝聚力在中国共产党的领导下是实现中国梦的正能量。任何国家的凝聚力都是有作用方向的，作用方向的正确与错误，向善还是向恶，是正能量还是负能量，执政党的引导具有重要的作用。第二次世界大战中，德国和日本成为法西斯帝国主义，执政者把国家凝聚力的作用点引到了错误方向，起到了非常坏的作用。当代中国是中国共产党领导下的社会主义国家，国家是人民利益的代表者和维护者，又是世界和平的推动者，因此国家凝聚力能够推动当代中国实现和平崛起。中国共产党的正确领导，和当代中国国家凝聚力的正能量，具有逻辑上的先后和哲学上的因果关系。

（5）增强当代中国国家凝聚力必须尊重客观规律。国家凝聚力形成、发展、变化具有规律性，而这个规律是可以认识、测定和把握的。国家凝聚力的强弱变化同人民群众的需求变化具有同期相关性，如果不能依据人民群众日益增长的、变化的需要进行革新，正确实施经济社会可持续发展战略，就不能很好地满足人民群众的需求，不仅会导致国家凝聚力的弱化，严重时甚至会亡国。国家凝聚力的周期变换期是对国家政权执政能力的严峻考验期。强大的国家凝聚力对于任何性质和任何时期的国家政权都是必要的，但如果不能科学引导凝聚力的作用方向，完全有可能给国家甚至世界带来灾难。

## 五、当代中国国家凝聚力研究的创新之处

本著作的创新之处主要有六个方面：

（1）科学界定当代中国国家凝聚力的概念、内涵、功能和特点。在这之前，本课题组已对国家凝聚力的概念等进行了探索，取得了初步的成果《国家凝聚力理论与实证研究》。在本研究中，我们结合当代中国的国情进行创新研究，完善概念，丰富内涵，深化功能，强化特点，努力形成研究当代中国国家凝聚力的科学概念和理论基础。

（2）揭示当代中国国家凝聚力的源泉、动力和周期变化的规律。本研究在以往研究成果的基础上，运用国家凝聚力基本理论中关于凝聚力源泉、动力和周期变化的观点，具体分析了当代中国国家凝聚力的源泉、动力和周期变化情况。并首次根据当代中国国家凝聚力源泉和动力发展变化情况，揭示出当代中国曾出现四次国家凝聚力周期转变。即第一个周期是在 1949 年中华人民共和国成立以后到 1956 年社会主义制度的基本建立；第二个周期是 1957 年到改革开放开始前，大体经过了 20 多年；第三个周期是在改革开放以后直到我们国家宣布基本实现小康，大体上经历了 20 年；第四个周期是从 21 世纪之初到现在，以中华民族伟大复兴和建设全面小康社会为标志，这个周期变化虽也有向下的风险，但是总体上、总方向上是处在上升的发展变化中。我们国家在中国共产党的英明领导下，成功破解了各种执政的难题，胜利度过了前三个周期，并总结了周期转变过程中的经验和教训。

（3）构建物质、精神、政治、文化、安全五个方面的国家凝聚力体系。本课题负责人最早在 2012 年初接受中新社记者采访时，就明确提出了国家凝聚力是由物质、精神、政治、文化、安全凝聚力合力构成的观点，并在我们的研究成果《国家凝聚力理论与实证研究》中，对五方面的凝聚力进行了结构性的理论分析和实证性研究。本研究的创新就在于，进一步完善了五个方面凝聚力的理论体系，并在此基础上针对当代中国的具体实际，全面构建了当代中国国家物质凝聚力、当代中国国家精神凝聚力、当代中国国家政治凝聚力、当代中国国家文化凝聚力、当代中

国国家安全凝聚力的理论体系，为全面加强当代中国国家凝聚力建设提供了理论支撑和实际抓手。

（4）描绘当代中国国家凝聚力和五大构成要素凝聚力发展变化的轨迹。本书首次根据国家凝聚力的原理，分析描绘了中华人民共和国成立以来全面建设国家凝聚力的情况，描绘了当代中国国家凝聚力形成时期、强化发展时期、不平衡发展时期、调整发展时期、全面发展时期、全面增强时期的变化轨迹。

（5）尝试建立当代中国国家凝聚力的评价指标体系。课题组在前期为研究当代中国国家凝聚力而进行理论准备时，曾提出了一个国家凝聚力评价指标体系的框架，本研究首次把这个评价指标体系运用到分析当代中国国家凝聚力的研究实践中，同时配合社会分类实证调查，努力积累一批研究当代中国国家凝聚力的基础数据。同时我们也利用这个指标评价体系，把当代中国同世界主要国家的国家凝聚力进行分析比较，尝试找到一些世界各国加强国家凝聚力建设的借鉴和参考，使研究成果在服务于中华民族的伟大复兴方面发挥更大的应用价值。

（6）提出加强当代中国国家凝聚力全面建设的措施和建议。在前面关于研究的重点内容中，我们已经提出了六个方面的措施和建议。从创新的角度看，这些措施和建议主要体现在四个方面：一是全面性。本研究在国内首次提出加强国家凝聚力全面平衡建设的建议，提出当代中国如何过好周期关的建议，提出加强当代中国国家凝聚力同加强党的凝聚力、民族凝聚力协调发展的建议，分别提出加强国家物质、精神、政治、文化、安全凝聚力的建议，以及提出如何保持当代中国国家凝聚力正能量的建议。基本概括了加强国家凝聚力建设的方方面面。二是前瞻性。本研究将广泛吸收国内外相关的研究成果，并在此基础上实现创新。提出的相关建议，充分考虑国家主要矛盾变化引起国家凝聚力源泉和动力出现的新发展和新变化，是对当代中国国家凝聚力研究的最新成果。三是针对性。本研究紧紧围绕当代中国国家凝聚力建设的实际，针对已经出现和可能出现的问题以及历史上的经验和教训，明确提出加强国家凝聚力全面建设的具体建议。四是操作性。理论的价值就在于应用。我们将在理论研究的基础上，做足怎么办的文章，确保所提建议能够操作，能够落实到加强国家凝聚力建设的实践中去，形成实现中华民族伟大复兴的正能量。

最后需要说明的是，本课题的基本观点和创新点都通过阶段性研究成果的形式，先后在《光明日报》《中国社会科学报》《中国科学院院刊》等报刊上发表。在研究成果发表前，我们向国内相关领域的专家学者及领导征求了意见，又根据国家级同行专家匿名评审时提出的意见，进行了修改和完善。在此，我们课题组对相关领导、学者及同行匿名评审专家表示衷心的感谢！

# 第一章

## 当代中国国家凝聚力研究的马列理论支撑

在当代中国国家凝聚力的研究中，我们始终坚持以马克思列宁主义、毛泽东思想、邓小平理论、“三个代表”重要思想、科学发展观和习近平新时代中国特色社会主义思想为指导，保证我们的研究工作能够沿着正确的方向不断深入。国家凝聚力的源泉和动力是我们依据社会基本矛盾运动的马克思历史唯物主义原理发现并确立的。辩证唯物主义的三大规律可指导我们正确认识国家凝聚力各要素之间相互作用和相互影响的关系。特别是国家凝聚力的周期变化与人民需要变化之间的质量互变与否定之否定关系。而政治经济学为我们提供了解决如何满足人民物质需要所必须遵循的规律和方法等。正是有了马克思列宁主义、毛泽东思想和中国特色社会主义理论的指导，才使我们研究的当代中国国家凝聚力成为独立的学科有了可能。正是由于我们有了科学理论的指导，才使我们跳出了单纯从国家凝聚力表面现象，如情感、责任、道德、爱国等研究的局限性，而是从这些现象的背后，以及那些决定、影响这些现象背后的原因入手，找出了这样表现而不是那样表现的规律性，使我们能够突破传统的研究，建立国家凝聚力的构成体系。

## 第一节 国家凝聚力的马克思主义透视

### 一、人民群众的需要及其需要的满足是国家凝聚力发展的源泉动力

所谓的历史，实质上就是“许多按不同方向活动的愿望及其对外部世界的各种各样作用的合力”①。马克思主义唯物史观认为，社会的历史首先是物质生产发展的历史，是人民群众创造的历史。不管历史最后会以什么样的方式落幕，人们在创造历史的道路上始终会坚持着自己的、自觉的预期目的。人民群众不仅是物质财富的创造主体，而且同时参与了精神财富的创造；他们不仅创造了整个社会的财富，而且还是变革社会的重要力量。列宁曾经说过，“把千百万劳动群众组织起来，这是革命最有利的条件，这是革命取得胜利的最深的泉源”②。马克思曾形象地说，无产阶级革命必须要形成一种“合唱”来取得自己的胜利。如果无产阶级不能够形成自己的群众基础，那只能是孤鸿哀鸣，就算声嘶力竭也难以发出洪钟之声。当生产关系成为影响生产力发展的枷锁时，人民群众就会为生产力的发展和社会的变革开辟新的发展道路，他们会组织起来摧毁维护旧生产关系的上层建筑，从而最终实现整个社会的变革。

历史唯物主义视域下的“人”，不同于没有任何需要的普通的、抽象意义的人，而是指“肉体的、有自然力的、有生命力的、现实的、感性的、对象性的存在物”③。同时，历史唯物主义视域下的“人”，也不是孤立的人，而是和社会发生密切联系的人，必须把这些人作为在历史中行动的人去考察。马克思在《资本论》中指出，人以其需要的无限性和广泛性区别于其他一切动物。具体表现在：在现实世界中，动物没有生产的能力，它们在环境面前往往显得无能为力，动物的所有需求只能依赖于自然界的赠予，只能是被动地接受，所以难以突破自然界。因此对于动物而言，它们的需要是狭隘的、有限的，只能被动地接受。而面对

① 《马克思恩格斯选集》第4卷，人民出版社1995年版，第248页。

② 《列宁选集》第3卷，人民出版社1995年版，第709页。

③ 《马克思恩格斯全集》第1卷，人民出版社2009年版，第210页。

错综复杂的自然环境，人是将其当作是获取生活必需品的对象来看待的，然后才将其作为一种工具或者是作为对象来服务于人的生命活动。随着人类对自然界的认识逐步加深，人的对象活动所涉及的领域就越为宽泛，而且把愈来愈多的事物纳入自己的实践活动中，成为人的生活资料、生产材料、工具以及便于享用和消化的精神食粮，进而为人们生活提供必要的保障。这样周而复始的发展无疑会形成良性的循环，即社会以人的需要为动力获得了长足的发展，其发展又为人们更为多样化的需求提供了可能以及非常必要的所有客观条件。正如马克思所说，我们所说的首个历史活动就是在获得首个需要以及实现这种需要而借助的工具之后，在此基础上所形成的新需要。这是一个不断发展、永无止境的过程。正是在这种意义上，我们可以说需要和生产一样是人类生存和发展的基础和必要前提。若没有需要的产生和发展，就不会有人的发展和社会的进步。

人的需要是推动社会发展的动因，而社会的不断发展又必然会使人的需要更加多种多样。所以说，人的发展可以是对社会发展水平进行度量的最科学的标尺。而对于社会的发展而言，其实质和核心就是人的发展。马克思认为，自始至终，个体实质上一直是人类社会历史发展的主角，历史的发展就是个人的发展。从实质上讲，整个人类社会的发展进步，就是人类不断满足其生存和发展的需要的直接和根本结果。尤其是在面对生产力不断发展的今天，人们更是产生了更加多种多样的新的需求。所以，对于一个国家来说，如何认清人民的时代需要，并在社会生产中不断满足人民的需要就显得尤为重要。国家只有最大限度地满足人民不断变化的需要，才可以保持凝聚人民力量的源泉永不枯竭。

同时，对于人的需要，马克思还特别指出，人的需要和满足人的需要的活动具有“天然的必然性”和“内在的必然性”。虽然，“人类历史就是通过不断发展生产力来不断满足和提高人的需要，通过对以生产关系为基础的社会关系的不断变革来合理满足人的需要的历史过程”①。但是在这一过程中，要逐步消除阻碍人性充分发挥的异化需要，争取合乎人

① 陈尚伟、高永强:《论人的需要及其合理性》,《理论与现代化》2012年第5期，第40页。

性的需要，才能实现人的自由全面发展。因此，在现代国家发展过程中，极大限度地满足每个人的符合社会进步要求的正确诉求以及反映主流民意的诉求，才能真正形成国家凝聚力得以不断增强的源泉和动力。

## 二、马克思的全面生产理论是国家凝聚力要素构成和平衡发展的重要依据

马克思认为，“每一个历史时代主要的经济生产方式和交换方式以及必然由此产生的社会结构，是该时代政治的和精神的历史所赖以确立的基础，并且只有从这一基础出发，这一历史才能得到说明”。[①] 恩格斯十分明确地指出：“一切社会变迁和政治变革的终极原因，不应当到人们的头脑中，到人们对永恒的真理和正义的日益增进的认识中去寻找，而应当到生产方式和交换方式的变更中去寻找。”[②] 生产应该是关于整个人类社会的全面的生产和再生产。人类的全部活动，乃至整个社会的延伸都应该是生产的过程和结果。马克思在《1844 年经济学哲学手稿》中写到，“动物的生产是片面的，而人的生产是全面的”[③]。动物生产的片面性是因为动物通常是为了保证基本的生理需要而进行生产行为，而人类更多的则是由于自身更深层次的需求而进行的一种生产行为，远远脱离了生理需求性生产行为。马克思在这里更加详细地将“动物的片面生产”和“人的全面生产”进行了详细辨别，从而奠定了我们理解“全面生产理论”的理论基础。在《1844 年经济学哲学手稿》的另一处，马克思再一次指出：“宗教、家庭、国家、法、道德、科学、艺术等等，都不过是生产的一些特殊的方式，并且受生产的普遍规律的支配。正像社会本身生产作为人的人一样，人也生产社会。”[④] 马克思更加详细地指出，“全面的生产”不仅包括物质生活资料的生产，而且包括人的家庭生产、宗教、法、道德、科学、艺术等精神的生产以及社会、国家关系的生产。在这个意义上，我们更加明确了“全面的生产”就是整个人类社会的生产和再生产。这

① 《马克思恩格斯选集》第 1 卷，人民出版社 1995 年版，第 257 页。
② 《马克思恩格斯选集》第 3 卷，人民出版社 1995 年版，第 617 页。
③ 《马克思恩格斯选集》第 1 卷，人民出版社 1995 年版，第 46 页。
④ 《马克思恩格斯全集》第 3 卷，人民出版社 2002 年版，第 298 页。

就告诉我们，研究国家凝聚力既不能仅仅研究精神现象，也不能单纯研究物质现象。

马克思认为，“物质生活的生产方式制约着整个社会生活、政治生活和精神生活的过程。不是人们的意识决定人们的存在，相反，是人们的社会存在决定人们的意识”①。这说明物质资料的生产是人类社会存在和发展的基础，离开了生产和生产力的发展，人类就无法存在，更谈不上从事政治、科学、文化等其他活动。但是马克思也认为，社会生活、政治生活和精神生活具有相对独立性，具有能动作用，它们之间能够相互促进，但不能取代，必须平衡发展。全面生产理论表明社会发展全面性和人的需要的全面性。我们研究国家凝聚力必须遵循这种全面性，不能人为分裂这种全面性。正是基于这种理论基础，我们在国家凝聚力的总体框架中，设置了五个方面的凝聚力，并且指出了它们各自的独立性和它们之间的相互联系、相互作用，它们具有既不能相互代替又必须平衡发展的关系。

### 三、马克思的辩证唯物主义为国家凝聚力研究提供了立场、观点和方法途径

马克思主义哲学的辩证唯物主义包括世界的物质性、意识的本质和作用，物质世界的联系和发展，以及对立统一规律、质量互变规律、否定之否定规律和唯物辩证法的基本范畴等。它不仅为我们研究国家凝聚力提供了立场和观点，而且提供了科学的研究方法和途径。对于国家凝聚力的源泉和动力，历史唯物主义提供了是什么的指导；而辩证唯物主义为我们提供了研究国家凝聚力的源泉和动力是如何发展变化的指导。没有科学理论的指导和当代中国发展实践的佐证，我们很难提出国家凝聚力的源泉和动力这一论断。在“三大规律”的指导下，我们完成对国家凝聚力周期的形成、发展变化规律的认识，并能够清晰地界定周期变化的四个阶段，使我们对国家凝聚力周期的认识不仅上升到了科学理论层次，更重要的是为我们掌握周期变化的主动权，提供了可发挥主观能动性和可操作性的切入点和掌控点。

---

①《马克思恩格斯选集》第2卷，人民出版社1995年版，第32页。

# 第二章

# 当代中国国家凝聚力的意义、内涵及特点、相关性

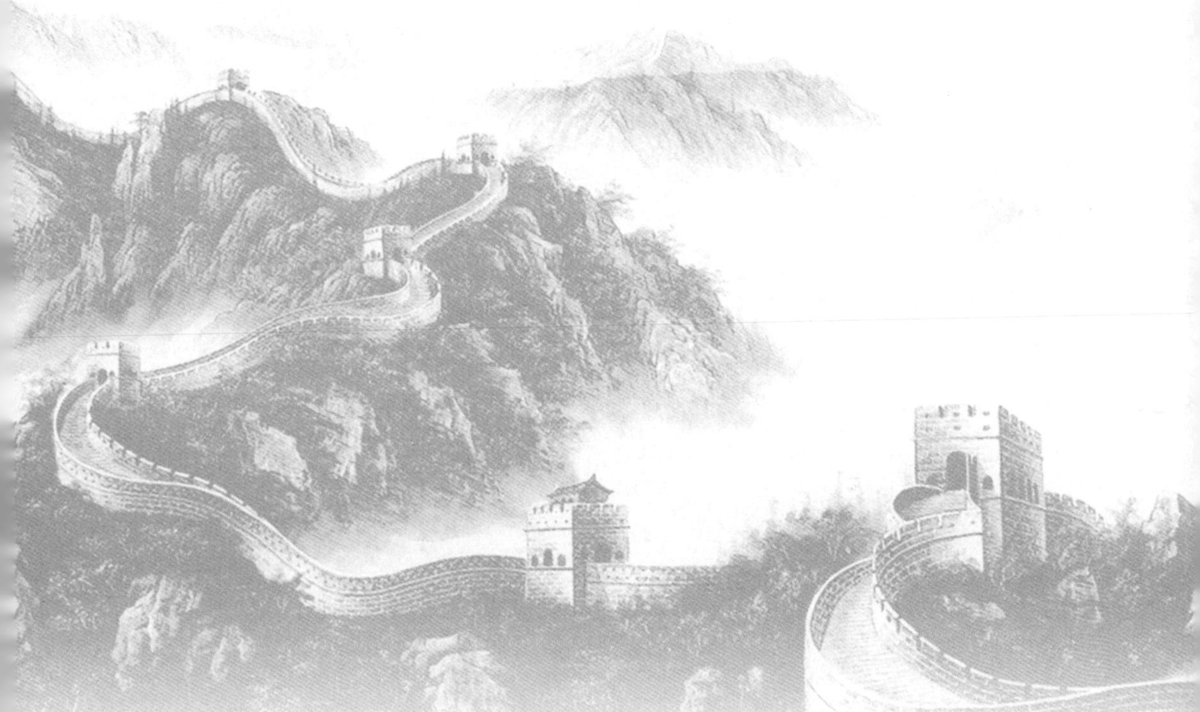

全面建设国家凝聚力，不断增强当代中国的国家凝聚力，是实现中国梦的重要保证。从 1949 年中华人民共和国成立以来，尽管国家凝聚力也有波动、弱化的时期，但总体上是不断强大、不断上升的；没有国家凝聚力强大这样一个前提，当代中国取得的巨大成就就无从谈起。科学研究当代中国国家凝聚力，努力探索其变化规律，根据形势变化不断完善建设措施；通过增强当代中国国家凝聚力实现中国梦，是社科工作者肩负的重大责任。

## 第一节　当代中国国家凝聚力的重大价值和意义

对于国家凝聚力的重大价值和意义，我国古代的思想家亦有所认识。如汉朝司马迁《史记·商君列传》中说：“得人者兴，失人者崩。”得人，就是指得到人民的拥护，一个国家政权能够得到人民的拥护，亦即今天所讲的具有凝聚力，国家才能兴旺发达；失人，就是指失去了民心，也就是说丧失了凝聚力，政权就要崩溃，国家就要灭亡。我国古代的政治家、思想家管仲认为，治理国家的一个重要方法，就是满足人民百姓的逸乐、富贵、存安、生育四种愿望。这样，边远的人也会自动前来。相反，如果坚持做人民百姓厌恶的优劳、贫贱、危坠、灭绝四种事情，就会众叛亲离。所以他提出，“知予之为取，政之宝也”。用今天的话说，就是如果统治者能够满足人民的四种愿望，国家就有凝聚力，政权才能稳固；如果统治者干那些百姓讨厌的四种事情，就会丧失凝聚力，政权也会丧失。我国古代历史上出现的辉煌发展时期，如汉朝的“文景之治”、唐朝的“贞观之治”、明朝的“永宣之治”、清朝的“康乾盛世”都是国家凝聚力最强的时期。中华人民共和国成立以来，我们战胜了无数的困难，取得了举世瞩目的经济社会发展成就，根本原因就在于我们在中国共产党的领导下，坚持走中国特色的社会主义道路，形成了强大的国家凝聚力。

历史和现实都证明，国家凝聚力是凝聚民族和全体国民智慧和力量，是推动国家可持续发展的强大生产力。它可以使弱国、穷国变成强国、富国，也可以使落败的国家实现复兴和崛起。

国家凝聚力是动员民众形成合力战胜困难和敌人的强大战斗力。有了它，就可以战胜各种自然灾害，并为自己拓展生存和发展的空间；有了它，就可以战胜任何敢于来犯的敌人，保卫国家领土、主权的完整和人民的利益不受侵犯。

国家凝聚力是消除国内矛盾，促进各民族和各阶层团结统一的和谐之力。它通过人民对国家的理想信仰认同、政治认同、文化认同，形成国家意识和国家责任。在国家利益高于一切的境界中，实现人与人、民族与民族、阶层与阶层之间的协调一致、和睦共荣。

国家凝聚力是实现国家梦想和个人梦想的永不衰竭的强大动力。没有国家凝聚力的国家难以屹立于世界之林，只有拥有强大国家凝聚力的国家，才能在世界的历史舞台上有为有位，才能得到世界各国的认可和尊重；同时，只有国家有强大的凝聚力，个人才会有美好的前程和发展。

在当前新的形势下，增强当代中国国家凝聚力具有重要的价值和意义。

## 一、国家凝聚力在国家理想目标统一下的力量聚合功能

国家是多种利益群体的聚合体，一方面这些群体是推动国家发展的基本力量，另一方面这些群体之间的利益冲突又成为影响国家发展稳定

的基本矛盾。国家利用国家凝聚力化解矛盾，统一目标，集合力量，达到推动国家发展的目的。国家通过满足社会成员的理想、欲望等多种需求，把对不同群体的吸引力渗透到每个个体，使个体产生一种对国家的向心力。不同的群体力量是分散的，但在国家理想目标统一、人民认同的条件下，经过国家凝聚力的集聚、转化与整合，国家力量就不再是分散的，而是统一的整体力量。这种统一的整体力量共同作用在国家目标的支点上，会形成推进国家发展的巨大动力。一些发展中国家随着经济社会的发展，社会矛盾、民族矛盾突出，不同社会力量之间相互角逐，国家强了，人民富了，国家凝聚力反而弱了。对于这种现象，许多经济学家从工业化发展阶段的规律进行解释，是由于人均经济收入达到一定水平后的矛盾凸显；但从凝聚力学的角度解释，是由于人以往的需要得到满足，而新的需要开始时所出现的利益分化和满足滞后造成的国家凝聚力周期性起伏变化。在这个时期国家政权如果处理不好新的利益矛盾，会造成国家凝聚力的弱化，所以这个时期也是国家政权的执政能力和执政水平的检验期与考验期。2011 年，西方发达国家相继出现一些动荡现象，虽然和发展中国家出现的矛盾根源不同，但也是由于国家对不同群体利益矛盾调整不力，国家凝聚力对民众的影响下降造成的。在经济危机笼罩下的世界各国，要真正从经济衰退的阴影中走出来，就要形成统一力量，强化国家凝聚力，这才是战胜经济危机的内在动力、重要保证和前提。

## 二、国家凝聚力对国家存在多元文化的主导与融合功能

现代国家无论大小和强弱，客观上都存在着多元文化。一方面，多元文化的存在体现着社会的发展与繁荣；另一方面，如果多元文化出现了泛化和冲突，就会造成人们思维的混乱和社会的无序。因此现代国家无论社会性质如何，都必然存在着代表国家意志的主流文化，并通过主流文化来影响和主导其他非主流文化。主流文化对非主流文化的主导程度与影响力大小，除了取决于自身内容的合理性和科学性外，主要还与国家强凝聚力条件下公众的认可度有关。国家凝聚力越强，公众对主流文化的认可度越高，主流文化对非主流文化的主导性越强，影响力越大。

一个国家的主流文化不仅可以主导和影响本国的非主流文化，而且随着国家凝聚力在世界范围内扩大，一个国家的主流文化也会渗透和影响其他被凝聚国家的主流文化，渗透与影响的程度一般来说和被凝聚的程度成正比。由此我们想到，我国抵御西方价值观主流文化的渗透，单纯靠堵是不行的，最根本的方法还是增强我们的国家凝聚力，并在此基础上形成被广大公众所认可的、能够主导和影响非主流文化以及抵御西方文化渗透的主流文化。当我国的凝聚力强大到能够凝聚世界时，我们国家的主流文化也必然走向世界，由被渗透、反渗透发展到逆渗透。

客观存在的多元文化之间有着相互融合的关系，而融合过程同样存在着主导与被主导的关系。这种文化融合过程中的主导地位是由国家凝聚力的强弱所决定的。在国家凝聚力十分强大的时期，社会不同群体自觉接受主流文化的融合，这是在国家高凝聚力的影响下，不同群体在国家统一意志目标认可基础上所产生的服从效应。当国家缺乏凝聚力时社会不同群体文化之间的冲突也会增加，文化融合出现困难。社会国际也是如此，当前国际上东西方文化的矛盾与激荡，最根本的是不同国家主流文化所体现的价值观念的冲突。在这场文化大冲突中，哪一个国家主流文化能够赢得这场文化博弈的主导权，在世界文化的大融合中保留较多的本国文化元素，与国家凝聚力的强弱有着直接的因果关系。

### 三、国家凝聚力在国家面临内外压力时的定向转化功能

任何国家生存与发展的过程中都会遇到各种压力，这些压力无外乎两大部分，一部分是来自国内的压力，另一部分是来自国外的压力。压力有些是正面的，也有些是反面的，但对于一个国家来说，无论压力是正面的还是反面的，对一个国家的影响性质并不完全由压力本身的性质决定。因为强大的国家凝聚力，对国内外压力的作用方向有着定向转化功能。国内外对一个国家生存与发展所产生的压力也是如此。至于向好的方面转化还是向坏的方面转化，国家凝聚力则发挥着至关重要的作用。这种作用的原理，就是在国家高凝聚力条件下人民群众所具有的实现理想目标的高度自觉意识，能够在国家统一的意志条件下使压力影响的性质向有利于自己的方向转化。中华人民共和国刚刚成立之时，以美国为

首的西方国家对中华人民共和国实行全面封锁，其目的就是想压垮刚刚诞生的红色政权。但他们没有想到的是，中国共产党领导全中国人民推翻了压在头上的“三座大山”，形成前所未有的强大国家凝聚力，人民群众建设富强民主中华人民共和国的高度自觉意识和发自内心的热情使全面封锁的压力变成自力更生、发奋图强的巨大动力。同样的，20 世纪 80 年代在东欧剧变的浪潮中我们党和国家则纠正了“文化大革命”的错误，走上了改革发展的道路，人民群众迸发的希望和热情，使国家凝聚力在遭受“文化大革命”的冲击和破坏后，重新获得了新生和发展。面对东欧剧变的压力，我们国家不仅没有被压垮，而且在党的领导下，走上了一条具有中国特色的社会主义道路，这条道路不仅让中国人民过上了富裕、和谐、幸福的新生活，也让今天以美国为首的西方发达国家遭受金融危机折磨而痛苦不堪之时开始对中国刮目相看。国家强大凝聚力转变内外压力成为发展复兴动力的例子在世界其他国家也广泛存在。一个国家的发展和复兴需要具备多种条件，但在国与国之间充满激烈竞争、恶意的或非恶意的重重压力条件下，要把恶性竞争及恶意压制等负面压力转化成振兴发展的动力，建设强大的国家凝聚力是其重要的基础和条件。实践证明，强大的国家凝聚力不仅可以更好地利用有利的环境和形势，使自己的国家加快发展，也可以把不利的形势及内外压力转化为发展的动力；而如果一个国家缺乏凝聚力，不仅受制于内外压力不能自拔，而且面对好的环境与形势也会因国家缺乏统一的意志和力量而丧失发展和振兴的机遇。

### 四、国家凝聚力在国家实现稳定和谐发展过程中的促进功能

世界历史表明，没有哪一个国家是在动乱和一盘散沙中实现发展与崛起的。这说明建立和保持稳定与和谐的社会对于任何国家的发展与崛起都至关重要。但是我们要建立和保持稳定与和谐的社会是离不开国家凝聚力发挥其促进功能的。国家凝聚力作为国家目标意志统一条件下的吸引聚合力量，绝不是一种简单被动的物理力量，而是作用在不同群体时都能够发挥聚合作用的力量。当它作用在国家成员时能够激发为国争光的积极性和创造性；当它作用在国内人民内部矛盾的各方时能够在意

志和目标共鸣中使矛盾得到化解。国家凝聚力之所以有如此作用，从根本上说是因为国家凝聚力所内含的国家意识与国家责任贯穿于每个社会成员的思想与行为中，使不同群体在处理社会思想与行为的冲突矛盾时容易形成共识，服从大局。

当然，这种国家意识和国家责任是在国家凝聚力形成的过程中逐步形成的，是国家成员在国家满足了其物质、精神、政治和文化、安全等诸多需求，产生了对国家的向心力后才具有的。一个不为人民谋福祉，对人民不负责任的国家和政权是很难使人民形成国家意识和国家责任感的。一些国家动乱不断、政局不稳都可以从国家凝聚力的弱化中找到原因。发挥国家凝聚力对国家实现稳定与和谐发展的促进功能，不能离开经济发展惠及民生的主题，必须让发展的成果惠及每一个人，并且一定是看得到的、摸得着的实惠，在这样的基础上进行教育引导，人民群众才会产生国家意识和国家责任感，才会形成以爱国主义为核心的发展动力以及国家凝聚力形成的人民向心力。那些企图越过满足人民需求和利益这个基础，通过单纯的说教就可以让人民产生国家凝聚向心力的想法是非常不现实的。但是国家意识和国家责任也不是单靠解决物质需求和利益问题就能自然产生的。在改革开放初期，之所以会出现“端起碗来吃肉，放下筷子骂娘”的现象，是因为教育引导不到位造成的，这说明加强精神文明建设，满足人民的精神文化需要同样重要。因对人民群众国家意识和国家责任感的培养，一定要从全面发展考虑，满足人民物质文化生活需要到美好生活的全面需要，这样才能形成强大的国家凝聚力，才能保证国家稳定和谐和长治久安。

## 第二节　当代中国国家凝聚力的内涵与特点[①]

### 一、国家凝聚力的内涵研究

什么是国家凝聚力？笔者认为，国家凝聚力是指当代中国不同民族、

① 本节主要参考以下文献：刘学谦：《中国国家凝聚力的内涵、特点及动力》，《新疆师范大学学报（哲学社会科学版）》2014 年第 5 期，第 9—19 页。（此文章为课题阶段性成果）

政党以及民众在理想、目标、利益共同的基础上，国家满足其物质、精神、政治、文化、安全等需要，而产生的内向聚合力和外向吸引力。

第一,一个国家要能够产生凝聚力，它的国家成员必须有共同的理想、目标和利益。这是任何国家形成凝聚力的前提和基础。一个国家有了公众认同的共同理想，就能够凝聚强大的精神动力；一个国家有了公众认同的共同目标，大家就会心往一处想，劲往一处使；一个国家有了公众认同的共同利益，大家就会自觉地为之奋斗。

第二,一个国家能够产生凝聚力必须满足人民的物质、精神、政治、文化、安全等需要。人民的五大需要及其满足是国家凝聚力产生的源泉和动力。国家满足人民的物质需要，产生的是物质凝聚力；国家满足人民的精神需要，产生的是精神凝聚力；国家满足人民的政治需要，产生的是政治凝聚力；国家满足人民的文化需要，产生的是文化凝聚力；国家满足人民的安全需要，产生的是安全凝聚力。这种国家对人民多元需要的满足所形成的强大凝聚力又必然转化为浓厚的爱国主义情感。

第三，一个国家的凝聚力一定能够表现为国家对人民的内向聚合力。而这种内向聚合力，更多地表现为人民以爱国主义为核心的国家意识和国家责任。所谓国家意识，就是无论何时何地，都是国家利益高于一切；所谓国家责任，就是国家兴亡，匹夫有责。一个国家凝聚力的强弱，一定能够从人民的国家意识和国家责任中体现出来。

第四，一个国家的凝聚力一定能表现为人民群众之间的相互吸引力。而这种吸引聚合力表现为人民群众之间的诚信与友善、团结与互助。这是国家凝聚力的重要组成部分。

第五，强大的国家凝聚力一定要能够表现为外向吸引力。在世界劲吹变革之风、不同国度的经济、政治、文化相互交融、渗透的今天，国家的凝聚力仅仅表现为内聚力是不够的，还必须有强大的外向吸引力。因为在经济、文化的开放大潮中，人民可以有更多的比较和选择，不可能有长期封闭环境下的国家认同、文化认同、政治认同。只有内向聚合力和外向吸引力都强大的国家，才能称得上有强大的国家凝聚力。

## 二、国家凝聚力的特点研究

不同国家的凝聚力都有和自己国家性质相一致的特点，当代中国国家凝聚力同样具有自己的特点。当代中国国家凝聚力具有以下五个特点：

### （一）国家凝聚力的包容性特点

一个具体的国家不可能只有一种凝聚力。比如，存在政党凝聚力、民族凝聚力、社会团体凝聚力等。但是，国家凝聚力并非和这些凝聚力相排斥，而是共容的。在国家代表人民利益强盛健康发展时期，上述凝聚力都是国家凝聚力的支撑与合力。因此在作用方向相同的前提下，社会各群体凝聚力的强大，也会促进国家凝聚力的强大。当然，这种包容是有条件的，这个条件就是国内政党、民族目标、利益的一致性。国家凝聚力的包容性特点对国家稳定、社会和谐有重要作用。当国家凝聚力不具备包容性时，社会不同群体的凝聚力会对国家政权稳定产生破坏力，国家凝聚力包容性越差，不同群体凝聚力对国家政权和社会稳定的破坏力也就越大。

### （二）国家凝聚力的非均衡特点

所谓非均衡特点，是指国家凝聚力在作用对象上是非均衡的。一方面与国家对人民的满足程度和水平不均衡有关，另一方面与吸引对象个人的觉悟、知识、素质、能力有关。国家凝聚力的这种非均衡特点是客观的，但对于国家凝聚力对象的凝聚力是可以改变的。国家凝聚力的非均衡特点往往是国家凝聚力建设的着力点。例如，任何国家的弱势群体，都是国家凝聚力最薄弱的群体，因为弱势群体国家关照比较少，获得发展实惠少，长期下去，必然使弱势群体丧失国家意识和国家责任。因此，针对国家凝聚力的非均衡特点，找准影响国家凝聚力的薄弱环节，加强全面建设，才能保持国家凝聚力的持续强大。

### （三）国家凝聚力的周期性特点

任何时代、任何制度下的国家凝聚力都是有周期变化的。只不过有的变化长一些，有的变化短一些。国家满足人民从物质文化到美好生活等不断变化需要的能力和水平，决定国家凝聚力周期以及在一个周期运动中的强弱变化。国家凝聚力的周期变化同人民需要周期变化具有同步相关性。人民群众的精神、物质、文化需要是不断变化的，而且这种变化是有周期性的。旧的需要国家满足了，国家保持了对人民的凝聚力；人民的需要变化了，国家用满足人民旧的需要的办法去满足新需要，就不会产生凝聚力；只有用新的办法满足人民的新需要，才会产生凝聚力。这实际上是对国家政权执政能力的检验。国家凝聚力具有两种性质完全不同的周期方向变化。一种是不断上升的周期变化，另一种是不断下降的周期变化。国家所满足的人民需要的性质决定周期变化的上升或下降。国家满足的是人民不断增加的新的需要，这样引起的国家凝聚力周期变化，就一定是不断上升的周期变化；如果国家满足的是人民不断减少的已有的需要，这样引起的国家凝聚力周期变化，就一定是不断下降的周期变化。我国进入矛盾的凸显期，引起国家凝聚力发生变化，这是因为我国经济的可持续发展达到一定的总量，引起了人民美好生活需要的新变化、新诉求，因而是上升的周期变化；西方国家也进入了矛盾的凸显期，引起凝聚力发生变化，这是因为经济危机的发生，国家难以保证人民的基本需要得到满足，生活水平不断下降，而引起人民与政府之间的矛盾，因而是下降的周期变化。比如，希腊所发生的罢工和抗议活动，都是人民对减少工资和福利不满的表现。当然，国家凝聚力周期变化的性质不同，解决的路径不同，结果也不同。

**（四）国家凝聚力的积淀性特点**

国家凝聚力可以在较短时间内出现增强或爆发，如国家突然遭遇灾害和战争。但国家凝聚力的形成则是一个积淀的过程。一方面，一个国家不会因暂时的困难满足不了人民的需要而即刻丧失凝聚力。如果这些困难并非主观因素所造成，在国家凝聚力的积淀性特点作用下，处理得好还会增强国家的凝聚力。另一方面，一个国家的历史与国家凝聚力的积淀性成正比。在一般情况下，一个国家的历史越长，说明满足人们需要的能力越强，国家凝聚力也越强。但是，国家凝聚力的积淀性特点不能成为人民容忍不作为政权的理由。越是凝聚力强大的国家，人民越不能容忍国家政权的不作为。长期不作为，国家政权的变更就成为必然。国家凝聚力的积淀性特点，对任何时代的国家复兴，都具有重要作用。中外皆有这样的案例。一个国家在外力的作用下，被敌对国家打败了，但是这个国家积淀的凝聚力，会在很长时间内发挥聚集反抗力量的作用。如清朝建立后，长期存在的反清复明的斗争。日本和德国战败后出现复兴，也是利用国家积淀的凝聚力实现战后的恢复和发展。现在我国提出实现中华民族的伟大复兴，实际上就是充分利用中华民族历史积淀的凝聚力，来达到实现中国梦的目标。

### （五）国家凝聚力作用方向的选择性特点

国家凝聚力本身的作用方向是有选择性的，它往往和国家执政者确定的国家目标密切联系。因此，不能简单地说，国家凝聚力越强就一定越好，就一定会作用到强国富民不称霸的方向上。国家执政集团对国家凝聚力作用方向的引导非常重要。如果方向错了，国家凝聚力越强，对国家、社会的破坏力就越大。两次世界大战的爆发都可以从强大凝聚力作用方向的错误上找到原因：强大的国家、强大的凝聚力使其走上霸权主义，必然给世界带来战争灾难。美国到目前为止，仍然是一个国家凝聚力很强的国家。但是，它没有教会它的人民如何行使大国的责任，通过排斥其他国家不同的政治信仰和价值文化，在国民中长期灌输美国政治信仰和价值观的唯一性和独尊性，使得美国人民能够支持政府到处插手其他国家的内部事务，让整个世界不得安宁，自己的人民也没有安全感。可以说，美国的霸权主义歪曲了美国人的凝聚力方向。所以，失去国家凝聚力正确方向的国家，凝聚力的强大，无论对本国，还是对世界，都是灾难。

## 三、国家凝聚力与要素的人民认可

国家凝聚力的形成不是构成要素具备了就容易自然的生成。其中有一个关键的环节，这就是要素的人民认可问题。国家对人民需要的任何满足和满足程度，如得不到人民的认可，凝聚力都会难以形成。人民的认可度，不是决定凝聚力形成的基础因素，但却是凝聚力形成不可缺少的必要条件。而且这个认可并没有对要素的选择性，而是全覆盖的要素认可度。例如，物质凝聚力的构成要素中，财富的增加和公平的分配两要素本来就是客观性非常强的要素，但有时并不是要素具有客观性就一定能够解决所有人的认可问题。这与每个人所处的环境和长期形成的心理定式，以及立场和社会态度有密切关系。本来我国取得了经济总量世界第二的发展奇迹，值得所有中国人自豪，但总有一些人用西方世界怀疑中国发展的眼光，看待中国的增长，要么认为数字造假，要么认为质量低下。总之，这些人认为中国的快速发展不是成就而是毛病。改革开放以来，人民群众的总体生活水平有了很大提高，这是有目共睹的事实，但仍然有些人不认可，认为生活水平下降了。从精神凝聚力的构成要素看，中国特色社会主义理论体系指导中国改革开放取得了巨大的成就。但仍有一些人难以信仰中国特色社会主义理论体系。国家的理想目标从源泉到凝聚力的转化问题，从大众化的角度看，也存在一个普遍性认可的问题。这当然不是我们国家的理想目标有任何问题，问题出在人们的立场、态度和价值取向的选择上。这些问题得不到根本解决，很难让人民认可事关国家前途目标、关系人民根本利益的理想上来。从政治凝聚力的构成要素看，没有中国共产党的领导，就没有中华人民共和国，就没有改革开放的伟大成就，就没有人民美好生活的明天，这也是客观事实。但社会上仍有些人，一边享受着共产党领导人民创造的美好生活，一边否认共产党的伟大历史功绩。社会上某些人对客观事实的扭曲认识说明，对凝聚力要素的认可是对于凝聚力源泉到凝聚过程顺利转化的重要环节。

首先，这种认可度的产生，是以事实为依据的，但对依据的选择并未能够形成统一的认识。这是因为事实的存在并非完美无缺，总会有一些让人从非一般的角度发现所谓的不足和毛病，然后把他们无限放大，以偏概全、一概而论。认识论上的缺陷是不认可客观事实主流的主要原因。这表明，提高人民对国家凝聚力要素的认可度，除了要素的真实性、科学性、准确性外，提高人民的文化素质和用马克思主义哲学武装头脑也是一项重要任务。其次，这种认可度，在很大程度上是以“我的感受”为认知可否的。但是也不能认为，这种评判完全错误。因为人民满意高兴就是要以自身的感受表现出来。它客观上要求政府的惠民政策、措施必须具有普惠性，而且这种普惠性必须让每一个人都感受到。最后，这种认可度难以形成普遍的共识，更大程度上，也存在着要素建设本身确实有不足和欠缺。人民不认可，党和政府首先要找自己的原因，是否存在应该解决而没有解决好的问题，是否存在应该让人民满意高兴的事办得没让人民满意高兴的问题。特别是大主流、大普惠总体局面下掩盖的弱势群体问题、光辉照不到的地方等等。党中央提出的精准扶贫思想，我们觉得适合任何政府为人民服务的工作。这也是提高人民认可度的重要方法。

## 第三节 当代中国国家凝聚力与其他社会凝聚力的相关性

在特定国家社会环境中，往往是以国家凝聚力为主，多种社会群体凝聚力并存，这些群体凝聚力与国家凝聚力存在作用方向协调、功能交叉、相互影响的相关性。处理好关系，相互促进，能够起到巩固和加强国家凝聚力的作用。

### 一、国家凝聚力与党的凝聚力

当代中国国家凝聚力同中国共产党凝聚力具有正相关性和同步相关性。在当代中国，领导我们事业的核心力量是中国共产党，这种领导地位是其他民主党派、任何群众团体无法取代的，也是西方国家不可比拟的优势。因此，中国共产党的凝聚力直接影响着当代中国国家凝聚力。这种影响主要表现为正相关性和同步相关性。正相关性是指，党的凝聚力越强，国家凝聚力越强；党的凝聚力减弱，国家凝聚力减弱。同步相关性是指，加强党的凝聚力，客观上也是加强国家凝聚力；加强国家凝聚力建设，也会提升党的凝聚力。当代中国国家凝聚力和中国共产党的凝聚力，虽然存在着内涵上的区别，但在功能上，却是一荣俱荣、一损俱损的关系。

### 二、国家凝聚力与民族凝聚力

民族是一个历史范畴。在历史的演进中，民族在特定区域里，逐步形成具有共同语言、共同文化的群体，并形成共同的价值观念、理想观念，并对其成员形成一定的吸引力和感召力。民族的历史往往远远长于一个国家的历史，又往往是由民族群体构成的。就当代中国而言，存在着 56 个民族，每个民族都有自己的历史和传统文化，也都有自己民族的凝聚力，这是一个民族生存和发展的基础。但是，每个民族的凝聚力都不可能代替国家凝聚力，当代中国的发展必须有56个民族共同的国家凝聚力。要积极引导各民族凝聚力同国家凝聚力的价值趋同，坚决反对同国家离心离德的民族凝聚力。要明确，在当今世界，中华民族和当代中国已经成为不可分割的命运共同体，如果国家没有凝聚力，成为一盘散沙，各民族也不可能有发展。但是，我们也不能用国家凝聚力代替民族凝聚力，民族凝聚力作用的独特性，又是国家凝聚力不能取代的。这是由于民族凝聚力是以血缘文化为纽带，许多人可能不认同国家的政治观点，但他们认同同祖同宗文化。如一些外籍华人，与中华民族血脉相连，他们热爱祖国，但对社会主义制度并不一定认同，此种情况下，民族的感召力比国家号召力，可能更容易为他们所接受。在当代中国，随着国家实力和国际影响力的提升，国家凝聚力在不断加强，海内外华人对中华民族的凝聚力也不断增强；而民族凝聚力的增强，又极大地推动了国家凝聚力的提升。

### 三、国家凝聚力与社会群体凝聚力

任何时代的国家，都是由不同的社会群体所组成的。如，由职业不同构成的工人、农民、军人、学生、知识分子等社会群体，由功能不同构成的企业、农村、学校、部队、机关、城市等社会群体，特别是政治职能不同形成的工会、青年团、民主党派和各类协会、商会组织群体等等。在正常的情况下，当代中国国家凝聚力同国家所属的社会群体凝聚力在价值取向上是相通的，国家的奋斗目标，要通过这些群体的奋斗去实现，因此社会群体凝聚力是国家凝聚力的组成部分，国家所属社会群体没有凝聚力，国家凝聚力就成为空壳。从这个意义上，加强国家凝聚力必须从加强国家所属社会群体凝聚力抓起。但是，社会群体凝聚力不等于是国家凝聚力，国家凝聚力是国家理想、目标、利益被人们认同，不同人民群体的需要得到满足，形成的吸引聚合力量。国家凝聚力作为顶层设计，任何单一社会群体的凝聚力都是不可代替的。应该指出的是，不是国家内客观存在的所有群体凝聚力都与国家凝聚力是价值方向一致的，如各种邪教恐怖组织群体，破坏社会稳定的暴力团体、盗窃团伙等等。它们的凝聚力同国家凝聚力是完全相背离的，它们的凝聚力越强，对国家凝聚力的破坏性就越大，是国家应该严厉打击和取缔的对象。

## 四、国家凝聚力与宗教凝聚力

国家凝聚力与宗教凝聚力，在社会主义初级阶段的当代中国是有相融性的。宗教是一种社会意识形态，是人类社会发展到一定历史阶段出现的一种文化现象。宗教信徒相信现实世界之外存在着超自然的神秘力量或实体，如神、人、物，该神秘力量统摄万物而拥有绝对权威，可以主宰自然进化并决定人世命运，从而使信徒对其产生敬畏与崇拜心理。在人类早期社会中，由于科学的落后、社会治理与法律的不完善，宗教承担了对世界的解释、司法审判、道德培养和心理安慰等功能。现代社会中，科学和司法已经从宗教中分离出来，但是宗教发挥道德培养和心理安慰的功能还继续存在。宗教所构成的信仰和社会群体是人类思想文化和社会形态的一个重要组成部分。宗教在中国，已经成为传统文化的重要组成部分，它在中国存在了几千年。中国历史上的许多传统文化精华都以宗教教义的形式进行传承，它们在中国的历史上有不可取代的精神文化历史地位。因此自中华人民共和国成立以来，从《共同纲领》到我国各个时期的宪法，都明确规定人民有信仰宗教的自由。社会主义国家以马克思主义为政治意识形态，与有神论的宗教教义是截然不同的。但在社会主义初级阶段的国家中，宗教团体作为社会的自愿组织机构，在拥护社会主义、拥护共产党领导的前提下，宗教凝聚力可以起到稳定社会秩序、巩固安定团结的作用。中国宗教文化中的正能量，对于加强道德建设，实现中华民族伟大复兴有促进作用。从这个意义上来说，如果国家引导的好，宗教的凝聚力同国家凝聚力具有一定的相融性。它是国家凝聚力的有益补充。但是宗教理想，并不是社会主义的目标，它的存在仅仅同我们所处的中国特色社会主义初级阶段相联系，因此把握宗教爱国、爱党、爱社会主义的正确方向，是同国家凝聚力相融的关键。

# 第三章

# 当代中国国家凝聚力形成与变化的基本理论

为了研究当代中国国家凝聚力，我们进行了长期的理论准备，所形成的理论探索成果，成为我们的学科研究指导。

国家凝聚力作为一种力量的存在，无论是社会的还是自然的，都存在力量的源泉和动力问题。因此，任何时代的国家凝聚力只要存在，都必然存在着源泉和动力，并由此决定着凝聚力的强弱。那么，当代中国国家凝聚力的源泉和动力是什么？这是研究国家凝聚力必须回答的问题。

## 第一节　当代中国国家凝聚力的源泉和动力

### 一、国家凝聚力的源泉

前文提及国家凝聚力的定义时，曾经说过，国家凝聚力是国家在满足社会群体和公众的多元化需要的过程中产生的。毫无疑问，人民群众的多重需要就是国家凝聚力产生的源泉，其根据就是马克思的全面生产理论和社会发展的基本矛盾运动。

马克思的全面生产理论认为，生产不仅包括物质资料的生产和再生产，而且还包括人口的生产、社会关系的生产以及精神的生产，而这一切生产的发生和发展，都是围绕着人的需要的变化而产生和发展的。这样，人的需要就成为人类一切行为的动因和动力，也就成为一切生产的起点。国家凝聚力，是国家对人民的吸引聚合力。那么，一个国家政权如何才能吸引和凝聚人民呢？只能是国家能够满足人民群众的多元化、可持续需要。因为只有国家能够满足人民群众的需要，才能对人民群众产生凝聚力。这样，人民群众的需要是国家凝聚力的源泉，也就是马克思全面生产理论为我们研究国家凝聚力所能够提供的重要理论依据。

根据社会发展的基本矛盾运动，在当代中国，阶级斗争不是社会的主要矛盾以后，社会的主要矛盾是人民群众日益增长的物质文化需要同落后的社会生产之间的矛盾。我们党把这一论断写进了党章。从党的十四大到党的十八大，党章进行了多次修改，但对社会主要矛盾的判断一直延续下来。党的十九大提出“我国社会主要矛盾已经转化为人民日益增长的美好生活需要和不平衡不充分的发展之间的矛盾”。我们提出国家凝聚力的源泉，是广大人民群众的多重需要，也是基于社会的主要矛盾提出来的。因为只有把满足人民群众的日益增长的精神、物质、文化、政治、安全等需要作为国家凝聚力的源泉去分析去研究，才能把握国家凝聚力形成变化的规律。

不同性质的国家凝聚力源泉具有历史趋同性。到目前为止，我们并没有看到世界上其他国家的政治宣言和宪法写明，国家必须满足人民的需要，才会具有凝聚力，但是我们从一些国家的总统竞选纲领和领导人就职演说中，毫无例外地发现，他们都把满足人民的需要作为自己或者本届政府的纲领和目标，区别只是满足需要的内容不同。因为他们懂得，一个不能满足人民需要的总统和政府，也就是人民不需要的总统和政府，这样的总统不可能赢得选举的胜利，这样的国家政府不可能具有凝聚力。

从历史上看，凡是能够把人民的需要作为国家发展目标去推进，国家凝聚力就强；不能满足人民的基本需要，或不能满足人民群众已经变化了的需要的国家，就会弱化甚至丧失国家凝聚力。从凝聚力学的角度看，近现代清王朝和国民党都是因为不能满足人民的物质、精神、文化、政治、安全等需要而失去民心，丧失凝聚力最终走向灭亡。苏联政权也是由于不能反映和满足人民的实际需要，失去凝聚力，最终丧失执政权力。

人民的需要，这样一个看似非常简单、共知的道理，是如何成为具有普遍价值的国家凝聚力的源泉呢？从根本上说，人民的需要这个从古到今最能直接表达国家主体构成人群的诉求形式，可以超越不同的政治立场和政治制度，成为国家领导人的执政目标。比如，美国领导人可以讲满足美国人民的需要，我国领导人也可以讲满足中国人民的需要。同时，这样一个表达内容，又成为不同政治倾向的理论家研究社会的共同起点。比如，马克思在论述人的需要产生时说："我们首先应当确定一切人类生存的第一个前提也就是一切历史的第一个前提，这个前提就是：人们为了能够'创造历史'必须能够生活。但是，为了生活，首先就需要衣、食、住以及其他东西。"①马克思认为，"这也是人们仅仅为了能够生活就必须每日每时都要进行的一种历史活动，即一切历史的基本条件"②。美国心理学家马斯洛则构建了需要层次理论等。虽然研究的目的不同，但都表明了认识人的需要对任何社会的发展都非常重要。

人民的需要，这个看似简单的表达方式，却有着十分丰富的内容。一方面，不同历史社会条件下的人民需要具有不同的内涵和内容，另一方面，人民的各种需要随着经济社会的发展不断推陈出新，都是由简单到复杂，由物质到精神不断与时俱进的。历史表明，无论社会如何变迁，政治理念和宗教信仰如何变化，都可以从人民的需要变化中找到答案。一个国家只有搞清了国民的时代需要，并为满足人民的需要而奋斗，这样的国家才能保持青春活力，保持凝聚人民力量的不竭源泉。

人民的需要是国家凝聚力的源泉，主要体现在以下三个关系：

第一，国家行为必须反映民众需要才有凝聚力。当代中国是社会主义国家，是按照人民意志建立起来的国家政权。从国家政权的性质上说，就是为人民服务的。国家为人民服务的内容，完全由人民的需要所决定。国家行为只有反映民众的意愿和需要，才能有为有位，才可能有凝聚力；不反映人民意愿的政府和政府行为，不会得到人民的拥护，不会产生凝聚力。

第二，国家行为必须反映不断变化的民众需要，才能保持凝聚力。实践在不断发展，社会在不断进步，人民群众的精神需要、物质需要、

---

① 《马克思恩格斯选集》第1卷，人民出版社2012年版，第58页。

② 同上。

政治诉求、文化渴求、安全祈求，不会停留在一个水平上。国家必须反映不断变化的民众需要，才能顺民心、得民意，保持凝聚力。国家行为前一个时期反映了民众需要，前一个时期国家就有凝聚力；现在国家行为不能反映民意的要求，就会削弱甚至丧失国家凝聚力。国家凝聚力具有积淀性的特点，但不能一劳永逸。时代的变化，社会的发展，民众必然产生新的需要和愿望，国家政权根据民众的新需要的实现大有所为，才能保证国家凝聚力的可持续性，这也是基本的执政规律。

第三，国家行为只有不断提升适应民众需要的能力和水平才能产生强大凝聚力。处于竞争状态的国家，民众的相互比较是必然的。总是适应民众需要能力强的国家，凝聚力要强一些，相反就会弱一些。

在这里，我们同样需要说明的是，人民需要作为国家的凝聚力源泉，不同性质的国家政权，所遵从的出发点和目的是不同的。历史上，一切不代表人民的国家政权，都不过是把满足人民的需要作为手段，通过增强国家凝聚力达到巩固自己统治的目的。一切代表人民的国家政权，是自觉把满足人民的需要作为执政的目的，通过增强国家凝聚力使国家更好地履行为民服务的职责。

## 二、国家凝聚力的动力

如果说人民的需要是国家凝聚力的源泉，那么对人民需要的满足则是国家凝聚力的发展动力。一个国家的持久稳定凝聚力，不可能靠一大堆的许愿和空头承诺，必须有满足各种诉求的实际行动，而且这个实际行动的结果，必须达到人民的期望值。现在中国的凝聚力空前强大，这是因为改革开放以来，我国的经济总量成为世界第二，人民群众的生活水平实现了脱贫致富奔小康。我国经过几代领导人的不懈努力，满足了人民富起来的诉求和祖辈愿望。可见，只有通过政府的行为满足人民群众的需要，才能稳定发展国家凝聚力。历史上，一些国家的政府之所以垮台，往往不是他们的纲领、目标或者说承诺不好，或者不反映国民的愿望，而是他们没有能力完成目标或者实现承诺，结果被赶下台。当然在同一制度下的政权更迭一般不会弱化国家凝聚力，真正弱化国家凝聚力的是国家政权面对人民的各种诉求不作为，无动于衷。国家凝聚力的动力形成需要三个条件：

**（一）作为国家凝聚力的源泉需要，必须是符合社会进步要求的正确诉求**

国家凝聚力的动力是民众的需要得到满足，但是这种满足必须是有前提条件的。这个前提条件就是符合社会进步的正确的诉求。满足了不符合社会进步要求的错误需要，可能会增强一时的凝聚力，但长期下来，由于违背了经济社会发展的规律，会使满足失去可持续性，最终还是会丧失国家凝聚力。例如，为了满足一些民众致富的诉求，少数地方政府不加管理和限制地允许民众以破坏生态为代价，开采各种矿山资源，使自然环境遭到严重破坏，政府不会产生可持续的凝聚力。

**（二）进入国家凝聚力动力的人民需要，一定是反映主流民意的**

人民群众在经济社会发展过程中会形成各种各样的需要和诉求，这是客观必然的。但是国家凝聚力动力所要求的满足，绝不能是只代表少数人的，必须是反映社会主流诉求和愿望的。因为只有这样，国家才能把最广大的人民群众凝聚起来。一个国家的作为，如果只反映少数人的诉求，不反映大多数公众的诉求，是很危险的。当代中国是人民群众当家作主的国家，如果放弃对国家最广大人民群众愿望的满足，就失掉了国家凝聚力形成的基础。

**（三）进入国家凝聚力动力的满足过程，必须是可持续性的**

作为国家对人民的需要满足，不会是一次性的，必须具备可持续性。不仅要满足当代人，还要为下一代人的发展留下足够的空间，因为任何国家对公众需要的满足都具有循环性并且在循环中不断上升的。只有在不断循环和上升的过程中，才能保持着国家凝聚力的动力。在这里，国家通过满足公众需要，从两个方面来保持和发展国家凝聚力。一是同种类需要得到满足后进入周而复始的单线循环往复，不停地由低级向高级发展。二是在原有需要得到满足的基础上不断派生出新的需要，即按着不断分化的路线发展。

## 三、国家凝聚力源泉与动力的关系

国家凝聚力的源泉和动力及其相互关系，主要体现在以下三方面：

**（一）国家凝聚力源泉决定着动力**

一是需要增加，满足增加，凝聚力动力加强。人民需要不可能只是单一的周而复始，实际上是随着社会的发展不断由低级向高级，由少到多发展变化的过程。当人民的需要得到满足时，当然国家的凝聚动力也会加强。这种加强表现为国家对人民更加有吸引力，而个体则表现为对国家的强烈向心力。

二是需要增加，满足减少，凝聚力动力减弱。无论何种原因引起的人民需要增加，或正确或错误，或自然的或社会的，只要国家不能对增加的需要进行相应的满足时，就会因不能满足这部分的需要，造成凝聚力动力减弱。

三是需要减少，基本需要的有效满足增加，国家凝聚力动力增强。这种情况一般有两种原因：一个是错误的需要得到纠正；另一个是由于客观的原因（如自然灾害、战争等），失掉了追求其他高层次需要的条件，因而不得不放弃一些需要而反过来追求基本需要。在这时，如果国家对人民的基本需要的有效满足增加，虽然满足的种类减少了，层次降低了，但是也会使凝聚力动力增加。如抗震救灾、国外侨民安全转移等。

四是需要减少，基本需要不能满足，凝聚力的动力减弱，直至消失。当人民对国家的需要减少到最低限度，或是已经到了维持生存线时，国家仍不能满足，这个国家当然就不会对人民有什么凝聚力了。

**（二）动力对源泉的反作用**

当一个事物作用于另一个事物时，另一个事物总要做出一定的反应，如果这种反应是针对对方的，就会形成反作用。也就是说，当一方决定和影响着另一方时，另一方反过来影响和制约着对方。国家凝聚力的源泉和动力之间就存在着这种作用和反作用的关系。

一方面，源泉离开了动力就不再成为源泉。人民的需要作为国家凝聚力的源泉，是因为国家能够满足，才能够形成动力；反之，就不是国家凝聚力的源泉。

另一方面，动力制约着源泉的规模。哪些需要能够成为国家凝聚力的源泉，哪些不能成为国家凝聚力的源泉，最终还是受国家凝聚力动力相应的大小制约的。国家凝聚力的动力越大，表明国家满足人民需要的能力越强，人民群众需要转化为国家凝聚力源泉的规模也越大。国家凝聚力的动力越小，代表国家满足人民群众需要的能力越弱，相应地，人民群众的需要转化为国家凝聚力源泉的规模也就越小。明确这个观点的意义就在于：一方面，国家要在社会生产力的承载能力范围内，最大限度地满足人民群众日益增长的需要；另一方面，国家也不能超越社会生产力去超前满足人民需要，这样做由于不具备可持续性，因此必然造成国家凝聚力可持续强大动力的不足。

**（三）动力制约着源泉的发展**

国家凝聚力的源泉能不能发展，不在于群众个人需要什么，需要多少，而在于国家能够满足什么，满足多少。从人民群众个人来看，总是在基本的需要得到满足，才可能追求更高层次的需要；从国家的角度来说，总是在满足人民个体属于凝聚力源泉的那部分需要之后，才可能满足其他的需要。只有当人民的需要进入国家满足的能力时，这些需要才会成为国家凝聚力新的源泉，并使其得到发展。

## 第二节　国家凝聚力的分力和合力[①]

根据恩格斯关于社会发展合力的观点，推动社会发展的主要因素有物质因素和精神因素。具体而言，包括经济因素、政治因素和文化因素等，这些因素交互作用，形成推动社会发展的整体合力。国家凝聚力是构成国家社会职责的多种要素共同发挥正向作用的结果，因而，国家凝聚力必然是推动社会发展的总合力。而构成国家凝聚力合力的主要有五个方面的凝聚力量，即：国家物质凝聚力、国家精神凝聚力、国家政治凝聚力、国家文化凝聚力、国家安全凝聚力。如下图：

① 本节主要参考以下文献：刘学谦、周志田、杨多贵：《国家凝聚力理论与演化轨迹分析》，《中国科学院院刊》2016 年第 11 期，第 1208—1214 页。（文章为该课题的阶段性成果）

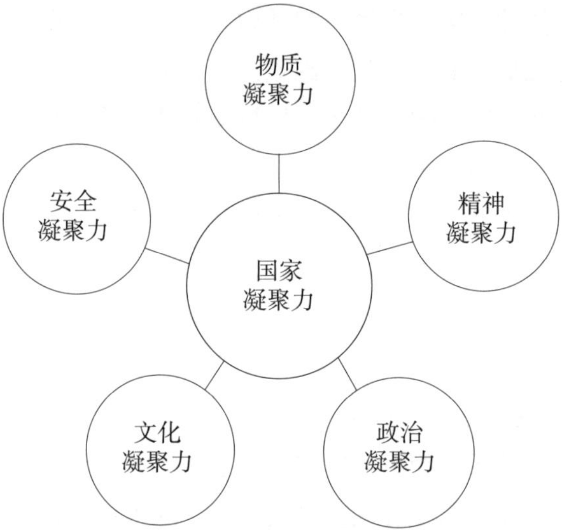


**图 3–1　国家凝聚力的构成要素**

## 一、国家物质凝聚力

国家满足国民经济与社会生产、生活需要构成的国家物质凝聚力。这里所说的物质，不是哲学中所说的社会存在概念，而是指的人类的物质需要。任何国家都首先要把满足国民的生存与发展的物质需要作为首要职能，这样才会产生国家物质凝聚力。构成国家物质凝聚力的要素主要有以下几方面：第一是国家财富总量和人均社会财富。国家财富的多少决定着满足国民物质需要的质量和水平，人均社会财富的绝对量越多，国民的物质生活水平越高。第二是全民健康水平，主要指标是人均寿命。健康长寿是人类的共同愿望，随着社会的现代化，人均寿命的长短越来越成为社会物质生活水平的重要评价指标，它既是社会现代化的人本回归，又是人类生活水平和生活环境改善的综合体现。第三是科技创新能力。发展是解决我国一切问题的基础和关键，而科技创新是引领发展的第一动力。科技创新能力为国家物质凝聚力的持续增强提供了不竭动力。而且一旦掌握了可以影响未来发展趋势的关键技术、核心技术，便为国家物质凝聚力的跨越式提升提供了可能。第四是国民的社会保障程度。这是国家凝聚人民的重要物质要素。每个人都有生老病死、教育、就业、就医、养老等问题，这是国民最关注的国家管理所涉及的民生内容。社会保障做好了，国民才能无忧无虑地热爱、建设、奉献这个国家。第五是国民收入分配公平。国家满足国民生存与发展物质需要，主要是由收入分配体现的，但国民的收入差距必须控制在一个国民可以接受的界线之内。如果收入差距过大，收入低的国民尽管能保证自己的物质需要，但由于感到丧失了公平，也会对国家丧失义务和责任感，使国家丧失对这部分国民的凝聚力。贫富差距过大，不管是什么性质的国家，表现在对国家凝聚力的削弱上是相同的。第六是国家可持续发展能力。国家对国民生存与发展物质需要的满足，不能是暂时和阶段性的，而应是长期的、可持续的，不仅要满足这一代人的物质需要，还要确保满足程度、水平和质量的不断提高，同时要确保发展的空间能够满足下一代人的物质需要，乃至子孙后代的物质需要，这样才能获得长期稳定的物质凝聚力。

## 二、国家精神凝聚力

国家满足人民理想、信仰、精神、道德需要而形成的凝聚力称为国家精神凝聚力。国家精神凝聚力由国家主导的信仰、理想、国家意识和责任以及行为准则构成。一方面是指这些内涵是国家精神凝聚力中不可或缺的要素，没有就不能称其为精神凝聚力；另一方面是指在一个国家中可能存在多种性质的精神凝聚力，如宗教凝聚力等，只有具备上述构成要素的精神凝聚力，才能成为国家精神凝聚力。首先，国家理想目标是国家发展的前景和未来，代表着国民的长远和根本利益，也是凝聚国民的重要精神力量。不同性质的国家，不同时代的国家有不同的理想和目标，但能够成为国家精神凝聚力的理想目标，一定是全体人民认同的理想目标。其次，世界上每个国家不管性质如何，无论古代还是现代，都有国家统一的主导信仰，并通过推行主导信仰，强大国家的精神凝聚力。再次，国家精神是一个国家的人民为生存和发展，在同敌人、困难和灾害作斗争过程中所凝练成的爱国、爱民、爱生命的行为理念。它是一个国家历史传承下来并不断丰富发展的精神宝库。国家意识、责任是以爱国主义为核心的国家精神的外在表现，是构成国家精神凝聚力的重要因素。最后，国家主导的道德行为准则，也是国家精神凝聚力的组成内容。道德行为准则对国家凝聚力凝聚对象之间具有双向行为约束力和价值认同基础上双向吸引力。

### 三、国家政治凝聚力

国家按照人民的意志建设满意度高的政权及运行机制所形成的是国家政治凝聚力。国家政权是国家的政治核心，如果它不体现国民的意志就不可能产生国家凝聚力。但是体现国民意志的国家政权形式所形成的政治凝聚力，不能简单地依政权的性质做判断。因为不同的政治国情和不同的发展阶段，国民意志所选择的政权形式也是不同的。首先，我们是中国共产党领导的社会主义国家，党的凝聚力直接影响和决定着国家的政治凝聚力。因此，在我国，增强当代中国政治凝聚力，必须加强党和党的各级组织在人民群众中的凝聚力和战斗力。只有我们党能够保持强大的凝聚力，当代中国才会有强大的政治凝聚力。其次，国家领导人的执政能力和执政水平是影响国家政治凝聚力的关键因素。在世界国家的兴盛史上，每一个国家的强盛时期都有一个领导能力和执政水平超群的领导或领导集体，而因领导人腐败无能亡国的例子也屡见不鲜。正反两方面的事实表明了国家领导人的威望、人格和才能对于国家政治凝聚力的形成、发展、强大所具有的重要作用。再次，民主和法制是国家政治凝聚力的核心内容。现代国家不能没有民主。我们国家强调人民群众当家作主，是最广泛、最实际的民主。贯彻的广泛性和持久性影响着国家政治凝聚力的强大与稳定。法制则是我国社会和谐稳定的政治保证。没有法制的国家不会形成对现代人的政治凝聚力。最后，建设廉洁高效的政府是国家政治凝聚力的基本要求。政府不廉洁，贪污腐败，在中国为历朝历代的人民群众所深恶痛绝。在当今世界，不论什么性质的政权，贪污腐败都会引起国民的强烈不满。政府工作效率问题，也是民众对政府运行是否满意的一个焦点，政府办事效率低下，国民会认为其执政能力差，对国民不负责任，国民会因此失去对政府的信任，进而降低国家的凝聚力。因此建设廉洁高效的政府，应该成为国家增强国家政治凝聚力的经常性目标。

### 四、国家文化凝聚力

国家传承历史文化，创新现代文化，满足人民文化需要所形成的凝聚力是国家文化凝聚力。文化凝聚力是国家的软实力。作为构成国家文化凝聚力的文化，主要包括四个方面：文化载体、文化教育、文化传播、文化产业。但这四个方面并不能自然成为国家文化凝聚力，只有同时具备以下四个方面的核心要素，才能形成国家文化凝聚力。一是体现国家核心价值的历史传统文化。传统文化是一个国家的灵魂，不断继承和发扬传统文化国家才有凝聚力。但并不是一个国家的所有文化都可以成为国家文化凝聚力的要素文化。国家文化凝聚力必然要对传统文化进行选择，只有符合当代国家核心价值的传统文化，才可能成为国家文化凝聚力所必需的要素文化。二是体现国家核心价值的时代文化。每个国家都要在属于自己的时代，打造体现国家意志又有时代特点的文化。不同性质的国家，国家意志、核心价值存在很大区别，有的甚至存在相互对立。要形成自己国家的强大文化凝聚力，必须建立反映本国国家意志、核心价值的主流文化，同时又必须是和时代特点相适应的现代文化。世界文化的多样性和意识形态的复杂化，决定着体现不同国家意志和核心价值的文化，对国家文化凝聚力的形成具有不同的功能。一个国家的现代文化，对人民的凝聚程度如何，从根本上说是由人民的文化需要所表现的认可程度所决定。当一个国家的人民对自己国家的时代文化认可度降低时，表明国家文化凝聚力已经开始弱化了。三是体现国家核心价值的创新交融文化。在经济全球化和社会网络化的背景下，不仅要素、符号和商品被剥离或部分剥离了地理因素，而且文化也冲破边界实现相互渗透。面对新形势新变化，我们必须广泛吸收世界优秀文化为我所用，建设体现国家核心价值又不断创新的交融文化。通过创新交融文化对人民的亲和力所形成的文化自信，打破“我们是谁”的困惑，实现对国家核心价值文化的认同与回归。只有这样做，我们才能牢牢掌握增强国家文化凝聚力的主动权和主导权。四是承载国家核心价值的语言文化教育发展程度。语言文化教育越发达，国民的文化认同度和核心价值认同度会越高。一个国家的语言文化教育在国际交流中地位高低，决定着这个国家在世界文化中的影响力大小。一个国家的语言文化教育在国家交流中传播多远，这个国家的国家文化凝聚力就会辐射多远。

## 五、国家安全凝聚力

国家满足人民安全需要而形成的凝聚力为国家安全凝聚力。人民没有安全感，国家不可能把人民凝聚起来。国家安全凝聚力主要包括以下内容。(1) 军事安全。军事安全属于国家安全的传统领域，是国家安全的核心要素，直接决定着主权国家是否存在、人民是否生存，是国家安全凝聚力的重要基础和前提。(2) 政治安全。政治安全是国家安全体制的核心，一个国家没有政治安全不可能有国家安全。(3) 经济安全。经济安全与政治安全、军事安全相互影响，直接决定社会、生态、文化、科技、信息等各领域的发展水平和状态，是国家安全凝聚力的重要构成领域。(4) 社会安全。社会安全是公共安全的基本需要，是社会稳定程度的表现，是国家安全的重要内容，只有社会安全才能实现其他领域的安全。(5) 生态安全。生态安全是国家安全的物质基础之一，营造和谐、安全的生态环境既是人类生存、经济可持续发展的必要条件，也是国家稳定、人民安居乐业形成凝聚力量的重要基础。(6) 文化安全。文化安全对国家安全的影响具有间接性、隐蔽性和融合性的特点，是维护国家安全的文化力量，是国家安全凝聚力的重要内容。(7) 科技安全。科技安全和国家安全在状态上成正相关，既是维护国家安全的重要手段，又是国家安全的重要标志。(8) 信息安全。在现代化的条件下，信息技术渗透到社会生活的方方面面，任何领域的发展都将离不开信息技术的支撑，都将直接影响经济、政治、科技、文化、军事等领域安全，没有信息安全就没有国家安全。

## 六、五个方面凝聚力是相互联系、统一的关系

国家凝聚力所包含的五个方面的凝聚力是相互联系、不可分割的一个整体。它们按着各自独特的功能发挥作用形成合力，同时，它们之间又具有相互支撑、相互补充，但又不能相互代替的关系。如果任何一个方面尽失凝聚力，就会造成整个国家凝聚力失去平衡，最终都有可能造成整个国家凝聚力的丧失甚至亡国。世界上的有些国家，常有某一方面的凝聚力的下降，并没有导致整个国家凝聚力下降的现象。这是因为国家凝聚力的其他方面起到了补充作用，有时这种补充作用甚至是非常强

大的。比如一些经济上发展慢的国家，却因精神上的高度统治，仍然保持着国家凝聚力的强大，比如某些精神崇拜非常强烈的国家。但是，失去平衡的国家凝聚力是不可能保持长久的。因为如同精神凝聚力最终只能用精神的手段解决一样，物质凝聚力也只能通过物质的手段来增强。因此，加强国家凝聚力建设，必须坚持全面建设。

这里应该特别强调的是，国家的物质凝聚力和安全凝聚力具有非常重要的基础作用。当一个国家经济实力不断增强，人民生活水平不断提高，具有强大物质凝聚力，以及建设强大国防形成国家安全凝聚力时，比较容易形成强大的政治凝聚力、精神凝聚力和文化凝聚力；相反，则容易出现弱化。特别是国家凝聚力形成的国际影响力，表现得更为明显。美国哈佛大学教授塞缪尔·亨廷顿（Samuel Huntington）在他的《文明的冲突与世界秩序的重建》（*The Clash of Civilizations and The Remaking of World Order*）一书中，就有这样的论述，他引用约瑟夫·奈（Joseph Nye）的论证，如果一个国家的文化和意识形态具有吸引力，其他国家会更愿追随其领导。然而是什么使文化和意识形态具有吸引力呢？当它们被看作是植根于物质上的影响和胜利时，它们就是有吸引力的。他进一步论证说："共产主义意识形态在 20 世纪 50 年代吸引了世界各地的人民，当时它是与苏联的经济成功和军事实力联系在一起的。当苏联发生经济萧条且不能维持其军事力量时，这种吸引力也就随之消失了。西方的价值观和体制已吸引了其他文化的人民，因为它们被看作是西方实力和财富的源泉。这个进程已持续了几个世纪。""随着西方实力的削弱，西方向其他文明强加其人权、自由主义和民主等概念的能力降低了，那些价值对其他文明的吸引力也随之减小。"①

## 第三节　国家凝聚力的表现形态

所谓国家凝聚力的表现形态，是指国家凝聚力形成后一定能够通过

① ［美］塞缪尔·亨廷顿：《文明的冲突与世界秩序的重建》，周琪译，新华出版社 2013 版，第 72—73 页。

一定的形态表现出来。因此，无论是物质、精神凝聚力，还是政治、文化、安全凝聚力，虽然源泉和动力不同，发挥的作用点不同，但却有大致相同的表现形态。认识和了解国家凝聚力的表现形态，可以更深刻地认识和把握国家凝聚力的历史作用和发展、变化的规律，同时又可以利用国家凝聚力的表现形态，进一步加强和巩固国家凝聚力。从实践中看国家凝聚力大体上有四种表现形态。

## 一、国家凝聚力的物化形态

国家凝聚力的物化形态，就是国家凝聚力的形成通过特定的物的形态表现出来。物化形态大致可以分为两类：一类是象征性的物化形态；另一类是凝聚人民力量形成的物化形态成果。从前者看，包括代表国家的国徽、国旗、纪念碑和象征国民意志的塑像，如美国的自由女神像，以及代表国家凝聚核心的国家领导人办公地点，如中国的中南海、美国的白宫、俄罗斯的克里姆林宫等。从后者看，可以是凝聚全国的力量形成的物质成果，如抗震救灾全国支援形成的一座崭新的城市，或是国家齐心协力完成的一项伟大工程，或是举全国之力建设的影响国家前途和命运的科研项目等等。

国家凝聚力的物化形态有以下几个明显的特点：

一是可感性特点。物化形态一定是人民能够看得见、摸得着的客观存在。而且这种可观性、可感性，能够让人民产生强烈的国家意识和国家责任感。物化形态表现为物，但凝聚的却是整个国家的人民合力和意志。有些国家凝聚力的物化形态，虽然不是全体人民直接参与建设，但它充分体现全体人民的愿望和期盼，也是国家凝聚力的物化形态。我国“两弹一星”的成功，虽然直接参与建设的只是科研工作者，但它凝聚着全国人民的愿望和期盼，人民看到它就为祖国的强大充满自豪感，这就是国家凝聚力物化形态的力量。

二是标志性特点。国家凝聚力的物化形态一定是具有标志性的。标志性才有影响力。任何时期的国家凝聚力物化形态，都在形式和内容上反映时代的特点。但这种时代特点的物化形态只有成为国家或地域性的标志物，才能影响广泛的人民大众。如抗震救灾纪念碑、抗洪救灾纪念碑等，看到它，就看到了全国一盘棋，“一方有难，八方支援”的国家凝聚力量。再如，我们的科学家到南极去考察，基地一定要竖起国旗，因为国旗代表国家，看到它就像看到了祖国。

三是稳定性特点。国家凝聚力的物化形态，无论是象征性的，还是实体成果的体现，都应该是稳定性的。只有稳定才能发挥持久影响民心的作用。否定稳定性，不断变更物化形态，在一定意义上是起到破坏凝聚力量积累的作用。保持稳定性当然不是固守不变，只是物化形态不变，而内涵则必须根据时代变化不断赋予新的内容，这样才能保持国家物化形态的鲜活生命力。

四是传承性特点。国家凝聚力的物化形态，由于它的实物性和可见性，是最有效的国家凝聚力传承力量。一个国家的国徽和国旗，往往要多代人传承下去，只要国家不亡，就会不断地传承。但从实践中看，这种传承不可能自然发生。必须有不间断的传承教育，增强传承者的国家凝聚力传承责任。没有代代传承，多好的国家凝聚力的物化形态，都难以发挥巩固发展国家凝聚力的作用。

## 二、国家凝聚力的意识化形态

国家凝聚力的意识化形态，是指民众在长期的国家凝聚力作用下产生的内化于心的心理现象。国家凝聚力的意识化形态，同我们研究的精神凝聚力不是一个概念，并且具有很大的区别。精神凝聚力有自己的源泉和动力，是国家凝聚力的相对独立体系。国家凝聚力的意识化形态，是国家凝聚力的多种要素体系，达到一定的发展程度以后，通过作用于国民大众而形成的共识共知思想成果。国家凝聚力的形成与发展是一个过程，而国家凝聚力的意识化形态是凝聚力发展的必然结果。国家凝聚力的发展如不能在人民群众中形成意识化成果，表明国家凝聚力根本没有形成或没有发挥作用。国家凝聚力的意识化形态，并非国家精神凝聚力单一发展的结果，而是国家物质凝聚力、精神凝聚力、政治凝聚力、文化凝聚力、安全凝聚力共同发展作用的结果。国家凝聚力的意识化形态，最显著的表现是人民群众形成了国家意识和国家责任感。国家意识是在国家凝聚力的作用下，逐渐积累而成的国家主人感、自豪感和归属感；国家责任感是在国家凝聚力的作用下，人民群众从为国家发展和繁荣而奋斗的责任义务要求到形成自觉性的转变。国家凝聚力的意识化形态主要有以下几个明显特点：

一是积淀性特点。国家凝聚力的意识化形态是国家凝聚力长期作用、逐步积累形成的，一旦形成就不会轻易发生改变，即便有时候形势变得不利，也不容易改变初衷。这是因为它反映了量变到质变的过程。这一特点还表明国家凝聚力意识化形态，具有随着积淀的增量和减量，表现出国家凝聚力的强与弱的关系。

二是激励性特点。国家凝聚力的意识化形态，最重要的表现是国家意识和国家责任感，具有很强的行为导向性。一旦形成，就会主导人的行为自觉为国家的利益而奋斗，同时对增强国家凝聚力、消除离散力，又具有很强的正能量作用。一个国家意识和国家责任感强的群体和个人，往往具有很强的奋斗精神，时时刻刻维护着国家和人民的根本利益。

三是发展性特点。适应时代的发展变化，国家满足人民美好生活的多样化需求，所形成的国家凝聚力意识化形态一定也是与时俱进的。这是因为国家凝聚力意识化的形态，从根本上说仍然是客观存在的反映。当然这种反映具有特定的方向性。正是这种方向性，保证自己能够适应时代的变化，成为增强国家凝聚力的内生动力。

四是传播力强特点。国家凝聚力的意识化形态，具有很强的传播性。这种很强的传播力来源于国家意识和国家责任感对群众的感染力。在充满正能量的社会环境中，这种强烈的感染力，能够在人民中形成共识，内化为国家发展的精神动力。

### 三、国家凝聚力的行为形态

一个国家凝聚力的强弱，一定能够通过国民的行为形态表现出来。“一方有难八方支援”，是国家凝聚力的行为形态；为国家科技事业的发展，科技工作者，夜以继日，攻坚克难，是国家凝聚力的行为形态；一个公民在普通的工作岗位上，踏踏实实的工作，做出不平凡的业绩，是国家凝聚力的行为形态；在日常生活中，见义勇为，敢于站出来同坏人坏事作斗争，也是国家凝聚力的行为形态等等。国家凝聚力只有转化为人民的行为形态，才能体现国家凝聚力的价值和意义，才能成为推动国家发展的实际推动力。国家凝聚力的行为形态，也有自己的特点：

一是正义性特点。国家凝聚力所表现的行为形态，无论是群体还是个人，一定是正义性的。这是由国家凝聚力的本质所决定的。被国家凝聚力凝聚起来的人民群众，一方面自觉地为国家和人民的利益而奋斗，另一方面也会自觉地同违背国家和人民的利益作斗争。这也是为什么在国家凝聚力强大的国家，社会上的一些敌对势力很难兴风作浪的凝聚力原因。

二是群体性特点。国家凝聚力所表现的行为形态，可以表现为个人行为，但绝不仅仅是少数人行为，一定是群体行为。这种群体行为，超越年龄、职业、性别和民族，只要是祖国的人民大众，都会产生国家凝聚力的行为形态。国家凝聚力的凝聚对象有多么广泛，国家凝聚力的行为形态在人民群众中就有多么广泛。

三是社会性特点。国家凝聚力的行为形态，可以表现为社会的行为形态，形成社会行为的发展趋向和历史走向。社会性特点是国家凝聚力的行为形态的重要价值体现。国家凝聚力的行为形态，产生于国家凝聚力，又通过国家凝聚力的行为形态的社会性特点，反作用于国家凝聚力的巩固和发展。一个深深爱着祖国，心向祖国的人，除了有很强的职业责任行为以外，还必然表现为很强的社会行为责任。

四是实践性特点。国家凝聚力的行为形态，一定是和时代的发展相联系，一定会表现为推动社会发展的伟大实践活动。这也是国家凝聚力行为形态存在的价值意义。在当代中国，国家凝聚力的行为形态，表现为热爱中华人民共和国、热爱新时代中国特色社会主义，以及为实现中华民族伟大复兴中国梦而进行的实践行动。

### 四、国家凝聚力的文化形态

国家凝聚力的文化形态，是指形成国家凝聚力要素，语言、文字和文学艺术内含强烈的爱国主义精神，所表现出来的多种文化形式的统称。一个国家的文化形态是多种多样的，但并不是所有文化形态都是国家凝聚力的文化形态，只有充满爱国主义精神，充分体现国家意识和国家责任的文化形态，才是国家凝聚力的文化形态。国家凝聚力的文化形态，在不同的国家和民族及不同的时代，会有不同的表现形式，但却有大致相同的特点。

一是跨越时代特点。每个国家的文化都有历史传承，国家凝聚力的文化形态，既然是文化形态，必然是历史文化和现代文化的融合。但作为国家凝聚力的文化形态，必然是继承了不同时代的优秀文化特点的文化形态。一部反映历史题材和抗美援朝题材的影视剧，都可以激发当下人民群众的爱国主义的热情。

二是价值认同特点。国家凝聚力的文化形态，一定是凝聚对象的价值认同形态。一方面，国家凝聚力的文化形态，来源于国家凝聚力，它所反映的价值取向必然体现着凝聚对象的价值认同；另一方面，国家凝聚力的文化形态，发挥着巩固和发展国家凝聚力的促进作用，只有体现凝聚对象的价值认同，才能真正发挥作用。

三是表现多样性特点。国家凝聚力的文化形态，往往不是特定的单一表现形态，所有的文化表现形式在充分体现爱国主义价值取向的前提下，都可以成为国家凝聚力的文化表现形态。可以是文章著作，可以是电影电视剧，也可以是小说戏剧等等。国家凝聚力的文化形态多样性，也是由国家凝聚力形成要素的多样性所决定的。它本身是满足人民丰富多彩美好生活需要形成的，因此表现形态必然是多种多样。国家凝聚力的文化形态越是多种多样，凝聚的范围越是广泛。

四是影响渗透性特点。国家凝聚力文化形态对人们的凝聚影响是通过渗透性来实现的。当然，对于一个深深热爱自己祖国的人，在国家凝聚力文化形态的影响和渗透下，可以起到不断加强和巩固凝聚力的作用。一个祖国培养教育多年、深深热爱祖国的人，在远离祖国的情况下，国家凝聚力的文化形态发挥着增强对祖国的向心力作用。对于诞生在祖国、正在成长中的青少年来说，培养他们对祖国的热爱，利用国家凝聚力文化的渗透性特点非常重要。青少年时期学习的一篇爱国主义诗篇，往往影响一个人的一生。当然，这种渗透性特点的发挥，要有适应性的良好社会环境所支撑。

## 第四节　国家凝聚力的周期与周期变化

国家凝聚力周期客观地描述了国家凝聚力演进中各阶段的特征及变化规律，对于国家强大凝聚力的形成具有重要的指导意义。国家凝聚力周期理论表明，国家的凝聚力会随着国家满足人们需要的程度而表现出强弱变化。一个国家要实现持续健康发展，就要认真分析国家所处阶段人民的需要变化，进而研究国家凝聚力所处的周期阶段，结合每个阶段特点，形成国家发展的中心任务，通过不断的改革与创新，实现国家的繁荣昌盛。

### 一、国家凝聚力周期的概念

要准确把握国家凝聚力的周期性发展变化过程，确立国家凝聚力周期的概念是非常重要的一环。这个概念不确立，不仅无法理解国家凝聚力的周期现象，而且可能把非凝聚力周期的一些现象也归咎于周期律，违背凝聚力的形成、发展和变化的规律，造成不应有的损失。从这个意义上看，明确国家凝聚力的周期概念，不仅是对国家凝聚力认识的深化，而且也是在国家凝聚力周期变化过程中，采取科学方法，不断巩固和强化国家凝聚力的理论前提。

#### （一）周期与国家凝聚力

所谓周期，就一般意义上的内涵而言，是指事物在运动变化的发展过程中，某些特征多次重复出现，其连续两次出现所经过的时间。按这个界定，一般意义上的人的需要的周期，就是人在社会实践生活中，其同类同质同量的需要重复出现，即周而复始，连续两次出现所经过的时间。如果人的需要的变化仅仅如此，那么对人的需要周期的研究就变得十分简单了。但事实并非如此，随着人类认识和改造世界能力的增强，人们的需要往往表现出按分蘖路线发展的过程。这样一来，人的需要周期就不仅表现为同类、同质、同量的周而复始，而是表现为在一个需要周期结束时将出现一个既包含周期起点的需要，又在类、质、量上大于起点的需要。

我们假设一个国家的周而复始的需要在第一个周期开始时只有10种，在第二个周期开始时增加到15种，在第三个周期开始时增加到20种。也就是说，在此期间要保持和增加国家的凝聚力，就必须由第一个周期满足10种需要，到第三个周期满足20种需要。这还仅仅是从需要的种类上考虑，还没有考虑人们对每种需要满足后在质量上的提高。这种对需要得到满足而在质量上要求的不断提高，同需要在种类上的增加一样有意义，他们对国家凝聚力的影响是完全相同的。也就是说如果国家因不能满足人民不同种类的需要而减弱凝聚力的话，那么国家若不能满足人民在同类需要上的质量的要求的话，同样会减弱凝聚力。比如，吃穿住行是人民群众的四大基本需要，对上述四种基本需要中任何一种不能很好地满足，都会导致国家对人民群众凝聚力的减弱。同样，如果在现代社会高度发展的外部环境下，两个起点大致相同的国家，经过一段时间的发展，其中一个国家的人民的吃穿住行达到了中等发展中国家的生活水平，而另一个国家的人民生活在贫困线以下，那么后者对人民群众的凝聚力必然会减弱。这一道理已被客观事实反复证明。

我们再假设，一个国家也有能力满足人民的需要，这种能够满足的需要既包括需要的数量又包括需要的质量，但是满足需要的时间长一些。如果这个长一些的时间，在人民所容忍的限度之内，一般不会对国家凝聚力产生太大的弱化影响。如果超过人民所能容忍的限度，就必然要对国家凝聚力产生弱化影响。例如，两个起点大致相同的省份同时奔小康，一个用5年一个用10年，显然使用5年时间使本省人民生活达到小康水平的省份对全省人民的凝聚力强。因为5年和10年的时间差太大了，已超过了群众所能容忍的限度。这些简单的实例，却说明了十分深刻的道理：一个国家凝聚力的强弱，是与国家使人民的需要得到满足的时间长短有密切关系的。在一般情况下，总是满足国家中人民需要所用的时间越短其凝聚力越强，反之则越弱。

在国家满足人民需要增强国家凝聚力的过程中，既然不是一次完成的，而是一系列满足共同需要的活动，那么无论是国家凝聚力的强化现象还是弱化现象，都必然是一个由量变到质变的过程。根据这一原理，如果一个国家长期不能满足人民的基本需要，那么这个国家对人民的吸引力就会随之减弱，反之亦然。由于能够做到长期满足，还会形成凝聚力的积淀，而这种积淀好像凝聚力的保护层，对外防冲击、对内防离心力。

**（二）国家凝聚力周期律的理论基础**

唯物辩证法的原理向人们揭示了这样的真理：世界上的任何事物都是发展变化着的，这种变化并不是杂乱无章的，而是有着自己的规律性；这种发展变化的动力，在于事物内部的矛盾性，在于事物内部相互对立的双方的既斗争又统一，由此推动着事物的发展。事物的发展是一个由量变到质变的过程，先是量的变化，量变超过一定程度会引起质变，通过质变一事物转化为另一不同质事物，这种量变到质变的发展并不是原地转圈，而是波浪式的前进和螺旋式的上升，是辩证的否定。这些原理从理论上指导我们深刻认识凝聚力周期的发展变化过程。

国家凝聚力作为人类所具有的客观心理现象，有着自身的规律。这一规律不但可以认识而且可以掌握和利用。国家凝聚力之所以会发生变化，其根本原因是国家内部国民的需要与满足之间的矛盾运动。旧的需要满足了，还会产生新的需要与新的满足之间的矛盾运动，两者之间的矛盾不断出现，又不断解决，构成国家凝聚力发展变化的周期运动。

无论是国家凝聚力的增强还是减弱，都是一个由量变到质变的过程。当人民在心理上认定国家具有满足自己需要的能力并且自己具有明确的该国归属感时，这个国家对人民来说便有了凝聚力。随着一次次的需要得到满足，国家对人民的凝聚力也逐步增强，反之则逐步减弱。虽然国家凝聚力具有相对的独立性，但并不能长期离开它的动力和源泉。例如我国20世纪60年代至70年代的许多农村生产大队和生产小队，在建队初期，也曾有过对群众的凝聚力，但后来越搞越“左”，甚至提出越穷越光荣的口号，结果把人民群众的生活越搞越穷，虽然没有垮台但许多人出工不出力，人心散了。所以在党的十一届三中全会后很快被实行联产承包责任制的村社组织所代替。

**（三）国家凝聚力周期概念界定**

国家凝聚力同其他发展变化着的客观事物一样，具有自己的周期。一个国家，要不断增强自身的凝聚力，就必须正确认识这种周期律，掌握其发展变化的规律。从历史的角度而言，由于国家周期变化的主体是国家，因此国家周期是随着国家的产生而开始，随着国家的消亡而结束。所以从时间演进角度而言，国家的周期是从一个国家建立开始直至该国衰落、消亡所经历的过程。但是，国家凝聚力周期不同于国家周期。国家凝聚力源自人们需要的满足，因此，在一个国家周期的时间段里边，国家凝聚力可以随着对人们“需要—满足—新需要”的多次周期变化的完成，而表现出多次性的周期变化，这样的律动规律恰恰是我们所研究的重点。

综上所述，我们将国家凝聚力周期定义为：一个国家的凝聚力随着该国家实际满足人民不断变化的新旧需要，而有规律地表现出来的同期性周期变化。正确理解国家凝聚力周期的内涵，必须准确把握以下要点。

首先，国家凝聚力周期不同于需要的周期。需要的周期是从个体的需要到满足，再从满足到新的需要的单一周而复始的过程。而国家凝聚力的周期是一个国家以满足本国国民需要为基点，以每次满足所产生的吸引效果为曲线，经过多次满足活动表现出来的带有周期规律变化的过程。一般而言，需要的周期是经过满足之后再回到起点上，国家凝聚力的周期是在国家对国民的阶段性多种需要进行多次满足之后，以新阶段、新需要为起点，通过满足新需要而形成国家凝聚力新动力所表现出来的螺旋上升式周期变化。

其次，国家凝聚力满足的是人们需要数量和质量的总和。国家实际满足人民一定的各种需要的程度和能力的增加或减少，是指人民在一定的时间内，希望从国家的社会实践活动中所获得的满足需要的种类和质量的总和。例如，在中华人民共和国成立前夕中国共产党提出的“打倒蒋介石，解放全中国”的目标，曾经激励千百万人民群众，这其中包含了大多数中国人的需要和希望。劳苦大众通过这一目标的实现，渴望翻身解放，当家作主人，生活富裕，国泰民安；知识分子通过这一目标的实现盼望提高全民族的科学文化素质，使祖国强大。如果这一目标不实现，中国共产党就不可能产生解放初期那样的强大凝聚力。

最后，国家凝聚力周期具有规律性。纵观不同国家凝聚力周期的变化，虽然时间曲折程度各不相同，但都有相对固定的表现形式。随着人们需要层次从低级向高级的演进，国家满足人们需要的手段和能力不断提升，推动国家凝聚力从无到有、从弱到强，发生多次性的周期变化。

## 二、国家凝聚力周期阶段特征

任何一个国家发展的目标，都希望朝着不断上升的趋势发展。尽管现实中的国家凝聚力周期变化比较复杂，但万变不离其宗，不管是上升还是下降，国家凝聚力的周期演进大多是在单周期基础上的重复律动。因此，本部分关于国家凝聚力周期阶段的分析，以单周期的演进阶段为基础进行分析。

### （一）形成阶段

形成阶段是国家凝聚力开始周期运动的初始阶段。这一阶段的明显特点是不稳定，直接表现为凝聚力的忽强忽弱。造成不稳定的原因来自两方面：

一方面作为国家凝聚力吸引对象的人民，对国家能否满足自己的需要的期望，尚处在不完全认识的阶段。当人民认定国家的功能和自己的需要之间有较大的差距时，则有可能摆脱这种吸引，最起码要调整自己对国家的期望，这都会影响到凝聚力的稳定。

另一方面是来自国家。每个国家都有其功能的局限性，这种局限性决定了每个国家不可能使每个国民获得百分百的满足。一般来说，当国家的功能和人民的需要不一致时，无论其国家的功能多么强，都不可能把人民需要与国家功能统一起来。高凝聚力的国家能够把人民需要与该国家功能不一致的个体吸引过来，也就达到了目的。对需要该国家功能的个体来讲，该国家的凝聚力是强的；对较少需要该国家功能的个体而言该国家的凝聚力是弱的；对于根本不需要的个体而言该国家的凝聚力等于零。换句话，人民需要的国家政权，国家凝聚力一定是有的或者可能是强大的。人民不需要的国家政权，被人民所抛弃的国家政权，这个国家的凝聚力一定是弱化甚至消失的。

凝聚力形成初期的不稳定性，还与客观外界环境密切相关。当外界环境不利于国家发挥自己的功能时，就容易造成该国家的凝聚力不稳定，反之亦然。

国家凝聚力在形成阶段是否顺利，直接影响到以下三个阶段——提升阶段、稳定阶段和衰退阶段。如果在形成阶段不顺利，不但在客观上必然出现延长形成阶段的时间，而且在进入发展阶段后仍然容易出现不顺利现象，严重的还可能出现凝聚力早衰。如果在形成阶段比较顺利，不但可以相对缩短形成阶段的必要时间，而且能够保证顺利进入提升阶段，延长凝聚力的稳定阶段，增强国家凝聚力的生命力和抗逆境、抗冲击、抗弱化的能力。

促使国家凝聚力在此阶段健康形成，必须专门关注三个环节：

第一，要强化国家功能。一般来说强化国家功能在前三个阶段都是必要的，但是在第一阶段有着特殊意义。只有让人们看到国家满足人民需要能力的强大，人们才能放心。特别是存在有相同功能的国家竞争时，国家功能的强弱就直接表现为凝聚力的强弱。因为每个人都希望通过国家的实践活动使自己的需要得到充分满足。强化国家的功能，主要是强化实现国家功能的物质精神和环境条件。让人们通过这些条件看到国家的未来和发展趋势，看到自己的需要通过国家实践能够得到满足的可靠保证。

第二，要帮助人们认识国家功能。有时国家凝聚力在周期的形成阶段对人们的吸引力不强，并不是国家的功能差，而是人们缺乏对国家的全面认识。由于种种原因，人们受认识的局限，看不到国家在某些方面的优势条件，这势必影响国家功能的外化表现。帮助人们认识国家的功能，一方面要加强对国家优势的宣传，使人们不至于因信息不通畅看不到国家的发展趋势；另一方面要把对国家功能的认识大众化，使人们不至于因认识水平较低看不到国家的优势条件。

第三，要善于变不利环境为有利环境。环境的有利与不利固然有本质区别，但在许多时候，环境的有利与不利又是相对的。当没有认识和把握环境时，环境往往是不利的；当充分认识和把握了环境后，环境往往是有利的。谁都承认，苏联和一些东欧社会主义国家发生巨变后的形势是不利于中国的社会主义事业的。但是，当我们认识了不利环境的本质并采取针对性措施后，不利的环境就有可能向有利的方向转化。谁都不能否认，当下中国对全国人民的凝聚力比东欧剧变期间有了巨大的增强。这种变化，一方面因东欧剧变后的人民群众饱尝国家动乱的苦果对我国人民群众的影响，但更重要的是我党吸取了历史教训，更加自觉地坚持以经济建设为中心，加快改革开放，进一步解放和发展生产力，不断提高社会主义综合国力和广大人民群众的物质文化生活水平，充分体现了人民群众的根本利益，走这样一条强国富民的道路，赢得了广大人民群众拥护。当然，如果遇到怎么努力都无法改变不利环境的影响时，应该考虑转变其功能，等待有利时机的出现，这样的选择从眼前看是不利的，从长远看是有利的。

**（二）提升阶段**

国家凝聚力周期的提升阶段是其形成阶段和稳定阶段的中间环节。每一个长久的国家凝聚力，都有自己的提升阶段。其提升阶段的出现，标志着一个国家较大规模的稳定和满足人们的需要实践活动的全面开始。从人民的角度来说也不再对国家的选择发生动摇，而是全力投入共同为国家的发展贡献力量。在这一阶段，其凝聚力的表现特点是在初步形成凝聚力的基础上开始量的扩张。这种扩张在正常情况下是一个正向的量的积累过程。就凝聚力而言，是由弱到强、由部分到全面、由浅到深的过程。

由弱到强的发展。国家凝聚力的形成阶段意味着国家凝聚力已经形成，但必须承认这时的凝聚力还是比较脆弱的。国家实现共同的奋斗目标的实践活动开始，也是满足人们需要由理想变为现实的开始。随着国家社会活动的深入，人们需要会不断地得到满足，每满足一次，国家凝聚力就会得到加强。也就是说，一个国家要在此阶段使自身凝聚力不断发展，就必须集中力量努力实现共同的奋斗目标，最大限度地满足人们日益增长的物质文化生活的需要。如果国家达不到人们的要求，那么凝聚力就会减弱；如果国家的社会经济成果满足人们需要不能达到基本满足程度，凝聚力的发展就会停止；如果不能达到人们最低需要的满足，那么国家凝聚力就会提前进入衰退阶段。

由部分到全面的发展。国家有多功能和单功能之分，在一般情况下，国家的功能往往是逐步实现的。这不仅因为受国家社会实践能力和范围的限制，不可能把国家的多种功能一次完成，而且因为人的需要的种类也是逐步出现的，并且随着时间的推移而发展。这样就产生了两条发展路线，一条是国家功能由部分到全面的发展路线，另一条是人们需要由部分到全面的发展路线。这两条路线通过国家满足人们的需要合并为国家凝聚力由部分到全面的发展路线。

由浅到深的发展。国家凝聚力是分层次的，具体来说可分为三个层次：一是立竿见影式的初级凝聚层次。即产生凝聚力的条件出现，凝聚力就会出现；条件消失，凝聚力随之消失。二是双向互动式的中级凝聚层次。即当国家满足人们的需要时，人们并不是被动的受国家盲目的吸引，而是转化为向心力，为国家功能的发展不断地做出新的贡献。三是相对独立和超脱的高级凝聚层次。即国家的凝聚力强弱一般不受某一个满足活动的好坏和国家遇到暂时困难的影响，尽管这种相对独立和超脱是有一定时间限制的。如有人调查过犹太民族，认为这是一个世界上凝聚力最强的民族，尽管他们分散在世界各地，得不到这个民族直接带给他们的利益，但是他们之间的族源关系，促使他们紧紧团结在一起，积极维护本民族的精神和物质利益。以上国家凝聚力由初级到高级的层次递进过程，也就是凝聚力由浅入深的发展。造成这种发展的原因和动力，来自国家对个体不同层次的需要满足，和对每一种需要经常的、大量的、较高程度的满足。

### （三）稳定阶段

国家凝聚力在经历了形成阶段和提升阶段以后，便进入了稳定阶段。稳定阶段是国家凝聚力变化的顶峰，标志着国家满足人们需要的能力和人们需要发展变化都进入了成熟和稳定的阶段，并表现出以下典型特征。

第一，人们的需要相对固定化。一是包含人们需要的国家需要在种类和质量的要求上相对固定化；二是国家满足人们需要的能力也相对固定化。也就是说需要和满足之间处在一种相对平衡的状态。

第二，国家的奋斗目标已经或基本完成。任何国家都有自己的奋斗目标。这个奋斗目标应同每一次具体的社会经济活动所直接达到的目标相区别。它是一定时期国家社会实践活动所要达到的各种目标的总和。换言之，就是人们要求国家通过社会经济实践活动所要达到的目标都已经达到，或基本上达到。

第三，国家领导班子的品质、素质、能力、作风，均为广大群众所认可，形成了强大的影响力和号召力。国家领导班子是国家的核心，他们本身的凝聚力虽然并不等同于国家凝聚力，但在一定时期，他们本身对人们的凝聚力强弱，却是国家凝聚力强弱的一个重要标志。更具体地说，如果在一定时期某个国家具有很强大的凝聚力时，那么这个国家的领导班子也往往具有很强的凝聚力。反过来说，如果国家领导班子具有很强的凝聚力，那么也标志着该国家具有很强的凝聚力。在国家凝聚力周期变化的稳定阶段，一般认为，领导班子或者执政党的凝聚力也达到了其凝聚周期的顶点或最高点。

第四，国家内社会和谐一致。营造健康、文明、理解、合作、相互支持的社会氛围，在国家的经济社会文化等活动中，整个国家能够统一思想，统一认识，统一步伐，达到和谐社会的最高境界。

第五，国家利益的合理分配方式，已被绝大多数国民认为是一定条件下最合理和最公平的固定模式。收入分配的公平与否，是有客观尺度的，但这个客观尺度往往与一定历史阶段的生产力发展水平相联系。从一个国家来说，也就是与该国家满足人民多种需要的实践水平相联系。在国家已发挥出最大能力条件下，国家所采取的最能充分调动起绝大多数人民积极性的利益分配方式，就是最合理和最公平的方式。在国家凝聚力的周期发展变化中，当人们认为本国的收入分配方式是最合理和最公平时，由分配方式使国家对人们所产生的吸引也就达到了较高程度。

第六，国家文化中的主流文化所蕴涵的和国家功能相一致的集体主义价值观念，已普遍成为国家人民的责任与担当意识。这种责任与担当的意识既是国家凝聚力发展到较高水平的客观标志，又是国家保持对国民吸引力的精神纽带。

**（四）衰退阶段**

衰退阶段是国家凝聚力周期的最后阶段，在这里，之所以把这一阶段称为衰退阶段，而没有称作下降阶段，是为了同平时经常所出现的凝聚力下降相区别。首先，衰退阶段是国家凝聚力在经历了形成阶段、提升阶段、稳定阶段之后出现的，而凝聚力的下降现象，可出现在凝聚力周期变化四个阶段的任何一个阶段；其次，衰退阶段有衰老、自然衰落之意，是国家凝聚力周期变化的规律的反映，而凝聚力下降现象的出现，不是国家凝聚力周期变化规律的必然表现，往往是由人为原因造成的；再次，衰退阶段一般是在国家满足需要的能力没有变化的情况下发生的，而凝聚力下降现象的出现则往往是由国家满足需要的能力的降低所造成的。最后，国家凝聚力衰退的原因是多方面的，往往是影响凝聚力的多种因素系统变化的结果，而国家凝聚力的下降现象，也可由单一的因素所引起。

在衰退阶段，往往表现出两方面的特征：一是呈倒计数形式衰退。在国家凝聚力的发展经历了一个完整周期变化的国家，其凝聚力的衰退，也不可能一下子完全消失，其衰退过程往往呈倒计数形式。我们假设原来的国家凝聚力顶峰值是 10，那么进入衰退阶段，国家凝聚力就会按着 10、9、8、7、6、5、4、3、2、1、0 的倒计数形式逐步减弱。但应该指出的是，任何一个需要生存和发展的国家，都不可能容忍凝聚力降到零而不采取措施。二是按着先物质后精神的顺序衰退。按着马克思主义哲学的观点，物质是基础，物质决定精神。在凝聚力的问题上，同样如此。首先是物质凝聚力的丧失，而物质凝聚力的丧失就会使精神凝聚力失去依托，最终也必然导致精神凝聚力的丧失。

引起凝聚力衰退的原因是多方面的，可以说与所有影响凝聚力产生和发展的因素都有关。因为既然是凝聚力衰退，而不是简单的弱化和下降，那就不可能是影响凝聚力产生和发展的单一原因和偶发因素，而是凝聚力的形成机制已不能再产生和维持新的或原有的国家凝聚力了。当然，这也不是说引起凝聚力衰退的原因所起的作用都是并列的，也有主有次，有先有后。所谓主，就是指国家领导和国家目标。国家领导班子的思想观念陈旧，领导的方式方法不适应新形势下发展国家事业的需要；旧的国家目标已经实现，而新的目标又没有确立。这些，往往是构成国家凝聚力衰退的主要原因。所谓次，是指除以上两方面以外的原因。之所以这样分析，是因为如果上述两个方面正确，其他不利的因素和条件都是可以改革的；如果上述两个方面出现错误，无论其他方面多么正确，也不能从根本上形成新的凝聚力。所谓先，就是指物质生产方面的原因，通过物质生产活动使成员的物质需要得到满足，是产生凝聚力的基础和条件。国家由于机制方面的原因不能满足人们的需要，往往首先表现为不能满足人们的物质需要，即由此造成物质凝聚力丧失。所谓后，就是国家的精神生产不能满足人民的精神需要，即由此造成的精神凝聚力的丧失。

缩短国家凝聚力衰退期的滞留时间，做好国家凝聚力的周期转换，是任何一个国家必须着力解决的重大课题。根据我国建设中国特色社会主义的实践可知，最主要和有效的方法，就是改革。改革不是简单地否定一切，而是一种特定意义上的“扬弃”，其目的在于通过改革，克服旧体制中存在的不适应国家新的任务和新的形势的种种弊端。改革的动力来自两方面：一是来自执政党内部，通过自我改造，自我换血，达到由“旧我变新我”，建立起能够产生新的凝聚力的运行机制；二是来自国家外部，通过外部的力量，打破原有的体系结构，建立起能够产生新的凝聚力的运行机制。

改革的任务依国家的大小、性质、功能的不同而有所不同。但是改什么、不改什么，应以国家的政策体制中那些不适应新的形势和新的要求为依据，决不能搞随心所欲的短期行为。怎样改，并没有统一固定的模式，但应有改革是否正确的统一的标准：建立起来的新体制能够适应新的形势和新的要求，通过有效地组织国家的社会活动，使国家凝聚力得到增强，使人们新产生的物质、精神、政治、文化、安全需要得到满足，从而产生新的、不断发展的国家凝聚力。应该指出的是，并非所有国家在其凝聚力经历了一个完整的周期后，都能产生新的凝聚力。那些已经完全丧失生存能力的国家，那些已经被历史淘汰的国家，那些国家的功能已经完全没有社会价值的国家，以及改革所付出的代价远远超过组建一个新的国家时，则只能选择一条路——解体。

## 三、国家凝聚力周期转换的支撑条件分析

国家凝聚力周期转换有两条主线共同作用，一是人们的需要的变化，二是国家的形成与演进。随着人们需要的多元化以及需要层次的攀升，国家满足人们需要的能力也不断加强，国家凝聚力也在不断提升。当然，在这种整体的上升趋势中，随着人们物质、精神、政治、文化和安全等各方面需要被满足程度大小的变化，国家凝聚力也会表现出暂时的微小的下降或上升趋势。另外，从历史角度看，国家凝聚力是随着国家形成而形成，伴随国家繁荣而昌盛，反过来，国家凝聚力的强弱变化，也会影响着国家实力的大小，影响着国家实力和发展质量。人们需要的变化，国家发展的状态，共同决定了国家凝聚力演进周期变化规律，使得国家凝聚力周期各阶段表现出不同的特征。这些特征进一步决定了周期各阶段之间的转换条件，既受到物质、精神、政治、文化、安全条件的共同影响，但又各有侧重。

在国家凝聚力的形成期，国家主权初步独立，各方面的发展还不完善，此时，对国家凝聚力起主要影响作用的是由国家主权、军事、国防共同构成的安全凝聚力。试想，一个国家领土不完整，主权不独立，一个国家凝聚力是不可能存在的。当然，在形成期，精神的作用对国家凝聚力的形成也会起到关键的作用。如 1949 年中华人民共和国成立，经济上是一穷二白，物质条件是极其落后的，但精神条件十分丰富，广大劳动人民当家做了主人，人们意气风发，以高昂的斗志献身于中国社会主义建设事业。因此，在国家成立初期，国家安全凝聚力，具有非常重要的作用。

在国家凝聚力的提升期，发展经济是第一要务，所以此阶段，以经济发展水平、国家财富等为代表的物质凝聚力成为国家凝聚力构成的主力，所以此阶段的国家目标，也相应表现为“又快又好的发展”。

到了国家凝聚力的稳定期，国家经济实力在增加，人们物质、精神生活不断丰富，这时人们对执政党的执政能力充满了信任，执政党的吸引力逐渐显现出来。同时，国家的强大，国际地位逐步提升，形成一定的外交实力和国际影响力，国家内部和谐稳定，人们安居乐业，国家文

化兴盛繁荣，不断地丰富人们的精神世界。因此，在这个阶段，物质、精神、政治、文化、安全条件逐步完善，共同作用于国家凝聚力，也是国家凝聚力最强大和最稳定的时期。

在稳定阶段，最容易起伏变动的是因目标的迷失而弱化的精神凝聚力。正如人们所说：生活富裕了，但却高兴不起来了。分析其主要原因是目标迷失，在物质条件较差的情况下，人们的目标是清晰的，目标驱使下的动力是强大的，所以为了清晰而明确的目标而奋斗，是快乐的。但当人们物质条件逐步改善，反而不知道该干什么了，人们开始处于迷茫状态，炫富、攀比就是人们精神空虚的一种表现。所以精神的空虚、信仰的缺失，往往会成为此阶段国家凝聚力下降的主导诱因。

由于种种原因，构成国家凝聚力的五个方面凝聚力中，任何一种的弱化，都会导致国家凝聚力处于下降趋势，导致国家凝聚力进入衰退期。

从本质上讲，国家凝聚力是一种动态的心理现象，它的形成和稳定状态如何，取决于国家凝聚力形成的条件是否满足。当这些条件由满足到不满足或满足不充分时，国家凝聚力就会产生弱化现象。建设强大的国家凝聚力，保持国家生命力长盛不衰，重点在于对引起国家凝聚力弱化的关键因素的控制，所以，下边重点对引起国家凝聚力变化的关键因素进行分析。

### （一）经济发展可持续

经济与财富有关，财富是国家凝聚力的物质基础，经济发展可持续性是影响国家凝聚力周期转换的重要条件。没有可持续发展能力的国家是不可能完成国家凝聚力周期转换的国家。实现经济社会可持续发展，是整个人类共同的目标，是世界各国发展的共同课题。1989 年，联合国环境规划署（UNEP）通过《关于可持续发展的声明》，将可持续发展的内容界定为四个方面：一是走向国家和国际平等；二是要有一种支援性的国际经济环境；三是维护、合理使用并提高自然资源基础；四是在发展计划和政策中纳入对环境的关注和考虑。2012 年 11 月，我们党的十八大报告提出：要坚持以经济建设为中心，以科学发展为主题，全面推进经济建设、政治建设、文化建设、社会建设、生态文明建设，实现以人为本、全面协调可持续。由此可见，经济发展可持续是可持续发展的重要任务，而评价经济发展可持续性的关键指标之一是经济发展水平。

经济发展水平是一个国家经济发展的规模、速度和所达到的水准，反映了经济发展状态与潜力。衡量一个国家经济发展水平的常用指标有国民生产总值、国民收入、人均国民收入、经济发展速度、经济增长速度等。据联合国和经济学的资料表明，当人均 GDP/GNP 值超过 3000 美元 / 年时，经济发展趋向稳定上升。

关于国家经济发展水平的综合实力，国际公认的说法是发达国家与发展中国家的区分。发展中国家通常是指那些经济社会发展和人民生活水平相对较低，尚处于从传统农业社会向现代工业社会转变过程中的国家。发展中国家与发达国家相比，经济上比较落后，主要包括亚洲、非洲、拉丁美洲及其他地区的 130 多个国家，如玻利维亚、加纳、印度、肯尼亚、摩洛哥、尼日利亚、巴基斯坦、菲律宾、塞内加尔、斯里兰卡和津巴布韦等，这些国家年人均国民生产总值较低，在国际关系中处于劣势地位。由于国际关系的规则和形势在很大程度上由发达国家制定和掌控，大多数发展中国家的经济建设只能靠出口初级产品取得外汇，因此发展中国家在经济上受发达国家支配，依附于发达国家。

因此可以说，实力强大的国家，经济发展水平相对较高，国家凝聚力相对强大；经济发展水平较低的国家，国际竞争低下，国家凝聚力相对较弱。当然，这并不是说，经济发展水平低的国家，国家凝聚力一定弱小。有些发展中国家，虽然经济水平低下，但因为共同的信仰形成的强大精神凝聚力，也会形成强大的国家凝聚力。如中华人民共和国刚刚建立时，无论是经济实力、军事实力还是科技实力都不强，但国家凝聚力并不弱。

另外，发展中国家除了经济发展水平低下，同时面临着收入分配差距不断扩大、产业结构调整困难、可持续发展能力不足等问题。这里想说明的是：一国经济发展水平的强弱变化，会影响到一个国家凝聚力强弱变化，以经济发展水平为代表的物质条件是形成国家凝聚力的必要条件之一，在国家凝聚力周期变化中起着非常重要的影响作用。

**（二）理想信念不动摇**

共同的理想、共同的价值观念和一致的目标，是强大国家凝聚力的重要源泉。坚定的理想信念，是开拓进取、变革现实的精神动力，也是决定国家凝聚力周期转化的另一主要因素。只有当理想信念、价值目标得到国家全体成员的共同认可，并自觉地将国家理想、国家目标融入自己的生存与发展的目标当中，融入个人的得失取舍之中，此时，国家凝聚力的周期不断向上升的趋势转化。在社会主义市场经济条件下，个人主义与集体主义价值观念上的冲突，个人理想与国家理想的不协调，都会削弱国家凝聚力，引起国家凝聚力周期下降趋势。

个人主义价值观念的主要表现是自私自利，只顾自己不管他人，一事当前先替自己打算。个人主义价值观念在一定意义上可以成为个人奋斗的动力。但当个人利益和集体利益发生冲突时，往往以牺牲集体利益为代价而换取个人利益。而集体主义的价值观，则要求个人利益服从集体的和国家的利益，并在排列上严格按照先国家、集体，后个人利益的顺序，以国家、集体的利益实现，作为个人利益实现的前提。集体主义价值观所确立的理论基础，绝不是对个人正当利益的否定，而是国家利益比起个人利益来，是根本的更长远的利益。只有国家的发展和兴旺，其中的每一位国民才能得到更好的发展，他们现实的和长远的需要才能得到更好地满足。由于历史的和现实的、主观的和客观的原因，几乎在任何国家内都难以摆脱个人主义价值观和集体主义价值观的冲突。引起凝聚力弱化的，不是这种冲突的客观性，而是冲突的结果，或者说谁在这场冲突中占主导地位。当集体主义的价值观念在一个群体中占主导地位时，整个群体处在团结一致、奋发向上的精神状态之下，最终将使集体和个人更好地协调起来，促进整个国家形成强大凝聚力；当个人主义的价值观念占主导地位时，整个社会便处在一个人人以自我为中心，一切从个人的利益出发的，不讲集体主义和全局观念的精神状态之下，最终将使个人同集体疏远和对立，也必然造成国家凝聚力的弱化。不可否认，个人主义价值观念在私有制社会中会产生某些积极的作用。但由于个人主义价值观念总是诱发人们的私欲不断膨胀，总是造成个体同群体的分离，最终沦为利己主义，因此也总是造成对国家凝聚力的削弱。

个人理想是个体对于自己的未来物质生活、精神生活所产生的种种向往设想，理想是行动的方向和指南。每个人应该在追求个人理想实现的过程中，实现自己的价值。正确的个人理想，可以推动个人为人民、为国家做出应有的贡献，因此个人理想是国家理想实现的基础。失去了正确的个人理想，国家共同理想就会流于空谈。反过来说，国家共同理想是个人理想的指向标，如果个人理想脱离了国家共同理想，甚至与之相背离，个人理想就会失去正确的方向，个人理想实现困难，甚至变得对国家发展毫无意义。因此，个人理想与国家共同理想融合度和协同度越高，国家共同理想对全体人民所产生的精神聚合力和吸引力就越强，对国家凝聚力推动作用就越明显。

### （三）各级领导干部能力素质高

实现中华民族伟大复兴中国梦，增强国家凝聚力，提高各级领导干部的能力素质是当务之急。党中央制定了得民心顺民意的好政策，能不能落到实处，领导干部的能力素质非常关键。高素质能力的各级领导干部才会按着党的执政理念与大政方针实现人民群众的意愿，满足人民的需要。各级领导干部能力素质高会转化为人民群众对党和政府的高度信任。人民满意时就会体现为人民对党和政府的高度信任，直接作用于国家凝聚力周期强弱变化，不断推进国家凝聚力持续增强。

现代社会，国家凝聚力对各级干部能力素质的要求主要体现在以下几个方面。

一是干部队伍的道德品质优良。在社会群体中，广大人民群众非常重视个人的道德品质，往往以此作为是否可信赖的依据之一。各级领导是群众的领头人、人民的公仆，因此对领导人的道德品质要求，比一般人还要高。领导人具有优良的道德品质，平时关心人、理解人、尊重人、与人为善、乐于助人、平等待人、光明磊落，会使人民对领导产生亲切感、信任感而自身也有安全感，因而容易对个体形成吸引力。如果道德品质恶劣，与人为恶，欺下瞒上，拉山头搞宗派，阳奉阴违，口是心非，整天工作无所事事，以整人为乐，以权谋私，以势压人，会使人民对领导产生厌恶感、敌视感，自身也有不安全感。没有优良品德的干部，不会对人民产生凝聚力。

二是工作能力强。国家主要各级领导的工作能力强，勇于改革创新，决策科学正确，治理能力强，本身就容易在人民群众中形成威信，这种威信又会转化为实现奋斗目标的信心。国家发展了，个体的目标需要也就有了更多得到满足的机会。

三是能人贤人得到重用。各级领导干部在用人的问题上若任人唯亲，这无论在什么社会制度条件下都是国家丧失凝聚力的重要原因。特别是在我们社会主义条件下，人们在政治上的平等、群众的主人翁地位，更要求领导干部在用人的问题上，一定要任人唯贤，不能任人唯亲。任人唯亲的后果至少有三个：一是有才能的人，不能进入领导层，造成领导班子整体功能退化；二是使有才能的但非“亲者”的人，产生离心力；三是非亲勿用，也使广大群众对领导失去信任。这三种结果无论出现哪种情况，都会造成国家凝聚力的弱化。

四是勤政廉政。各级领导干部应是服务于人民、服务于社会、勤政廉政的典范。如果他们抛开本职职责，只顾自己吃喝玩乐，以权谋私，不管人民群众的生活疾苦，贪图享受，缺乏艰苦奋斗的精神，没有与人民群众同甘苦共患难的精神，是不可能吸引人民群众团结在领导人周围的。

**（四）主流文化主导地位巩固**

当国家凝聚力周期处于不断上升趋势时，其主流文化的主导地位必然是稳固、不可撼动的。当然，主流文化巩固的主导地位的形成，也是一个不断沉淀、累积的过程。

首先要形成主流文化。主流文化是文化认同的前提，文化认同本质上是一种感觉，是一种个体被群体文化影响的感觉。对本国文化的强烈认同，既是国家自立于世界民族之林的伟大精神力量，又是国家在激烈的国际竞争中立于不败之地的强大动力。主流文化不是“去民众化”的文化，相反，主流文化只有在融入普通民众的文化生活和精神生活中、在普通民众的参与中才是有生命的。电影《集结号》之所以取得巨大的成功，特别是获得了广大观众和社会舆论的好评，一个最重要的原因就是以小人物的命运表现了一个重大的主旋律题材。这样的主流文化是与民众同呼吸的主流文化，是与民众的感情生活相呼应的主流文化，只有这样的主流文化所形成和产生的力量，才能构成国家所需要的文化凝聚力，在这种主流文化影响力的强弱变化中，引导着国家凝聚力周期变动。

主流文化不等于主流意识形态，而是反映历史发展趋势的文化形态，反映民意主流的文化形态。当这种文化形态表现于我们的文学艺术创作的时候，它所打动人心、给予人的灵魂的精神震撼是任何纯粹的意识形态说教所无法替代的。一部好的文学艺术作品和一部优秀的学术著作，不仅是文化生产力，而且也应该成为社会主义意识形态的吸引力。

其次是不断提升文化创造力。一个国家和民族的文化创造力所达到的高度和程度，直接决定了一个国家凝聚力的影响力和渗透力。没有全民族的文化创造活力，就不可能有一个国家的文化凝聚力。如在我国，激发全民族的文化创造活力的程度，直接关系到建设社会主义核心价值体系，增强社会主义意识形态的吸引力和凝聚力。

再次是加大文化教育普及。任何国家在任何时代发展文化，必须重视弘扬本国传统文化精髓，离开了传统文化，就丢掉了文化之魂，失去了发展的方向，并将沦为外国文化的附庸。我们应该加强文化的教育普及，努力营造良好氛围，通过丰富多彩的形式和内容，让我们的子孙后代充分继承中华传统文化的精髓，使中华传统文化不断地发扬光大。如过好春节、元宵节、中秋节等重大传统节日，就是很好的借境育情的方式。当然，中华传统文化博大精深，从天文地理到数理科技，从赢王治国到当代社会和谐之道等等，进行全方位合理开发利用，通过文化教育传承精华，都是促进国家凝聚力形成的重要条件和要素。

**（五）社会相对和谐稳定**

乱世思温饱，盛世思和谐。这句话前半句说明在“乱世”，人们最基本的需要是“温饱”，这再次证明了物质凝聚力是国家凝聚力的基础；后半句话说明在“盛世”，人们的主要需要是“和谐”，而和谐的前提是稳定。从整体上理解这句话，一是表达了国家从“乱世”到“盛世”的一个转折过程；二是表达了在不同的国家发展阶段，人们的需要重点各有侧重；三是人们的需要变化及差异反映出国家凝聚力强弱变化。同样，这里的“温饱”“和谐”同样反作用于国家实力的强弱变化，成为影响国家凝聚力周期转化的支撑条件之一。

而从“乱世”到“盛世”的周期转变，并不完全是一个自然过程，需要国家执政集团借助于一定的政府干预，出台相关的政策，保持社会相对的和谐稳定。社会相对和谐稳定，老百姓的利益和需要得到保护和满足，人民生活安居乐业，国家安全也便有了充分的人民基础，即便在特殊时期遭遇突发事件，人们也能够冷静对待和理性解决，这种和谐稳定环境中的国家凝聚力自然是稳定而强大，并处于不断上升的态势。

当今社会，影响国家稳定和谐的因素很多，其中影响国家凝聚力最主要的问题之一就是分配问题。分配问题是广大群众关注的焦点，也是最容易由此而产生凝聚力弱化的原因。其主要表现有两个方面：

一是分配量的不满足造成国家凝聚力弱化。所谓分配量的不满足，一般包括两层含义：一层含义是指个体通过群体分配得到的劳动成果，不能满足其基本的需要；另一层含义是指个体通过群体分配得到的劳动成果，不能满足其期望的需要，及实际需要远远低于期望值。这两种需要的不满足对凝聚力都会产生削弱作用，但程度是不同的。

前者需要的不满足，会造成个体生存上的困难，如果具备可选择其他国家或群体的条件，个体可能要脱离原群体或者国家，选择其他群体甚至移民。这种不满足具有不可调节性，就是不管采取什么措施，只要分配数额不增加，这种不满足就存在。后者需要的不满足，不会造成个体在生存上的困难，如果可选择群体或者国家的条件不是比原来的好得多的话，不会导致脱离原群体或国家。

对期望需要的不满足具有可调节性。因为有些期望需要是不切实际的，甚至是错误的，我们完全可以通过思想教育等方式，降低个体的期望需要值。通过降低个体的期望需要值，在不增加分配量的情况下，使个体由不满足变满足或基本满足。如果调节得好，一般不会对凝聚力产生弱化作用。但如果不调节或调节得不好，也会对凝聚力起弱化作用。期望需要同实际满足之间的差距越大，对凝聚力的弱化作用越大。

二是分配的不公平造成凝聚力弱化。这是最普遍、最常见的凝聚力弱化原因。古往今来，有多少群体或者国家都因分配不公而导致自身消亡或解体。分配不公可分为由客观条件造成的分配不公和由主观条件造成的分配不公两种形式。

由客观条件造成的分配不公，主要指不是由人的主观作用，而是由不可改变或暂时难以改变的客观条件自然形成的分配不公。这种分配不公，只要让个体明白原因，一般不会影响凝聚力。但当个体没有明白原因，或造成的分配不公差距太大时，也会弱化凝聚力。

由主观条件原因造成的分配不公，又分为故意分配不公和非故意分配不公。故意分配不公是明知分配不公而故意坚持；非故意分配不公是分配者由于种种计算或估计或论证上的错误造成的，并非分配者故意。这两种原因形成的不公平分配，都会使凝聚力弱化。区别在于故意分配不公对凝聚力的削弱具有不可挽救性，而非故意分配不公，一旦发现错误可以及时纠正，从而消除对凝聚力的弱化影响。

需要指出的是，造成凝聚力强弱变化的原因很多，但对于国家凝聚力周期转化起主导作用的，最容易引起凝聚力强弱变化的，还是上述五种因素。它们相互作用，相互影响，共同聚合为国家实力。一般情况下，国家实力不断增强，民族自豪感便会油然而生，一个国家的凝聚力周期就会处在不断上升转化的趋势中。

# 第四章

## 当代中国国家物质凝聚力研究

国家物质凝聚力是国家凝聚力的首要构成部分，是国家凝聚力形成、发展并不断增强的基础。习近平总书记在庆祝改革开放 40 周年大会上的讲话中明确指出，“只有牢牢扭住经济建设这个中心，毫不动摇坚持发展是硬道理、发展应该是科学发展和高质量发展的战略思想，推动经济社会持续健康发展，才能全面增强我国经济实力、科技实力、国防实力、综合国力，才能为坚持和发展中国特色社会主义、实现中华民族伟大复兴奠定雄厚物质基础”。物质需求永远是人民群众的第一需求，我国已实现了由解决基本温饱的物质需求向追求更多样化、更健康、更公平的需求转变，对物质需求提出了更高要求，国家物质凝聚力建设进入了新周期。新时代，增强国家凝聚力仍要从增强国家物质凝聚力入手。

然而，国家经济实力的强大不等同于国家物质凝聚力的强大，只有国家经济实力的强大同满足人民的物质需要具有正相关性时，国家经济实力的强大才同国家物质凝聚力的强大相同步。国家物质凝聚力不是孤立存在的，必须与国家精神凝聚力、国家政治凝聚力、国家文化凝聚力、国家安全凝聚力凝聚为统一整体，发挥协同作用，才能发挥国家凝聚力的重要作用。国家物质凝聚力是国家凝聚力的基础，国家精神凝聚力、国家政治凝聚力、国家文化凝聚力、国家安全凝聚力都需要在人民的基本物质生活需要得到满足之后才能实现。国家物质凝聚力是国家精神凝聚力的物质保证，是国家文化凝聚力的发展前提；同时由于温饱和安居乐业是人民的基本需要，满足人民基本需要是国家的基本职能，所以国家物质凝聚力构成国家安全凝聚力的底线；最后，国家物质凝聚力也构成国家政治凝聚力的凝聚基础，人民的基本生活有保证，国家的民主和法制才成为可能。

国家物质凝聚力的主要衡量指标和影响因素包括国家财富、国民平均寿命、国家科技创新能力、国家社会民生保障程度、国民收入分配公平度和国家可持续发展能力。要发挥国家凝聚力体系中物质凝聚力的作用，必须要满足可感性、可比性、公平性和可持续性的特点。此部分中发展数量决定国家物质凝聚力的基础，但是其质量才是决定国家物质凝聚力发展的关键因素。本章将从数量和质量两方面来分析相关问题。同时，我们也要看到国家财富不仅包括金钱、资源、房产等硬资源，它还包括教育资源、科技资源、创新资源等软资源。增强国家物质凝聚力不仅仅是强化对于财富的创造和分配，更重要的是实现教育资源、科技资源和创新资源的稳步增长和公平分配。代际贫困的背后隐藏的是软资源的分配不均，软资源的分配不合理不仅导致一代人的没落，更导致下一代人生存发展的巨大压力，这种压力仅仅靠提供物质保障并不能得到根本解决。本章也将从软资源和硬资源两个方面来辩证地给予分析。

## 第一节　国家物质凝聚力的内涵与功能

### 一、国家物质凝聚力的内涵

国家物质凝聚力是在满足人民的物质需要基础上，人民对国家形成的向心力。国家物质凝聚力指的是国家满足人民群众经济与社会生产以及生活物质需要的能力，是整个国家凝聚力体系的基础和前提，是具有基础性、周期性、非均衡性、可持续性四大特点的物质凝聚力。国家物质凝聚力的构成要素主要包括国家财富、国民平均寿命、国家科技创新能力、国民社会保障程度、国民收入分配公平度、可持续发展能力。

国家物质凝聚力有以下几个特点：

基础性。国家物质凝聚力是国家生存的基础支撑，也是国家凝聚力建设的重要基础和支撑。这种基础支撑作用主要体现在以下两个方面：一是国家必须考虑人民的物质需要，这个国家才有凝聚人民的执政基础；二是不管一个国家的经济实力曾经多么强大，国家物质凝聚力的削弱，必将带来国家凝聚力的全面降低，导致执政基础不稳定。英国著名学者艾瑞克·霍布斯鲍姆（Eric Hobsbawm）在其著作中说："至于苏联的瓦解，也不是如同某些苏联问题专家所言，是导因于境内的民族紧张情势，虽然这的确一直是苏联的隐忧之一。促使苏联瓦解的真正关键，应该是它所面临的经济困境。"苏联中央高度集中的经济体制限制了民族地区的经济发展，削弱了联盟国家的凝聚力和向心力；同时也没有持续地满足人民日益增长的物质文化需要，削弱了国家对于人民的凝聚力。从苏联的历史我们可以看到，国家对于人民物质需要的满足和物质凝聚力的强化对于国家凝聚力的保持，甚至是国家的生存都起着至关重要的底线和基础作用，如果没有了物质生活的满足，任何其他凝聚力形式都是无源之水、无本之木。

周期性。国家物质凝聚力是因国家对人民的物质需要满足而产生的。人民的物质需要具有周期性变化的特点，因而国家物质凝聚力也必然表现出周期性的特点。这一问题在本书的绪论部分作了详细分析。这里特别强调的是国家物质凝聚力的周期性特点，要求国家不能因满足于人民的初级物质需要而止步，要在周期性的变化中，使满足的能力和水平得到提升，因为人民的需要也在周期性的变化中不断发展和提升。古往今来，在国家的兴盛与衰亡的过程中，国家的兴盛和国家凝聚力的持续提升所必需的前提和基础就是国家要满足人民的物质需求，而国家的衰亡也必然是由人民的基本物质需求得不到满足而引发。所以我们可以知道国家物质凝聚力的周期性是国家凝聚力周期性变化的基础，持续地满足人民不断增长的物质需求，是克服凝聚力的周期衰退，实现国家凝聚力持续增长的重要基础和根本保证。

非均衡性。国家经济发展和物质分配的非均衡性与不公平性导致国家物质凝聚力的非均衡性。一方面，非均衡性体现为区域之间发展的非均衡，体现为一个国家不同区域由于基础条件和发展策略的不同形成的发展差距，造成国家满足人民物质需要水平的不平衡，引起国家物质凝聚力强弱不均衡。另一方面，非均衡性也体现在内部的分配不公，引发内部矛盾，造成国家凝聚力对不同分配群体的凝聚强度不均衡。如现实中，改革开放受益多的人赞改革，受益少的人骂改革，就是因为分配不公导致国家物质凝聚力不均衡的典型表现。认识国家物质凝聚力的不均衡特点，其价值意义就在于透过不均衡现象，找出薄弱环节，采取针对措施，全面加强国家物质凝聚力建设。

积淀性。国家物质凝聚力发展的惯性和物质积累决定了国家物质凝聚力的积淀性。在国家物质凝聚力的保持阶段中，必须保证一定水平的人民物质需要的满足程度，这种满足必须具备可持续性和与时俱进的特点。如果国家物质凝聚力中的六大要素有一个或者多个在极短的时间内，因为突发事件，大大被削弱，那么这几个因素的影响也是有限的。主要原因就是国家物质凝聚力的发展具有惯性和积累效应，在原有的基础和速度上，多个因素的暂时失控，不会导致整个力量的衰竭。但是如果听之任之，不采取果断措施补齐短板，在弱势不断积累的过程中，也会因为国家物质凝聚力的积淀性，导致力量的不断弱化，最终导致力量衰竭和无法挽回。要善于利用国家物质凝聚力的积淀性特点，从六个不同要素入手，善于利用每个要素一点一滴的积累，最终实现国家物质凝聚力的不断累积和健康稳定可持续的强化。

可持续性。国家物质凝聚力的可持续特点，是由人类物质需要的可持续特点决定的。人类的物质需要要求国家的经济发展必须具有可持续性，要满足当代人的物质文化需要，更重要的是满足后代人的物质文化需要。不可持续发展模式所给予人民物质需要的暂时满足，可以形成短时的物质凝聚力，但会丧失长久可持续物质凝聚力。认识国家物质凝聚力可持续特点的重要意义在于增强国家走可持续发展之路的自觉性，坚决防止损害子孙后代发展的短期行为，使得国家可持续地满足人民需要，产生可持续的国家物质凝聚力。

## 二、国家物质凝聚力的功能

发展力量的聚合。任何国家的形成，都必须要具备一定的物质条件。物质条件的具备是整体凝聚个体的物质前提。没有任何物质条件，无论在任何时代都不能形成具有认识和改造世界能力的国民群体。人类物质文化需要的满足是经济社会发展的根本动力，物质凝聚力对于人类物质需要的满足将极大地提升经济社会发展的动力，进而实现力量的聚合功能。国家作为多种利益群体的聚合体，一方面这些群体是推动国家发展的基本力量；另一方面这些群体之间的利益冲突又成为影响国家发展稳定的基本矛盾。国家利用国家物质凝聚力化解物质分配矛盾，统一目标，集合力量，达到提升国家物质凝聚力、推动国家发展的目的。国家通过满足国民物质需要，把对不同群体的吸引力渗透到每个个体，使个体产生一种对国家的向心力，进而提升国家物质凝聚力。不同的群体力量是分散的，但经过国家物质凝聚力的集聚、转化与整合作用，国家力量就不再是分散的，而是统一的促进发展的整体力量。这种统一的整体力量共同作用在国家目标的支点上，会形成推进国家发展的强大力量。满足国民物质基本需要是实现国家物质凝聚力提升的基础和前提，实现国家繁荣富强必须以满足国民物质基本需要为前提条件，进而实现力量聚合及国家凝聚力的提升。

发展力量的动力。任何国家的生存和发展必须有强大的动力，国家经济发展的动力来源于国家物质凝聚力。这一功能的原理是国家组织的社会生产满足了人民日益增长的物质需要后，人民就会在此基础上产生维持国家繁荣富强，实现可持续发展的目标。这种欲望作用在国家物质凝聚力各种构成要素上，就会形成推动国家发展的巨大动力。从历史上看，一些国家的经济发展动力不足，首要原因是没有实现满足人民日益增长的物质需要，国家没有凝聚起人民求发展的合力。

发展力量的提升。国家物质凝聚力的保持和发展过程，是周期性满足人民物质需要的过程，每一个过程实际上都是在不断满足人民日益增长的物质需要。人民日益增长的物质需要，必然要求国家满足物质需要的生产能力相应得到不断提升。首先，国家物质凝聚力促进分工合作及高新技术的研发与引进，不断提升生产效率，提高物质财富总量；其次，国家物质凝聚力促进社会物质利益分配体制的进一步优化，避免富裕阶层对物质的过度追求，增加对普通群众的分配额度，实现社会物质资源的优化配置，最终提升经济社会发展的效率和质量。

发展力量的导向。国家物质凝聚力所内含的人民日益增长的物质需要，就是国家组织社会生产的方向和目标。世界上的各国性质不同，但要把人民求发展的力量凝聚起来，就必须以满足人民日益增长的物质需要为目标。因此，国家物质凝聚力所表现的发展目标，具有强大的导向性，它明确了国家应该发展什么，如何发展。我国科学发展观提出的以人为本，全面、协调、可持续发展，实际上回答了发展力量的导向问题，这也毫无疑义地成为国家物质凝聚力实现可持续发展所必需的发展导向。

## 第二节　国家财富——数量与质量的融合

国家财富是国家物质凝聚力的重要构成要素，也是第一要素。一个国家财富的多少，在正常情况下，也决定着国民富裕的程度，因此也将直接影响到国家物质凝聚力的强弱。国家财富匮乏，靠借钱过日子，就会极大地削弱国家物质凝聚力。国富民强，说的就是国家富裕，人民才能丰衣足食，人民对国家才会具有强大的向心力。

### 一、财富的起源与国家物质凝聚力

专注于财富研究的亚里士多德认为，物质财富主要来源于农业相关的劳动，这种思想是受当时的经济社会发展水平的限制。后来，农业，工业逐步发展起来后，亚当·斯密提出，一般劳动是物质财富或使用价值的唯一源泉。之后，大部分学者都支持劳动与财富的直接关系。其中，李嘉图发展了这一观点，并将其扩展到经济学理论的每一个角落。[①]

在以往学者研究的基础上，马克思发展和延伸了劳动二重性学说，重新定义了社会财富的来源问题。他把劳动分为具体劳动和抽象劳动两部分，从财富使用价值的角度考虑，财富来源于各种形式的具体劳动；从价值方面来考虑，财富的源泉是无区别的具有同一性的抽象劳动。劳动是财富的源泉理论，充分表明了国家物质凝聚力满足国民物质需要而

① 谷彬：《国家财富的概念及评价》，《中国统计》2006 年第 7 期，第 56 页。

凝聚力量的客观必然性。人民创造的财富，国家用来满足人民的物质需要，这显然是公平合理的，也是国家物质凝聚力的永恒源泉。在这里，劳动创造财富对于国家物质凝聚力具有两方面的意义。一方面是因果方面的意义，没有劳动创造的财富，国家不会有物质凝聚力。另一方面是动力方面的意义，人民是劳动的主体，人民劳动创造的财富，用来满足人民的物质需要，人民才会产生劳动的积极性、创造性，因而社会才会有可持续增长的社会财富，也即国家物质凝聚力具有了不竭动力。

财富的起源与物质凝聚力的起源是同步的。人类有了劳动，才有了财富；有了财富，才能够满足人的物质需要，才有物质凝聚力的产生。随着个人财富、社会财富的积累，从量变到质变，国家得以形成，并形成国家凝聚力的物质基础，最终形成国家物质凝聚力。财富与物质凝聚力同步发展，由财富增长引发的国家发展则与国家物质凝聚力实现同步发展。

## 二、财富的二重性与国家物质凝聚力

国家财富包括个人财富和社会财富两部分，二者相互依存，不可分割。整个社会的个体都在持续地追求个人财富，对社会财富的增减不关心不敏感，但在人们追求个人财富的同时社会财富就自然而然地产生了，没有个人财富的产生，社会财富也只是镜中花、水中月。如果只重视个人财富，忽略了社会财富，就会盲目满足人类的欲望，忽视了对于环境和资源的保护，最终会导致人、自然和环境的不和谐和相互冲突，破坏经济社会可持续发展趋势。

在国家物质凝聚力框架中，财富的二重性与国家物质凝聚力息息相关，国家凝聚力要求财富二重性背景下，个人财富与社会财富的协同平衡。财富的总量固然是衡量国家物质凝聚力的直接指标，但是国家财富内部个人财富与社会财富的结构将更加深远地影响国家物质凝聚力的发展。一方面，当一个国家过于崇尚个人财富时，国家必然频繁出现以牺牲集体财富和国家财富为代价的、对于个人财富的过度追求，表现为对国家财富的贪婪无忌的公然侵占，导致国家内部贪污腐败盛行，甚至引发对其他国家的侵略和战争。战败国国家衰落或消亡，国家物质凝聚力极大减弱或消失，战胜国国家物质凝聚力也遭受巨大的削弱。另一方面，当一个国家过度重视社会财富，将导致群众的当下物质需要及增量需要无法得到及时的满足，将会导致微观生产、生活效率低下，积极性降低，不利于国家经济社会的可持续发展，同样不利于国家物质凝聚力的可持续增长。国家物质凝聚力要求财富二重性条件下，个人财富与社会财富进行公平有效的整合，实现协同平衡、互相促进，而不是互相掣肘。

## 三、“新国家财富指标”与国家物质凝聚力

世界银行颁布了一项衡量国家（地区）财富的新标准，这个“新国家财富指标”是一个国家内包括自然资本、生产资料、人力资源和社会资本的总和，是国家生产出来的财富，减去国民消费，再减去产品资产的折旧和消耗掉的自然资源的差额。其中，自然资本和生产资料应属于国家财富数量的范畴，而人力资源和社会资本应属于国家财富质量的范畴。

新国家财富体现了国家财富内部个人、社会及自然财富的结构优化度，它为国家物质凝聚力的度量揭开了新的一页。此时的新国家财富不仅度量国家物质凝聚力的力量强度，并且能够度量国家物质凝聚力内部的协调度与可持续度。新国家财富将国家财富中个人财富、社会财富及自然财富进行了综合度量，将国家财富的数量及质量进行综合评价，将个人财富、社会财富的结构、配比及协调性纳入了国家财富的指标度量体系，使国家财富及国家物质凝聚力的度量更加科学，更加符合当下世界可持续发展的总体趋势。

## 四、国家财富与国家物质凝聚力

### （一）国家财富为国家物质凝聚力提供可感的物质基础

国家财富包括社会财富、个人财富和自然财富，是一个国家拥有的财富数量与质量的综合表现。国家财富为国家内每一个国民提供吃、穿、住、行的财富基础，人民有了财富才能够维持正常的生产、生活、分配和消费。并且当国家财富分化为个人财富的时候，人们才有了可感的物质形式，当这些物质形式的数量与质量能够真实满足了人们的基本生活需要的时候，人民才有了对于国家的向心力，才能拥有产生国家物质凝聚力的前

提和基础。试想一个连人民温饱都不能满足的国家财富极度贫乏的国家，国家物质凝聚力如何能够强大，国家物质凝聚力也必然衰弱甚至消亡。

**（二）国家财富为国家物质凝聚力提供可比的物质标准**

可比性是国家物质凝聚力的一个重要特点。古语道，“人不患寡而患不均”。国家之间财富比较主要体现在国家政权掌握的财富与国民掌握财富之间的横向比较。在个人财富相同的前提下，一个国家政权掌握的财富量越多，人民对于国家的依靠和信赖程度就越高，物质凝聚力也就相应越高。在国家政权掌握财富数量相同的前提下，一个国家个人财富的拥有量越多，则这个国家人民生活水平及质量就会越高，相应的国家物质凝聚力也就会越高。

**（三）国家物质凝聚力为国家财富的增加提供不竭动力和发展方向**

国家物质凝聚力是国家凝聚力的基础，而国家凝聚力又为国家财富的增加提供发展动力，所以国家物质凝聚力也就成为国家财富增加动力的重要组成部分。国家财富发挥作用需要国家财富内部结构的优化配置，国家物质凝聚力发展的方向为国家财富的配置方向提供了鲜明的指引。向着国家物质凝聚力增强的方向去进行相应的国家财富配置，不但会进一步强化国家物质凝聚力，也会同时提升国家财富的资源结构优化程度，提升国家财富的质量。国家财富为国家物质凝聚力提供可感的物质基础，为国家物质凝聚力提供可比的物质标准；国家物质凝聚力为国家财富的增加提供不竭动力和发展方向。国家物质凝聚力随着国家的诞生而诞生，随着国家财富的增长不断增强。国家财富起源与国家起源同步，国家财富增长与国家实力的增强同步，国家财富与国家物质凝聚力具有同期相关性。

**（四）新国家财富增长率为国民提供了更加科学的需要满足预期，提升国家物质凝聚力**

世界银行提出新国家财富概念之后，国家财富内化为国家财富数量和国家财富质量两部分，所以现在的国家财富的增长率既包括国家财富数量的增长率又包括国家财富质量的增长率。国家财富数量增长主要体现在自然资源的发掘和生产资料的发展，国家财富质量增长则主要来源于人力资源的积累、科学技术的进步、全要素生产率的提升、政策制度的优化和完善。国家财富数量及质量的增长潜力融入新国家财富，同时也融入了国家物质凝聚力的考量。所以新国家财富增长率体现了国家财富数量和质量的综合增长潜力。新国家财富引入后，国家财富质量的引入强化了国家物质凝聚力中效率、科学技术、教育水平的软性指标，不仅强调个人财富、社会财富及自然财富，更加强调个人成本、社会成本及自然成本的消耗，将以往的纯物质利益核算体系转变为新型绿色核算体系。国民在新国家财富的发展导向下，将更加注重绿色发展及可持续发展，对未来财富的增长预期不只停留在纯金钱的增长，更加重视环境的改善、资源的节约及对子孙后代的福利上，对于未来的发展认识更加公平，更加科学，对未来的福利、环境的信息更加充足，凝聚力更强，进而有效地提升了国家物质凝聚力。新国家财富增长率集中体现了国家物质凝聚力数量、质量的强化潜力。首先，新国家财富增长率体现的是个人财富、社会财富及自然财富的协调度，是体现国家财富质量与数量的综合性指标。所以新国家财富增长率也同样体现了国家财富数量及质量的增长潜力。而新国家财富质量与国家物质凝聚力质量，新国家财富数量与国家物质凝聚力强度已具有密切的同期相关性。新国家财富增长率丰富了国家物质凝聚力强化潜力的度量体系，将国家财富内部的结构优化度、协调度，将国家财富质量与数量的增长潜力融入了国家物质凝聚力的增长潜力，更加具有公平性和科学性。

### 五、国家财富对国家物质凝聚力的作用点分析

国家财富的多少是一个历史性概念，但无论古今中外，一个国家的财富多少，都是影响国家物质凝聚力的重要因素。国家财富一般通过以下作用点发挥凝聚人民的作用。

一是国家财富体现人民性，才能对人民产生吸引凝聚力。国家财富由人民创造、由人民共享。人民离不开物质生活的需要，因此，人民要创造物质财富，国家的物质财富只有满足人民的物质生活需要，才能产生对人民的凝聚力。国家财富的性质，一般由国家的性质决定。在一切私有制社会，国家财富虽然由人民创造，但并不属于人民；只有以公有制为主体的社会主义社会，国家财富的人民性才能得到充分体现。而在这样的社会条件下，国家财富满足人民物质需要而产生凝聚力量是具有客观必然性的。

人民通过劳动创造财富对于国家物质凝聚力具有两方面的意义。一方面是因果方面的意义。没有人民劳动创造的财富，国家不会有物质凝聚力。另一方面是动力方面的意义。人民是劳动主体，人民劳动创造的财富，用来满足人民的物质需求，人民才会产生劳动的积极性、创造性，因而社会才会有可持续增长的社会财富，也即国家物质凝聚力有了不竭动力。

二是国家财富的二重性协调平衡，才会对人民产生凝聚力。国家物质凝聚力要求财富二重性背景下，个人财富与社会财富的协同平衡。协同平衡的平衡点，就是国家财富产生凝聚力的作用点。个人财富与社会财富进行公平有效的整合，实现协同平衡、互相促进，这样才能实现国家财富的增长与国家物质凝聚力的增强同步。在实践中，国家财富的二重性协同平衡并没有一个绝对值，有时国家为了发展，社会财富积累多一点；有时为了调动人民积极性、创造性，个人财富增长快一点。但应坚持双同步和双倾斜的原则。“双同步”即社会财富和个人财富应实现同步增长；“双倾斜”即个人财富向大多数人和中低收入者倾斜。财富增长的受益者越多，国家的物质凝聚力就会越强。

三是国家财富高质量增长才会对人民产生持久凝聚力。从历史发展过程中看，无论是以实物形态为主导的国家财富，还是以货币形态为主导的国家财富、以价值形态为主导的国家财富，或是以知识形态为主导的国家财富，都有一个高质量增长的问题。那些靠毁掉绿水青山换来的财富增长，那些靠剥夺大多数人富裕少数人的财富增长，那些虽然国家财富在增长，而贫富差距越来越大的增长，以及那些脱离人民需要而单纯追求 GDP 增长的财富增长，都是不能对人民产生持久凝聚力的高质量财富增长。因为这样的财富增长，富了少数人穷了多数人，富了当代人穷了后代人，增加了眼前利益损害了长远利益，是和人民美好生活的愿望完全背道而驰的。

## 第三节　国民平均寿命

### 一、国民平均寿命的内涵

国民平均寿命是指一国内所有国民寿命的均值，集中反映的是一国国民当下的身体健康及心理健康的优劣程度。国民平均寿命是联合国评价各个国家人民生活质量的重要指标，是体现国民生产、生活的综合性质量指标，能够反映包括卫生、医疗、身体及心理健康、教育等多项指标。国家发展的最终目的之一就是要满足人民日益增长的物质需要，而物质需要满足及国家物质凝聚力增强的重要表现就是国民平均寿命的提升。随着国家物质凝聚力的不断提升和人类发展阶段的不断升级，国家物质凝聚力中的物质需要满足的范畴，并不仅仅是食物及温饱的范畴，更包括卫生医疗、教育、生活环境及可持续发展的满足情况。国民平均寿命相对于其他指标更加能够科学、完整地反映国家物质凝聚力的强弱。正如习近平总书记所指出的，“人民健康是社会文明进步的基础。拥有健康的人民意味着拥有更强大的综合国力和可持续发展能力。如果人民健康水平低下，如果群众患病得不到及时救助，如果疾病控制不力、传染病流行，不仅人民生活水平和质量会受到重大影响，而且社会会付出沉重代价”。

### 二、国民平均寿命与国家物质凝聚力

在产业革命和欧洲资本主义兴起以前，由于各方面条件的限制，世界各地区人类平均寿命相对较短；到了资本主义快速发展的 18 世纪，随着物质条件的普遍提升，欧洲平均寿命出现了明显的提升。19 世纪欧洲平均寿命已经超过了 40 岁。特别是对于发达地区，20 世纪末的时候其男女平均寿命为 71.1 岁和 78.7 岁，其中以日本人平均寿命最高，其男女平均寿命达到了 76.8 和 82.9 岁。[①]

随着经济社会的发展及国家综合国力的提升，国民平均寿命表现出了稳步提升的趋势，国家物质凝聚力也随之增强。国家综合国力越强，国家物质凝聚力越强，则表现出的国民平均寿命也越高。国民平均寿命反映出一个国家的综合国力，反映了人民生活质量的高低。国民平均寿命长短受多种因素的制约，其中医疗条件和饮食被公认为是影响寿命的主因。中国人口平均寿命最短的时期，往往也是中国物质凝聚力最弱的

① 廖海亚:《收入水平对人口发展的影响研究》，博士学位论文，西南财经大学人口专业，2012 年，第 88—90 页。

时候。《2017年中国卫生健康事业发展统计公报》显示，2017年我国居民人均预期寿命由2016年的76.5岁提高到76.7岁。而中华人民共和国成立初期的时候，我国人均预期寿命只有40岁左右。相比中华人民共和国成立初期，我国国民平均寿命提升了30多岁，这同时也反映出我国人民生活质量的提升，反映出我国国家物质凝聚力的增强。国家国民平均寿命集中反映了国民生活质量的高低，反映了国民生活环境、生产环境、身心健康、医疗水平的综合实力，而这恰恰是国民基本需要满足的力量保证，所以国民平均寿命与国家物质凝聚力具有正相关性及同期相关性。健康的体魄、良好的生态环境、覆盖面广的医疗保障等是国民平均寿命不断提高的保障。建设“健康中国”的目的就是不断提高国民平均寿命。“没有全民健康，就没有全面小康”；“经济要发展，健康要上去，人民的获得感、幸福感、安全感都离不开健康”；“人民健康是民族昌盛和国家富强的重要标志”……党的十八大以来，以习近平同志为核心的党中央把人民身体健康作为全面建成小康社会的重要内涵，从维护全民健康和实现国家长远发展的角度出发，全面部署、持续推进。习近平总书记更是在全国卫生与健康大会上主张“将健康融入所有政策”。

### 三、国民平均寿命与国家物质凝聚力的同期相关性

首先，国民平均寿命与国家物质凝聚力具有同期相关性。基本生活条件是维持生命的基本前提，国民平均寿命可以反映国民的生产生活水平，能够体现出国民吃穿住行的基本生活条件的好坏。所以国民平均寿命可以很好地反映国民生活的基本生活条件，同时也是国家物质凝聚力的重要表现。国民平均寿命也可以反映出生态环境质量的优劣。随着国家最低生活保障制度的全面推开，基本生活条件已经不再成为影响国民平均寿命的关键因素，环境污染和生态破坏所引发的疾病越来越成为影响国民生命的核心因素。所以，环境与生态优劣对国民平均寿命的影响，将更加强烈地影响国家物质凝聚力，环境与生态的改善将极大地改善人的健康生活条件，也将强化国家物质凝聚力。实现可持续发展必将成为提升国民平均寿命，强化国家物质凝聚力的重要着力点和突破口。当下，心理健康程度对于国民平均寿命的影响越来越大，已经成为与身体健康

同等重要的健康影响因素。所以，国民平均寿命在很大程度上也反映了国民心理健康的程度。国民平均寿命通过国民基本生活条件、生态环境质量和教育、心理健康程度等指标与国家物质凝聚力保持着同期相关性，体现并改变着国家物质凝聚力的状态和潜力。

其次，国民平均寿命体现出国家物质凝聚力对“增长的极限”及“中等发达国家陷阱”的突破。在国家发展的初期，由于国家物质凝聚力的强化改善了生活条件和质量而将极大地提升国民平均寿命的长度，出生率不断提升，新增人口大量增加，疾病减少，生活条件质量获得较大的提高，国民平均预期寿命结构不断改善，年轻人口和有效劳动力人口不断增加，老龄比率相对减小。国家物质凝聚力发展的过程中，由于对物质条件的过分追求，造成为对生态环境的极大破坏和资源的极大浪费，食物和水源的质量大幅度下降，从而造成对国民平均寿命的负面影响，造成对国民平均寿命发展的极大限制，国民平均预期寿命的增速开始减缓，甚至偶然出现局部地区缩短的特殊情况，造成国民平均预期寿命对国家物质凝聚力产生负面影响。资源与环境的极大限制、“刘易斯拐点”的到来以及“中等发达国家陷阱”都在一定程度上导致了国家物质凝聚力增长的减缓与弱化，表现为国民平均寿命的停滞甚至倒退。随着国家物质凝聚力的进一步发展强大，人民对生活质量的要求越来越高，可持续发展理念将进一步深入人心，环境污染和资源浪费情况被有效遏制，人们的生活环境将得到深入的治理和保障，食品、饮水质量稳步提升，各项制度标准趋向完善，平均寿命开始突破下降的通道，步入稳步上升趋势。此时，国民平均寿命的增长也标志着国家物质凝聚力重新走上新的发展道路，一条以节约资源和保护环境为特点的可持续发展道路逐渐形成，也标志着国家物质凝聚力已经跨越了“增长的极限”及“中等发达国家陷阱”，进入了新的发展周期。

### 四、国民平均寿命对国家物质凝聚力的作用点分析

国民平均寿命是联合国评价各个国家人们生活质量的重要指标，是体现国民生产、生活的综合性质量指标，能够反映包括卫生、医疗、身体及心理健康、教育等多项指标。国民平均寿命的高低，显然是影响国

家物质凝聚力的重要因素。一个国家国民的平均寿命越长，一般说来，其生活条件越好，而人民越向往，这就是国家的物质凝聚力。人民从温饱生活的需要到对美好生活的需要，增加国民平均寿命，让人的生命活得更长久，显然是人民大众的共同愿望。国民平均寿命对国家物质凝聚力的影响作用主要通过以下三个方面体现出来。

一是通过高质量生活，增加国民平均寿命，增强国家物质凝聚力。高质量生活是一个综合性指标，既包括人民的吃穿住行，也包括人民的生产、生活环境等。通过高质量生活，增加国民平均寿命，体现的是人民在幸福生活中实现了寿命的延长。因此，它能够把人们长寿的愿望，通过人民寿命的增加转化为对国家的向心力。在这里，关键点还是人民高质量的幸福生活，这是成为国家物质凝聚力的关键作用点。而人均寿命的提高，都是人民高质量幸福生活的重要体现。没有高质量的幸福生活，单纯地实现了人均寿命的增加，虽然也反映社会的发展和科学的进步，但并不是人民向往的美好愿望，不会转化为对国家的热爱和凝聚力。

二是通过国家医疗和保障水平的提高增加国民平均寿命，增强国家物质凝聚力。国民平均寿命长短受多种因素的制约，其中医疗和保健等条件是影响寿命的重要因素。而人民的医疗和保健等条件恰恰是国家应承担的公共责任行为。这种公共责任行为做得越好，人民的健康越有保证。当这种医疗和保健条件的改善，使国民的寿命得到了增加，人民会把良好医疗和健康保障条件归功于国家制度设计，从而达到国家凝聚民心的作用。

三是建设良好的生态环境增加国民平均寿命，增强国家物质凝聚力。国民的平均寿命是生态环境质量优劣的重要反映。随着国家最低生活保障制度的全面推开，基本生活条件已经不再成为影响国民生命的关键因素，而环境污染和生态破坏所引发的疾病越来越成为影响国民平均寿命的因素。所以，环境与生态优劣对国民平均寿命的影响，必将更加强烈地影响国家物质凝聚力，而环境与生态的改善将极大地改善人民的健康生活条件，也将强化国家的物质凝聚力。当下，我国进行的蓝天保卫战，建设“健康中国”，必将进一步提升我国的国民平均寿命，当然也是强化国家物质凝聚力的重要着力点和突破点。

## 第四节　国家科技创新能力

### 一、国家科技创新能力的内涵

科技创新能力是指影响科技创新和科技进步的所有因素的综合能力，主要指与科技相关的人的因素和物的因素，具体包括科技人员、科研机构、教育、政策、经济和社会环境等对科技活动的能动作用。创新是一个民族进步的灵魂，是一个国家兴旺发达的不竭动力。习近平总书记在中国科学院第十九次院士大会、中国工程院第十四次院士大会上再次强调，“实现建成社会主义现代化强国的伟大目标，实现中华民族伟大复兴的中国梦，我们必须具有强大的科技实力和创新能力”。科技创新能力一方面提高了人民的生活水平，丰富了人民的物质选择；另一方面科技创新能力转化为有形的商品，可以极大地提高民族自信心，增强国家凝聚力。例如，我国依靠技术创新在高铁、超级计算机、神舟飞船、北斗导航、国产大飞机等领域取得的突破性进展极大地激发了群众的爱国之情和更好建设国家的信心，是增强国家物质凝聚力的直接动力，是国家物质凝聚力提升最为高效的抓手，为国家物质凝聚力注入强大发展动力。

#### （一）主体要素

企业是市场的主体，也是科技创新的主体。企业为了获取强势的市场竞争地位，必然通过科技创新提升自身的核心竞争力，进而成为社会科技创新的主体。科研院所和高校是科技创新能力的重要支撑，为企业和国家提供源源不断的科技创新专利和核心技术，同时也成为科技创新项目的集散地和聚集地。政府部门引导和支持国家科技创新事业向纵深拓展。我国目前市场机制还不健全，科技创新动力不足，可持续性有待提升，这就需要政府不断出台有针对性的举措引导和鼓励全社会科技创新能力的提升。科技中介机构是为科技创新主体和需求主体提供中介服务的机构，把政府、企业和个人连接起来，优化科技资源配置，提高整个国家科技创新能力。

#### （二）资源要素

资金投入是科技创新能力提升的重要保证，国家科研经费投入规模直接反映了国家对于提升科技创新能力的重视程度，也反映了国家科技创新的发展潜力。科技人才是科技创新的核心载体，是科技创新能力提升的第一动力。科技信息资源是科技创新能力的发展源泉，任何科技创新能力的突破都离不开对科技信息资源的筛选和利用，离不开科技信息资源的有效整合。

**（三）环境要素**

科技基础设施是科技创新能力提升的重要支撑，其中包括试验设备、科技设施等科技资源。科技政策是科技创新的政策环境，其中包括科技创新的目标、任务和保障措施以及鼓励优先发展的科技领域，通过整合全国的科技资源，集中攻克重大科研项目难题，解决影响经济社会发展的重大桎梏；同时可以有效提升科研工作者的积极性和主动性，推动国家自主创新能力的跨越发展。

## 二、国家科技创新能力与国家物质凝聚力

### （一）国家科技创新能力为国家物质凝聚力提供创新发展的动力之源

科技创新能力是人类智慧的最高代表，是最富有创造性的能力。科技是第一生产力，每一次国家发展的重大跨越无不伴随着科技革命的步伐，科技创新能力跨越式提升的背后，无不对应着国家的繁荣昌盛和国家物质凝聚力的提升。西方的工业革命、日本的明治维新都印证着这个道理。国家科技创新能力推动国家的科技变革、创新发展和跨越式发展，对国家物质凝聚力来说，科技创新能力相对于国家财富、社会保障程度等其他因素，是更为高效、更加强劲、更富于创新型的驱动因素。特别是在当下“大众创业、万众创新”的“新常态”下，国家科技创新能力对于国家物质凝聚力的重要作用被提高到了前所未有的高度。科技创新能力被国家作为驱动国家发展的核心能力提升为国家战略，也必将成为推动国家物质凝聚力创新发展的动力之源。

### （二）国家科技创新能力是国家物质凝聚力跨越式提升的科技之魂

科技创新能力在生产过程中直接物化为生产工具，对于提升生产力有着不可替代的作用，极大地拓展了人类的体力和智力极限，弥补了人类在改造自然界时的局限，所以人类社会的发展速度很大程度上取决

于科技创新能力提升的速度。在人类的各种能力中，唯有科技创新能力才具备影响人类社会发展速度和进程的能力，唯有科技创新能力才是可以让使国家物质凝聚力跨越式提升的核心因素，其他因素因为它的单一性和低杠杆性，对国家物质凝聚力的作用远远小于科技创新能力的驱动力量。

**（三）国家科技创新能力是国家物质凝聚力国际竞争的核心因素**

当代，科技创新能力已经成为影响国家综合国力的关键性因素，决定了一个国家是否可以在经济全球化的世界产业链中占据高端位置，取得更多的价值，决定了国家在国际竞争中的位置，也就成为影响国家物质凝聚力国际竞争的核心因素。科技创新能力是当今社会活力的标志，是国家发展的关键点，同时也是国家物质凝聚力的核心要素。哪个国家把握了科技创新能力这个关键因素，哪个国家就能在国家物质凝聚力的竞争中抢得先机。

随着全球化的深入推进和信息时代的来临，地缘政治国际关系更加复杂，实施国家创新战略，跨越式提升科技创新能力是强国的必然选择。目前我国在提升科技创新能力，强化国家物质凝聚力方面还有很大的发展空间，提升国家科技创新能力是强化国家物质凝聚力的必由之路，也是最为高效、便捷的发展策略。

## 三、国家科技创新能力对国家物质凝聚力的作用点分析

国家科技创新能力是影响国家物质凝聚力的重要因素。国家科技创新能力往往影响人们美好生活的方方面面。哪一方面科技创新能力强大，实现高质量发展，哪一方面人们美好生活的质量提高得就快，人民美好生活的需要就能够得到高质量的满足。哪一方面科技创新能力差，不能实现高质量发展，哪一方面人民美好生活质量提高得就慢，人民美好生活的需要就难以得到高质量满足。国家科技创新能力对国家物质凝聚力的影响，最主要的是通过满足人民美好生活需要而体现出来的。主要体现在以下四个方面的作用点。

一是国家科技创新能力增强国家综合实力，让人民感受国家的强大与繁荣。增强国家科技创新能力，体现了人民美好生活的根本要求，直

接转化为国家物质凝聚力的强大动力。我国科技创新的每一项重大成果，都让人民感受到祖国的强大与自豪。这种感受祖国强大与自豪的感觉直接转化为热爱祖国、奉献祖国的热情。这是由于科技创新成果，特别是提升我国国际竞争力和国防实力的重大科技创新成果，可以极大地增强国家综合实力，能够满足人民不断增长的美好生活需要，能够提升国家在世界格局中的地位，增强世界影响力。

二是国家科技创新能力可以促进国家高质量发展，推进供给侧结构性改革，让人民美好生活需要得到更好的满足。无论是调整产业结构，还是推进“两化”的建设，都充分依赖科技创新的驱动力量。供给侧改革需要科技创新来支撑。供给侧怎么改、靠什么改、改到哪里去，都要靠国家科技创新成果来解决。同时，人民美好生活需要具有动态性、发展性、变化性，也不是简单复制别国的成果就能完成，也需要引进再创新的过程。总之，没有科技创新，人民美好生活的愿望就难以实现。

三是科技创新能力通过人民的生活，提升需求侧消费的层次和品位，使国家对人民的物质凝聚力更加具有现代化要素的全方位支持和牢固基础。互联网、大数据和智能化的发展，已经在深刻地改变着人民的生活。人民的消费已不仅是为了生存，而是有了更丰富的健康、快乐等内涵。在这样的背景下，技术创新的成果加速转化能够从根本改变人们的行为方式。如5G移动互联网技术，将推动人类更快地进入第四次工业革命时代。5G技术的普及应用，将促进智慧城市、智能家居、可穿戴设备、自动驾驶、移动医疗等相关行业的发展。目前，我国在5G技术的研究和应用方面已经走在了世界的前列，在提升人民生活层次和品位的同时，也必然极大地增强国家的物质凝聚力。

四是科技创新能力，提升国家治理现代化水平，满足人民群众的需求更加及时化和精准化，促进增强国家物质凝聚力更加高效率和现代化。随着人民生活水平和生活方式的现代化，对国家治理能力的现代化也提出了相应的要求，在互联网、大数据背景下，通过政务服务手段的技术创新，形成的上连国家下连乡村的数字化服务网络，极大提高了行政服务的效率。如过去一个工业投资项目申报1年，现在许多省市缩短到100天左右，有的甚至更短。效率高了，人民满足度高的背后是国家对人民凝聚力量的增强。

## 第五节　国民社会保障程度

### 一、社会保障的历史演变与国家物质凝聚力

19 世纪末，垄断资本主义进一步发展，贫富差距进一步拉大，为保障人民的基本生活，欧洲首先开展了政府保障制度建设。在社会保障产生的初期阶段，大部分是在国家的稳定与发展受到严重威胁下，统治阶级采取的经济社会发展及国民基本物质需要的托底政策，这同时也是为国家物质凝聚力提供托底支撑。但当时也只是保障国民的温饱，远离生存危机，仅仅只是国家物质凝聚力的底线而已。当时的国民物质基本保障是被动的，迫于无奈的国家维持政策，强调的是维持国民基本的生存，它的被动性决定了社会保障的弱势和不完善，同时也决定了国家物质凝聚力中社会保障的相对积弱和不稳定。

1945 年，英国建成一套相对完善社会保障制度，日本 1947 年颁布了《失业保险法》。随着国家经济社会的不断发展，国民的物质生活需要水平不断提升，要求社会保障由以往的生存维持的基本托底保障模式向使国民实现住房、养老、医疗及教育等多方面的综合保障模式转变，从原始的生存保障向更高层次生活保障模式转变成为历史发展的必然，是国民物质文化需要水平不断提升的要求。社会保障模式的转变，使国家物质凝聚力的保障支撑得到进一步的加强，将国家物质凝聚力的发展底线固定在国民安居乐业、身体健康的标准之上，为国家物质凝聚力向纵深发展打下了坚实的基础。

### 二、社会保障的内涵

社会保障是指国家和社会通过立法对国民收入进行分配和再分配，用于维护社会公平、保障人民基本生活的安全保障制度。一般由社会保险、社会救济、社会福利、优抚安置等组成。其中，社会保险是社会保障的核心内容。社会保障在经济社会发展的下降阶段中调整需要和供给，

使危机转变为新的发展契机和起点，通过解决国民最基本的生活保障和福利待遇以及义务教育问题，免除人民的后顾之忧，为国家居民提供一个托底的支撑，同时也是国家物质凝聚力的底线。社会保障保证了国家物质凝聚力，同时也保障了国家凝聚力在最基本的底线之上平稳运行，保证了国家的内部稳定及安全，充分保障了国家经济社会发展稳固的大后方。因为社会保障可以满足国民多层次的物质需要，所以社会保障可以在一定程度上解决影响社会发展的基本矛盾，为基本矛盾的解决提供国民满足程度的底线支撑，保证国家凝聚力的源泉和动力，对国家物质凝聚力同样也具有重要的强化作用。

### 三、国民社会保障与国家物质凝聚力

社会保障的兴起起到了稳定和发展国家物质凝聚力的作用，社会保障的扩大和增强增大了国家物质凝聚力的影响范围。社会保障的减弱又在一定程度上弱化国家物质凝聚力。与此同时必须强调的是，社会保障的适度性、均衡性及协调性与国家物质凝聚力息息相关。不适应生产力发展阶段及发展要求，不适应可持续发展理念，过度的社会保障会严重削弱国家物质凝聚力。国民社会保障的不均衡及不协调也将降低国家物质凝聚力的强度。

第一，国民社会保障为国家物质凝聚力提供托底支撑。国民社会保障体系为国民提供生活生存的底线，提供最低保障，帮助国民解决温饱、疾病、住房等一系列关系到人民基本生活水平的重大问题。国民在社会保障体系的覆盖下，对于生存生活有了基本的托底保障后，国民开始逐步提升生活质量和水平，强化对于衣食住行等基本生活需要的满足程度，从而进一步强化国家物质凝聚力。所以说国民社会保障体系为国家物质凝聚力提供了托底支撑，替国民打消提升物质满足程度的后顾之忧。

第二，社会保障为国家物质凝聚力提供多层次保障体系。首先是经济保障，通过现金或者援助的方式给予国民基本生活的物质保障；其次是服务保障，通过提供服务的方式来解决国民的生产生活相关服务需要；最后是精神保障，增加国民互相的信任感，倡导信托责任，提升合作生

产效率，增强国家物质凝聚力。

第三，国家物质凝聚力反作用于国家社会保障体系。国家物质凝聚力的可持续增强可以提升国民社会保障的适度性。当下，特别是欧美国家，例如，希腊、西班牙，出现了大面积的由于过度社会福利保障而导致的经济危机，导致国家财政体系近乎崩溃，入不敷出，严重损害了国家物质凝聚力的保持与增强。离开了生产力的发展水平及发展阶段的限值，盲目发展社会保障，满足超能力需要，往往会导致一时的国家物质凝聚力的增强，但不可能实现物质凝聚力的可持续提高。社会保障提升要与适度满足人民生活水平相联系，不能满足超过社会支撑能力的超能力需要，不能超过经济社会可持续发展的能力和限度。要保证社会保障的发展与保证国家物质凝聚力的可持续提升相一致，以国家物质凝聚力的可持续增强为检验国民社会保障的核心标准。如果国民社会保障过度发展，直至影响了国家物质凝聚力的可持续提升，那么就应该调整国民社会保障在国家整体财政支出的比例，确保国民社会保障程度与国民生活水平、经济社会可持续发展能力及国家物质凝聚力可持续增强相协调和适应。

国家物质凝聚力的可持续增强可以提升国民社会保障体系的均衡性。根据世界各国发展历史的实践与经验表明，随着国民社会保障体系的发展，不可避免地出现城乡之间、区域之间、阶层之间国民社会保障不均衡的情况。我国体制内公务员、事业单位保障体系与农民的社保体系差距较大；同时由于城乡户籍制度限制，城乡居民之间的教育、就业、住房等保障水平差距较大。区域之间、城乡之间、阶层之间国民社会保障差距的增加，不是由于劳动强度及生产率的差距而产生的国民生活水平及质量的差距，而是由于国家某些现行制度的不完善而导致的保障差距的扩大。这种制度保障差距将会削弱国家物质凝聚力的强度，减弱国民建设国家、发展国家的向心力。所以，在完善国家社会保障体系的过程中，必须时刻注意要按照国家物质凝聚力可持续增强的要求，维护国民社会保障的均衡性。国家物质凝聚力的可持续增强，将使国家有计划、有目的更多地照顾到老、少、边、贫地区的社会保障体系建设，改善国家城乡二元社会保障的失衡和缺陷，将使国家社会保障体系更具均衡性。

国家物质凝聚力的可持续增强可以提升国民社会保障体系的协调

性。国民社会保障的协调性包括内部协调性和外部协调性两部分。一方面，内部协调性是指国民社会保障内部的协调性，主要是社会保险、社会救济、社会优抚等项目的配置比例。过于突出某个部分，将会削弱其他部分的保障力度和强度，减弱国民社会保障体系整体的效率。但是一味平均分配也会导致抓不住重点及主要矛盾，可能导致社会保障中影响全局的某一重要部分的投入力度不足。在实践中，必须以国家物质凝聚力的可持续增强为根本判断标准，决定国民社会保障内部各部分的配置比例，达到内部配置的高效率及协调性。另一方面，外部协调性主要是指国民社会保障与资源、自然环境、文化、教育等外部环境的协调发展。如果国民社会保障不顾资源环境约束，无限度发展，无视可持续发展理念，过度发展，无视科学技术原理，不按客观规律办事，那么就一定会削弱国家物质凝聚力。必须以国家物质凝聚力的可持续增强为标准和动力，促使国民教育、文化培养、资源节约、环境保护与国民社会保障体系相协调，不仅促进国民社会保障体系的不断完善，更加重要的是维持国家物质凝聚力的可持续增强。

### 四、国民社会保障程度对国家物质凝聚力的作用点分析

国民社会保障是国家物质凝聚力的一条保障线，保障国家凝聚力在国家困难或国民收入分配差距条件下，通过国民共享社会保障，实施民生工程，促进社会公平，来保证国家物质凝聚力的源泉到动力的转换，发挥对国家物质凝聚力的保持和强化作用。主要体现在两个方面。

一是国民社会保障通过各种保障措施，托底或公平实现国民基本需要的满足，稳定国家物质凝聚力。从历史上看，社会保障的兴起发挥了稳定和发展国家物质凝聚力的作用，社会保障的扩大又增大了国家物质凝聚力的影响范围。国民社会保障体系最初是为国民提供生活生存的底线，提供最低保障，帮助国民解决温饱、疾病、住房等一系列关系到人民基本生活水平的重大问题。但在经济社会发展达到一定程度后，虽然重要功能没变，但也成为平衡收入差距，发展成果共享，体现社会公平的重要手段。国民在社会保障体系的覆盖下，国民形成对国家的依存感和幸福感，使国家物质凝聚力在不同的社会群体中都能得到巩固和增强。

二是提高国民社会保障体系的协调性，可以提升国家物质凝聚力的可持续性。国民社会保障的协调性包括内部协调性和外部协调性两部分。一方面，内部协调性是指国民社会保障内部结构比例的协调性，主要是社会保险、社会救济、社会优抚等项目的配置比例。过于突出某个部分，将会削弱其他部分的保障力度和强度，减弱国民社会保障体系的效率。但是一味平均满足也会导致抓不住重点，可能导致社会保障中影响全局某一重要部分的投入力度不足。在实践中，应在充分调查研究和尊重规律的前提下，实现科学决策，正确决定国民社会保障内部各部分的配置比例，达到内部配置的高效率及协调性，才能保证国家物质凝聚力从源泉到动力转换的稳定性。另一方面，外部协调性主要是指国民社会保障与资源、自然环境、文化、教育等外部环境的协调发展。如果国民社会保障不顾环境约束，不顾国情国力盲目和发达国家攀比，或把国民社会保障演变为政绩工程、形象工程、寅吃卯粮，也会造成国家物质凝聚力的不可持续。保持这种协调性，不仅促进国民社会保障体系的不断完善，还能推进国家物质凝聚力因国民社会保障的协调稳定实现可持续发展。

## 第六节　国民收入分配公平度

### 一、收入分配的变化与国家物质凝聚力

20 世纪 70 年代中期，西方国家“滞胀”现象普遍，促进了自由主义经济学思潮的崛起。撒切尔夫人的改革一度扭转了英国“过度福利”的弊病，限制了工会的过度权力，激发了经济社会发展的积极性，使英国不但赢得了与阿根廷的战争，而且使英国综合国力和国际地位迅速提升，极大增强了英国的国家物质凝聚力。但是由于资本主义的基本矛盾，及资本主义世界贪婪的本性，撒切尔夫人的改革终归随着撒切尔夫人的政治影响力的削弱而失败。历史证明，资本主义的贪婪本性、政治体制及基本矛盾，决定了资本主义不可能克服分配失效、过度福利的弊病，国家物质凝聚力的衰弱是历史的必然，也必然会出现一种更加先进的制

度——社会主义制度来予以替代，这是历史发展的客观要求，也是国家物质凝聚力可持续增强的客观要求。

进入 20 世纪以后，“福利国家危机论”一度兴起。第二次世界大战后，迫于战后重建和贫富不均压力，西方国家不按照生产力发展的客观规律设置福利水平，为了选举盲目迎合公众福利取向，导致过度福利现象和政府财政危机。[①] 自由主义经济学思潮的再度崛起标志着市场理念重新掌控政府的政策动向，收入分配作为一个良好的政治工具被滥用，导致福利过度，影响了国家对于国民物质生活需要的可持续的满足，长远来看削弱了国家物质凝聚力增强的基础。

## 二、国民收入分配与国家物质凝聚力

传统经济收入分配主要是资金和物品的分配，后来分配范畴的扩展为分配改革提供了更加广阔的空间，同时也为满足人们收入、自由、教育、权利、能力、认同等多方面需要开辟了新的渠道，从而能更有力、多层次地促进国家物质凝聚力的可持续提升。哈耶克（F.A.Hayek）把分配的内容基本上限定为自由选择的机会。这里强调了以人为本在收入分配过程中的重要性，强调了分配只是一种手段，最终目的是以人为本，满足人生存发展的物质需要，是提升国家物质凝聚力的重要方式。中国国务院 2013 年出台了《关于深化收入分配制度改革的若干意见》，其中强调的“两个同步”最终目的就是要提高国民的生活质量和生活水平，实现以人为本，这也是国家物质凝聚力发展增强的根本目的所在。综上所述，国民收入分配指一国在一定时期内经济活动成果在各经济主体之间的分配，主要包括初次分配、再分配和最终分配三个过程。

第一，初次分配。国民收入的初次分配指国民收入在物质生产领域内部进行的分配。初次分配是决定个人财富与社会财富的关键一环，是决定国民生活水平与质量的直接因素，它直接决定了国民能够占有的基础财富数量和消费能力，是收入分配体系中决定国家物质凝聚力强弱的

① 黄文涛：《欧洲主权债务危机对我国福利制度建设的启示》，《华中农业大学学报（社会科学版）》2012 年第 4 期，第 72 页。

核心步骤。但初次分配天然具有不平衡性，所以才有了收入再分配及最终分配的必要，使得再分配与最终分配通过作用于国民的生活水平及质量，再次影响国家物质凝聚力的强度。

第二，再分配。国民收入的再分配是国民收入在初次分配基础上的进一步分配。再分配的主要形式有财政支出、信贷、价格工具。再分配主要是通过国家行为，以财政、预算、立法、价格调整等手段，将初次分配中不公平、不平衡、不协调的部分予以调整，使得国民收入分配更加合理、科学，进一步增强国民整体需要满意程度，强化国家物质凝聚力。

第三，最终分配。国民收入的最终分配是指最终分配到积累和消费两个部分，使积累基金和消费基金的需要总额同国民收入供给总额相平衡，以保证生产的不断扩大和群众生活水平的逐步提高。最终分配主要是通过财富的积累实现集中力量做大事、搞大项目，迅速提升国家的综合实力，进而惠及每一个国民，提升国家物质凝聚力。

### 三、国民收入分配对国家物质凝聚力的作用

人民的需要通过分配得到满足，国家物质凝聚力在一定程度上是通过国民收入分配形成的。分配的量固然直接影响着国家物质凝聚力，但分配的公平与否则直接决定着国家物质凝聚力的强弱。不同国家制度有不同的分配方式，不同分配方式形成不同的国家物质凝聚力。具体地说，国民收入分配对国家物质凝聚力有如下作用：

一是强化目标的导向作用。通过国民收入分配，使个体需要得到满足，并不是需要的终结，而是新生需要的开始，这些新生的需要只有通过再分配才能得到满足。在这里，分配起到了两种作用，一是通过分配使个体的需要得到满足，进而使国家对个体形成吸引力，由满足需要前的观念吸引，变成满足物质成果的吸引；二是通过分配把个体在国家物质凝聚力作用下产生的向心力导向物质或精神成果的再创造，如果说在分配之前，个体的向心力还是以散状形态发生作用，分配之后，向心力就会以点的形态集中作用于群体物质成果的再创造上。正确、公平，依照劳动贡献的国民收入分配将会为国家物质凝聚力提供正确的导向，形

成在国家人民群体内发挥最优效率的激励机制。

二是保持作用。国家物质凝聚力属于意识现象，是意识则必然根植于现实，并成为现实的反映。意识虽然具有独立性，但是任何意识不可能长期脱离现实而孤立存在。有什么样的社会存在，就有什么样的社会意识。所以要使人民保持某种社会意识，最根本的还是建立与之相适应的社会存在。根据这一原理，包括公平和效率相统一的国家收入分配及其正向激励机制，将为保持国家物质凝聚力提供稳定的经济基础，从而对国家物质凝聚力提供保持作用。

三是强化作用。强化作用是指通过收入分配，使原有的国家物质凝聚力得到增强。一般情况下，国民收入分配使个体需要得到满足的程度和范围与凝聚力的强弱是成正比的。凝聚力从满足个体需要的程度和种类最低限开始，逐步产生并增强。满足增强，凝聚力增强；满足减少，凝聚力也相应减弱。进行科学正向激励的国民收入分配可以增强国家物质凝聚力。

四是周期转换的支点作用。国家物质凝聚力是具有周期性的。这种周期性表现为，从人开始需要到为了满足需要而被国家所吸引，再到由个体在国家吸引力作用下参加社会活动，然后通过对活动成果的分配，使个体的需要得到满足。一种需要得到满足后，该种被满足以后的需要就逐步从凝聚力源泉中退出。于是，一个国家物质凝聚力发展周期结束，紧接着开始一个新的周期。收入分配使个体的原有需要得到满足而结束上一个周期；又通过利益分配，在个体原有需要得到满足的基础上产生新的需要，从而开始下一个周期。

五是再生作用。正确分配方式所产生量的变化，带来凝聚力的增强；分配方式所产生质的变化，带来凝聚力质的飞跃。如果一个国家是因利益分配的方式不正确而丧失了凝聚力，那么当该国家改革利益分配的方式达到群众满意时，就能充分调动个体的积极性和创造性，就可以使凝聚力再生。所以说，国民收入分配可以对国家物质凝聚力产生再生作用。

## 四、国民收入分配对国家物质凝聚力的作用点分析

人民美好生活的多种需要，都是通过国民收入的分配来完成。从国

家物质凝聚力的角度说，只有人民的需要通过国民收入分配的形式得到了满足，国家物质凝聚力的源泉才能实现向动力的转变。不合理的分配弱化了国家物质凝聚力，往往是人民的需要没有通过分配得到满足而造成的。而且哪一部分经济活动主体需要没有通过分配得到满足，哪一部分就会产生对国家物质凝聚力的弱化现象。国家物质凝聚力的强化，往往也是人们发展变化的需要通过分配得到充分的满足而实现的。具体地说，国民收入分配对国家物质凝聚力的作用主要体现在以下三个方面。

一是国民收入分配能够促进国家物质凝聚力的形成和发挥激励作用。在这里，通过国民收入分配，对国家物质凝聚力起两方面的作用。一方面是通过分配使人民群众的需要得到满足，进而使国家形成对人民的凝聚力，实现由源泉到动力的转变；另一方面是通过分配把人民群众在国家物质凝聚力作用下产生的向心力导向物质和精神成果的再创造。正确公平，依照劳动贡献的国民收入分配将会为国家物质凝聚力提供正确的导向，形成在国家人民群体内发挥最优效率的激励机制。

二是国民收入分配的连续性能够促进国家物质凝聚力的不断积淀。国家物质凝聚力的积淀特点是由于国民的需要连续不断得到满足而形成的。在国家正常发展的情况下，连续性的国民收入分配，是由国民需要的连续性决定的。国民连续性需要通过连续性国民收入分配得到满足，从而实现国家物质凝聚力的连续性增加。国民收入分配满足国民需要的连续性越稳定、时间越长，所形成的国家物质凝聚力积淀越深厚。当然，国民收入分配的不稳定性和不连续性，如果不是由于灾害和战争，而是由于国家执政能力的低下所造成，也会使国家物质凝聚力的积淀过程中断，最直接的表现是人民由对政府的满意变为不满意，国家物质凝聚力由强变弱。

三是国民收入分配的不断增长，能够促进国家物质凝聚力不断增强。随着科技的进步和社会的发展，特别是人类认识和社会生活的实践，一方面创造不断增加的社会财富，使进入国民收入分配的财富不断增长，另一方面人民又创造出丰富多彩、不断增加的需要。人民的不断增加的需要能够通过不断增长的收入分配得到满足，所产生的国家物质凝聚力也会不断地得到新的发展强化。国家满足人民温饱需要所产生的物质凝聚力同满足人民美好生活所产生的物质凝聚力虽然在方向上具有趋同性，但人民对国家所产生的高度认同感、获得感和幸福感是有层次上的区别的。

## 第七节　可持续发展能力

### 一、可持续发展的起源与国家物质凝聚力

“可持续发展”的概念，最早是在1972年联合国人类环境研讨会上被提出。1987年《我们共同的未来》报告中首次明确了可持续发展的内涵。[①]1992年6月，环境与发展大会通过了《里约环境与发展宣言》。1995年，可持续发展战略成为我国国家战略，2012年党的十八大报告提出，要以科学发展为主题，实现以人为本、全面协调可持续的科学发展。可持续发展理念的提出为国家物质凝聚力的发展开辟了新纪元，改变了以往只满足人的吃穿住行基本需要就可以增强国家物质凝聚力的陈旧模式，将资源节约、环境友好、以人为本及代际公平理念融入国家物质凝聚力的增强渠道，为国家物质凝聚力实现可持续提升打下了坚实的理论基础。

### 二、可持续发展的内涵

《我们共同的未来》中对“可持续发展”的定义为：“既满足当代人的需要，又不对后代人满足其自身需要的能力构成危害的发展。”1989年“联合国环境发展会议”认为可持续发展的定义和战略主要包括四个方面的含义：（1）走向国家和国际平等；（2）要有一种支援性的国际经济环境；（3）维护、合理使用并提高自然资源基础；（4）在发展计划和政策中纳入对环境的关注和考虑。这种概念将可持续发展理念由一个国家范畴内的概念扩展到国家之间、全球范围，着眼于全球范围内的可持续发展，强调各个国家之间的可持续发展体系形成联动协调机制，也意

① 牛文元等：《中国科学发展报告2013》，科学出版社2013年版，第56—62页。

味着对全球各个国家物质凝聚力可持续提升的方向进行整体控制和协调，使各国物质凝聚力互相支持、互相协调，共同促进世界可持续发展进程，促进各个国家及世界物质凝聚力的可持续提升。[①]可持续发展决定国家物质凝聚力的可持续性，可持续发展理念将物质资源在代际之间、区域之间、城乡之间、个人与国家之间、人类与自然之间进行合理的分配及协调，避免竭泽而渔式的经济社会过度发展，去实现短时间国家物质凝聚力的过度增强；避免国家长远发展动力的过度透支，保证国民物质生活需要的可持续满足。增强国家物质凝聚力如果离开了可持续发展，就失去了目标，失去了意义，也失去了价值。在现代国家，没有可持续能力的国家，也不会有现代国家的物质凝聚力。[②]

当下可持续发展已经变成全球性及世界性的问题，国家物质凝聚力的提升与全球可持续发展能力的提升息息相关。习近平总书记指出："可持续发展是破解当前全球性问题的'金钥匙'，同构建人类命运共同体目标相近、理念相通，都将造福全人类、惠及全世界。"国家可持续发展能力的提升促进国家物质凝聚力的可持续提升，各国家可持续发展体系的平衡与协调共同促进全球可持续发展进程，进而促进人类物质凝聚力的提升。一国可持续发展能力的增强对内提高了人民的凝聚力，对外提高了国家的世界影响力和吸引力，从对内对外两方面共同提高国家的凝聚力。人类物质凝聚力可持续提升反作用于各个国家的物质凝聚力与可持续发展能力，进一步提升各个国家物质凝聚力及可持续发展能力的强度及彼此的协调度和平衡度。

## 三、可持续发展与国家物质凝聚力

### （一）可持续发展为国家物质凝聚力提供全面支撑

可持续发展能力强化国家物质凝聚力发展度、平衡度、协调度和持续度，以可持续发展能力分析的角度来看，国家物质凝聚力的可持续性也同样包含发展度、平衡度、协调度和持续度四个方面。一个国家的可

① 牛文元等：《中国科学发展报告 2012》，科学出版社 2012 年版，第 35—38 页。

② 同上书，第 72—76 页。

持续发展能力为国家物质凝聚力可感性、可比性、公平性和可持续性提供有力的支撑。可持续发展首先就是强化国家物质凝聚力的发展度，在发展中解决前进中的问题，将较好地解决国家物质凝聚力强化的吃穿住行等基本生活需要，凸显出国家物质凝聚力的可感性与可比性；其次，可持续发展强化了国家物质凝聚力的平衡度和协调度，将不断修正竭泽而渔的不可持续的发展模式，强化人类不同代际之间、不同区域之间、不同种族之间和城乡之间的发展平衡度及协调度，使国家物质凝聚力的分布更加均衡协调，凸显出国家物质凝聚力公平性的客观要求；最后，可持续发展强化国家物质凝聚力的持续度，保持人、自然和资源之间的有机平衡，完善协同发展机制，保持国家物质凝聚力的持续提升态势。

**（二）国家物质凝聚力为可持续发展提供方向指引**

可持续发展是一种人、自然与社会和谐发展的发展模式，是一种遵循自然规律，按照生态规律办事的发展道路。国家物质凝聚力是一种社会力量的产物，是为了达到国家的凝聚力强化，国家富强昌盛、人民安居乐业的一种社会能量指向的矢量力。根据经济基础与上层建筑的具体要求，具有充分的矢量方向性。纵然存在有利于人民和有害于人民两个截然相反的方向矢量，但是国家物质凝聚力的方向终将被国家科学发展的要求所指引，导向满足人民生产生活需要的重点领域和关键环节，提升经济社会资源配置的效率，同时为可持续发展提供具有最大效率、最优效果的作用支点，为可持续发展提供一定阶段内最优的发展路径及发展方向。

## 四、可持续发展能力对国家物质凝聚力的作用点分析

生存支持系统是国家物质凝聚力的临界阈值。生存支持系统为国家物质凝聚力提供托底支撑，保证国民最基本的生存物质需要，保证生存的最基本条件。生存支持系统在可持续发展体系中起到基础和支撑作用，同时也为国家物质凝聚力提供托底支撑，是保证国家物质凝聚力得以存续发展的基本条件。国家物质凝聚力的维持与增强也将反作用于生存支持系统，为生存支持系统提供更好的生产生活产品及必须条件，两者互相依托、互相支持。生存支持系统成为实施可持续发展的临界阈值，由

于可持续发展与国家物质凝聚力的增强正相关性，以及当前资源环境形势的紧迫性，生态支持系统也必然成为国家物质凝聚力维持与增强的临界阈值。

发展支持系统是国家物质凝聚力的动力牵引。发展支持系统是整个可持发展体系的动力，同时也是国家物质凝聚力的动力系统。发展支持系统通过资源整合提高资源配置效率，进而提高国家物质凝聚力的力量结构优化程度；通过技术进步提高生产效率和生活的便捷及舒适程度，进而提升国家物质凝聚力的发展潜力；通过循环经济、低碳经济及资源节约举措提升经济社会发展驱动力，进而提升国家物质凝聚力的生态动力；通过可持续理念的教育、培训与实践提升经济社会发展的精神与文化内涵，进而增强国家物质凝聚力的精神动力与文化动力。

环境支持系统是国家物质凝聚力的约束上限，也是可持续发展的约束上限。国家物质凝聚力的维持与提升也必须以生态环境的维持为基础，如果国民赖以生存的环境遭到严重破坏，国民的生存都将受到直接威胁，更不用说满足国民的物质需要了，因此环境支持系统也必然成为国家物质凝聚力的约束上限。国家物质凝聚力的增强有利于国家综合国力的提升及经济社会可持续发展，但这种发展不是无约束和无上限的，要以资源节约和环境友好为标准。在维持生态环境基本稳定的条件下，实现对国民物质需要的满足，决不能为了经济或政治目的，无约束地满足国民物质需要，造成生态环境的严重破坏和发展资源的枯竭。这样不但无法增强现有的国家物质凝聚力，还有可能极大地削弱国家物质凝聚力，甚至导致国家物质凝聚力的消亡。

社会支持系统是国家物质凝聚力的社会选择。可持续发展体系的社会支持系统是社会组织及社会力量对可持续发展的推动作用。国家物质凝聚力本身是由国家满足国民物质需要而产生的吸引聚合力。由前面的论述我们可以知道，国家凝聚力的方向必须要进行正确的把握，才能防止国家凝聚力被极端势力所利用，避免造成第二次世界大战的悲剧。社会支持系统就是通过社会组织及社会自发力量对国家物质凝聚力进行正确方向的把控与指引。社会支持系统由于来自国民社会自身的主动控制，对于物质资源实际信息的把控更加精确严谨，可以有效地避免信息劣势及资源错配，可以更好地满足国民的物质需要，更有利于国家物质凝聚力方向及力度的正确把握。

智力支持系统是国家物质凝聚力的控制中枢。可持续发展的控制中枢是智力支持系统，智力支持系统的核心就是政府。政府作为可持续发展智力支持系统的核心，拥有配置物质资源、控制物质资源流向的绝对控制权。可持续发展的智力支持系统，要求政府在配置物质资源时必须兼顾生态环境的保护、资源的节约和循环利用以及社会保障等多方面，真正实现经济、社会、生态环境的和谐发展、科学发展，保证经济社会在生态环境及资源约束条件下实现适度发展。而这种平衡、适度、协调的控制将使得国民物质需要的满足也同时具备了可持续发展理念中的平衡性、适度性及协调性，进而保证了国家物质凝聚力的适度性、平衡性、协调性与持续性。

## 第八节　我国国家物质凝聚力的 SWOT 分析

### 一、优势因素（S）

经济总量稳步提升。国家积极适应经济发展新常态，进一步实施创新驱动战略，深入推进结构调整和经济转型，经济保持持续较快发展，经济总量稳居世界第二位，2015 年中国 GDP 达到 68 万亿，比 1999 年增长 6.55 倍。经济结构调整稳步推进。农业发展稳健，三次产业占比持续优化，三次产业间互动良性发展。发展质量不断强化。消费升级加速，新型工业化、信息化、城镇化、农业现代化协调发展，科技创新能力得到显著提升，一大批科技成果迈入世界先进水平。分配制度和社会保障体系不断完善。公共服务体系基本建立并持续完善，国民平均寿命稳步增长。随着医疗卫生条件极大提升，我国居民人均预期寿命 2015 年预计比 2010 年提高 1 岁，提前实现了“十二五”医改规划和联合国千年发展目标。新医改迅速推进，2009 年到 2014 年，全国财政医疗卫生累计支出 4 万亿元，其中中央财政累计支出 1.2 万亿元，有力支持了医改各项重点工作。全民医保制度基本建立，职工医保、城镇居民医保和新农合参保人数超过 13 亿，参保覆盖率稳固在 95% 以上。国家科技创新能力实现跨越式发展。全国科技投入经费呈明显的上升趋势，其中报告 R&D 经费和基础研究人员经费等项目，经费投入的迅速增加对科技创新能力的提升有重大贡献，进一步强化国家物质凝聚力。可持续发展能力进一步增强。主要污染物排放持续减少，节能环保水平明显提升，生态文明建设得到长足发展，国家可持续发展能力得到进一步的提升。[①]

## 二、劣势因素（W）

阻碍国家物质凝聚力提升的核心问题依然存在，且比较严重。发展质量严重滞后于发展数量，有效需求乏力和有效供给不足并存，供给侧改革亟待推进，经济增速放缓，金融风险隐患增大。这些限制因素都成为限制国家物质凝聚力提升的障碍。同时，研发机构和产学研合作企业发展缓慢，甚至出现下降趋势，科技型新产品销售收入占主营收入比例在低位徘徊，高新技术产品出口占比不升反降，企业科技创新的应用进度缓慢，老旧产品淘汰不够及时，企业的科技创新能力向产品创新转化的过程中受到明显阻碍，影响了科技创新产业化进程，滞后了国家物质凝聚力的提升步伐，阻碍了科技创新能力发挥对于国家物质凝聚力的核心动力作用。生态环境恶化、资源粗放利用等重要领域尚未完全扭转劣势，影响了可持续发展能力的增强。[②] 基本公共服务供给呈现结构性不平衡，脱贫任务艰巨，阻碍人民满意度和幸福度的提升，削弱了国家物质凝聚力的力度和强度。

## 三、机遇因素（O）

从国际看，和平与发展的时代主题仍是主旋律，全球化和信息化深入推进，这为国家实现稳定和健康发展，强化国家物质凝聚力提供了大有作为的战略机遇期。与此同时，新一轮科技革命和产业变革蓄势待发，

---

① 《国民经济和社会发展第十三个五年规划纲要》，人民出版社 2016 年版，第 4—5 页。

② 同上书，第 7—8 页。

国际能源格局发生重大调整，也为国家提升科技创新能力，完善分配和社保制度，提升发展质量提供了良好的环境。当下，全球秩序开始深刻变革，国际投资贸易规则体系加快重构，国际化程度进一步强化，为我国在全球范围内通过强化国家物质凝聚力吸引技术、人才和资本等优势资源提供了不可多得的历史机遇。我们必须紧紧抓住战略机遇期，乘势而上，努力实现发展数量和发展质量双提升，强化我国的国家物质凝聚力。

### 四、挑战因素（T）

新时期，国内外发展环境更加错综复杂，国际金融危机和贸易保护主义的影响还将长期存在，世界经济在深度调整中曲折复苏、增长乏力，给我国的经济增长提出了严重的挑战。如何在震荡不稳的国际经济形势下，保持国家物质凝聚力的力度和强度，是关乎国家生存发展的核心问题。当下，主要经济体走势和宏观政策取向分化，金融市场动荡不稳，贸易保护主义强化，新兴经济体困难和风险明显加大。同时，多边贸易体制受到区域性高标准自由贸易体制挑战，局部地区地缘博弈更加激烈，这对我国产生强大的外部压力，对国内分配和社保制度改革、科技水平的提升和可持续发展都将产生强大的阻力。如何进一步增强党和国家执政能力，变压力为动力，解决制约增强国家物质凝聚力的关键问题，是新时期面临的重大挑战。

## 第九节　增强当代中国国家物质凝聚力的途径措施

### 一、以“协调”提高物质凝聚力的稳定性

经济结构优化问题和地方债务问题是困扰我国国家物质凝聚力稳定性的核心问题。一方面，经济结构不协调的问题依然显著，产业结构中第三产业比重依然偏低、需求结构中消费比例偏低、对外贸易结构中货物贸易和服务业贸易不平衡等问题依然突出。另一方面，地方债务问题成为迫在眉睫的重大问题。目前，中国地方政府债务持续上涨，地方政

府债务负担加重已经成为影响中国经济持续增长的隐患，也是影响中国宏观经济稳定运行的风险点，同样也是影响国家物质凝聚力稳定性的重大因素。[①] 根据财政部数据，2016 年末我国地方政府一般债务余额限额为 107072.40 亿元，专项债务余额限额 64801.90 亿元。[②] 地方政府债务和民间债务过多，在超过债务阈值的条件下，容易引发债务危机，导致国家经济动荡，严重削弱国家物质凝聚力。在实际发展过程中，减少负债，增加资产，优化国家资产负债表，提升国家财富管理水平，可以有效提升国家物质凝聚力的稳定性，提升国家物质凝聚力的整体质量。

一是深入推进供给侧改革。实现有效需求和有效供给的高效对接，用增量改革促存量调整，实现“创新、协调、绿色、开放、共享”的新发展模式。二是减少政府对微观经济活动的干预。让市场在资源配置中起决定性作用，推动服务型政府建设。推进产权体制改革，优化国家资产负债表，通过资产负债的可持续性来保证经济发展的可持续性。合理拟定硬件考核标准，严格控制政绩工程。三是合理安排城市空间的资源，严格执行城乡规划中已经规定的城市建设标准，对违反规划和标准的有关部门要给予严厉处罚，使决策者有所忌惮，不因一己之利而遗债后世。四是加强责任追究，健全债务管理机制。建立健全政府债务管理工作责任制，将政府债务的借、用、还情况纳入主要领导干部任期经济责任审计的重点范围。实行政府投资建设项目的投资决策责任制，坚持量力而行、突出重点的原则，在财力允许的范围内，按轻重缓急合理安排项目投入。

## 二、以“共享”引领物质凝聚力的方向性

### （一）完善社会保障体系，强化国家物质凝聚力的保障作用

一是统筹城乡社会保障制度，实现城乡社会保障统筹均衡发展，更好地保障退休人员和老年居民的基本生活。二是建立社会保障待遇确定机制和调整机制。三是确保社会保障基金安全和保值增值。四是完

① 王慧晔：《浅谈中国国家债务问题》，《经济视角》2013 年第 6 期，第 57 页。

② 参见《今年中央预算增支加码凸显积极财政政策》，中国经济网 2016 年 3 月 31 日。

善社会救助体系。五是提高社会保障服务管理水平，加强全国社会保障服务平台建设，完善社会保障大数据库，提升社会保障管理信息化水平。

**（二）深入推动收入分配改革，增强国家物质凝聚力的平衡性**

深化收入分配制度改革，使发展成果更多更公平惠及全体人民，强化国家物质凝聚力的平衡性，提升国家物质凝聚力的综合实力。一是继续完善初次分配机制，推动形成主要由市场决定生产要素价格的机制。二是加快健全再分配调节机制。健全公共财政体系，完善转移支付制度，调整财政支出结构，大力推进基本公共服务均等化。加大税收调节力度，推进结构性减税，形成有利于结构优化、社会公平的税收制度。三是建立健全促进农民收入较快增长的长效机制。四是推动形成公开透明、公正合理的收入分配秩序。

## 三、以"创新""开放"保持物质凝聚力的成长性

创新是引领发展的第一动力，开放的最大优势是谋求更大发展空间。创新与开放是强化物质凝聚力成长性的关键要素。国家要不断推动理论创新、制度创新、科技创新、文化创新等各方面创新，实行更加积极主动的开放战略，构建更有活力的开放型经济体系，使创新与开放成为强化国家物质凝聚力的强劲动力。一是完善企业科技创新的各项政策和措施。开展"国家技术创新工程"，加大对中小企业和创业联盟的扶持力度；支持企业间集成合作创新，搭建平台、集聚资源，支持企业重点围绕行业共性技术和战略性新兴产业开展联合研发，力争取得一批重大技术成果并实现产业化。二是加强科技创新规划与战略管理。坚持市场导向，谋定而后动，努力突破关键核心技术，打造企业核心竞争力。三是构建开放式技术创新体系。努力解决科技资源重复分散的现象，打造一批世界一流的科研开发和分享平台。四是整合全球资源，开展深层次创新合作。深入开展产学研合作，实现创新资源的协同效应和科研开发的规模效应，完善利益共享和风险共担机制。强化联合创新，避免企业间重复创新导致创新资源浪费。五是推进科技成果转化应用与知识产权管理保护。着力推进科技人才队伍和企业创新文化建设，加强科技成果转化力度和知识产权保护力度，树

立品牌意识，通过自主创新提升企业品牌价值，谋求国际标准话语权。[①]

## 四、以“绿色”提高物质凝聚力的可持续性

绿色发展是提升国家物质凝聚力可持续性的重要保证。我们要坚持绿色发展理念，进一步提升发展质量，强化国家物质凝聚力的可持续性。一是科学划定资源环境生态红线。合理设定资源消耗上限，实行最严格的源头保护制度。二是构建新型绿色城镇体系。大力实施城镇生态园林建设工程，持续推进园林城市建设。三是着力构建绿色产业体系。加快构建科技含量高、资源消耗低、环境污染少的产业结构，加快完善节能减排预警机制，深入推进节能减排向纵深拓展。五是推动建立资源节约集约利用体系。六是大力发展循环经济和资源综合利用。大力推进绿色发展，构建循环型工业体系，构建生态文明发展新格局。[②]

当前，必须准确认识到我们面临的机遇和挑战，增强忧患意识，以“创新、协调、绿色、开放、共享”五大理念为引领实现跨越式发展，进一步强化国家物质凝聚力，为实现中国梦和中华民族伟大复兴凝聚起澎湃的中国动力。

① 《国民经济和社会发展第十三个五年规划纲要》，人民出版社 2012 年版，第 21—22 页。
② 同上书，第 25—26 页。

# 第五章

# 当代中国国家精神凝聚力研究

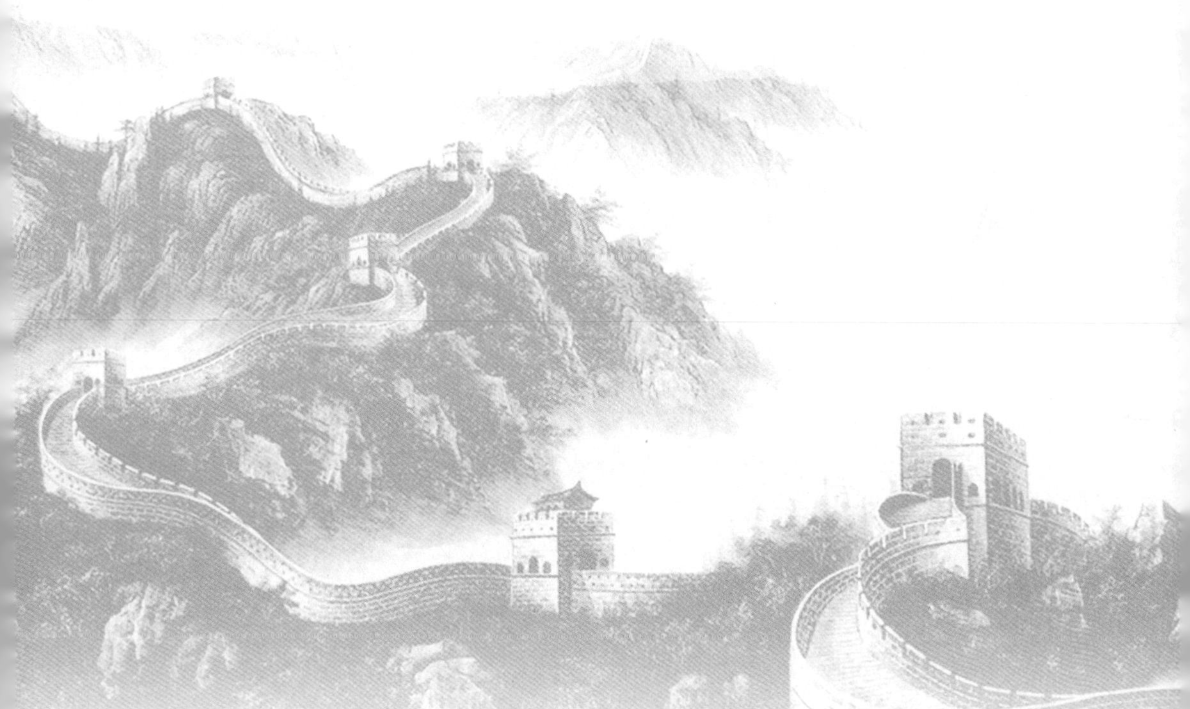

毛泽东说过：人是要有一点精神的。精神是什么？它是一种理想目标，是一种信仰，是一种道德理念，是一种情怀责任；它是人的意识、思维活动和一般心理状态，同时也指导人的实践行为。国家精神凝聚力就是一个国家满足其人民的精神需求产生的凝聚力。国家精神凝聚力与国家物质、政治、文化、安全凝聚力一起构成国家凝聚力。国家精神凝聚力是任何国家、任何时期都不能丧失的精神原动力。战争年代丧失精神凝聚力会打败仗，和平年代丧失精神凝聚力会出内乱。因此，单独把精神凝聚力作为国家凝聚力的一部分，研究其内涵与特点、形成与发展、作用与功能，对于研究如何增强整个国家凝聚力是必不可少的。

## 第一节　国家精神凝聚力的内涵、形成及功能

### 一、国家精神凝聚力的内涵

国家精神凝聚力就是一个国家满足其人民的精神需求产生的凝聚力。不同于哲学、心理学等角度对精神需求的定义或阐述，本章所指的精神需求借鉴李宗桂对精神文化的定义：“精神文化，是指属于精神、思想、观念范畴的文化，是代表一定民族的特点、反映其理论思维水平的思维

方式、价值取向、伦理观念、心理状态、理想人格、审美情趣等精神成果的总和。”[①]因此，本章的精神需求从国家、民族的层面与高度来理解，专指国家理想与目标、信仰、道德、国家精神，是一国人民整体信仰、道德水平、精神面貌的反映。国家理想与目标是否对人民有导向性，国家信仰是否深入民心，国家道德、国家精神是否内化并转化成为人民的行为准则、行为指导。因此，国家精神凝聚力是国家理想、信仰、精神、道德等满足人民需要，为人民所认同，从而产生的高度思想聚合力。国家精神凝聚力的源泉——精神之源是国家理想、信仰、精神、道德，国家精神凝聚力的发展动力是国家理想、信仰、精神、道德这些精神之源能被人民所认同。例如，新加坡很重视通过培育国民的共同价值观以提高国家凝聚力，在经全民讨论并由国会通过的《共同价值观白皮书》中，提出了“国家至上、社会为先；家庭为根、社会为本；社会关怀、尊重个人；协商共识、避免冲突；种族和谐、宗教宽容”五大共同价值观，得到了各大宗教团体和种族的认同，进而产生了国家精神凝聚力。我国国家精神凝聚力的源泉——国家理想、国家信仰、国家精神、国家道德，是以马克思主义为指导下的中国特色社会主义精神需求。国家精神凝聚力具有以下三方面的特点：

一是国家精神凝聚力的稳定性。国家精神凝聚力具有稳定性是因为产生国家精神凝聚力的精神之源是稳定的。从文化结构的层面看，物质文化处于表层，制度文化处于中层，精神文化处于深层。物质文化易于变动，制度文化的变动相对较难，精神文化的变动尤其困难。[②]正如俗语所说，“江山易改，禀性难移”，人们的价值观念、道德品行、处事原则等精神文明一旦形成便会长期存在，难以改变。因此，一旦国家理想、信仰、道德等被人民认同，就会长期存在。例如，儒家文化所提倡的崇德重义、尊老爱幼、自强不息的传统观念和精神历经时代变迁仍经久不衰，在当代中国仍然作为精神之源产生强大凝聚力。

二是国家精神凝聚力的超越性和独立性。由于国家精神凝聚力具有

---

① 李宗桂：《中国文化概论》，中山大学出版社 1998 年版，第 4—8 页。

② 孔庆榕：《中华民族凝聚力学》，中国社会科学出版社 2008 年版，第 232 页。

稳定性，一旦形成就不会轻易变动，所以，国家精神凝聚力也就具有了超越性和独立性。超越性表现在国家精神凝聚力可以超越时代的限制，不受物质条件的制约。例如，爱国主义精神在封建主义、资本主义、社会主义社会都存在，都发挥着强大的凝聚力作用。独立性表现在国家精神凝聚力可以独立于其他四大凝聚力发挥作用。一个国家在战乱年代可能物质条件匮乏、安全得不到保证，但如果拥有强大的精神凝聚力，那么这个国家就不是任人宰割的国家，是一个充满希望与未来的国家。抗日战争和解放战争时期的中国就是这样一种情形，正是在马克思主义科学理论的指导下，全国人民在爱国主义精神的凝聚下，取得了新民主主义革命的胜利，“中国人民从此站起来了”。正是因为国家精神凝聚力的独立性，也就不难解释为什么贫穷国家也能具有较强的国家精神凝聚力。

三是国家精神凝聚力的能动性。国家精神凝聚力作为一种高级精神活动产生的凝聚力，它的作用的发挥是能动的——国家精神凝聚力的强大可以促使人民创造更美好的物质基础，产生强大的国家物质凝聚力；也可以促进战争年代的人民奋发图强保卫家园，产生强大的国家安全凝聚力；也可以促使人民追求更高层次的文化，创造更多更好符合时代需求的文化作品，产生强大的文化凝聚力；还可以促使人民紧紧围绕在执政党这个核心周围，产生强大的政治凝聚力等等。这些都体现了国家精神凝聚力的能动性，即精神凝聚力形成后，精神之源作为观念形态，可以指导人民的生活实践，推动社会的发展进步，进而产生强大的国家凝聚力。

## 二、国家精神凝聚力的形成[①]

精神凝聚力是人类改造客观物质世界的实践活动发展到一定阶段而出现的一种人类所特有的思想整合现象，是人类所特有的高级精神活动现象。国家精神凝聚力的形成过程是国家理想、信仰、精神、道德从认识选择到认同的过程；国家精神凝聚力的强大是国家理想、信仰、精神、道德被认同后精神化、内化的过程，内化程度越高，对精神凝聚力之源

① 参见刘学谦:《精神凝聚力论纲》,《学术研究》1998 年第 7 期，第 3—5 页。

的认识和理解也就越高，从而可以更好地指导和规范人民的行为，形成目标一致、步调一致的整体，凝聚起人民的力量，产生强大的国家精神凝聚力。国家精神凝聚力的形成大致可分为四个阶段：

首先是认识选择阶段。一个国家要形成自己的国家精神凝聚力，首先要选择一个能产生精神凝聚力的源头。这个源头可能是前人或先人留传下来的，也可以是本身的实践认识结果。例如，习近平总书记上任伊始就提出了“实现中华民族伟大复兴中国梦”号召，由于这个理想反映了最广大中国人民的精神诉求，因此迅速凝聚起强大的精神力量。在这里我们强调选择性，原因就在于能够形成一个国家精神凝聚力之源的往往不是一个，而是多个。这就需要选择，而选择的依据就是群体的共同精神需要。也就是说，当一个国家的人民精神生活需要共同的信仰和理想时，这个国家共同的信仰和理想就是精神凝聚力之源。

其次是国家成员的认同阶段。某一种精神因素要成为某个国家的精神凝聚力之源，就必须经过人民群众的认同。国家精神凝聚力是一种国家成员共有的精神聚合现象，那么只有精神凝聚力之源被国家这一群体所有成员所认同，才能对所有成员发挥凝聚作用。认同过程是一个比较复杂的心理调整和思想整合过程。它往往有多种形式，有权威指定认同、传统习惯认同、利益驱动认同、分析比较认同、实践检验认同等。无论何种认同形式，都存在一个时间上的持续过程。

再次是国家精神化阶段。某种精神因素被确定为国家精神凝聚力之源后，还有一个国家群体精神化阶段。国家群体精神化是指把原有的或客观存在的与本群体直接联系的精神，改造和创新为一个属于自己群体的精神。尽管宗教信仰是世界范围普遍存在的现象，但几乎每一个民族都创造了一个属于自己的神。同样，信仰马克思主义的政党也有许多，但要通过马克思主义把党员和人民凝聚起来，还必须创造出符合本国、本党实际的马克思主义。在我国，真正把中国人民凝聚起来的，并不是马克思主义的“本本”，而是把马克思主义中国化的中国特色社会主义理论。根本原因就在于中国特色社会主义理论把马列主义的基本原理同中国的实际相结合，提出了解决中国革命和建设问题的思路和办法。精神凝聚力之源之所以能够群体精神化的必然性就在于，只有国家精神凝聚力之源同国家的利益、前途和命运紧密联系起来，才能发挥凝聚国家民众的作用。

最后是所凝聚的对象内化阶段。国家精神凝聚力能不能形成，最终还要看国家精神凝聚力之源对所凝聚的对象的思想、意志能否发挥凝聚作用。而发挥凝聚作用的关键，又取决于凝聚的对象对精神凝聚力之源的内化程度。内化的程度越高，表明对凝聚源的认识和理解越深，所产生的信仰和虔诚程度越高，进而被凝聚源所凝聚而形成的向心力越强，否则，就会相反。没有被凝聚对象所内化的凝聚力之源，无论多么权威、伟大、公正、科学，都不可能产生凝聚力。

以上是国家精神凝聚力形成的四个阶段，当然这四个阶段在时间上不是平均的，在内容上也不是绝对的，但就产生过程来讲，又是缺一不可的。事实上，一个国家和民族的精神凝聚力的产生是一个非常复杂的过程，它还往往与历史文化、经济发展水平、人员文化素质等多种因素密切相关。因此，离开不同国家所处的历史环境和不同条件来谈上述四个阶段是没有意义的。一个国家能否形成强大的国家精神凝聚力是事关这个国家生死存亡的问题，而如何巩固和发展已经形成的国家精神凝聚力，也具有同等重要性。

### 三、国家精神凝聚力的功能[①]

国家精神凝聚力作为国家凝聚力五大构成要素中必不可少的一个因素，有独特的功能，发挥着独特作用。纵观人类发展史，在国家物质生活匮乏、国家安全受到外部力量侵犯时，以弱胜强、以少胜多的战例不计其数。其成功的原因可能有多方面，但不能忽略的是国家精神凝聚力在其中发挥的强大作用。在艰苦的环境下，精神更能产生激励作用，由于人民有高度统一的信仰，有共同的理想目标，进而产生强大的国家精神凝聚力，这对处于内忧外患国家的绝处逢生和处于发展时期国家的更加强大都具有重大意义。国家精神凝聚力的功能主要包括民族凝聚功能、社会稳定功能、社会力量的整合功能、社会主文化的巩固与维护功能、

① 参见刘学谦：《精神凝聚力论纲》，《学术研究》1998 年第 7 期，第 3—5 页。

社会的自我完善功能、御外与强内的功能。

第一，民族凝聚功能。对于多民族构成的国家而言，每个民族都有自己的宗教信仰，有自己的民族图腾和民族精神。协调多民族之间的关系，实现各个民族间的和谐相处，就需要确定统一的超越民族、阶级、地域的国家理想、信仰、精神与道德，由此所产生的国家精神凝聚力是具有包容性的，具有超越性的，是被各民族所认可的。纵观中华五千年历史，秦始皇统一中国后，除实施了书同文、车同轨外，还对各地的信仰——图腾进行了统一，将各地信仰的牛、马、鹿、蛇等图腾，逐步统一为龙图腾，通过封禅、巡狩把各地分散的山神、河神统一整合为国祀。这些措施都对增强国家精神凝聚力发挥了重要作用。反之，形成并传承下来的国家精神凝聚力又进一步推进了民族之间的融合。除了汉族以外，在一定历史阶段，拥有中国政权的还有女真、鲜卑、蒙古、满族等少数民族，但这些入住中原的少数民族随着时间的推移必然会与汉族融合在一起，这就归因于汉族文化的包容性，国家精神凝聚力对各民族的凝聚功能。

第二，社会稳定功能。一个国家的社会稳定是由多方面构成的，但精神凝聚力的作用是必不可少的。一般来说，经济的发展、人民生活的富裕是社会稳定的重要基础，但如果没有人民思想的统一和共同的理想、价值观、人生观所形成的精神凝聚力，一个国家也很难保持稳定性。一旦一个国家或群体有了很强的精神凝聚力，也就意味着理想、信仰和价值观、人生观的基本趋同，这样的精神凝聚力条件下，经济越发展，人民越是富裕，人们的思想就会越稳定，社会就会更和谐。

第三，社会力量的整合功能。在一个国家中，不同的社会力量往往是分散存在的。要把分散的社会力量集合起来，朝着统一的目标而奋斗，就需要精神凝聚力来完成。在社会力量的集合功能方面我们不否认物质利益的驱动作用，因为人们所奋斗的一切，都与他们自身的利益有关。但是，精神凝聚力有集合社会力量功能上的独特作用。这是因为不同的社会力量是由不同层次、不同职业、不同文化素质的人构成或支配的，而人的行为方向又是受其理想、人生观、价值观所支配的。强大的精神凝聚力把人们的理想、人生观、价值观统一起来，就会使受理想、人生观、价值观所支配的人们出现趋同行为。这样，当一个国家、民族、政党提出自己的奋斗目标时，不同的社会力量就会自觉地为实现统一的目标而奋斗。

第四，社会主文化的巩固与维护功能。主文化既反映一个社会的本质和主流的文化，又是人民群众从中汲取精神力量的源泉。任何一个社会要保持自己的繁荣和稳定，就必须建构自己的主文化。一般说来，主文化所反映的理想、信念和价值观，也是构成国家精神凝聚力的思想基础。两者之间具有相互促进和相互支持的功能。这样，当社会的主文化遭到破坏和受到威胁时，在精神凝聚力的作用下，整个社会就会对同主文化对立的文化进行反击、批判和抵制。这实际上是两种精神凝聚力力量的较量，较量的结果主要取决于两种力量的对比。当与主文化相对立的文化的精神凝聚力量大于主文化的精神凝聚力量时，社会政治生活中不同统治阶级更替的时代就要到来了。

第五，社会的自我完善功能。在精神凝聚力很强的国家中，人民的集体主义意识也是很强烈的。人民在这种高精神凝聚力条件下产生的集体主义意识，往往会产生两种自觉行为，一种是按着精神凝聚力所体现的价值观、人生观去完善社会体系，另一种是按着精神凝聚力所体现的价值观、人生观去完善自我。这两种完善的结果，必然是社会所提倡的价值观、人生观与个体的价值观、人生观趋于一致。另外，精神凝聚力对社会的自我完善功能，还表现为群体在自强不息的同时，能借鉴学习他人的优势、长处为我所用，形成自己的优势，这一点在精神凝聚力强的日本和韩国得到了充分的印证。

第六，御外与强内的功能。古往今来，一个国家或民族对另一个国家或民族的侵略无非有两种方式，一种是武力入侵，另一种是精神文化的入侵。对于前者自然要靠发展，靠增强经济、政治、军事实力来抵御。对于后者，只有靠强大国家和民族的精神凝聚力来抵御。精神文化的侵略，是通过把人们的思想搞乱，把人心搞散，最终使群众由对国家或民族的向心力变成对国家或民族的离心力，进而达到取而代之的目的。强大的精神凝聚力能够形成以爱国、爱民族、爱集体为核心内容的精神统一体，当敌对势力的敌对文化入侵时，不仅不会削弱民众的爱国、爱民族、爱集体之心，而且还会进一步强化对国家或民族的向心力。

## 第二节 国家理想

### 一、国家理想的内涵和特点

理想作为一种精神现象，是对未来事物的美好想象和希望。理想又是人类社会实践的产物，是在人们改造客观世界和主观世界的实践活动中形成的、对期望美好未来发展的向往与追求，是人们的世界观、人生观和价值观在奋斗目标上的集中体现。国家理想是一个全国各族、各阶层人民的共同理想和信念，是人民对憧憬中的理想型国家的向往，是每个人民为之奋斗的目标，是一个国家凝聚力的精神基础。一个没有共同国家理想的国家，就像无源之水、无本之木，国家的发展就像没有目的地飘荡在大海中一艘轮船，不知驶向何处。正如鸦片战争之后的中国，社会各阶层对国家的出路与未来进行了探索，康有为、梁启超等领导维新变法，主张学习日本，在中国实现君主立宪；孙中山主张向美国、法国学习，领导了辛亥革命，在中国推翻君主专制，建立资产阶级共和国。但由于资产阶级力量的弱小，其提出的国家理想目标不能代表广大人民的根本利益，不能被人民群众所认同，无法在群众中产生强大的凝聚力与战斗力，所以，这些探索都失败了。

习近平总书记强调，“一个国家，一个民族，要同心同德迈向前进，必须有共同的理想信念作支撑”①。美国提出了“美国梦”，中国提出了“中国梦”，不论是“美国梦”还是“中国梦”，这种被人民所认同的梦想就是一种国家理想目标，是凝聚国民的重要精神力量。

“实现中华民族伟大复兴的中国梦”这一国家理想是在长期的实践中逐步被人民认识、选择，并将被人民群众认同、内化为行动。中国梦

① 《习近平在会见第四届全国文明城市、文明村镇、文明单位和未成年人思想道德建设工作先进代表时强调 人民有信仰民族有希望国家有力量 锲而不舍抓好社会主义精神文明建设》,《人民日报》2015 年 2 月 28 日。

不是理论与口号，“中国梦归根到底是人民的梦，必须紧紧依靠人民来实现，必须不断为人民造福”。这既点明了中国梦的本质，又点明了中国梦的实现途径，只有依靠人民群众，共建共享，才能真正实现中国梦。国家理想作为国家精神凝聚力的重要构成要素，有以下四个方面的特点。

一是国家理想目标的时代性。国家理想是国家发展的前景和未来，因此，在不同的历史时代、不同性质的国家，有着不同的国家理想。国家理想代表着国民的长远和根本利益，受时代背景的限制，不能脱离物质发展水平，盲目制定。每个历史阶段，人民的共同需求和共同利益是不相同的，这也就决定了在不同的时代，国家理想要符合当下这个时代人民群众的目标追求，满足其当下的利益需求。国家理想目标既不可以制定得太高，脱离实践，脱离当下的生产力与生产关系，造成国家理想目标成为水中月、镜中花，成为不能实现的目标，削弱对人民的凝聚力；国家理想也不可以制定得太低，国家理想是对未来美好生活的憧憬与向往，之所以能够凝聚力量，就是因为国家理想所带来的动力，如果制定得太低，太容易达到，就很难发挥其动力效应，导致人民失去奋斗的激情与动力，也就无法构成精神凝聚力了。所以，国家理想的时代性要求国家理想不能脱离、超越特定的时代背景而存在。

二是国家理想的连贯性与统一性。国家理想具有时代性，在不同的历史阶段往往有不同的内容，但在价值取向上应该是相通的，在历史涵盖上应该是相衔接的。国家理想代表的是全国人民最根本和长远的利益，是对未来一定时期国家前景的期待，因此，在实现过程中，国家理想又是由一个个具体的相互连贯的、目的统一的阶段性目标构成。这些阶段性国家目标，第一可以保证国家共同理想的最终实现，一步一个脚印踏踏实实去实践；第二是为了对国家理想实现过程可能出现的偏差或失误进行及时修正，保证短期目标与长期国家理想目标的统一。

三是国家理想目标的方向性。国家理想目标的方向性决定了国家凝聚力的方向性。国家理想目标就像前进道路上的指明灯、飘扬的旗帜，指明了一个国家前进的方向。国家的人民紧紧围绕在这个既定的国家理想目标下，就会产生强大的国家精神凝聚力。如果这个理想目标的指向是错误的，那么凝聚力的作用方向就会发生错误，尽管凝聚力很强大，但会把国家和人民引导到不正确的方向上。这个错误的国家理想目标产生的国家精神凝聚力越强大，产生的破坏性就越大。第二次世界大战的发动就是因为希特勒给德国民众树立了一个错误的国家理想目标，就像他说的“能够团结人们的，有两件东西：共同的理想和共同的犯罪”，第二次世界大战就是为了实现共同理想的犯罪，是错误理想下导致凝聚力作用方向错误的典型案例。

四是国家理想的共同性。国家理想的共同性说明国家理想要代表最广大人民群众的根本利益，凝聚最广大人民群众的力量。作为一种国家理想，它应该是“国家的”“共同的”，而不是“个体的”“独特的”。即使这一代表群体的理想是先进的，也只有经过传播、实践被其他群体所认同才能转化为国家理想。因此，国家理想的形成，反映着最先进的价值理念的认同过程。不是先进群体降低自己理想去迎合其他群体理想，与其他群体理想齐平，而常常是先进群体的理想引导和拉动着其他群体理想，使得这种符合社会发展规律的先进的群体理想发展为国家理想。

## 二、国家理想与国家精神凝聚力

### （一）国家理想必须被人民所认同才能形成国家精神凝聚力

在一个国家社会生活中往往会出现不同层次的理想，但并不是所有的理想都能成为共同理想，发展为国家理想。只有代表最广大人民群众的根本利益的共同理想，才能被人民所接受、所认同，才能成为国家理想，从而产生强大的国家精神凝聚力。这里面包含两层含义：一是指国家理想的形成过程是一个被全体人民逐步认同的过程，是由少数群体向最广大群体传播的过程。二是当个别社会群体理想与国家理想发生偏差与冲突时，这些冲突会影响人民群众对国家理想的认同度，削弱国家精神凝聚力。

1. 国家理想的形成是一个被全体人民逐步认同的过程

恩格斯说过：“无论历史的结局如何，人们总是通过每一个人追求他自己的、自觉预期的目的来创造他们的历史，而这许多按不同方面活动的愿望及其对外界世界的各种各样作用的合力，就是历史。”[①]国家理想的形成过程也是这样一个合力的形成过程。国家理想是基于对社会规律的正确认识，由于人民对客观世界认识和改造的能力存在差异，国家理想最初可能作为一种社会群体理想存在于某一类先进团体或先进阶级中。这种先进的群体理想只有经过宣传、传播被全体人民所认可、赞同和接受，才能成为国家理想。这种传播、认可、赞同、内化的过程就是国家理想的构建过程，也是国家精神凝聚力由弱到强的过程。科学社会主义在与工人运动结合之前，只是一种科学的社会思想，存在于少数共产主义战士等先进知识分子中，只有将理论联系实践，科学社会主义思想在与工人运动结合并被广大工人阶级接受、掌握以后，它才成为工人阶级委身以求解放的学说，才成为广大人民群众的共同理想，才产生了强大的凝聚力、生命力与战斗力。

2. 国家理想对错误的群体理想的纠正

有的理想目标只代表了少数人或个别团体的利益，它只能成为个别或少数人的追求目标。当个别团体理想目标与国家理想相冲突时，团体理想目标就要进行调整，进行改革，打破其固有的利益藩篱，使其理想回归到正确的道路，回归到国家理想正确的方向。在改革开放的过程中，我国形成许多既得利益集团，这些既得利益集团，不顾或者放弃全局及国家利益，以金钱、权利作为个人或集团追求的理想目标，造成为社会的不公平，影响民生问题的解决。随着这些利益集团的不断发展，掌握的话语权越来越重，其错误的理想目标偏离了国家理想的轨道，对人民的价值观等造成错误影响，严重影响国家理想凝心聚力作用的发挥。我们要在全党全社会持续深入开展建设中国特色社会主义宣传教育，高扬主旋律，唱响正气歌，不断增强道路自信、理论自信、制度自信，让理想信念的明灯永远在全国各族人民心中闪亮。[②]加强宣传教育，国家理想这个主旋律被人民所认同，才能产生强大的国家精神凝聚力，推动中国特色社会主义事业的建设。

---

① 《马克思恩格斯选集》第4卷，人民出版社1995年版，第248页。

② 《习近平在会见第四届全国文明城市、文明村镇、文明单位和未成年人思想道德建设工作先进代表时强调 人民有信仰民族有希望国家有力量 锲而不舍抓好社会主义精神文明建设》，《人民日报》2015年2月28日。

### （二）国家理想目标是国家精神凝聚力形成的前提和基础

国家精神凝聚力是一种力量，是一种团结的力量。团结来自共同的国家理想目标。正如邓小平所说，“要团结就要有共同的理想和坚定的信念”。[①] 因此，国家理想目标是国家精神凝聚力的前提与基础。《孙子兵法·谋攻篇》言：“上下同欲者胜。”在战争年代，一个国家只有树立起坚定的共同理想，才能把全社会的意志和力量凝聚起来，形成统一的步调和强大的战斗力。在和平年代，国家理想是全国人民的奋斗目标，有了人民认同的国家理想，才能凝聚全国人民的智慧和力量建设与发展国家。没有国家理想，国家精神凝聚力就像无源之水、无本之木，即使可能短暂发挥凝心聚力的作用，但这种精神凝聚力是脆弱的，不可持续的。一旦出现群体之间的摩擦与冲突，受个人利益的驱动，国家就像一盘散沙，丧失国家精神凝聚力。鸦片战争后的中国处于半殖民地半封建社会，存在无产阶级、地主阶级、民族资产阶级，受着帝国主义、官僚资本主义和封建主义的压迫，各阶级之间又存在千丝万缕的关系。每个阶级都维护自身的利益，整个国家缺乏被人民认可的国家理想，整个国家就像一盘散沙。所以，不论是“洋务运动”“百日维新运动”，还是“辛亥革命”，由于提不出一个被人民群众认可的国家理想，表面虽然是轰轰烈烈，内容却是四分五裂，号令不能统一，都如昙花一现般失败了。直到中国共产党成立后，经过艰苦奋斗，党才领导全国人民推翻了“三座大山”的压迫，取得了新民主主义革命的胜利。中国共产党在成立之初，就确定了党的最高理想和最终目标，并经过传播、检验、实践被最广大人民群众认可，上升为这个时期的国家理想，产生了强大的精神凝聚力，领导中国人民取得了新民主主义革命的胜利。

### （三）国家理想决定着国家精神凝聚力的作用方向

胡锦涛指出：“理想信念，是一个政党治国理政的旗帜，是一个民族奋力前行的向导。”[②] 国家理想指向何处，人民群众则奔向何处，所以国家理想的方向决定了国家精神凝聚力的作用方向。如果大多数人民群众被

---

① 《邓小平文选》第 3 卷，人民出版社 1993 年版，第 190 页。

② 易晖：《让理想信念更坚定》，《云南日报》2012 年 5 月 10 日。

错误方向的国家理想所引领，这种国家理想的认同度越高，国家精神凝聚力越强，这种凝聚力对国家、对社会的破坏力也就越大。历史上有许多因错误的理想目标强化了国家精神凝聚力，结果给整个国家带来严重灾难的教训。因此，被错误方向引领的国家，凝聚力的强大，无论对本国，还是对世界，都是灾难。

## 第三节　国家信仰

### 一、国家信仰的内涵

信仰是“人们对其认定体现着最高生活价值的某种对象的始终不移的信赖和执着不渝的追求”①，是最高层次的价值观。国家信仰是统治阶级或执政党意志的体现，关乎国家的主导意识形态。因此，国家信仰是为国家统治服务的，是国家稳定、社会发展的精神动力，是增强国家精神凝聚力必不可少的要素。国家的性质不同，发展背景不同，国家信仰的内容也不相同，但相同的是，任何被人民所认同的国家信仰，都能变成改造物质世界的强大的精神动力。德国历史学家戈特弗里德·施拉姆根据自己的研究提出了世界历史中的五个岔路口：摩西使杂乱的崇拜开始统一，创造了有具体形式的宗教；基督教的崛起、兴盛和传播改变了整个世界；马丁·路德则怀着对真理的信仰发动了宗教改革，欧洲人的信仰分裂了；英格兰人殖民北美，移民文化开创的美洲文明为代议制民主培育了土壤；俄国知识分子的崛起推动世界进入“革命”时代，震动了东方和西方。在这世界历史五个岔路口中有三个关乎信仰，可见信仰所产生的凝聚力、战斗力之强大。

国家信仰不同于宗教信仰。宗教信仰指信奉某种特定宗教的人群对其所信仰的神圣对象（包括特定的教理教义等）由崇拜认同而产生的坚定不移的信念及全身心的皈依。基督教、伊斯兰教与佛教并称为世界三大宗教，中国政府认可的五大宗教包括佛教、伊斯兰教、天主教、基督

① 刘建军：《马克思主义信仰论》，中国人民大学出版社 1998 年版，第 1 页。

教、道教。通常人们所说“没有信仰”，是把信仰等同于宗教信仰，这是把信仰的形式与信仰的内容混为一谈，是一种认识的误区。梁漱溟曾说“宗教问题是中西文化的分水岭”[①]，西方人一旦涉及信仰问题大多归属于宗教信仰，但中国人却不一定。不得信仰宗教成为中国共产党一项基本的思想和组织原则，是明确写在党的重要文件中的。1982 年中共中央文件《关于我国社会主义时期宗教问题的基本观点和基本政策》指出：我们党宣布和实行宗教信仰自由的政策，这当然不是说共产党员可以自由信奉宗教。党的宗教信仰自由的政策，是对我国人民来说的，并不适用于共产党员。一个共产党员，不同于一般人民，而是马克思主义政党的成员，毫无疑问地应当是无神论者，而不应当是有神论者。我们党曾经多次做出明确规定：共产党员不得信仰宗教，不得参加宗教活动，长期坚持不改的要劝其退党。2002 年，《中共中央、国务院关于加强宗教工作的决定》指出：“共产党员不得信仰宗教，要教育党员、干部坚定共产主义信念，防止宗教的侵蚀。对笃信宗教丧失党员条件、利用职权助长宗教狂热的要严肃处理。”[②]

习近平总书记指出“人民有信仰，国家有力量，民族有希望”。世界上几乎每个国家都存在几种或多种宗教信仰，实行宗教信仰自由，但一个国家的国家信仰只有唯一一个。宗教信仰一般属于社会团体信仰，很难上升到国家的层面，成为国家信仰；同时宗教信仰不能危害国家社会安全，这样才受到法律的保护。例如，美国有很强的宗教氛围，基督教是他们的立国之本，在确立国家制度、维护家庭伦理和社会公正方面起了巨大的作用。但是美国又是一个强调信仰自由的国家，美国宪法和宪法第一修正案都以法律的形式为美国确立了政教分离的制度。因此，在美国，宗教信仰一直被定为私人的事情。但对于总统的信仰，一份研究报告表明，在接受调查的美国人中，49% 的人认为，如果更多的政治家信教，他们将更有可能以诚实、正直的态度行事。但也有 48% 的人说，他们认为美国不需要更多信教的政治家。这几乎持平的比率表明美国人

① 梁漱溟：《中国文化要义》，上海人民出版社 2005 年版，第 46 页。

② 朱维群：《共产党员不能信仰宗教》，《求是》杂志 2011 年第 24 期，第 25—28 页。

在这个问题上是难以取舍的。[①]

一般来说，一种信仰上升为国家信仰需具备三个条件：一是这个信仰要符合国家统治阶级意志，要能维护统治阶级的利益。一种信仰，首先要能被统治阶级接受才有成为国家信仰的可能。二是要符合一个国家政体所倡导的核心价值观，只有这种信仰倡导的价值取向同国家的核心价值取得一致的时候，才能成为国家信仰。三是这种信仰要能被最广大的人民群众所接受、认同，要能符合最广大人民群众的利益，才能作为一个国家人民的共同的价值取向和行为标准，成为国家信仰。只有同时满足这三个条件，能够实现民族、国家与个人利益统一的信仰，才能成为一个国家的主导信仰，成为国家信仰。

当代中国的国家信仰是马列主义、毛泽东思想、中国特色社会主义理论体系，特别是习近平新时代中国特色社会主义思想。坚持当代中国的国家信仰，增强国家信仰的人民认同，是为我国经济社会发展在更高水平上提高强大的精神动力，是保证社会变革期凝聚人民共识，实现经济社会转型的必然要求。

## 二、国家信仰与国家精神凝聚力

歌德对信仰做过这样的精辟论述："世界历史唯一真正的主题是信仰与不信仰的冲突。所有信仰占统治地位的时代，对当代人和后代人都是光辉灿烂、意气风发和硕果累累的，不管这信仰采取什么形式；反之，所有无信仰在其中占统治地位的时代，都只得到一点微弱的成就，即使它也暂时地夸耀一种虚假的繁荣，这种繁荣也会飞快地逝去。"因此，国家信仰是一个国家的精神基石，是一个国家的智慧。只有人民精神饱满，理想信念坚定，内心有约束，行为有准则，民族才有希望，国家才有力量。

国家信仰是国家精神凝聚力的内在支撑。国家信仰作为国家精神凝聚力的重要构成要素，是知、情、意、行的统一，决定着整个国家一种基本的、共同的价值取向和行为方式，成为一种凝聚国家人民的主体性

① 胡向春：《美国总统的宗教信仰》，《环球时报》2004 年 1 月 30 日。

力量，推动着国家的生存与发展，保持着国家的生机与活力。坚定国家信仰，人民才能凝聚发展共识。没有国家信仰的国家，其人民就失去了行为的准则、内心的敬畏和约束，国家无法产生凝聚力，丧失发展的生命力。从马克思主义在中国的传播，历经几代革命人的浴血奋战、艰苦奋斗，马克思主义与中国实践相结合，形成毛泽东思想、中国特色社会主义理论体系，特别是习近平新时代中国特色社会主义思想，这些都成为当代中国的国家信仰。只有坚定这一国家信仰，才能凝聚发展共识；才能不计较个人得失，产生强大的建设社会主义现代化建设的动力和热情。在当今社会上出现了一些“中国人无信仰”的言论，这是将国家信仰等同于宗教信仰。中国的国家信仰是马克思主义，不同于宗教信仰，马克思主义坚持历史唯物主义。让人民认同这个国家信仰，就要通过深入宣传、倡导，将中国特色社会主义理论与每个个体的切实利益联系起来，用这个理论指导日常的工作与生活，将理论内化于心。由此，人民才有敬畏，行为才有底线，国家才有智慧，才能产生强大的国家精神凝聚力。

## 第四节　国家精神

### 一、国家精神的内涵和特点

人是需要一点精神的，一个民族、一个国家也是如此。梁启超先生将国家看作有机体，类似自然人一样，并赋予国家一种内在的“精神”。国家精神是国家赖以生存和发展的精神支柱，缺乏精神力量的支撑，一个国家难以自立。早在1902年的《释新民之义》一文中，他就论述过国家精神的重要性：“凡一国之能立于世界，必有其国民独具之特质。上自道德、法律，下至风俗习惯、文学美术，皆有一种独立之精神，祖父传之，子孙继之，然后群乃结，国乃成。”[①] 并认为“精神既具，则形

① 梁启超：《新民说》，商务印书馆2016年版，第9页。

质自生。精神不存，则形质无附”[①]，表明无形的精神比有形的形质更加重要。

国家精神一词由来已久，其重要性也不言而喻，但学术界对国家精神的理论研究不是太多，大部分集中在“中国精神”、“中国精神与中国梦的实现”或“民族精神”等方面，与实践结合较为紧密。

从哲学理论角度，邹诗鹏（2014年）认为，国家精神，乃主权国家所具有的国族信仰及其认同，标示国家内部团结、整合并具有凝聚力，体现为国民对国族即国家统一体及其国格的高度自觉与忠诚，也体现为国家对其国民作为人民之权利及义务的自觉维护及其责任。国家精神是国家实力的象征，本身就是重要的文化软实力。[②]

从国家精神凝聚力的角度，刘学谦（2013年）认为，国家精神是一个国家的人民为生存和发展，在同敌人、困难和灾害作斗争过程中所凝练成的爱国、爱民、爱生命的行为理念，是一个国家历史传承下来并不断丰富发展的精神宝库。[③]张永明（2015年）认为，国家精神是在传承历史优秀文化的基础上，融合新时代进步文化思想，并获得大多数国民的认同，从而使其自觉成为指导全民行为准则的精神，并指出这种精神具有传承性、民族性、趋同性和进步性。[④]

从国家精神与民族精神的关系角度，张炳照、王东升（2000年）认为，国家精神是民族精神的继续和发扬，国家精神与一定的社会政治制度相联系，是一定社会制度国家中国民思想、心理、性格、情感、观念积极因素的总和。因此，国家精神是一个历史的范畴，在社会发展的不同阶段、不同时期有着不同的具体内容，反映着统治阶级思想、意志、利益。[⑤]公方彬（2012年）认为，民族精神突出于文化元素，国家精神则是在文化元素基础上增加了政治元素；民族精神主要表现为自然和社会

① 梁启超：《梁启超全集》，北京出版社1999年版，第267页。

② 邹诗鹏：《民族国家构建下的国家精神》，《哲学研究》2014年第7期，第30页。

③ 刘学谦等：《国家凝聚力理论与实证研究》，经济日报出版社2013年版，第15页。

④ 张永明：《把提振中国精神提高到国家战略》，《中华魂》2015年第10期，第28页。

⑤ 张炳照、王东升：《民族精神、国家精神与现代城市精神》，《大连干部学刊》2000年第6期，第16页。

属性，国家精神更突出政治属性。[①]

通过对文献的梳理，虽然专家学者的分析角度不同，但都认为国家精神能够指导人民的行为，并由此产生强大的凝聚力，推动国家政治理想的实现。国家精神具有以下几个方面的特点。

一是国家精神的传承性。精神是对过去事、物的记录及此记录的重演，因此，国家精神具有传承性。能够产生正能量的、推动历史发展进步的国家精神不会因为时代的变迁而消失，相反，这种国家精神会影响一代又一代人。一种国家精神的历史越悠久，越能内化为人民的自觉行为，被人民群众所认同，产生强大的国家精神凝聚力。例如，爱国主义精神、顽强奋斗的精神，从古至今，历经无数朝代的更迭，依然产生着强大的精神凝聚力，在任何时代都激励人民为国家的繁荣昌盛奋斗不息。

二是国家精神的民族性。由于历史发展背景的不同，每个国家的国家精神都带有强烈的民族痕迹。例如，美国精神就是在上海世博会上宣传的“合作、崇尚自由、多样化、开放、乐观、成就、创新和机遇”；法国精神体现于“自由、平等、博爱”；英国精神体现于“勇气、礼貌和担当”；德国精神主要体现于“思辨与科学、纪律与秩序、严谨细致、信守承诺”等等。[②]每个国家的国家精神都带有强烈的民族感，体现着这个国家的发展历史。因此，国家精神的构建要基于历史、基于民族，才能被人民群众所认同。

三是国家精神的稳定性。国家精神的稳定性是指某种精神一旦被人民群众所认同，成为国家精神，就会表现出持久的精神动力。表现为以下两个方面：一是国家精神作为精神支柱发挥凝聚作用的长期性、稳定性。例如以爱国主义为核心的团结统一、爱好和平、勤劳勇敢、自强不息的伟大民族精神，激励着无数代中国人民爱好和平、维护国家主权。二是国家精神超越社会形态的稳定性。国家精神作为一种社会意识，具有相对独立性，具有超越特定时代、特定社会形态的特点。物质条件和

① 公方彬：《中国精神：中华民族伟大复兴的呼唤》，《党建》2012年第10期，第26页。

② 公方彬：《中国精神：中华民族伟大复兴的呼唤》，《党建》2012年第10期，第28页。

社会制度的变化，并不影响国家精神的变化，其基本内核不会随着时间发展而消逝，反而会随着时间的推移而沉淀。例如坚忍不拔的精神、崇尚中庸看重和谐的精神、天人合一的精神，无论是在小农经济下还是在现代化、工业化的今天，抑或是在封建制度下还是在社会主义制度下都发挥着作用，而且正是在这种和谐、天人合一的精神指导下，人们注重保护生态环境，实现持续、协调发展。

四是国家精神的发展性。国家精神不是封闭的、僵硬的、一成不变的，是一个开放的、包容的、与时俱进的发展系统。国家精神的发展性表现为任何可以产生正能量的、产生凝聚力的精神都是一种国家精神。例如，从战争时期的红船精神、井冈山精神、长征精神、延安精神、西柏坡精神，到和平年代的雷锋精神、大庆精神、红旗渠精神，再到改革开放精神、抗震救灾精神、奥运精神等等，在特定的历史环境下，鼓舞着全国人民抵御外敌、战胜困难，建设国家，产生了强大的精神凝聚力，构成为国家精神的一部分。

## 二、国家精神与国家精神凝聚力

国家精神是国家精神凝聚力的核心与精髓。国家精神之所以能产生强大的精神凝聚力，是因为国家精神是一个国家能够生生不息的清晰脉络，是促进各民族团结一心的精神纽带，是鼓舞国家人民不断奋进、不断进取的精神动力。唯物辩证法指出，社会历史是人的活动过程和结果，总是受一定的动机、愿望、思想等精神因素的支配和调节，在一定条件下，由物质派生的精神可以转化成历史发展的动力。这种国家精神可以激发成员的归属意识、进取意识和奋斗意识，凝聚社会各方面的力量，从而形成推动社会前进的强大动力。[①] 邓小平同志曾讲过，“在中国人民全面建设小康社会的新征程上，没有昂扬向上的志气，就不可能完成既定的目标，中华民族不可能自立于民族之林”。这种奋发有为、昂扬向上的志气就是国家精神。只有在国家精神产生的强大的凝聚力与战斗力的推

① 庞仁芝、周国祝：《民族精神：文化建设的一个极为重要的任务》，《人民日报》2002年9月3日。

动下，才能实现全面建设小康社会的目标。

国家精神是国家精神凝聚力的不竭动力。国家精神是一个国家的灵魂。没有国家精神的国家，人民丧失奋斗的动力，国家看不到希望与未来。2015 年 1 月，教育部发布的《中等职业学校德育大纲（2014 年修订）》把中国精神教育纳入其中，要求加强以爱国主义为核心的民族精神教育，加强以改革创新为核心的时代精神教育，加强中华优秀传统文化教育以及中共党史与国情教育。只有国家精神在一代又一代人之间传递，精神之魂才会永不枯竭，国家精神凝聚力才能永葆活力。

由于国家精神具有传承性、民族性、稳定性与发展性，因此，一个国家的国家精神是一个基于国家历史，带有强烈民族特性的、开放的，被广大人民群众所认同的高级精神意识形态。习近平总书记指出："中国精神就是以爱国主义为核心的民族精神，以改革创新为核心的时代精神。"当代中国的国家精神就是一部发展史，是以马克思主义为指导，是中国共产党人领导中国人民不断传承、不断发展、不断弘扬井冈山精神、长征精神、延安精神、西柏坡精神、大庆精神、雷锋精神、两弹一星精神、抗洪精神、抗震精神、奥运精神等等的见证。

## 第五节　国家道德

### 一、国家道德的内涵和特点

何谓道德?《辞海》对于道德的解释是："一定社会调整人民之间以及个人和社会之间关系的行为规范的总和。"道德一定是一个社会正向的价值取向，用来判断一种行为是否正当，是社会成员在共同生活、工作过程中为人处事的准则和标准。中国历来是礼仪之邦，最讲究德行，重视道德修养，孝、忠、义、礼、廉、耻等思想从古至今一直影响着中国人民。而德治思想一直就是两千多年封建中国国家治理的基本思想——把道德教化作为主要的治国手段，追求社会道德的协调，利用道德的内在约束力来达到稳定社会的目的。国家道德是德治思想的基础，是以德治国的基本要求，只有道德准则被国家人民所认同、认可、接受，成为国家道德，才能形成德治的思想土壤，才能产生国家精神凝聚力，使以德治国成为可能与现实。

国家道德是一个国家人民共同遵守、认同、践行的行为准则，以善恶为标准，通过社会舆论、传统习惯、内心信念等影响和评价人民的行为。国家道德具有约束性与向上性，进而形成约束功能、教化功能与凝聚功能。

国家道德的约束性。虽然国家道德不像法律一样具有强制性，具有专门的、专业的行政执法人员，但无论人民是否愿意遵循，道德始终具有普遍意义上的约束性，是一种软约束。国家道德的约束性是由人的社会性和群体性所决定的。作为社会人，人民必须遵循一定历史传承下来的准则、规范、道义，例如爱国、诚信、孝顺、正直等等。这些思想准则经过几千年文明的传递，已经内化于心，指导人民的行为。有悖于国家道德的行为，会受到舆论谴责、道德审判、良知拷问。因此，作为社会人，离不开彼此之间的社会交往，必须遵守国家道德，才能融入社会群体关系。国家道德约束性体现在道德标准和道德底线上。道德标准告诉人民什么是真善美，什么是伪恶丑，什么行为是人民可以做、应该做，国家鼓励并支持人民做的，什么行为是不应该做的，是国家和其他人民所谴责和禁止的。道德底线是最低的道德标准，表明了人民行为必须在道德允许的范围内。在社会生活中，不是每个人都能成为道德高点的圣人，成为道德模范，但每个人都不能突破道德的底线，放弃最低的道德标准，造成公共危害。

国家道德的向上性与正确性。道德作为一种社会意识形态，具有历史性和阶级性，因而被传承下来的有些道德是不符合时代特征的，是要被历史所淘汰的。只有那些能够产生正能量的道德才能被人民所认同，成为国家道德；反过来说，被国家人民所认同的国家道德一定是积极的、向上的、正确的、能够产生正能量的。例如，敬业奉献、助人为乐、见义勇为、诚实守信、孝老爱亲等，这些美德教导和激励人民去做对国家、对社会有利的事。而“三从四德”等这些顽固思想，制约人民思想的解放，制约人民对自由、平等、物质及文化需求追求满足的权利，不能被现代人民所认同，因而不能作为构成国家道德的内容，无法产生国家精神凝聚力。只有被人民认同、接受的积极向上的国家道德才能产生强大的国家精神凝聚力。

由于国家道德具有约束性和正确性，因此，国家道德具有约束功能、教化功能、凝聚功能。

国家道德的约束功能是对法律约束功能的补充。当社会上不断出现一些冲击道德底线，但用法律制度无法约束的事件时，国家道德的约束功能便会凸显出来。社会舆论、媒体批评、网络热议等加强了国家道德的约束功能，让不道德的行为受到了舆论的谴责。

国家道德的教化功能是国家道德存在的本质意义。在西方，道德教化被包括在社会教化之内，以文化、道德、宗教等古典人文学及其精神来教育、养化国民，都被视为“教化”。[①] 如果道德观念不能影响人的心意态度、情感归依、意志品质和行为倾向，那么，道德只能是一纸空文，毫无意义。国家道德的认同与形成过程也就是道德发挥教化功能的过程。通过道德的教化功能，人民认同道德、接受道德，内化为精神力量并指导实践活动，才能成为国家道德，产生国家精神凝聚力。

国家道德的凝聚功能是国家道德的最终目标和意义。国家道德作为一种国家意识形态，必须为整个国家机器服务，其约束功能、教化功能、价值导向功能、调节功能等所有功能的一个最终指向就是凝聚功能。国家道德其他功能发挥作用的最终目的是实现凝聚功能，如若不能产生凝聚功能，其他功能的作用发挥是事倍功半的；反之，只有国家道德实现其凝聚功能，产生强大的国家凝聚力，其他功能的实现与作用发挥才是事半功倍的。

## 二、国家道德与国家精神凝聚力

当代中国的国家道德是以马克思主义为指导形成的“社会主义核心价值观”，即富强、民主、文明、和谐，自由、平等、公正、法治，爱国、敬业、诚信、友善。习近平总书记在 2014 年 5 月 4 日北京大学师生座谈会上，旗帜鲜明地提出社会主义核心价值观“是一种德”的重要

---

① 李萍：《推进网络伦理建设》，《光明日报》2015 年 12 月 23 日。

思想。他说："核心价值观，其实就是一种德，既是个人的德，也是一种大德，就是国家的德、社会的德。国无德不兴，人无德不立。"国家道德是兴国之魂，是全国各族人民凝心聚力、共同奋斗的思想基础和精神支撑。

国家道德是国家精神凝聚力的重要组成部分。国家理想、国家精神、国家信仰与国家道德构成为一个国家的精神凝聚力。缺少任何一个要素，都会削弱国家的精神凝聚力。当今中国社会出现的"毒奶粉""瘦肉精""老人摔倒不扶"等等一系列道德滑坡事件，在群众中造成恶劣影响，破坏了社会的诚信，削弱了国家精神凝聚力。只有每个人都追求崇高的道德和严格的道德自律，每个人都讲道德、尊道德、守道德，13 亿中国人才能汇聚起无比磅礴的国家力量。

国家道德通过德治产生强大的国家精神凝聚力。德治思想在我国源远流长。儒家思想倡导的"仁政"就是以德治国。孔子曾说过："为政以德，譬如北辰，居其所而众星共之。"[①] 意思是说，统治者以道德治国，民众就会像众星拱卫北极星一样地拱卫他们。"居其所而众星共之"的原因就是强大的国家凝聚力。中国历史上出现的几大"盛世"，都同统治者注重实行"仁政、德治"有着密不可分的关系。施行德治的基础是人民认同国家道德准则，自觉接受和遵守道德准则。"道之以政，齐之以刑，民免而无耻。道之以德，齐之以礼，有耻且格。"用行政手段引导民众，用刑罚约束民众，虽然可以使民众暂时免于犯罪，但却无法使他们树立以犯罪为耻的观念。如果用道德引导民众，用礼仪规范民众，民众就会树立以犯罪为耻的观念，自觉地端正自己的行为。因此，国家道德是一种内在的约束力，是一种善恶的标准，人人遵守国家道德，规范与端正行为，必然能形成良好的社会风气，凝聚力量。

增强国家道德的精神凝聚力要加强宣传、重视道德模范的力量。24 字核心价值观只有被人民群众深刻理解才能被深刻认同。因此，要加强 24 字核心价值观的宣传。首先是根据不同行业、不同职业、不同年龄进行针对性宣传，找好认同国家道德的切入点和执行点；其次要进行全面

① 《论语·为政》。

的、持久的、广泛的宣传，避免形式主义和一阵风主义；再次宣传的语言要亲民化、大众化，用普通老百姓听得懂的、接地气的语言讲给普通人听；最后是用道德模范去感召、引导人们的行为。道德模范是普通人身边的人和事，更能打动人心，引导干部群众追求先进、崇尚先进、学习先进，在全社会形成知荣辱、讲文明、树正气的新风尚，产生强大的国家精神凝聚力。

增强国家道德的精神凝聚力要注重以德治国与依法治国相结合。党的十八届四中全会《决定》明确提出，坚持依法治国和以德治国相结合，并把其作为实现全面推进依法治国总目标必须坚持的重要原则。可见，法治和德治两者是相互补充、相互促进的，不可偏废。首先，国家道德推动国家法治建设的进程。国家道德的教化作用告诫人民善恶标准、荣辱标准，这也法治的基础。以道德滋养法治精神、强化道德对法治文化的支撑作用，做到人人自觉遵法、守法。其次，社会主义道德风尚的形成、巩固和发展，要靠教育，也要靠法治。法治使人民依法办事，依法律己，不做法律禁止的事情。一般法律禁止的事情也是道德不允许的事情。综合运用教育、法律、行政、舆论等手段，规范人民的行为习惯，约束和制止不文明行为，形成扶正祛邪、扬善惩恶的社会风气。

## 第六节　增强当代中国国家精神凝聚力的途径

一个国家的强盛，离不开精神的支撑，增强国家精神凝聚力是增强当代中国国家凝聚力不可或缺的一部分。增强当代中国国家精神凝聚力，是实现“两个一百年”目标的重要保证。一个国家缺少精神凝聚力，就等于缺失了凝聚力量和汇聚民心的灵魂。一个国家没有理想信仰，是一个没有希望和未来的国家；一个没有国家精神的国家，不会屹立于世界之林；一个没有道德的国家，不会有社会的和谐与稳定。加强理想、信仰、精神、道德全要素建设，国家才有强大的精神凝聚力。

## 一、影响当代中国国家精神凝聚力的问题

当代中国国家精神凝聚力整体来看是强大，是处于增强、上升周期的。但构成国家精神凝聚力的四要素仍然存在不少问题，例如，道德滑坡、精神缺钙现象严重，一些党员干部的马克思主义信仰不够坚定等等，这些问题如果不能及时得到处理，会影响人民群众对国家理想、信仰、精神、道德的认同，削弱国家精神凝聚力。正视国家精神凝聚力存在的短板，积极解决问题，是增强当代中国国家精神凝聚力的必由之路。

### （一）对国家理想重视程度不高

国家理想是一个全国各族、各阶层人民的共同理想和信念，是全体人民为之奋斗的目标。党的十八大以来，人民对国家理想的认知、认同程度明显提高，但国家理想在人民群众中牢固树立起来还需要全社会努力。一是社会存在的过度追求物质享受现象。有的人过分追求物质享受，一切向钱看，不惜损害国家利益和生态环境，这样的人不可能树立国家理想，更不可能为实现国家理想而奋斗。二是国家理想没有成为某些人追求的目标。改革开放过程中，西方个人利益至上的价值观，严重冲击着国家的理想和目标，一些人放弃全局及国家利益，以金钱、权利作为个人或集团追求的理想目标，造成为社会的不公平。他们靠个人财富积累的影响力，宣传个人利益至上的理想目标，对人民的价值观等造成错误影响，造成部分党员和干部的跟风，导致对国家理想的不坚定。在实践中把名、利作为理想目标，不能坚持原则，严重影响国家理想凝心聚力作用的发挥。

### （二）对国家信仰认同不坚定

国家信仰是马列主义、毛泽东思想、中国特色社会主义理论体系，特别是习近平新时代中国特色社会主义思想。党的十八大以来，国家信仰与人民信仰的一致度有了较大提升，但我们感到人民的国家信仰缺乏问题仍然存在，在有些人群中还非常严重。首先是信仰的模糊化。信仰的模糊化是指不知道自己信什么。面对改革开放的复杂进程、面临外来文化的猛烈冲击，一些党员和群众中存在着关于理想信念上的

困惑，在面临价值冲突时不明白应该如何做，更不谈坚守自己的价值原则。尤其是一些党员干部“不信马列信鬼神”的行为，严重破坏了党和国家的形象，直接影响了国家凝聚力。还有部分群众对信仰的认识停留在宗教信仰层面，崇拜图腾或某神话人物，不清楚或根本不知道当代中国的国家信仰是什么，由此导致信仰与民间迷信活动相模糊。其次是信仰的功利化。信仰的功利化是指以功利化原则看待信仰，崇尚拜金主义和享乐主义。一些党员干部在金钱诱惑下，以权谋私，败坏党和国家的形象。

**（三）不能充分践行改革开放精神**

“以改革开放为核心的时代精神”主要形成于改革开放之后，始于邓小平的南方谈话。时代精神要求改革创新、解放思想、与时俱进、敢为人先等。党的十八大以来，弘扬改革开放的时代精神取得了很大成就，但仍然存在缺乏人民群众最广泛认同的问题。一是时代精神广泛的宣传和人民内化程度不够；二是思想解放任重道远；三是由于改革开放的不彻底，部分群众没有充分享受全面改革成果，产生了贫富差距过大等严重问题，导致这部分群众不认同改革开放精神。正是上述原因，所以在短时间内部分群众还没有充分内化认可改革开放精神。但改革开放精神有强大的生命力，人民群众会在充分享受改革开放成果的过程中，逐步认同这种精神，并自觉转化为实际行动。因为改革开放精神说到底就是新时代的全心全意为人民服务精神。

**（四）道德缺失现象仍然存在**

国家道德作为一种社会意识形态，发挥着约束功能和教化功能。党的十八大以来，国家突出核心价值观的教育和普及，取得了人民认同的较大成效，但近年来，我国社会道德缺失现象也是一个不可否认的事实。道德缺失现象主要表现在以下几个方面：一是社会公德的缺失。社会公德是国家传承下来的几千年的优秀德行，例如，为人友善、爱人爱己、团结互助、尊老爱幼等等。但不排队、不让座、乱扔垃圾、公共场合高声喧哗、老人摔倒不扶、旅行不文明行为等经常发生。根据“破窗理论”，环境可以对一个人产生强烈的暗示性和诱导性，这些不良现象如果被放任存在，会诱使人们仿效，甚至变本加厉。二是职业道德的缺失。职业道德是社会道德体系的重要组成部分，如果每个行业，每个职业集体都具备优良的道德，对整个社会道德水平的提高肯定会发挥重要作用。爱岗敬业、诚实守信、忠于职守、乐于奉献等优良的品德应该是各行各业从业人员的基本素质要求。由于投机主义、拜金主义的影响，本该救死扶伤的医疗行业存在着见死不救的怪象，食品行业出现了“毒奶粉”“瘦肉精”“苏丹红”等令人“谈吃色变”的现象等，这些个别的、不良的现象，直接降低了整个行业的形象，不利于职业道德的发展。三是官德的缺失。官德也是职业道德的一种，之所以把官德单独列出并重点指出，是因为在当代中国，官德主要指党员干部的德行。国家凝聚力的核心是党的凝聚力，党是否具有凝聚力主要取决于每个共产党员的一言一行是否符合党员的行为标准，是否符合全心全意为人民服务的宗旨。一个奉公守法的党员队伍，一个清正廉洁的政府，必然会在全社会起到良好的道德表率作用，增强政府的公信力和执政力，提升党和国家的凝聚力。

## 二、加强全要素建设，增强当代中国国家精神凝聚力

正确处理构成国家精神凝聚力要素——国家理想、国家信仰、国家精神、国家道德四者的关系，实现构成要素的协同、平衡发展是增强国家精神凝聚力的前提；加强宣传教育，提高人民群众对国家精神凝聚力构成要素的认知，让人民能够理解它、领悟它，是加强国家精神凝聚力的基础；在认知的基础上，提升人民的认同度，认同度的高低是国家精神凝聚力强弱的重要标志，也是增强国家精神凝聚力的关键；将人民群众的认同转化为自觉行动，在实践中进一步发扬与传承，是增强国家精神凝聚力的最终目的和重要意义所在。

### （一）实现国家精神凝聚力构成要素的协同、平衡发展是增强国家精神凝聚力的前提

增强国家精神凝聚力除了要实现国家精神凝聚力与国家物质凝聚力、政治凝聚力、文化凝聚力、安全凝聚力的协调、平衡发展外，还要实现国家精神凝聚力构成要素之间的协调平衡发展，即国家理想、国家信仰、国家精神和国家道德之间的平衡发展。

首先，国家精神凝聚力构成要素平衡发展才能增强国家精神凝聚力。构成国家精神凝聚力的四要素缺一不可，无论哪个出现短板，国家精神凝聚力的发展都会出现不平衡。国家理想决定国家精神凝聚力的凝聚方向，没有正确的国家理想，国家精神凝聚力就失去了凝聚方向，没有被群众认同的国家理想，国家精神凝聚力的聚合力就会变散，形不成合力。国家道德不能被认同、践行，就会发生道德滑坡。国家信仰不能被认同、践行，就会出现信仰危机。这些都会严重弱化国家精神凝聚力。国家精神是国家精神凝聚力的内在驱动力，群众对国家精神的认同，决定着一个国家的精神面貌——是否爱国、是否积极向上、是否团结奋进等，这些都直接影响国家精神凝聚力凝聚人民群众的黏合力。一个积极向上、团结奋进、勤劳勇敢、国家利益高于一切的精神文明氛围，有利于形成强大的国家精神凝聚力；反之，如果一个国家充斥着仇恨、懈怠、堕落，那么这个国家的人民就不会产生爱国主义精神，也就不会产生精神凝聚力。

其次，构成国家精神凝聚力的四要素是相互支撑、相互促进的，共同推进国家精神凝聚力的强大。产生国家精神凝聚力的要素，如国家理想、精神、信仰和道德都有一个明确指向，即建设中国特色社会主义社会。习近平总书记在第十二届全国人民代表大会第一次会议上指出："实现中国梦必须走中国道路，这就是中国特色社会主义道路；必须弘扬中国精神，这就是以爱国主义为核心的民族精神、以改革创新为核心的时代精神；必须凝聚中国力量，这就是中国各族人民大团结的力量。"因此，无论是"24 字社会主义核心价值观"的国家道德，马列主义、毛泽东思想、中国特色社会主义理论体系的国家信仰，还是实现"中国梦"的国家理想，以及"以爱国主义为核心的民族精神、以改革创新为核心的时代精神"的国家精神，都是一脉相承的，息息相通的。其最终目的都是要满足人民的精神需求，凝聚人民的力量，以马克思列宁主义、毛泽东思想等中国化的中国特色社会主义理论为指导，高举新时代中国特色社会主义伟大旗帜，坚定理想信念，走中国特色社会主义道路，建设富强、民主、文明、和谐的社会主义国家，实现国富民强，实现"中国梦"。其最终的落脚点在人民群众的根本利益上，满足人民群众对美好生活的追求。

**（二）提高公众对国家精神凝聚力构成要素的认知度，是加强国家精神凝聚力的基础**

国家理想、精神、信仰和道德被人民群众认同的过程是一个从感性到理性的过程。从最初对国家理想、精神、信仰和道德的认知、理解，到逐渐的接受、认同，再将其内化为大众的精神追求，最后外化为大众的自觉行动，国家精神凝聚力大大增强。提高公众对国家精神凝聚力构成要素的认知度关键是要加强宣传教育。

首先，宣传教育工作要务实、到位，不能浮于表面。当前，我国开展了一系列精神文明创建活动，这些活动的初衷是好的，目的是宣扬国家精神，凝聚群众力量。活动的关键是在落实阶段，要深入群众，避免形式主义。

其次，宣传教育的语言要通俗易懂。国家理想、精神、信仰和道德的语言表述虽然并不复杂，但内容十分丰富和深刻，要让大众认知并理解认同就必须通俗易懂。通俗易懂就是要让人民群众听得懂、记得住，便于理解和把握。根据群众受教育程度、工作性质的不同，因人而异，采用人民便于接受与理解的语言和方式进行宣传。面对工人讲工人语言，面对农民讲农民语言，面对士兵讲军人语言等等。实践证明，用不同群众的语言，比较能够沟通，容易产生共识。这样就能做到每个人都能感知它、领悟它。[①]

再次，宣传教育的形式要多样化。宣传教育的形式要实现传统模式与现代模式的有机结合。要充分利用互联网、社交媒体等新媒体资源，采用群众喜闻乐见的方式进行宣传。数据显示，截至 2018 年 6 月 30 日，我国网民规模达 8.02 亿，互联网普及率为 57.7%；我国手机网民规模达 7.88 亿，网民通过手机接入互联网的比例高达 98.3%。[②]可见，我国半数以上的人口接触并频繁使用互联网，利用互联网等新媒体资源开展精神文

---

① 刘学谦:《增强社会主义核心价值观的大众凝聚力》,《光明日报》2015 年 5 月 24 日。（文章为课题阶段性成果）

② 《我国网络普及率 57.7% 逾 8 亿网民受益互联网高速发展》,《经济日报》2018 年 8 月 21 日。

明的宣传教育，是推进人民群众对国家理想、精神、信仰和道德的认同，增强国家精神凝聚力必不可少的方式。

最后，宣传教育要深入基层。深入基层，密切联系群众，提高国家精神凝聚力形成要素的普及率，是增强国家精神凝聚力不可缺少的环节。对国家理想、精神、信仰和道德认同的人民群众越多，国家精神凝聚力越强，能够凝聚的群众数量越多。因此，宣传教育不能只限于党员干部，只限于社会精英人士，要进工厂，下农村，深入到工人、农民中，社会普通老百姓之中。通过开展社区精神文化创建活动，精神文化三下乡活动等等，用通俗的、群众化的语言和形式向普通人讲解国家理想、精神、信仰和道德，用群众身边的事迹进行宣传，加强基层群众对国家的热爱，增强国家对基层群众的精神凝聚力。

**（三）加强对国家理想、国家信仰、国家精神、国家道德的人民认同是增强国家精神凝聚力的根本**

国家理想、信仰、精神和国家道德被人民群众所认同，才能产生向心力和凝聚力。国家理想、信仰、精神和道德产生国家精神凝聚力的过程是从认知到认同到内化为精神再到转化为自觉行动的过程，认同程度越高，表明认识和理解的程度越深，所产生的国家意识和国家责任越强，内化并转化为自觉行为的动力越大，人人都能自觉遵守准则，约束与规范自己的行为，进而对国家的向心力越强，凝聚力越强。

积极推进对国家理想的认同。当代中国的国家理想是实现中华民族伟大复兴的“中国梦”。推进人民群众对“中国梦”的认同，就是要将“中国梦”的实现落实到每个人民身上，与具体的个体相联系，让人民认识实到现中国梦是惠及每一个人的共同理想。习近平总书记强调要“坚决打赢脱贫攻坚战，确保到2020年所有贫困地区和贫困人口一道迈入全面小康社会”。就是要让每个人都享受到改革开放的成果，逐步实现共同富裕，全面建设小康社会。这就是“中国梦”的最终落脚点，一定能得到最广大人民群众的认同，增强国家的精神凝聚力。

积极推进对国家精神的认同。当代国家精神是“以爱国主义为核心的民族精神，以改革开放为核心的时代精神”。积极推进对国家精神的认同，关键是要推进对“以改革开放为核心的时代精神”的认同。

以爱国主义为核心，团结统一、爱好和平、勤劳勇敢、自强不息的伟大民族精神是在几千年的历史发展传承与积淀下来的，是一种源于地域基础、血缘关系的，千百年来固定下来的对国家的一种最深厚的感情。这种爱国主义精神世代相传，特别是在国家危难时刻，爱国主义精神有着强大的凝聚力与爆发力，直接转化为人民群众的战斗力。例如，战争时期的长征精神、延安精神，中华人民共和国成立初期的大庆精神、红旗渠精神，新时期的汶川精神等等，都是爱国主义精神的具体表现，是人民群众认同爱国精神并将其自觉转化为实际行动的例证。“以改革开放为核心的时代精神”形成时间不长，还缺乏人民群众最广泛的认同。推进人民群众对“以改革开放精神为核心的时代精神”的认可，首先广大党员干部要做好模范先锋作用。只有广大党员干部认同这种精神，从上到下进行推进，并以这种精神指导实际工作，满足人民群众美好生活的精神需要，人民群众才会逐步认知、认同、接受改革开放精神。党员干部要不断学习，及时倾听、了解民心民意，运用各种沟通模式及时与人民群众进行沟通，了解人民群众的精神需求，转变工作作风，实实在在做到想群众所想，解群众之难，提高党的威信和凝聚力。其次要继续推进改革开放，将改革的成果切实落到每个人身上。目前出现的经济社会问题，不是因为改革开放造成的，而是因为改革开放不彻底造成的。只有继续推进改革，进行更深层次的改革，才能打破固有的利益藩篱，让每个国民都共享改革开放的成果。只有群众得到了实惠，才能认同改革开放精神，改革开放精神才能产生强大的国家精神凝聚力，从而进一步推进改革开放的进程。因此，共同富裕的目标和改革开放精神是相互促进的。以改革开放精神为核心的时代精神在不断解决当代中国面临的实际问题中逐步得到人民群众的认同，从而产生强大的国家精神凝聚力。

积极推进国家信仰的人民认同。国家信仰不同于一般意义上的宗教信仰，当代中国的国家信仰是“马列主义、毛泽东思想、中国特色社会主义理论体系，特别是习近平新时代中国特色社会主义思想”。推进国家信仰的人民认同，首先要进行宣传教育。发挥媒体的作用，特别是运用互联网在青少年群体中的广泛影响力，采用通俗的、贴合实际的语言与方式进行国家信仰的讲解与宣传，增强信仰的感染力和号召力，让人民能更好地认识、理解、接受并认同这一信仰；将国家信仰内化为精神力量并指导实践活动。其次党员干部要身先士卒成为国家信仰的典范。只有国家各级领导干部、社会各阶层代表带头认同和践行国家信仰，才能带动人民群众跟着学、跟着做，增强国家信仰的凝聚力。

积极推进国家道德的人民认同。中国历来是一个讲究“德”的国家，忠、孝、仁、义等是广为流传的美德。历经几千年的发展，“德”的传承在当代中国出现了一定程度的中断，导致道德滑坡成为当代中国急需解决的一个问题。因此，积极推进国家道德的人民认同，是增强国家精神凝聚力必不可少的要素。推进国家道德的人民认同，一方面要在全国提倡和鼓励良好道德行为，反对和鞭挞不道德、不文明的行为，在全社会形成扬善抑恶的道德氛围和社会风气，让不道德、不文明的人或事接受大众的监督与舆论的批评。另一方面要加快法治社会的建设。国家道德具有约束性但不具有强制性。因此，加快法治建设，坚持以德治国与依法治国相结合，才能形成德治与法治的良性循环与互动，提高人民群众对国家道德的认同，增强国家精神凝聚力。

**（四）转化为自觉行为，在实践中践行国家理想、信仰、精神和道德是增强国家精神凝聚力的关键和最终目的**

积极推进人民群众对国家理想的践行。推进人民群众对国家理想的践行一方面要把“中国梦”与“个人梦”相结合。习近平总书记指出，“中国梦是民族的梦，也是每个中国人的梦”。国家理想与个人理想是相互支撑，相互促进的。首先，个人的奋斗离不开国家，离不开国家梦的实现。其次，国家梦的实现，特别是中华民族伟大复兴的实现，又有赖于每一个人最大限度地把自己的聪明才智和创造力发挥出来。另一方面要实现国家理想向个人理想的转变。像习近平总书记所说的那样，要让生活在我们伟大祖国和伟大时代的中国人民，共同享有人生出彩的机会，共同享有梦想成真的机会，共同享有同祖国和时代一起成长与进步的机会。因此，让每个人都能共享改革开放的成果，是尊重个人梦想从而实现国家理想的必由之路。

积极推进人民群众对国家精神的践行。推进人民群众对国家精神的践行，一方面要传承优秀的中华民族精神，用传统文化中优秀精神指导工作。这体现在日常的工作、学习、生活中，人人严格要求自己，传承中华民族爱岗、敬业、勤劳、勇敢、公平、正义、诚信等优良国风、家风。践行国家精神要落实到每一个公民，上至领导干部，下至普通百姓，只有每个公民都从自身做起，严以律己，自觉弘扬国家精神，才能形成良好的国家精神氛围，激励每个人自觉、主动践行国家精神。另一方面要不断丰富和发展国家精神的内涵，结合新的时代条件予以发扬光大。国家精神是一个开放的系统，是与时俱进的精神体系。新时期涌现出来的"奥运精神""抗洪精神""抗震精神""宪法精神""上海精神"等，都是国家精神与时俱进的体现。

积极推进人民群众对国家信仰的践行。首先，要有国家道路自信、理论自信、制度自信。在现实中，有的群众看到党内存在一些腐败现象，就对党的领导失去了信任；有的看到社会主义处于低潮，就对共产主义运动失去了信仰；有的看到西方发达资本主义国家的表面繁荣，就对中国特色社会主义事业失去了信心；等等。这些都是政治上缺乏自信和不坚定的表现。推进人民群众对国家信仰的践行，就是要坚定中国特色社会主义信念，坚定中国共产党的领导，坚持走中国特色社会主义道路。其次，尊重和引导个人信仰。国家信仰既要尊重个人信仰的差异性，又要引导个人信仰的发展方向，使个人信仰与国家信仰相一致。当国家信仰和社会信仰、人民信仰相互融洽时，整个国家信仰体系就会形成稳定社会、促进发展的强大精神力量。

积极推进人民群众对国家道德的践行。把社会主义核心价值观内化为大众的自觉行动。这是践行核心价值观的最终目的，也是增强大众凝聚力的重要价值和意义。从社会凝聚力的角度分析，把社会主义核心价值观外化为大众的自觉行动，关键是实现三个转变：一是让崇德、尚德成为社会风气，在这样的大环境中，践行核心价值观逐步实现由从众到自觉的转变。从众是跟着学，跟着做；自觉是主动学，我要做。我们提倡自觉行动，重在后者。二是在全社会践行核心价值观的道德氛围中，逐步实现由偶然行为到习惯自然的转变。践行核心价值观偶然做到一两次不难，难的是成习惯、成自然，只有这样的自觉行动，才能形成社会良好风气。三是在一些地方缺乏德治的社会风气中，率先形成道德意识和道德责任，践行核心价值观逐步实现由随波逐流到从我做起转变。践行核心价值观需要责任担当者引领，但更重要的是人人从我做起，只有从我做起的自觉行动，才能建成道德社会。以上这三个转变是把社会主义核心价值观外化为大众自觉行动的三个层次，也是三层境界。其中最难的是第三个转变。我们的各级党政干部，广大共产党员、各个行业的先锋模范，是第三个转变的主力军。[①]

① 刘学谦:《增强社会主义核心价值观的大众凝聚力》,《光明日报》2015 年 5 月 24 日。（文章为课题阶段性成果）

# 第六章

# 当代中国国家政治凝聚力研究

政治凝聚力是指一个国家建立的政治体系与运行机制能够充分体现民众意志，满足民众政治诉求，民众由此对国家政治产生了认同并获得情感的归属与心理依赖，形成强力而深厚的动态聚合力。政治凝聚力是国家凝聚力的重要组成部分，直接影响决定着国家凝聚力的强弱。总的来讲，一个国家的政治理念、政治体系与运行机制适合这个国家的发展和人民的需要，就会成为凝聚民众的重要推手和不竭动力，反之则会起着削弱以致涣散凝聚力的作用。研究政治凝聚力对研究国家凝聚力具有重要作用。

## 第一节　当代中国国家政治凝聚力的概念与特点

### 一、当代中国国家政治凝聚力的概念

当代中国国家政治凝聚力是指民众对当代中国政治发展道路、政治制度、政治理念和执政党等方面认同的基础上，国家满足人民的政治需要而产生的动态聚合力。

第一，人民群众对当代中国政治发展道路的认同就是对当代中国走中国特色社会主义道路的认同。中国特色社会主义道路不仅是马列主义

同中国实践相结合形成的当代中国马克思主义，而且是中国人民经过中华人民共和国成立以来的实践，特别是总结国际共产主义运动的经验教训所形成的人民必然选择。

第二，对当代中国政治制度的认同就是对人民当家作主制度的认同。这个制度是具有中国特色制度优势和自我完善功能的先进制度。人民认同这个制度，满足人民的政治需要就有了制度保证。

第三，对当代中国政治理念的认同就是对国家理想、信仰的认同。政治理念是马列主义、毛泽东思想和中国特色社会主义理论，是建设现代化强国和实现中华民族伟大复兴的指导思想。人民群众认同这个政治理念就能形成经济社会发展的力量。

第四，对执政党的认同就是对中国共产党的认同。中国共产党是领导建设中国特色社会主义事业的核心力量。认同这个核心力量，在这个核心力量的领导下，中华民族实现伟大复兴才有希望。

第五，国家满足人民政治需要是国家产生政治凝聚力的动力。国家制度、国家道路、政治理念等多方面的优越性要形成对民众的凝聚力量，必须落实到国家满足民众的政治需要上。

## 二、当代中国国家政治凝聚力的特点

研究当代中国国家凝聚力必须重视当代中国的政治凝聚力，把握当代中国政治凝聚力的特点。当代中国政治凝聚力具有四个显著特点：[①]

第一，中国特色社会主义的道路、理论和制度是当代中国政治凝聚力的重要基础。这是当代中国政治凝聚力最基本的特征。当代中国的政治是中国特色社会主义的政治。政治道路是中国特色社会主义道路，这条道路是实现国家现代化和创造人民幸福生活必须要走的路；政治理论是中国特色社会主义理论体系，这个理论体系是立足于时代前沿、与时俱进地实现民族复兴的正确理论；政治制度是中国特色社会主义政治制度，是具有中国特色、制度优势和自我完善能力的先进制度。一个国家

① 刘玉成：《以加强党的凝聚力为重点增强当代中国国家政治凝聚力》，《华北理工大学学报（社会科学版）》2017 年第 1 期，第 162—168 页。（文章为课题阶段性成果）

的政治理念、政治体系与运行机制适合这个国家的发展和人民的需要，就会成为凝聚民众的重要推手和不竭动力，反之则会起着削弱以致涣散凝聚力的作用。当代中国的政治凝聚力是建立在适合国情的中国特色社会主义政治基础上的凝聚力，是中国特色社会主义的政治凝聚力。

第二，中国共产党在当代中国政治凝聚力中发挥着最突出的作用。以中国共产党凝聚力为中心的政治凝聚力，是当代中国政治凝聚力的显著特征。中国特色社会主义最重要的特征就是党的领导，当代中国特色社会主义政治最根本的认同就是对坚持党的领导这个政治原则、政治理念的认同。中国共产党在当代中国的地位来源于中国革命、建设和改革的成功实践，来源于历史的选择和人民的支持。正是由于来源于实践、来源于人民、来源于真理，也才使得中国共产党自信地成为当代中国政治凝聚力的核心力量。

第三，党和国家领导人是当代中国政治凝聚力的核心。党和国家领导人在当代中国是对中央层面的高级领导人的统称，包括中共中央、国家机构全国政协的主要领导人。领导核心是党和国家的最高领导人。中华人民共和国成立以来，历代党和国家领导人都发挥了凝聚全国人民奋发图强、改革创新，推进社会主义事业勇往直前的巨大作用。因此，同我国国家制度密切相联系的党和国家领导人凝聚力也成为我国强大的政治优势。国家政治凝聚力同人民群众对党和国家领导人的认同有密切联系。一方面政治凝聚力是对党和国家领导人认同的表征，另一方面对党和国家领导人认同又是形成政治凝聚力的重要因素。而人民对党和国家领导人的认同程度，又与国家制度、执政能力、人格特质等密切相关。在当下，对人民具有强大凝聚力的以习近平同志为核心的党中央理所当然成为当代中国政治凝聚力的核心。

第四，人民、历史与价值的统一是当代中国政治凝聚力的本质特征。凝聚力是有方向的。这个方向就是要代表人民根本利益，符合历史发展规律，体现人类崇高价值。只有这样，当代中国政治凝聚力才能够形成，才能日益强大，才是积极的、进步的，有利于人民、有利于国家、民族和世界的。社会主义以及它的最终目标实现共产主义，是以人的自由全面发展为目的，党的根本宗旨是全心全意为人民服务，这是当代中国政治凝聚力的人民性。社会主义代表的是人类历史发展的必然规律，中国共产党带领中华民族积极顺应历史规律，坚定地站在历史一边，这是当代中国政治凝聚力的历史性，也就是真理性。同时，作为当代中国政治凝聚力之魂的社会主义核心价值观反映了千百年来人类的崇高价值追求，代表着先进的价值取向，这是当代中国政治凝聚力的价值性。当代中国政治凝聚力就在这三者的统一中，开辟出人类政治凝聚力的新境界。

## 第二节　政治制度认同

政治凝聚力基于政治认同。政治认同首先是对政治制度的认同，这是因为在一个国家的各种制度中，政治制度处于关键环节。习近平总书记指出："一个国家的政治制度决定于这个国家的经济社会基础，同时又反作用于这个国家的经济社会基础，乃至于起到决定性作用。"《中国大百科全书·政治学》中将政治认同定义为："人们在社会政治生活中产生一种感情和意识上的归属感，它与人们的心理活动有密切的关系。人们在一定社会生活中，总要在一定的社会联系中确定自己的身份，如把自己看作某一政党的党员、某一阶级的成员、某一政治过程的参与者或某一政治信念的追求者等等，并自觉地以组织及过程的规范来规范自己的政治行为。这种现象就是政治认同。"一个人只有在对政治制度产生认同感的基础上，才能对一个政治组织或一种政治信念表现出最大的热忱和忠诚。一个政治组织或一种政治信念，也只有得到成员的广泛认同，才能长久存在下去。政治制度认同是一种具有非凡能量的"软权力"形态，研究政治凝聚力先要从政治制度认同入手。

### 一、政治制度认同概述

#### （一）政治制度认同的内涵

政治制度认同是政治体系中的人民在社会政治生活中，对现存的政治制度表现出的在情感和意识上的特殊归属感。

人民是政治制度认同的主体。人民通过认同和参与介入政治。一定社会中的成员个体，以政治人的面目出现并进行活动，这是人的政治属性，同时也是社会属性的集中体现。政治制度认同，立足于主体的政治情感、政治实践，既体现主体的心理倾向性，又指向了主体的政治行为。政治制度认同的客体，既指政体即政权的组织形式，又指“一定历史时期存在的政治体系，包括国家形态、政党组织、政府、政策、法律规范等，包括政治体系相关的价值、理念、制度、结构、运作、策略、效能等诸多方面”，集中体现为政党、政府与制度等方面。政治制度的实质就是社会政治领域中要求政治实体遵行的各类准则或规范，目的就是人类为维护共同体的安全和利益，为了维持一定的公共秩序和分配方式。最后，政治制度认同又是主客体之间相互作用的心理和实践过程。心理就是认知和情感，实践活动就是政治体系实现政治价值和维护政治统治的活动，是两种政治实践交织、对照和凝聚的动态过程。

政治认同作为人的主体活动，是一个由浅入深、层层递进的过程。通常有三个层次：初级层次的认同是本能上的认同，这是人们对社会组织天然的和下意识的归属感。中级层次的认同是情感上的认同，情感认同更多地受到个人社会经历和生活经历的驱使。高级层次的认同是理智上的认同，是人们在对自然及社会关系的理性把握中产生的认同，表现为对某一理想价值的追求，或投身到某一事业中的自觉。

人们对政治制度的认同并非一成不变。政治制度虽然在形成中得到认同，但如果在运行过程中偏离了初期的承诺，或者承诺长时间得不到有效兑现，或者影响或损害了部分人群的权益，都会影响人们的认同度。人们对于政治制度也会产生新的要求和期待，能否满足、如何满足以及在何种程度上满足，也都直接影响着人们的认同度。

**（二）历史上政治制度认同的作用**

每种特定社会形态下的政治制度，都是顺应那个时代的发展需要，适应那个时代的生产力发展程度和特点而建立的，因此能够有效地凝聚起国家主流力量共同促进社会的发展进步。到了社会形态发展的末期，当新的矛盾产生，不符合社会发展需要和民众需求的政治制度就成为阻碍社会进步的绊脚石，成为国家离散力的核心因素。

原始社会时期的人类社会组织以血缘为纽带，他们的主要活动就是共同劳动、共同抵御野兽和自然灾害，关系松散、生活简单，没有真正的政治活动，也没有成型的政治制度。这个阶段可以说有凝聚力问题，但谈不上现代意义的政治凝聚力。

奴隶社会有了人类最早的政治制度。这种政治制度由氏族社会的管理形式演变而来，作为人类政治制度的雏形，它的基本任务是引领人们依靠人力与自然力相抗衡，满足生活的基本需要。神权学说是奴隶社会政治制度的理论基础，也是奴隶社会政治凝聚力的基础。

君主制和身份等级制是封建制国家的普遍形式。“朕即国家”“君权神授”是封建君主专制制度的理论基础。西方的政治制度源于古希腊的城邦制和民主制。在封建社会政治制度下，虽然没有摆脱人对人的依赖性，但随着生产力水平的提高，人不再像奴隶一样没有人身自由，开始从君主的奴隶变成君主的子民。封建政治制度顺应了农耕经济文化社会的发展需要，增强了国家政治凝聚力，促进了农耕经济的发展。

资本主义政治制度相比封建的政治制度有了明显的进步。它的根本出发点是要限制君权，保护资本家的利益，采取的方法是分权、制衡、政党制、代议制、普选权和限期任职制。这种政治制度顺应商品经济时代要求，使人摆脱了人对人的依赖，进入以物的依赖性为基础的人的独立发展的时代。在资本主义政治制度下，人的自由和独立是商品经济发展的需要，又是商品经济发展的动力和源泉，大大激发了人的创造力和拼搏精神，促进了经济社会的迅猛发展，在它的初期形成巨大的国家凝聚力。正如马克思、恩格斯在《共产党宣言》中所说的，“资产阶级在它不到一百年的阶级统治中所创造的生产力，比过去一切时代创造的全部生产力还要多”。但是资本主义用资本的力量管束住君权的力量，权力却并没有真正回归人民的手中，而是掌握在占有资本的少数人手里。随着它的制度越来越与生产力的发展发生冲突矛盾，越来越不能制度化地满足民众的利益诉求，政治凝聚力从总体上必然会呈现衰减的趋势。

社会主义政治制度是建立在生产资料公有制基础上的、人民当家作主的政治制度。它的领导力量是工人阶级政党，它的理论基础是马克思列宁主义。它是占人口最大多数的劳动人民享有民主并按照民主集中制原则建立起来的新型民主政治制度。人民的信赖、支持和拥护，是社会主义国家政治制度的深厚力量源泉和政治基础。社会主义政治制度由于从制度上为使人民真正当家作主人提供了保障，因此就为形成强大的政治凝聚力奠定了坚实的制度基础。

## 二、影响政治制度认同的基本要素

### （一）政治制度的公正合理性

在现代社会里，政治统治必须以公正合理为前提。正如政治学家利普塞特指出的，“任一民主国家的稳定不仅取决于经济发展，也取决于它的政治制度的合法性与有效性”。社会公众对其所在的政治共同体的评价是必然的，而政治制度是否公正合理就成为政治制度认同的关键。政治制度合理有效的评价标准，就是公众对政治制度的认同与忠诚的程度。公正合理是一个政治系统存在、发展的基础。政治制度公正合理，才会产生凝聚力，才会有政治制度的权威性，民众才会自觉形成对制度的支持。

制度的合理性一般包括制度本身的公正性与制度运行的规范性两个方面的内容。制度公正是人们按照一定的尺度，对一种制度作出的价值判断。约翰·罗尔斯（John Rawls）强调：“正义是社会制度的首要价值，正像真理是思想体系的首要价值一样。一种理论，无论它多么精致和简洁，只要它不真实，就必须加以拒绝或修正；同样，某些法律和制度，不管它们如何有效率和有条理，只要它们不正义，就必须加以改造或废除。”只有当人们相信制度是正义的或公平的时候，公众才准备并愿意履行他们在这些社会安排中所应负的责任。因此，必须注重公正是社会制度的基本理念和首要价值的观点。

公正是中国特色社会主义的内在要求，是中国特色社会主义制度的本质特征。社会主义之所以要取代资本主义制度，人民之所以选择社会主义，首要的是社会主义比资本主义更公正，如果失去了这个最关键点，社会主义制度也就失去了存在的合理性。公正是社会主义凝聚人心的核心要素。失去了公正，必然失去人心，也就必然地失去了政治凝聚力。

改革开放以来，我国的公平正义有了很大提高，同时，改革开放的巨大成果也为公平正义提供了坚实的物质和制度基础。但是，有违公正的现象依然存在，民众对社会不公问题反映越来越强烈，这些都影响着政治凝聚力的正常发挥。虽然公正受历史发展条件的限制，人们对公正的认识和诉求不同，但并不意味着必须等到经济发展起来了以后再解决社会公平正义问题。"蛋糕"不断做大了，同时还要把"蛋糕"分好。改革就应当创造更加公平正义的社会环境，不断克服各种有违公平正义的现象，使发展成果更多更公平惠及全体人民。我国社会历来有"不患寡而患不均"的观念，如果不能创造更加公平的社会环境，甚至导致更多不公平，改革就不会得到人民的支持。只有在不断发展的基础上尽量把促进社会公平正义的事情做好，才能增强凝聚力。

**（二）政治制度的有效高效性**

制度的合理性除了包括制度本身的公正性以外，还包括制度运行的效率。如果运行机制无效或低效，公众对制度的认同就会流于形式，制度就失去了权威性和有效性。

在2008年11月国家统计局的"社会各阶层思想动态调查"中，公众对党和国家举办大事、应对难事具有很高的满意率，全社会的凝聚力、向心力进一步增强。调查显示，对党和政府在南方雨雪冰冻灾害中的表现"很满意"和"比较满意"的分别占62.0%和33.1%，合计占95.1%。对党和政府在"5·12"汶川大地震中的表现"很满意"和"比较满意"的分别占81.5%和16.8%，合计占98.3%。对党和政府在拉萨"3·14"事件中的表现"很满意"和"比较满意"的分别占44.9%和36.8%，合计占81.7%。人们对北京奥运会的成功举办表示高度赞赏，认为取得成功的原因依次是"国家的经济实力、文明程度等方面的进步"（80.3%）、"党和政府组织领导得好"（78.5%）、"集中全国人民力量办大事"（69.7%）。与往年类似问题的调查相比，2008年人们对党和政府的认可程度是近年来少有的。虽然经历了不少大事难事，但因为应对得力、处置妥当，人们对党和政府信任感、依赖感进一步增强。

制度的有效性在国家层面上就是国家治理体系的有效性问题，是治理能力的高低问题，是一个国家制度和制度执行能力的集中体现。国家治理体系是管理国家的制度体系，是一整套紧密相连、互相协调的国家制度；国家治理能力是运用国家制度管理社会各方面事物的能力。提高国家治理体系和治理能力是党的十八届三中全会确立的改革目标。中华人民共和国成立以来的历史表明，我们的国家治理体系和治理能力是有独特优势的，是适应我国国情和发展要求的，总体上是好的。但同时，也需要通过全方位的深化改革，去除掉不适应实践发展要求的体制机制、法律法规，又不断构建新的体制机制、法律法规，使各方面制度更加科学、更加完善、更加高效，推动中国特色社会主义制度更加成熟更加完善，为党和国家事业发展、为人民幸福安康、为社会和谐稳定、为国家长治久安提供一整套更完备、更稳定、更管用的制度体系和更强大的治理能力。

（三）**政治制度的包容参与性**

政治制度得到认同还在于制度能够有效地表达、实现社会各阶层合理的利益诉求，能够为民众参与政治提供合法有效的渠道。

当前，我国的社会阶层结构出现了明显变化，各个社会阶层的利益格局、利益诉求也出现了明显分化。正当的利益诉求和利益分化是合理的，应该受到尊重和承认，具体的政治制度对此应当表现出足够的弹性，为人们合理表达、维护自己的利益提供足够的制度保障，体现出社会公平、阶层合作、利益共享、保护和扶助弱者、促进公平竞争与共同发展等价值取向。政治认同实质是社会利益的整合过程，整合的原则公正、平等，就会形成更高层次、更大范围的共识，政治制度认同的状况就越理想；反之，政治制度认同危机的风险就增大。

实现社会各方利益均衡就要扫除民众政治参与的障碍，使更多的民众关心和投身于政治活动，以此表达和实现自己的利益。在一个利益多元的社会，人们有强烈的政治参与意识和要求，如果这种心理需求被忽视了，就会减弱他们的政治效能感，导致公众对执政党和政府的信任感下降，弱化政治认同。尤其是当弱势群体缺乏参与制定游戏规则的权利时，他们的政治认同危机就会日益明显。长此以往，社会公众不仅对现行政治体系的合法性产生怀疑，而且还容易导致对现行基本政治制度的支持与拥护减弱，使执政党、政府与民众处于一种紧张、不信任的状态，出现政治制度认同危机。

### （四）提高政治信任，避免塔西佗陷阱

政治信任是对政治人物、政府以及政治制度所抱有的信念或信心。在传统社会，政治信任主要指向政治角色的政治人格，核心是人格信任；现代社会中，政治信任主要依靠制度的规范和约束，核心是制度信任。现代社会逐步建立的问责制度、审计制度、监察制度、信息公开制度等塑造公众政治信任的制度体系，可以保障公众的尊严、权力和利益，增强公众的信心，并为政治背信行为安排了追惩和矫正机制。

近年来，群体事件和公共恐慌时有发生，一定程度上影响政府权威和政治信任。比如，2007 年以来，二甲苯化工项目（PX 项目）——这个化学物质的生产建设，在厦门、大连、宁波等多地爆发过 8 次群体性事件，项目建设因受到公众舆论压力而难以推进。主流媒体和专家学者对 PX 项目做了许多科学的解读和传播，从各个角度解释 PX 项目对于民生、经济的重要性，同时强调 PX 项目并不会造成安全问题，但仍得不到公众的理解。公众并非为反对而反对，而是出于对于隐匿的风险信息毫不知情的愤怒，反映了公众知情权、表达权、监督权的要求。政府公信力此时无疑受到损毁，公众希望政府能够承担公共利益的维护者，能够将信息公开透明地传递给社会。一旦公众对政治缺乏信任，更容易受负面情绪的蛊惑并传染。政治信任受损，也就是公众对于政治领袖、政府、政治制度的信念产生动摇，也就不可能全心全意支持和维护政治体系的运行。

《小康》杂志于 2009 年进行的“信用小康”调查结果表明，49% 的人对政府、人际、公司三类的信用危机表示“都非常担心”，37.8% 的人则更担心“政府”的信用危机。在“您相信政府公布的各种社会经济调查数据吗”的调查中，认为“仅作参考，掺假的成分很多”或“绝对是假的，从来都不信”的比例高达 91.1%，而在 2007 年的调查中，这个比例是 79.3%。公众的信任水平直降 10 个百分点。从经验看，近年来弥漫于社会的普遍焦虑、群体恐慌，特别是频繁发生的社会泄愤、暴力袭警等事件说明，中国政治信任的损减已经比较严重。甚至有人认为，政府说什么都加以怀疑，这已成为多数人的习惯，中国的老百姓已变成为“老不信”，陷入塔西佗陷阱。虽然这种观点有很多的片面性，但从一个

侧面也提醒各级政府，要正视这个问题，采取切实的行动，改善民众的不信任，树立诚信政府形象，以增强政治凝聚力。

## 三、政治制度认同与政治凝聚力

亚里士多德指出："一种政体如果要达到长治久安的目的，必须使全邦各部分的人们都能参加而且怀抱着让它存在和延续的意愿。"这种意愿即是国家的政治凝聚力。一种政治制度能够得以延续发展，离不开人们对它的认可和接受，以及在政治制度认同基础上的国家政治凝聚力。

### （一）政治制度认同是形成国家凝聚力的逻辑前提

政治制度认同是政治凝聚力的首要条件。习近平总书记指出："中国是一个发展中大国，坚持正确的政治发展道路更是关系根本、关系全局的重大问题。"一个政治体系要获得强大的政治凝聚力，必须要得到社会成员对其政治制度的肯定。民众只有认同政治制度，才能拥护政治制度，珍重政治秩序，信任政治统治，信仰与认可主流意识形态，才会产生对国家政治的使命感、义务感和责任感，政治凝聚力由此形成。政治制度认同"是政治体系凝聚力的基础，是政治体系获得无条件支持的力量源泉"，也是"重要的社会黏合剂，哪怕时局艰难，内争纷起，它也能使政治团体保持自我集聚"。正如 m. 维尔所说，"对某一地区或某个社会集团的依附感，向来是人们忠于自己的政治理想、采取整治行动的一种最强大的动力"。

### （二）政治制度认同是国家政治凝聚力的合法来源

"合法性意指人们内心的一种态度，这种态度认为政府的统治是合法的和公正的。"塞缪尔·亨廷顿在《变化社会中的政治秩序》（*Political Order in Changing Societies*）中指出，"政府行为的合法性在于这些行为能与'公众哲学'保持一致。根据民主理论，政府行为的合法性来源于他们对民主意志的体现。根据程序概念，如果政府行为表达了有关各方进行冲突和达成妥协这一过程的结果，那它就是合法的"。马克斯·韦伯认为，合法性是促使一些人服从某种命令的动机，任何群体服从统治者命令的可能性主要根据他们是否相信统治系统的合法性。政治制度认同在政治凝聚力的形成过程中占有合法性的基础。

马克斯·韦伯认为，“某些事件有规律的周期重复将会以某种方式使这些事件具有理应如此的尊严”。通过政治制度认同活动的多次重复强调，不断强化政治制度认同，有助于扩大政治合法性来源、巩固合法性基础，从而达到政治上凝心聚力的作用。美国政治学家戴维·伊斯顿认为，“散步性支持”主要来自成员对政治系统的合法性信仰，即相信政治系统当局、政治系统的典则是符合他们心目中的道义原则和是非感的，因而觉得服从当局、尊奉典则的要求是正确的和适当的。这种深度支持提升了对政治共同体的认同，增强了人民对政治系统的心理或感情上的归属感，一方面有利于增强政治体系的合法性，一方面也增强人们的政治信赖感、政治责任感和政治凝聚力。

**（三）政治凝聚力是政治制度认同的指标**

政治凝聚力不仅是政治发展的目的，也是政治发展的一个重要手段，是衡量政治制度认同的重要工具。政治凝聚力对政治制度认同以及政治发展具有评价功能，“在一个国家中，看法或政治感情的状态，也许是对其政治系统合法性最重要的测试。它也是政治离异和追求的最重要的标准”[①]。人们对其政治系统的态度，是政治文化的重要组成部分。“如果某一社会中的人民都愿意遵守当权者制定和实施的法规，而且不仅仅是因为若不遵守就会受到惩处，而是因为他们确信遵守是应该的，那么，这个政治权威就是合法的，如果大多数人民都确信权威的合法性，法律就能比较容易地和有效地实施，而且为实施法律所需的人力和物力耗费也将减少。”[②] 反之，如果民心涣散，人民不愿意执行当权者制定和实施的法规制度，那就会增加社会治理的成本。

**（四）当代中国政治制度同当代中国国家凝聚力具有正相关性**

当代中国的政治制度是具有中国特色的社会主义民主政治制度。党的十八大报告中陈述了这个制度的内涵。“中国特色社会主义制度，就是人民代表大会制度的根本政治制度，中国共产党领导的多党合作和政治

① ［美］加布里埃尔·A. 阿尔蒙德：《公民文化——五个国家的政治态度和民主制》，徐湘林等译，华夏出版社 1989 年版，第 112 页。

② ［美］加布里埃尔·A. 阿尔蒙德、小 G. 宾厄姆·鲍威尔：《比较政治学：体系、过程和政策》，曹沛霖等译，东方出版社 2007 年版，第 35—36 页。

协商制度、民族区域自治制度以及基层群众自治制度等基本政治制度，中国特色社会主义法律体系，公有制为主体、多种所有制经济共同发展的基本经济制度，以及建立在这些制度基础上的经济体制、政治体制、文化体制、社会体制等各项具体制度。”“履不必同，期于适足；治不必同，期于利民。”诚如习近平总书记所说：“中国特色社会主义是不是好，要看事实，要看中国人民的判断，而不是看那些戴着有色眼镜的人的主观臆断。”[①] 这种制度的设计和安排之所以得到人民的认同，是因为符合中国国情，符合历史发展规律，符合人民的根本利益，能把人民当家作主的愿望落到实处，能使政府满足人民政治诉求有了制度性保证，也能使人民实现富裕幸福的愿望有了制度性可能，因此，理所当然地赢得了人民的认同。

2008 年 11 月，国家统计局以了解社会各阶层对党和国家发展方向、发展形势、发展政策的评价为重点，进行了“社会各阶层思想动态调查”。调查以问卷方式为主，在全国范围内东、中、西和东北地区 18 个地级市的 500 多个居委会、20 个县（县级市）的 100 个村镇展开，共发放样本 10000 个，其中城镇 7000 个、农村 3000 个，同时辅以调研座谈的方式。调查显示，人们对党和国家发展方向、发展道路、发展政策具有很高的支持率和认同度，中国特色社会主义具有广泛而深厚的社会思想基础。最突出的是中国特色社会主义发展道路成为社会普遍共识。调查显示，对我国发展方向、发展前景“很有信心”和“较有信心”的分别为 56.3% 和 35.2%，合计为 91.5%，“信心不足”和“没有信心”的分别仅占 3.8% 和 1.3%，合计占 5.1%。认为中国特色社会主义政治制度“非常符合”和“基本符合”我国国情的比重合计达 95.1%。这表明，随着中国特色社会主义事业的深入发展，党和国家的发展方向、发展道路、社会制度得到越来越高的认同，政治凝聚力也因此更加强大。

一个政治体系要获得强大的政治凝聚力，首先要使社会成员对现存政治制度产生高度认同。民众只有形成对政治制度的认同，才会表现出对政治制度的拥护、对政治秩序的珍重、对政治统治的信任、对主流意

① 《习近平在庆祝中国共产党成立 95 周年大会上的讲话》，《人民日报》2016 年 7 月 2 日。

识形态的信仰与认可，才会产生对国家政治的使命感、义务感和责任感，才会形成政治凝聚力。对中国特色社会主义的制度认同，应该包括两个层面。广义的层面是政治发展道路认同，也就是选择什么道路、选择什么样的社会制度。狭义的层面是具体的治理制度认同，也就是国家的治理体系认同。在中国，只有社会主义才能救中国、才能发展中国是广义层面的制度认同；人们基于国家应对各种危机，比如自然灾害、国际金融危机中发挥出的力挽狂澜的作用，并在纵向横向对比中感受到制度的优越性，形成狭义层面上的制度认同。

## 第三节　国家领导人认同

国家领导人认同是指人民在政治社会生活中从意识和情感上对国家领导人人格、能力、风格等全面的认可及尊崇。民众对国家领导人的认同和尊崇可以形成强大的政治凝聚力；反之，则容易由于对国家领导人的厌恶和反对导致民心涣散。

### 一、国家领导人认同与政治凝聚力

国家领导人是指一个国家中央层面具有特定职务及级别的最高领导人的正式性的特定人群称谓。一般包括国家元首、政府首脑等代表和行使国家权力的高级别领导人群。国家领导人认同和政治凝聚力关系密切，但有积极和消极之分，应当注意区别。

#### （一）国家元首与党和国家领导人

国家元首是一个国家对内对外的最高代表，在国家机构体系中实质上或象征性地居于首脑地位。元首的称谓，有据可查者始于《尚书》。《尚书·益稷》：“元首明哉，股肱良哉。”这里的元首指君主，股肱指大臣。任何性质的国家，都要设置国家元首。在君主制国家，国家元首为国王或皇帝，在共和制国家，国家元首为总统或主席。元首对于国家的作用：第一，象征国家。如果说国家是抽象的，那么作为国家象征的元首则是具体的。1946年日本宪法规定：“天皇为日本国之象征，同时为日本国民团结之象征。”这种象征作用，有利于国民向心力的形成，就是政治凝聚力的体现。第二，代表国家。我国宪法规定：“国家主席对外代表中华人民共和国。”代表的形式有代表国家出访、接见外国使节等。第三，对内代表国家的统一。国家元首签发法律和命令，有利于全国民众一致遵从，从而达到政治和社会的安定。

党和国家领导人在当代中国特指国家具有最终决定和最高地位领导人的官方称谓，是指称党和国家具有最高职务及级别的高级领导人的正式性的特定人群称谓。党和国家领导人，是当代中国政治体系中的特有术语。党和国家领导人所指，包括中共中央、国家机构、全国政协的主要领导人。一般以中共中央总书记为首，至全国政协副主席为止。

### （二）政治凝聚力是国家领导人认同的表征

在国家政治生活中，国家领导人与政治制度的发展变化联系在一起。任何一个政治制度中的国家领导人与政治权利的联系程度，可以成为这个制度历史发展和现实政治的恰当解释，从而包含了丰富的社会政治内容。因此，民众对国家领导人的认同与否，在某种程度上反映了一个国家的政治状况，反映了一个国家政府的统治是否具有政治凝聚力。

### （三）国家领导人认同是形成政治凝聚力的重要因素

国家领导人是一个国家对内、对外的最高代表，是国家的象征，是一个国家政治制度的组成部分。国家领导人的言行影响到一个国家的总体形象，对一个国家获得国际社会和公众的政治认同关系重大，影响着国家的政治凝聚力。

从积极的方面看，人们对于国家领导人的高度认同将形成强大的政治凝聚力。二战以后，斯大林、罗斯福和丘吉尔被誉为取得反法西斯战争伟大胜利的民族英雄、“三巨头”。这与他们在二战时期的出色领导密不可分。由于他们的政治智慧、个人魅力赢得了各自国民的高度认可，从而将各自国家的各个政治派别同全体国民紧密团结在一起，形成强大的政治凝聚力，在战场上将法西斯势力彻底歼灭。

辛亥革命打倒了皇权，也意味着延续几千年的传统权威类型的式微。社会上存在的各种政治力量都在为确立自己的政治权威而努力。中国共产党以积极顺应历史发展大趋势、为人民争得利益的革命行为，确立起自己的政治权威，党的领袖人物也获得了超凡的人格魅力。从社会文化心理的角度来说，民众对执政党政治权威的认同与对领袖魅力的认可、认同相互交织、密不可分，这就是政党权威、政治制度和执政党意识形态的人格化，这种人格化是有合理性的。特别是中华人民共和国成立后，人民当家作主选择了自己高度认同的国家领导人。面对百废待兴的局面，中华人民共和国的领导人充分发挥执政才能，艰苦奋斗、废寝忘食，团结和带领广大群众，脚踏实地地建设中华人民共和国，取得了举世瞩目的成绩，形成了强大的政治凝聚力。

从消极的方面看，国家领导人认同所形成的强大政治凝聚力未必有益于人类社会的和平发展，也就是并非满足更广泛的人类的利益。德国纳粹元首希特勒试图在欧陆建立以纳粹德国为首的新秩序，他力主扩大日耳曼人的生存空间并重新武装德国。希特勒在为“国家社会主义”展开强大的宣传，对各阶层人民不断做出符合其愿望的慷慨许诺的同时，宣称纳粹党不是某个阶级的政党，而是代表大众的“大众党”，以获得更广泛民众的支持。在希特勒强大的宣传攻势下，处在绝望之中的德国人民似乎找到了希望，纷纷聚集在纳粹的旗帜下。纳粹党的凝聚力不可谓不强大，而这种强大恰恰反映出“群体的非理性”，人们在领袖的带领下无条件服务和信任，丧失了批判能力。这样的领袖给整个世界造成空前的浩劫。

## 二、影响国家领导人认同的基本因素

一个国家的领导人能够获得人民认同，不仅仅因为个人能力或个人魅力出众，更是国家政治制度、理念、精神的体现，并且彰显出时代精神。公众对国家领导人认同是基于政治制度、理念、精神的认可。只有顺应时代发展潮流、致力满足人民社会生活中的需要的政治实践才能得到公众的认可。具体来说有以下几个因素。

### （一）国家领导人制度

国家领导人是一个国家对内、对外的最高代表，它是一个国家政治制度的重要组成部分。在各国宪法中，对于国家领导人从名称、职权到产生的方式等都做了具体的、严格的规定，形成各国不同的国家领导人制度。

国家领导人制度的形成是很早的，可以说从国家产生的那一天起，实际上就产生了一定形式的领导人制度。在“万世一系”“父传子业”的奴隶制和封建制社会里，世袭的国王或皇帝等专制君主制是这些国家最基本的国家领导人制度。这种类型的国家领导人制度的基本特征，一是世袭制和终身制，二是国家领导人的地位与国家权力完全合而为一。

资产阶级革命推翻了封建专制统治，在国家制度——包括国家领导人制度上发生了一场革命。封建阶级的血统政治论，让位给资产阶级的“人人平等”的政治理论，封建阶级的“朕即国家”让位给资产阶级的“人民主权”。国家领导人也从“上帝”和“神明”的“公仆”，变成为社会的“公仆”，实际上是资产阶级的“公仆”。

无产阶级在取得革命胜利并建立了自己的革命政权以后，也必须建立并逐步完善与无产阶级革命民主政权相适应的国家领导人制度，因为没有适当形式的国家元首制度，就不能代表国家也无法实现无产阶级所担负的历史使命，所以，社会主义制度一诞生，也建立起了反映人民意志的国家领导人制度。

国家领导人制度是历史上随着国家的产生而产生，随着国家的发展而发展的。在任何一种类型的国家制度中，国家领导人制度都必须与这个国家的政治状态、社会历史条件相适应，否则必将被历史的车轮碾过，必将导致国家政治统治的破产和国家领导人的下台。

**（二）国家领导人的执政能力和才华**

国家领导人对一个国家具有象征意义，更重要的是具有相应的权力，并在行使权力过程中展现其领导能力和个人才华，这种能力和才华是大众对国家领导人进行评判的依据。各国的政治制度不同，国家领导人制度不同，国家领导人的权限也不相同，所以各国领导人的职能和权力也有许多不同之处。国家领导人在行使上述主要职责时，都要根据各国具体的政治、社会、历史状况做出各种抉择。由于国家领导人位高权重，对国家的发展具有举足轻重的作用，其政治行为效果直接影响到这个国家的政治稳定与经济社会发展，也直接展现着自身的执政水平、执政能力、执政素养，因此也直接决定着人民的认可程度。也就是说，国家领导人的执政能力和执政业绩是赢得人们认同的关键。

**（三）国家领导人的人格特质**

国家领导人在处理国家事务及日常生活中展现出来的才华、智慧和个人魅力是影响人民认同程度的重要因素。

国家领导人大多有着与众不同的人格特质。马克斯·韦伯将人类社会的统治形式分为魅力（克里斯玛）型的统治、传统型的统治与法理型统治形式三种。这三种权威类型分别对应于传统社会、现代化转型过程中的社会以及现代实行民主法治的社会，其中的魅力型统治的关键取决于领导者个体的人格魅力。

人们对魅力型统治者非凡的个人品质的崇拜有助于整合全体人民的意志，形成强大的政治凝聚力。毛泽东是我们党历史上魅力型领导者的典范。毛泽东的巨大威望和影响在实践中形成，从其人格品质中自然渗透出来。这往往表现在每当重大历史转折关头，毛泽东总能高瞻远瞩、力挽狂澜，总揽中国革命全局，把握历史前进航向，使发展态势朝着有利于国家和民族的方面转变。毛泽东是第一代领导集体的杰出代表，但具有人格魅力的并不止毛泽东一个人，而是以毛泽东为核心的那一代领导集体，英雄辈出，很多人都展现了各具风采的人格魅力，展示了治国理政的非凡才能和大国领袖的风范，得到了人民的拥护和爱戴，成为中华人民共和国国家政治凝聚力的中心。一个国家领导人的能力、水平、素质、德行和形象，以及国家领导人之间的团结与合作是国家政治凝聚力的重要构成要素。它反映的是集体智慧治国的能力。

由改革开放带来的我国社会加速向现代社会的转型，促使民众的个性意识、民主观念觉醒和增强，传统的魅力型权威认同心理难以为继。如何进行新的权威认同心理构造，将魅力型政治权威转换为现代法理型政治权威，成为顺应中国社会政治现代化的要求、增强国家政治凝聚力的大问题。邓小平就顺应了这一趋势和要求，成功建立了法理性权威。这种法理性权威是建立在法治基础之上的，通过政治体制改革，用法治代替人治。但是，法理性权威也不排斥、排除人格的魅力，任何权威都需要人民发自内心的认同。邓小平虽然属于法理性权威，但他依然具有强大的人格魅力。他的审时度势、求真务实，他的战略眼光、宏大气魄，他的敢于拍板决策、勇于开拓创新的勇气，都展现出深为民众认可的魅力。这种魅力，成为法理性权威的必要补充，而且正是因为有了人格的魅力，就更增添权威的厚度和温度。

这种人格的魅力在不同的领导人中有不同的表现。江泽民同志在成为党的第三代领导核心后，提出了顺应时代发展变化需要的“三个代表”重要思想，成为指引党和国家新世纪伟大进军的行动指南。江泽民同志还充分展示了自己的亲和力和人格魅力，能熟练地用英语、俄语、罗马尼亚语与客人交流。[①] 美国前国务卿基辛格评价，江泽民温文尔雅、精力充沛。但当认为涉及国家重要利益时，他也像其伟大的前辈一样意志坚定。

胡锦涛提出的“以人为本”的科学发展观，坚持人民群众是历史创造者唯物史观的基本原理，坚持全心全意为人民服务的党的根本宗旨，牢固树立“立党为公，执政为民”的坚定信念，以构建社会主义和谐社会为目标，也反映了人民的心声。胡锦涛同志业务素质过硬，为人稳重谦虚，处事低调，群众基础好。[②] 美国前总统小布什在其自传《抉择时刻》中描述，胡锦涛同志“沉着稳重，精于分析”，“是一个很实在的领导，关注自己的国家本身”。

习近平总书记更是具有非凡个人魅力的新的领导核心。美国前驻华大使洪博培评价习近平是继邓小平之后最具转型色彩的中国领导人，风格稳重自信，促使中国在竞争高度激烈的国际市场环境中取得成功，获得全球思想领袖的广泛关注。党的十八大以来，以习近平为总书记的新一届中央领导集体，锐意改革、戮力反腐，赢得了国内国际的广泛认可。2012 年 2 月份，时任国家副主席的习近平访问美国的一系列报道中，我国人民乃至整个世界看到的，是一个自信从容、有情有义、真诚友好的中国领导人。资深美国问题专家、上海美国学会名誉会长丁幸豪也认为，习近平的这次美国之行展现了易于接近、开放的领导人形象。习近平总书记也强调通过营造一个良好从政环境、良好的政治生态塑造新的领导

① 石文忠:《第三代领导集体，走进新时代》,《环球人物》2012 年第 31 期，第 53—57 页。
② 同上。

形象：坚守正道、弘扬正气，坚持以信念、人格、实干立身；襟怀坦白、光明磊落，对上对下讲真话、实话；坚持原则、恪守规矩，严格按党纪国法办事；严肃纲纪、疾恶如仇，对一切不正之风敢于亮剑；艰苦奋斗、清正廉洁，正确行使权力，在各种诱惑面前经得起考验。领导人的这种形象对于增强政治凝聚力具有举足轻重的作用。

根据哈佛大学肯尼迪政府管理学院艾什中心官方网站 2014 年 12 月公布的对世界主要国家领导人形象的全球公众调查结果（该调查征询了来自 30 个国家的公众对于 10 位具有全球影响力的国家领导人的看法，着重从知名度、关注度、认可度、信心度等维度开展调查），在受访者对本国领导人认可度、30 国受访者对 10 国领导人认可度以及受访者对本国领导人正确处理国内及国际事务信心度方面，中国国家主席习近平都排名第一。①

**（四）国家领导人与公众需要**

公众对国家领导人的敬佩与追随，从一般意义上说，还因为公众的需要。第一，出于利益的需要，大众在跟随领袖过程中能够获得实际的物质利益。第二，出于心理的需要，没有领导的大众缺乏目标和方向，更像是一盘散沙。第三，出于安全的需要。公众主动依附于领袖权威，是因为相信领导人能够保证个体的人身、物质等安全。从历史上看，这三种需要，反映了从人类群体需要到国家领导人产生的共性特征。

在当代中国，国家领导人是全心全意为人民服务的公仆，他们以人民对美好生活的向往为工作目标。因此，他们得到人民的拥护具有历史必然性。当然这种必然性是以领袖集团践行公仆责任，让人民满意、高兴为前提的。当前我们国家已经进入人民美好生活的需要同发展不平衡、不充分

① 本次调查涉及的 10 位国家领导人是：中国国家主席习近平、俄罗斯总统普京、美国总统奥巴马、英国首相卡梅伦、法国总统奥朗德、德国总理默克尔、日本首相安倍晋三、巴西总统罗塞夫、印度总理莫迪、南非总统祖马。此次调查涉及的领导人所管理的国家正沿着迥异的道路发展，既有完全的市场主导型国家，又有国家参与和主导经济命脉的国家。

调查对象来自 30 个国家，其中亚洲国家 12 个（中国、日本、韩国、印度尼西亚、越南、新加坡、马来西亚、泰国、巴基斯坦、印度、以色列、沙特阿拉伯），非洲 4 个（埃及、肯尼亚、坦桑尼亚、南非），美洲 4 个（美国、加拿大、巴西、智利），欧洲 8 个（俄罗斯、乌克兰、法国、英国、西班牙、德国、意大利、芬兰），大洋洲 2 个（澳大利亚、新西兰）。

为主要矛盾的新时期，如国家政权处理不好新的矛盾，就会形成国家凝聚力的弱化期。这个时期也是对国家领导人执政能力和执政水平的检验和严峻考验时期。以习近平同志为核心的新的领导集体正在领导中国人民进行具有许多新的历史特点的伟大斗争，当这个国家凝聚力全面增强的新周期转变完成的时候，当代中国将进入实现中华民族伟大复兴的新时期。

## 第四节　民主程度

民主是在制度保障下人民群众参与政治的过程，是体现人民意志的政治诉求，是经济社会发展到一定阶段的必然选择。民主贯彻过程的广泛性和持久性，影响着国家政治凝聚力的强大与稳定。

### 一、民主与政治凝聚力

#### （一）民主与政治凝聚力

“民主”（democracy）一词可追溯到古希腊时期，源于希腊语 kratos（意思是权力或统治），demos 最初用来指“穷人”和“多数”，因此意思是“人民统治”。从一般意义上讲，民主作为一种国家制度，是人民为实现当家作主的权利而采取的管理国家的制度和形式。民主的任务是要实现人民是国家的主人、国家由人民统治，使人民真正行使自己的权力，使政府、政策、法律代表、表达、维护人民的利益。这样的制度设计必然得到人民的认可、认同，也必然会产生凝聚力，这是民主与政治凝聚力关系的基本逻辑。

民主着眼于保障人民的主权地位和权利，其有效的权力制衡机制也是使国家政权免于专权和腐败的基本保障，防止政府由工具上升为目的，保证国家政权的健康发展。权力不加制约就会被滥用，权力一旦被滥用就会损害人民的合法权益。有效制约公共权力，一方面需要权力体系的内部控制，另一方面也需要权力体系的外部监督，即人民的制约。人民民主权力的行使是实现对公共权力有效限制的基本条件，有利于防范和纠正公共权力不规范现象，防止腐败的发生，提高政治凝聚力。同时，民主权力的行使有利于促进政府科学决策和民主决策。人民通过有序的政治参与能将自身的利益表达和诉求反映给政府，并在参与过程中及时发现政策的偏差，及时纠正决策失误，使政府决策更加科学和公正，可促进政府工作的改进和效率的提高，这是提高政治凝聚力的必要条件。

**（二）民主与政治凝聚力的历史回顾**

古希腊民主与其政治凝聚力。最早的古希腊城邦民主是直接民主。这种直接民主之所以能够成为可能，除了地域和人口的原因外，一个重要的因素是建立在奴隶制基础上，这同时也是直接民主最致命的诟病。显然，这种不完善的、狭隘的民主制度无法形成具有持续活力的凝聚力。因此，希腊的直接民主只能在历史长河中昙花一现。恩格斯对此分析道："使雅典灭亡的并不是民主制，并不是像欧洲那些讨好君主的学究们所断言的那样，真正使雅典灭亡的是排除自由人民劳动的奴隶制"，雅典的民主是局部的民主、实践中的反民主，这种落后的民主形式注定了政治的动荡和社会的瓦解。

近代民族资产阶级国家民主及其政治凝聚力。近代的民族国家，由于国土辽阔，人口众多，加之商品经济日益成熟，古代城邦简单民主制的外壳已不适用于民主国家；而且，其中"极端民主"的缺陷也在创建近代新型民主制时尽量被规避了。于是，代议制理论及其政治实践应运而生，古代民主被近代民主所取代，列宁也肯定代议制是现代民主必须借助的基本形式，他说："如果没有代议制机构，那我们就很难想象什么民主，即使是无产阶级民主。"由此说明代议制民主相对于城邦的简单直接民主具有一定的进步性。但是，18、19 世纪资产阶级所确立的民主制是把人数众多的无产阶级、贫困的劳动者排除在外，并不是真正意义上的民主，其政治必然无法凝聚广大的无产阶级和劳动者，接连不断的无产阶级革命正是在这样的环境下不断发展、声势浩大起来的。

近代选举制民主与其政治凝聚力。19 世纪 70 年代之后，资本主义进入和平发展时期，各国工人政党普遍建立起来，阶级斗争的形式也发生了很大变化。恩格斯因此说德国工人党给了世界各国同志们一件新的武器——普选权，这是"最锐利的武器中的一件武器"。由于有了这件武器，无产阶级崭新的斗争方式开始了，并且迅速取得进一步发展。普选制的普遍确立，工人政党的普遍兴起和发展，使他们成为与资产阶级争夺议会席位的主要派别。特别是20世纪以来，民主在内容上已经实现了历史性的跨越，它突破了资产阶级的狭隘框架，从而扩大了社会基础，提升了执政党的号召力，国家政治凝聚力空前高涨，经济社会得以迅速发展。

## 二、当代中国的民主与政治凝聚力

“政之所兴在顺民心，政之所废在逆民心。”一个政党，一个政权，其前途命运最终取决于人心向背。我国是社会主义国家，社会主义民主的本质是人民当家作主，是真正代表人民利益、反映人民意志的民主，这是当代中国民主制度优越性的根本所在，也是产生政治凝聚力的基本前提。在沟通和协商的民主过程中，社会达成共识，找到社会意愿和要求的最大公约数，政治凝聚力因此得到有效提升。

### （一）当代中国民主促进了政治凝聚力

中国的社会主义民主制度的建立始于1949年中华人民共和国成立，这是国家政治凝聚力形成的重要起点。中华人民共和国的成立，得到了人民的热烈欢迎和衷心拥护，因为这是中国历史上第一个体现人民当家作主，并按照人民的意愿和诉求建立起来的政府。“中华人民共和国的诞生，也意味着中国封建主义、官僚资本主义统治的历史将要结束，基本实现国家统一，人民团结，长期以来受尽压迫和苦难的各族人民在政治上翻了身，第一次成为国家的主人。”制定的中华人民共和国第一部宪法，是中国历史上第一部保证人民民主权力的根本大法。这部宪法对国家的政治制度、经济制度和文化制度都做了原则而又明确的规定，为以后规范国家和社会生活的法律的制定提供了根本的依据，为保证中国人民当家作主，保证社会的公正、和谐、公平提供了法律保障。使国家满足人民的公正、公平和当家作主的政治诉求，形成国家政治凝聚力有了法律基础保证。据有关资料介绍，参加“宪法”讨论的民众达到了1.5亿，实现了“宪法”制订过程和凝聚人民过程的统一。

特别是自1978年改革开放之后，人民民主的发展取得了长足的进步。《中国的民主政治建设》白皮书发布了改革开放以来中国特色社会主义民主政治建设的主要成就，包括：坚持人民民主专政、坚持和完善人民代表大会制度、不断完善中国共产党的民主执政、坚持和完善中国共产党领导的多党合作和政治协商制度、坚持和完善民族区域自治制度、不断完善社会主义法制、积极发展基层民主、尊重和保障人权、加强和完善民主监督制度。这一切都有力地推动了中国民主政治发展，增强了人民的民主意识。人民通过行使民主权利，有序参与国家政策的制定和通过过程，也促进了人民对国家政权做出正确的价值评估和情感归属，有利于提高国家政治凝聚力。

当代中国社会主义民主有两种重要形式，一个是人民通过选举、投票行使权利，一个是人民内部各方面在重大决策之前进行充分协商，尽可能就共同性问题取得一致意见。这两种民主形式不是相互替代、相互否定的关系，而是相互补充、相得益彰的关系，共同构成中国社会主义民主政治的制度特点和优势。英国政治学家密尔说，“一个国家制度或其他组织的形成，如果是由其长期发展中自然成长形成的，这是最适合本国的政治制度”。历史和实践证明，中国民主道路和模式就是在中国大地上生成的，是符合中国国情的，中国式民主在中国行得通、很管用。“名非天造，必从其实。”实现民主的形式并不是唯一的，而是丰富多样的。不能拘泥于刻板的模式，更不能说只有一种放之四海而皆准的评判标准。人民是否享有民主权利，要看人民是否在选举时有投票的权利，也要看人民在日常政治生活中是否有持续参与的权利；要看人民有没有进行民主选举的权利，也要看人民有没有进行民主决策、民主管理、民主监督的权利。社会主义民主不仅需要完整的制度程序，而且需要完整的参与实践。人民当家作主要具体地、现实地体现到中国共产党执政和国家治理上来，具体地、现实地体现到中国共产党和国家机关各个方面、各个层级的工作上来，具体地、现实地体现到人民对自身利益的实现和发展上来。古今中外的实践都表明，保证和支持人民当家作主，通过依法选举，让人民的代表来参与国家生活和社会生活的管理是十分重要的，通过选举以外的制度和方式让人民参与国家生活和社会生活的管理也是十分重要的。人民只有投票的权利而没有广泛参与的权利，人民只有在投票时被唤醒，投票后就进入休眠期，这样的民主是形式主义的。

### （二）以不断完善的民主制度增强政治凝聚力

我国是社会主义国家，人民群众是决定国家前途命运的根本力量，人民当家作主的主人翁地位任何时候都不能动摇，这是凝聚全体人民的智慧和力量战胜各种困难，把中国特色社会主义事业推向前进的重要保证。

民主不是装饰品，不是用来做摆设的，而是要用来解决人民要解决的问题的。中国共产党的一切执政活动，中华人民共和国的一切治理活动，都要尊重人民主体地位，尊重人民首创精神，拜人民为师，把政治智慧的增长、治国理政本领的增强深深扎根于人民的创造性实践之中，使各方面提出的真知灼见都能运用于治国理政。

人民民主的实践自中华人民共和国成立起，至今不足一百年，如何更充分地确保人民当家作主，仍然处于探索完善的过程之中。以发展的眼光看，社会、经济、文化各方面条件都在不断变化，人民民主的形式也必须与诸多条件相结合、相适应，更充分地体现人民民主的本质，将人民民主的巨大优越性发挥出来。党的十八届三中全会通过的《中共中央关于全面深化改革若干重大问题的决定》中，明确提出要以保证人民当家作主为根本，更加注重健全民主制度、丰富民主形式，从各层次各领域扩大人民有序政治参与，充分发挥我国社会主义政治制度优越性。政治领域改革越深入，社会主义民主愈健全，越能充分调动一切积极因素，聚集起推进中国特色社会主义发展的强大力量。

**（三）进一步完善社会主义民主需要从以下几方面下功夫**

要结合新的实践和新的时代特点，进一步完善我国的人民代表大会制度，真正实现人民代表能够代表人民，人民代表大会能够充分反映全国人民的意志和愿望，发展人民民主。

要在注重实质民主的同时，更多地注重通过切实有效的形式去保障民主权利的落实，加快推进社会主义民主政治制度化、规范化、程序化。

要破除传统的执政者亲民善政思维的影响，不停留在发扬民主作风的层面上理解调查研究和听取群众意见，而是从人民群众拥有参与决策的民主权利这一现代政治的意义上，进一步建立和健全能够充分、畅通地反映和表达社会各个阶层利益要求的民主机制。

要实实在在地、全方位地搞好社会主义协商民主。社会主义协商民主不能做样子的，不能局限在某个方面、某一级别，应该是全国上上下下都要做的。中国共产党及其领导的国家是代表最广大人民根本利益的，其一切理论和路线方针政策，其一切工作部署和工作安排，都应该来自人民，都应该为人民利益而制定和实施。在这个大政治前提下，我们应该也能够广泛听取人民内部各方面的意见和建议。中国共产党统一领导下，通过多种形式的协商，广泛听取意见和建议，广泛接受批评和监督，可以广泛达成决策和工作的最大共识，有效克服党派和利益集团为自己的利益相互竞争甚至相互倾轧的弊端；可以广泛畅通各种利益要求和诉求进入决策程序的渠道，有效克服不同政治力量为了维护和争取自己的利益固执己见、排斥异己的弊端；可以广泛形成发现和改正失误和错误的机制，有效克服决策中情况不明、自以为是的弊端；可以广泛形成人民群众参与各层次管理和治理的机制，有效克服人民群众在国家政治生活和社会治理中无法表达、难以参与的弊端；可以广泛凝聚全社会推进改革发展的智慧和力量，有效克服各项政策和工作共识不高、无法落实的弊端。这就是中国社会主义协商民主的独特优势所在。协商就要真协商，真协商就要协商于决策之前和决策之中，从制度上保障协商成果落地，使决策和工作更好地顺乎民意、合乎实际。在中国社会主义制度下，有事好商量，众人的事情由众人商量，找到全社会意愿和要求的最大公约数，是人民民主的真谛。涉及人民利益的事情，要在人民内部商量好怎么办，不商量或者商量不够，要想把事情办成办好是很难的。要坚持有事多商量，遇事多商量，做事多商量，商量得越多越深入越好。涉及全国各族人民利益的事情，要在全体人民和全社会中广泛商量；涉及一个地方人民群众利益的事情，要在这个地方的人民群众中广泛商量；涉及一部分群众利益、特定群众利益的事情，要在这部分群众中广泛商量；涉及基层群众利益的事情，要在基层群众中广泛商量。在人民内部各方面广泛商量的过程，就是发扬民主、集思广益的过程，就是统一思想、凝聚共识的过程，就是科学决策、民主决策的过程，就是实现人民当家作主的过程。这样做起来，国家治理和社会治理才能具有深厚基础，也才能凝聚起强大力量。

要扩大政治体制的开放性，以容纳和融合新的社会力量。“一个正在进行现代化的制度还必须具有将现代化造就的社会势力吸收进该体制来的能力。”[①] 为此，必须逐步健全执政党与社会各阶层加强沟通、协商、交换意见的民主机制，动员各社会团体进入政治领域并组织它们参政。这不仅使执政党密切联系群众制度化，而且有利于实现党的领导，有效地主导社会转型时期的政治发展。执政党要广泛代表社会各个方面的利益，就必须加强与社会各个阶层的政治沟通。必须着眼于政治发展，促进党内民主和社会民主机制的发育，通过推进民主政治来更好地实现人民的利益和意志。

## 第五节　法制建设

法国社会学家迪尔凯姆曾提出法律是促进社会团结、社会整合的有效机制。法制作为国家政治凝聚力的重要内容，主要体现在对人民生命财产及各种正当权利的保护和社会秩序的维护，法制因此是人民的基本政治诉求。没有法制或法制不健全，人民的正当权利就没有保障，人们就很难有牢固的政治认同。

### 一、法制与政治凝聚力

#### （一）法制的内涵

中国古书上所说的“命有司，修法制”（《礼记·月令篇》），其中的“法制”是指设范立制，使人有所遵循的意思。古代法家著作中，也有“法制”一词。《管子·法禁》上写道：“法制不议，则民不相私。”《商君书·君臣》中写道：“民众而奸邪生，故立法制，为度量以禁之。”韩非也有“明法制，去私恩”的说法。中国古代讲“法制”，虽然都与依法治理联系在一起，但还不是与民主政治联系在一起的法制。这种“法制”，说到底还是一种“王制”。

同民主政治联系在一起的第二种意义上的法制，与 17、18 世纪资产

① ［美］塞缪尔·P. 亨廷顿：《变化社会中的政治秩序》，王冠华等译，生活·读书·新知三联书店 1989 年版，第 129 页。

阶级启蒙思想家倡导的“法治”的内涵是一致的。如英国哲学家约翰·洛克（John Locke）在《政府论两篇》（*Two Treatises of Government*）中认为，政府“应该以正式公布的既定的法律来进行统治，这些法律不论贫富、不论权贵和庄稼人都一视同仁，并不因特殊情况而有出入”。美国政论家T. 潘恩（Thomas Paine）在《常识》（*Common Sense*）一书中也说：“在专制政府中国王便是法律，同样地，在自由国家中法律便应该成为国王”。这些思想的核心是要依法治理国家，法律面前人人平等，反对任何组织和个人享有法律之外的特权。

目前我国学术界对于“法制”这一概念的解释大体可分为三类：一种是从静态的角度，把法制解释为“法律制度”；一种是从动态的角度，把法制解释为严格遵守法律与制度，依法进行活动的一种方式，是立法、执法、司法、守法和法律监督的统一体；一种则简化为依法办事的原则，即民主政治的制度化、法律化，并严格按照法律进行国家管理的原则。综合以上解释，越来越多的学者将法制定义为：一国法律制度的总称，它包括立法、执法、司法、守法、法律监督的合法性原则、制度、程序和过程。

法制与法治既有联系也有区别。法制是法律制度的简称，属于制度的范畴，是一种实际存在；法治是法律统治的简称，是相对于人治的治国理论、原则和方法，是对法制这种实际存在物的完善和改造。法制是法治的基础和前提条件，要实行法治，必须具有完备的法制；法治是法制的立足点和归宿，法制的发展必然是最终实现法治。

**（二）法制是国家和谐稳定的制度保证**

法律就是由国家制定或认可并由国家强制力保证实施的行为规范的总称，是促成国家和谐稳定的制度保证。

法制为社会提供了明确的行为规则。法律对人的行为进行引导、规范和约束，使人的行为符合法律规范的基本要求，它给每个社会成员设定了可以怎样做、应当怎样做、不能怎样做的行为模式，同时提供了回应合法行为的肯定性后果模式和回应违法行为的否定性后果模式。法律的强制执行力可以矫正社会行为中出现的不法行为，使之回归法律轨道。人人依法而行，社会矛盾发生概率就会大大减少，从而有利于国家的和谐稳定。人们对宪法法律的认同，也意味着对社会生活的认同，这种认同既体现在对法律规范的遵循上，也体现在建立在法律规范之上的社会交往、社会信任等机制。

法制是安定社会秩序的重要手段。法律是对社会关系的制度性安排，反映社会制度的本质。法律作为社会规范渗透和贯穿社会关系调整、社会利益平衡、社会冲突化解全过程，使人们的行为服从规则的治理。在现实生活中，各种利益集团的相互博弈，相互共存，逐渐形成社会各种正当利益共存的局面。法制通过对权力、权利、义务、责任和程序这些规范要素的合理安排，形成调整社会关系的法律体系，以确保公平正义、诚信友爱、人与自然和谐相处这些价值目标得到确认、尊重和实现。

法制促进社会的公平正义。追求公平正义是人们古已有之的理想，是人类社会文明进步的重要标志。严格地遵守法制，调节各方面的利益冲突，维护社会公平正义，能最大幅度降低或减少社会矛盾和冲突，为构建和谐社会创造条件。法律是国家行使权力的依据，要求权力运作、利益协调不仅要正当合法，而且要彰显平等、自由、正义等价值。法律实施的基本途径就是将法律规范运用到具体案件中，体现到正当程序的每一个环节中，让人民群众在每一个司法案件中感受到公平正义。

法制水平直接影响国家政治凝聚力。法制是法治的保障，是保护人民权利的，理所当然地受到人民拥护，增强着政治凝聚力。严格公正地惩处违法行为，也许会遭到违法者的抵制，但从总体上是不会损害政治凝聚力，因为健康有序的法治环境对每个人都是有利的。正如习近平总书记指出："法治建设要为了人民、依靠人民、造福人民、保护人民。必须牢牢把握社会公平正义这一法治价值追求，努力让人民群众在每一项法律制度、每一个执法决定、每一宗司法案件中都感受到公平正义。"

法治还是一种具有价值规定的生活方式。法律需要法治精神和法治信仰做坚强的支撑，法律正当合理性的根源在于人们共同的价值观念、生活追求和道德准则。在法治社会，大部分的政治理念都融入宪法和法律规定之中，普及法律知识，开展系统的、经常性的人民教育，法治成为一种社会共识，共识是实现政治认同的有效途径，共识也产生了政治凝聚力。

**（三）世界法制进程与政治凝聚力**

现代资产阶级法制体系与政治凝聚力。随着 15、16 世纪商品经济的发展和海上贸易的频繁，近代市场经济体制开始确立，世界市场逐步形成，对法律和法学的要求日益迫切，标志着法学独立的人文主义法学派应运而生。1643 年至 1648 年，欧洲列国签订了《威斯特伐利亚和约》，标志着西方独立的主权国家的产生及近代国际法的诞生。正是在这个基础上，主权国家的政治凝聚力第一次有了法律制度的要素。在这一阶段，经过不断发展，普通法系和大陆法系两大法系开始在西方资本主义国家形成。大陆法系起源于古代罗马法，到 17—18 世纪，特别在法国革命以及古典自然法的理性主义思潮的刺激下，又进一步发展；在 19 世纪，随着法典编纂运动在欧洲大陆的广泛开展以及这一法系的影响超出欧洲大陆而扩展到世界广大地区，使这一法系终于成为西方世界主要法系之一。普通法系是指承袭英国中世纪以来的法律传统，特别是在英国的普通法的基础上发展起来的各国法律的总称。这一阶段，随着欧洲列强的海外殖民，西方的法律制度、法律观念等也开始向世界传播，殖民地国家被迫开始进行法律改革，即强制性的法律西方化。这些法律体系的建立不仅为上述西方的经济扩展做好了充分准备，更在经济迅速发展的同时赢得了本国社会整体的信任，政治合法性进一步加固，国家凝聚力在政治目标、经济目标上达成高度统一。

社会本位的法律体系与政治凝聚力。从 19 世纪 70 年代起，西方开始了以第二次电化技术为代表的工业革命。这次革命引起了生产和生活各个领域迅速而巨大的变化，它加快了世界各地区的交往交流，促进了生产力迅速发展，资本输出和劳动力流动规模不断扩大，黄金变成单一的世界货币，国际支付体系形成，世界各国更紧密地联系起来。在这一阶段，法的精神由权利本位转向社会本位，法律社会化的思潮遍及整个西方世界。为适应新形势的需要，将法律与社会实际直接联系起来，强调法在保护个人利益的同时，一定要注重对社会利益的维护，由此出现了大量的行政立法、经济立法和社会立法。宪法中规定的人民权利进一步扩大。各国纷纷修改完善原有的民商法、刑法、诉讼法。世界上出现了苏联社会主义法律制度。社会本位的法律体系建立，使得法律对社会整体的关照更为突出，在保护个体的同时强调了公平的重要性。这使得社会整合度提升，社会生活、经济生活领域的社会参与度增加，扩大了社会基础，为人民政治参与、实现政治诉求提供了平台和基础。

法律制度趋同化阶段与政治凝聚力。二战后，以信息技术为主导的新科技革命兴起，世界经济由工业经济向信息经济转变，使世界市场的各个组成部分的时间距离和空间距离大大缩短，加上跨国公司和外国直接投资的巨大发展，使经济全球化发展到一个崭新的阶段和前所未有的高度。各国的法律制度方面出现国际化或趋同化，两大法系逐渐靠拢、逐步融合。在这个阶段，法律制度不仅是作为社会秩序的保障而存在，更成为各个国家相互沟通、影响的重要途径，在对比过程中取长补短，完善自身法律制度，推动法治进程，保障国际经济交流、政治交流的顺畅进行，确保本国内部的有序发展，从而有效提升了国家政治凝聚力。

## 二、当代中国的法制建设与政治凝聚力

### （一）社会主义法制的原则精神促进政治凝聚力的形成

当代中国的法制建设从根本上说是社会主义的法制建设。习近平总书记指出："全面推进依法治国必须走对路。要从中国国情和实际出发，走适合自己的法治道路，决不能照搬别国模式和做法，决不能走西方'宪政'、'三权鼎立'、'司法独立'的路子。"社会主义法制就是社会主义国家的法律和制度，是社会主义民主的制度化、法律化。社会主义法制打碎了旧的国家机器，废除了旧的法制体系，代表了社会主义国家全体人民的最大利益和意志。社会主义法制的基本原则以及这些原则中的社会主义法制精神促进了政治凝聚力的形成。这些基本原则有：

合法原则。国家机关、社会团体、公职人员和人民个人都必须无条件地严格执行和遵守国家的法律，不允许任何人做法律所不允许的事情。

民主原则。社会主义法制的一切规范都贯彻社会主义民主的精神。它具体表现在：一方面，法律庄严地、详尽地规定了人民的各项民主权利；司法机关坚决地、切实有效地依法保护人民的民主权利；另一方面，又是依靠人民制定，依靠人民执行，依靠人民监督，依靠人民遵守，也就是，社会主义民主是社会主义法制的基础，社会主义法制又是社会主义民主的保障。

平等原则。社会主义法制是建立在社会主义生产关系的基础上。社会主义社会建立起了生产资料公有制，实行"各尽所能，按劳分配"的

原则，从而也就从根本上铲除了产生一切不平等的社会根源。社会主义法制的平等原则正是人民在政治上、经济上、文化上的平等的一种必然反映，也是对人民在上述领域平等的一种确认和保障。由于社会主义法制上的平等和经济上的平等紧密相连是完全一致的，所以这是一种真正的平等。同时，社会主义法制所确认的平等又是权利义务相一致的平等，即不仅享有平等权利，而且也履行平等义务。

统一原则。由社会主义国家统一制定的法律，要求在社会主义全国范围内统一实施，不允许各地区、各部门擅自制定和推行与法律的原则精神和具体规定相违背的制度和规定。

**（二）全面依法治国，国家政治凝聚力才能稳定发展**

我国社会发生的深刻变革，利益关系的日益复杂，利益诉求的日益多样，使得人们对法治的期待越来越强烈。而现实生活中，有法不依、执法不严、司法不公、徇私枉法等现象依然存在，侵蚀着人们对法治的信心，我国的法制建设任重道远。人民论坛问卷调查中心的一项调查发现，约一半的受访者法治信心不足，认为法律难于完善，“依法”治理仍应兼顾“酌情”处置。另外，两成受访者法治信心一般，虽认为“依法”大于一切，要杜绝“酌情”，但对当下法治体系本身完善性的欠缺，持有理性认识；三成受访者法治信心较强，认为有健全之法可期、可依旧无须“酌情”。法治观念和社会信任度之间存在较为显著的正相关关系，法治信心越强，社会信任度就越高。观念上的差异造成态度的差异，社会信任度的提高有赖于法治观念的提升。

因此，我们要正视我国法制建设存在的问题，以更具有高度的认识、更切实可行的途径、措施，必须认真坚持社会主义法制建设，使法制充分发挥凝聚人心的基础性作用。

依法治国，首先是依宪治国；依法执政，关键是依宪执政。新形势下，执政党要履行好执政兴国的重大职责，必须依据宪法治国理政。共产党领导人民制定宪法和法律，党领导人民执行宪法和法律，党自身必须在宪法和法律范围内活动，真正做到党领导立法、保证执法、带头守法。这里最重要的是执政党必须在法律范围内活动，带头模范遵法守法，使人民在政治生活中不仅真实地、充分地行使自己的民主权利，从而增加对执政党的向心力，而且在发展民主政治的过程中，成为具有理性精神和法治观念的现代政治素质的人民，把执政党政治权威的合法性，由领袖个人的影响逐步转变到认同政治体制合理性的基础上。

法制建设的另一个关键之处是领导干部要带头厉行法治，不断提高依法执政的能力和水平，不断推进各项治国理政活动的制度化、法律化。领导干部要提高运用法治思维和法治方式深化改革、推动发展、化解矛盾、维护稳定的能力，努力推动形成办事依法、遇事找法、解决问题用法、化解矛盾靠法的良好法治环境，在法治轨道上推动各项工作。

法制建设重在完善法制内容，切实实行法制原则。当前突出的是要健全权力运行制约和监督体系，有权必有责，用权受监督，失职要问责，违法要追究，保证人民赋予的权力始终用来为人民谋利益。要加强宪法和法律实施，维护社会主义法制的统一、尊严、权威，形成人们不愿违法、不能违法、不敢违法的法治环境，做到有法必依、执法必严、违法必究。行政机关是实施法律法规的重要主体，应当带头严格执法，维护公共利益、人民权益和社会秩序。执法者必须忠实于法律。领导机关和领导干部要提高运用法治思维和法治方式的能力，努力以法治凝聚改革共识、规范发展行为、促进矛盾化解、保障社会和谐。要加强对执法活动的监督，坚决排除对执法活动的非法干预，坚决防止和克服地方保护主义和部门保护主义，坚决惩治腐败现象。只有坚持依法治国、依法执政、依法行政共同推进，坚持法治国家、法治政府、法治社会一体建设，全面依法治国才会真正落到实处，成为凝聚全体人民的强大动力。

## 第六节　执政党认同

### 一、执政党认同与政治凝聚力

执政党认同与国家政治凝聚力关系密切。民众对执政党认同就会自觉地团结在执政党周围，拥护执政党的领导，服从执政党的指挥，积极投身于执政党领导的事业中去，形成强大的国家政治凝聚力，促进国家经济社会的迅速发展。国家的繁荣富强，又必将促使民众进一步提高对执政党的认同，从而形成更加强大的政治凝聚力，这意味着执政党认同与国家政治凝聚力的关系进入了良性循环。反之，民众如果不认同执政党，就不会有凝聚力，就会产生离散力，形成一盘散沙的局面，导致国事、家事事事不成。这种结果必然使民众更加厌恶执政党，进入恶性循环。

### （一）执政党认同概述

执政党是掌握国家政权、负责组织政府的政党。多党制国家的执政党又称在朝党（与在野党对称）。在实行议会内阁制的国家，执政党是指在议会竞选中获得多数议席，从而负责组织内阁的政党或党派联盟，又称多数党。实行总统制的国家，执政党是指在总统竞选中取得总统职位的政党。实行多党制的国家，内阁如果由几个政党联合组成，这几个政党就都是执政党。在社会主义国家，作为领导阶级的工人阶级，其对国家政权的领导是通过自己的先锋队即以马克思主义为指导的共产党来实现。

政党认同是人民在政治社会生活中从意识和情感上对掌握或领导国家政权、负责组织政府的政党的归属感或忠诚感。通常是指公众依据自身的社会存在和价值观念，在执政党活动所产生的社会事实基础上，对执政党做出肯定性的价值评判，进而自愿地聚集于执政党旗帜之下，认同执政党提出的政治目标和纲领政策，并追随执政党参与政治。政党认同是在政党政治生态下必然产生的一种社会政治现象。政党认同的产生、发展与衰亡，反映了政党随着社会的发展不断地调整自身与环境的互动、沟通，折射出政党的兴盛与衰亡。

### （二）执政党认同对政治凝聚力的影响

执政党的政治凝聚力是指执政党通过实施利益表达与整合和政治社会化等基本功能，对公众产生的政治辐射、影响、号召的能力。掌握政治权力固然可以实施强制性服从，但执政党的政治权威归根到底要建立在社会公众的认同、拥护和自愿服从的基础上。在执政党与社会的互动关系层面上，执政党的政治权威与执政党的凝聚力是互为条件、相互促进的关系。执政党对社会的政治凝聚力越强，政治权威度就越高；政治权威度越高，就越能增强执政党对社会的政治凝聚力。

从执政党认同与国家政治凝聚力正相关方面看，多党制国家由于实行的是多党竞选或联合执政，竞争压力巨大，执政党必须增强政务的公开透明度、最大限度地接受监督、有卓有成效的政绩等，这必将促进人民对执政党的认同，进而增强国家政治凝聚力，促进社会发展，在某种程度上有利于进入执政党认同与国家政治凝聚力关系的良性循环。但多党制也有不可克服的缺点，促使着国家离散力的形成。首先，任何一个党派最终真正代表的都是特定的利益集团，而不是代表全国人民。如美国的民主党于1791年建党，当时由部分种植园主、农民和某些与南方奴隶主有联系的资本家组成；共和党成立于1854年，当时主要由反对扩大奴隶制的北方工商业的资本家组成。其次，政府更迭频繁，执政党出于政绩的考量实施的政策或项目多是短期的，即使实行了长期的政策或项目也可能由于执政党更迭而朝令夕改。这样必然造成国家的长期发展战略受到影响，也势必因项目变更造成浪费和政府效率低下。再次，执政党之间为了联合执政，或者彼此利益，有时就会做出私下妥协，而非完全为了选民的意愿行使权力。这些都影响着选民对执政党的认同，制约着国家政治凝聚力的增强。选民们最直接的抗议表现就是不参加总统大选投票。据统计，自1908年后，美大选投票率均未超过65%。

中国共产党是当代中国的执政党，对执政党的认同，就是对中国共产党的认同，这种认同也构成为当代中国政治凝聚力的重要因素。在当代中国，共产党作为执政党的地位虽然是由宪法规定的，但共产党执政的好坏，则直接影响着民众对共产党作为执政党的认同。共产党的宗旨是全心全意为人民服务，执政的根本目的是为人民谋福利，最终实现每个人都能够自由全面发展的共产主义。这就从根本上决定了人民对共产党执政应当是认同的，会获得人民最广泛的支持与拥护，能将全国人民团结在一起，形成强大的政治凝聚力。

## 二、中国共产党与当代中国政治凝聚力[①]

### （一）中国共产党是当代中国政治凝聚力的中心

习近平总书记指出：中国特色社会主义最本质的特征是中国共产党

① 刘玉成：《以加强党的凝聚力为重点增强当代中国国家政治凝聚力》，《华北理工大学学报（社会科学版）》2017年第1期，第162—168页。（文章为课题阶段性成果）

领导，中国特色社会主义制度的最大优势是中国共产党领导。坚持和完善党的领导，是党和国家的根本所在、命脉所在，是全国各族人民的利益所在、幸福所在。作为当代中国的领导核心，中国共产党对政治凝聚力的强弱起着决定性的作用。当代中国取得的一切成就，都是在党的领导下取得的；如果出现失误，也同样和党的领导分不开。从共产党的执政历程看，党领导人民取得的成绩越大，失误越少，人民对党的信任度越高，凝聚力就越强。反之，凝聚力就会出现衰退。

党的凝聚力在国家政治凝聚力中始终居于中心地位，这是由中国特色社会主义的本质特征决定的，是由党在国家政治生活中的地位和作用决定的。当代中国的政治就是中国特色社会主义的政治，当代中国的政治凝聚力就是中国特色社会主义的政治凝聚力。中国特色社会主义最本质的特征是党的领导，党的领导是中国特色社会主义的内在规定，没有党的领导就没有中国特色社会主义。从国家政治制度安排上，中国共产党作为执政党，既掌握着国家政权、负责组织政府、推荐任命干部，又负责制定重大方针政策，组织制定实施法律法规，是名副其实的当代中国政治生活的核心，具有举足轻重的地位。党的凝聚力强，一方面意味着党自身建设搞得好，意味着党的领导正确，领导力强大；一方面党的凝聚力会辐射、影响、促进国家政治凝聚力，起到牵一发而动全身、纲举目张的作用。

从一定意义上说，中华人民共和国一成立就拥有的强大的政治凝聚力是依靠共产党的凝聚力形成的。党的凝聚力首先是体现在中华人民共和国成立后，党除了领导人民继续完成新民主主义革命的任务外，更多的是开展轰轰烈烈的社会主义革命和建设，建立了卓有成效的新制度，促进了生产和社会各方面的跨越式进步。其次是体现在党和国家领导人带头发扬以身作则、吃苦在先、享受在后的精神，与人民群众同甘苦共命运的优良作风，深得人民群众的拥护和爱戴，靠领袖的人格魅力增强了党和国家的凝聚力。如在国家困难时期，毛泽东、周恩来等中央领导带头不吃肉，不吃蛋，节衣缩食，与人民一起过艰苦生活，共渡难关。再次是体现在中国共产党涌现、树立了许多优秀党员干部的好榜样。最著名的就是河南兰考县的县委书记焦裕禄。他以敢于在困难面前逞英雄的气概和心里装着全体人民，唯独没有自己的私心，身患癌症，忍着剧痛，带领群众与自然灾害作斗争，深受干部群众的崇敬和爱戴。

作为当代中国政治凝聚力核心的中国共产党，如果理论、路线、方针、政策正确，就能引领中国顺利发展、快速发展、繁荣进步；如果出现了大的偏差，中国的发展就会出现曲折、徘徊，人民对执政党也会出现认同上的危机。所以，牢牢抓住坚持党的领导、改善党的领导这个核心，确保党的理论、路线、方针、政策不出现颠覆性的大问题，永远符合人民和历史的要求，不断提高党的治国理政的能力和水平，才能抓住增强当代中国政治凝聚力的关键。

我国是一个拥有 14 亿人口的大国，一个坚强有力的领导核心是稳定社会、凝聚人心的保障。在当代中国的政治体系中，中国共产党就起到了这种定海神针的作用。共产党的宗旨是全心全意为人民服务，执政的目的是为人民谋福利，摆脱了以往一切政治力量追求自身特殊利益的局限，能够以唯物辩证的科学精神、无私无畏的博大胸怀领导和推动中国革命、建设、改革，不断坚持真理、修正错误。由此赢得了人民的认同的，获得了人民最广泛的支持与拥护，能将全国人民团结在一起，形成政治凝聚力。历史和实践都证明，历史和人民选择中国共产党领导民族复兴的事业是正确的，必须长期坚持和巩固党的领导地位和执政地位，任何时候都不能动摇这个核心。

**（二）党的凝聚力在国家政治凝聚力中具有四大作用**

1. 引领作用

中国共产党作为领导核心，一个主要作用就是为中国的发展举旗定向，在人民面前竖起了一面旗帜，起到引领带动的作用。这种引领的目标也称为政党愿景。愿景是一种来自追求更远大的目标，激发个人内心有意义的价值，是一种召唤及驱使人向前的使命。政党愿景作为统筹国家发展和人民需要的形而上的理念，是政党治党理政的重要活动。通过塑造和传播党的政治愿景，政党将党的政治理念、政治价值追求、政治战略以及不同阶段的政治目标及任务传递给民众，在民众接受并内化于心的动态过程中，达到利益整合、获得民众政治认同的目的。引领的过程就是凝聚的过程。政党愿景犹如夜空中高悬的皎皎明月，吸引万千星辉遵循轨迹运行汇聚在自身周围。比如党的十八大以后，习近平总书记提出的“中国梦”，就是以鼓舞人心的政治愿景引领人民团结一心走向未来。

2. 促进作用

党的凝聚力，能够增进国家和社会的各种凝聚力。由于中国共产党是国家和社会的领导核心，覆盖国家和社会的各个领域和层级，有四两拨千斤的作用。因此其他各种凝聚力都离不开党的凝聚力这个核心力。党的凝聚力强就会对各种凝聚力产生积极促进的正能量，减少各种离散的负面因素。就整个国家和社会来讲，中国共产党通过自己的政治主张、自己的各级组织和自己的党员，既带领人民，又发挥模范先锋作用，团结带领人民朝着既定的目标前进，促进了社会的安定有序，促进了全党、全国各个民族、各个阶层人民的精诚团结，促进了国家和社会的平稳发展进步。

3. 聚合作用

凝聚必然要有中心，必然是向一个中心去凝聚，没有这个中心，或这个中心的吸引力不够，就无法凝聚。党的凝聚力强就会成为凝聚各方的磁石，促使社会各种力量积极地向党靠拢，心往一处想，劲往一处使。反之，就会出现各自为政、各行其是、一盘散沙的局面。党的凝聚力的聚合作用包括党中央和党的各级组织对广大共产党员的吸引力、广大共产党员相互间的吸引力、党的各级基层组织及其党员对广大人民群众、社会组织和其他的吸引力。党是一个严密的体系，也是一个精细的结构，党的各级组织和每个党员发挥好各自的作用，就能使这个体系和结构发挥出组织全社会的作用，动员起社会方方面面的力量，就能使整体大于各部分之和，这就是凝聚的力量。

4. 支撑作用

作为执政党，中国共产党的政治认同是整个政治体系认同的基础和支撑，其存在状况及有效性是决定中国政治稳定的关键所在。离开了这个基石的支撑，其他各种凝聚力就难以形成并发挥作用，整个社会就会失去关键支柱而自我瓦解。中国正处于现代化的转型期，很多事例表明，转型期往往社会矛盾增多，社会风险加大，甚至可能陷入长期的动乱和陷阱。执政党作为社会最重要的组织，如果自身凝聚力强大，就会起到社会的主心骨的作用，就会支撑起整个社会的格局，有效地应对和解决各种矛盾困难，使整个国家和社会同心同德向前进。

**（三）中国共产党的凝聚力面临的严峻挑战**

凝聚力不是一劳永逸的，过去有、过去强，不意味着将来一定有、一定强。人们对政党的认同并非一成不变，而是始终处于流变状态中。不断产生和变化着物质、精神需求的人们对于政党有着新的要求和期待，能否满足、怎样满足以及在何种程度上满足直接影响着他们的政治认同度。苏共作为世界上第一个执政的共产党，不论是在国内还是在国际上都曾经有过很强的凝聚力，但垮台也就是一夜之间的事。所以，如何在新形势下永葆党的凝聚力、不断增强党的凝聚力，是党的建设的一个重要历史性课题，也是事关国家凝聚力的历史性课题。

中国共产党是有着很强凝聚力的马克思主义政党，但在进行具有许多新的历史条件的斗争中，凝聚力也面临着严峻挑战。当前最突出的考验是：执政的考验、改革开放的考验、市场经济的考验、外部环境的考验；中国共产党一直都面临着巨大的危险，当前最突出的危险是：精神懈怠的危险、能力不足的危险、脱离群众的危险和消极腐败的危险。处理不好这些考验和危险，对中国共产党的认同就会出现问题。而且，随着社会的变迁，人们意识的变化，政党认同本身也出现了许多新的特点。首先，人们从更愿意以合乎理性的目光评价政治现实，即更多地根据自身利益和社会需求的满足程度来评价中国共产党的领导，这种变化为执政党赢得政治忠诚和支持增加了难度。其次，执政党在诸如作风建设和政治腐败等方面出现的一些问题，导致了群众产生不满。比如曾经非常猖獗的形式主义、官僚主义、享乐主义和奢靡之风“四风”问题。腐败更是成为公众对执政党信任、认同的撒手锏。在现代社会，民众需要的是一个能够实现社会产出最大化和公共利益最大化的执政党，而不是一个任意窃取社会财富、追求自身利益最大化的政党。如果一个政党做了后一种选择，那么它无疑将丧失所有的政治权威。再次就是社会公平也出现了问题。社会主义国家的政权性质和中国共产党的政党属性，都决定了追求社会公平、实现社会公正的重要性。中华人民共和国成立后中国共产党执政的合法性和权威性，在很大程度上是由于解决了中国几千年的不平等问题，把中国由一个极不平等的社会变成相对公平的社会。

40 年的改革开放，一方面使得我国综合国力大为增强，人民生活大为改善，国际地位大为提高；另一方面也确实出现了不少有悖于社会公平正义的重大问题。在这样一种状态下，社会矛盾比较容易激化，社会问题和社会危机比较容易发生，从而成为中国社会政治不稳定的重要诱因。

有一个问题值得引起高度重视。和西方多党制不同的是，由于中国共产党长期执政，所以，如果政党认同出现问题，同时也将意味着国家认同、政治制度认同的全面危机。对于中国共产党认同的削弱，往往伴随着对国家、民族的前途产生怀疑，对社会主义的信念产生怀疑，对国家的基本的政治制度和政党制度产生怀疑。因此，要避免政党认同危机带来的一系列危机。我们党作为执政党一定要居安思危，增强危机意识、忧患意识，始终保持政治、经济和文化的先进性，应对好在政治凝聚力方面面临的挑战。

**（四）全面从严治党是增强国家政治凝聚力的根本途径**

90 多年来，中国共产党团结带领全国各族人民，经过艰苦卓绝的斗争，取得了革命、建设、改革的伟大成就。实践证明，中国共产党是一个坚持科学理论武装、先进性特征鲜明的党，是一个一切为了人民、全心全意为人民服务的党，是一个经受得住各种风险考验、不断成熟自信的党，始终是领导全国各族人民坚持和发展中国特色社会主义的核心力量。但是，党取得的成绩越大，越要清醒认识党的历史和现实、优势和缺点、成绩和不足、矛盾和问题，坚持从严治党，切实把党管理好、建设好，增强中国共产党的凝聚力。习近平总书记指出："全面从严治党是一场自我革命，必须探索出一条党长期执政条件下实现自我革命的有效路径，这关乎党和国家事业成败，关乎我们能不能跳出历史周期率。"关于全面从严治党与增强国家政治凝聚力要把握好两个基本点：

第一是共产党的执政地位任何时候都不能动摇。政治稳定是每一个政治体系追求的重要价值目标。我国是一个拥有 14 亿人口的大国，没有一个领导核心就无法控制社会。在当代中国的政治体系中，中国共产党是执政党，是领导核心，坚持党的领导，确保这个核心的巩固，是一个最基本的政治认同。只有坚守住这一点，才能化解改革开放和现代化建设过程中出现的困难和问题、矛盾和冲突，实现政治上的稳定，实现国家富强、民族振兴、人民幸福。

当代世界各国大都是政党政治，执政党的认同成为现代国家政治体系权威的一个重要来源。就当代中国政治来说，作为执政党的中国共产党的认同是整个政治体系认同的基点和支撑，没有对中国共产党的认同，也就没有对政府的认同，整个政治体系的认同就会受到严重挑战。执政党认同的流失将会导致整个政治体系认同的丧失，并最终造成政策的执行受阻，造成政府、政治制度以及国家共同体危机的连锁反应，从而导致政治体系的不稳定。

作为执政党的中国共产党的政治认同是整个政治体系认同的基础和支撑，其存在状况及有效性是决定中国政治稳定的关键所在。在社会转型期，中国共产党的政治权威的确面临着多方面的挑战。但是，实践证明，中国共产党是一个具有很强学习能力的政党，也是一个具有很强适应能力的政党。所有关心中国前途的人民，应该从国家和民族的利益出发，理智地面对大国转型所带来的问题，给执政者以足够的信心、信任和时间。

中国共产党成立以来的历史充分证明，只有中国共产党，才能引领中国发展进步，才能领导中国人民实现中华民族伟大复兴的中国梦。共产党虽然面临着诸多挑战和考验，但历史和现实也证明，中国共产党完全具有自我净化、自我完善、自我革新、自我提高的能力，完全有能力把自身建设好。

第二是共产党的自身建设水平和执政能力水平必须大力提高。美国《星岛日报》社论称，自从中共十八大闭幕以来，中共执政团队身体力行“约法八章”，意在打造反腐、亲民、尚俭、改革的形象。中国共产党是在领导中国革命的过程中赢得了广泛的社会认同和支持，从而确立起作为执政党的政治权威的。但社会支持与认同不可能一朝取得便永远不变。因此，抓好党的自身建设一刻也不能放松，必须常抓不懈，把人民作为执政党一切活动的逻辑起点，在充分行使执政党功能的过程中，实现党与社会的密切联系与良性互动。

中国共产党的执政地位不能动摇、核心地位不能削弱，同时也要不断提高治国理政的能力。党的十八届三中全会把完善和发展中国特色社会主义制度、推进国家治理体系和治理能力现代化作为全面深化改革的总目标，实现这个总目标的核心就是提高党的治国理政的能力。党只有不断适应国家现代化总进程，提高科学执政、民主执政、依法执政水平，提高运用中国特色社会主义制度有效治理国家的能力，才能为改革开放和社会主义现代化建设提供坚强的政治保证，才能为当代中国的政治凝聚力打好根本性的基础。

提高执政能力首先是提高领导发展的能力和水平，提高制度绩效。中国共产党已经从革命党转变为执政党，为人民执好政既要有心，还要有能力，这个能力就是治国理政的能力。经验表明，在国家经济停滞和衰退时期，执政党的政治权威往往会面临挑战，也极易诱发政治不稳定。就我国而言，生产力发展状况和人均经济指数水平与发达国家相比较的弱势、社会主义制度所要求的不断满足人民日益增长的需要的质的规定性、由现代化进程带来的国民对高质量生活水平的强烈期盼等，更要求将促进经济的持续发展作为政府绩效的核心。在可以预见的时间段内，经济增长作为普通民众切身利益之所在，仍应该是中国共产党塑造自身政治认同的最重要的保障。因此，保持经济增长是不断增强国家政治凝聚力的发展基础。面对当前我国社会公平面临的严峻形势，中国共产党需要适时调整政策原则，做出要更加注重社会公平的政治承诺。切实维护好人民权利，实现机会公平；在政治上，要保证每个人民享有平等自由的政治权利；在经济上，要创造公平的竞争环境，维护公平的竞争秩序，还要加大财政转移支付的力度，让公共财政的阳光普照社会的方方面面。要处理好发达地区与欠发达地区、城市发展与农村发展的关系，努力在全社会范围内消灭贫困现象，合理布局生产力，缩小经济差距，调节居民收入，实现全社会的协调、和谐发展。党只有不断适应国家现代化总进程，提高运用中国特色社会主义制度有效治理国家的能力，才能使党永远走在时代的最前沿，为改革开放和社会主义现代化建设提供坚强的政治保证，为当代中国的政治凝聚力提供根本保障。

### 三、当下加强党的凝聚力建设的着力点[①]

坚定全党理想信仰。打铁还要自身硬，硬就硬在理想信念坚定上。

---

① 刘玉成：《以加强党的凝聚力为重点增强当代中国国家政治凝聚力》，《华北理工大学学报（社会科学版）》2017 年第 1 期，第 162—168 页。（文章为课题阶段性成果）

习近平总书记强调，要做到信念过硬、政治过硬、责任过硬、能力过硬、作风过硬。理想信念动摇是最危险的动摇，理想信念滑坡是最危险的滑坡。一个政党的衰落，往往从理想信念的丧失或缺失开始。苏联为什么会解体？苏共为什么会垮台？理想信念动摇是一个重要原因。习近平总书记说：中国共产党之所以叫共产党，就是因为从成立之日起就把共产主义确立为远大理想。党之所以能够经受一次次挫折而又一次次奋起，归根到底是因为有远大理想和崇高追求。革命理想高于天。党是否坚强有力，是否有强大的凝聚力，一要看全党在理想信念上是否坚定不移，二要看每一位党员在理想信念上是否坚定不移。理想信念是共产党人精神上的“钙”，每个党员都需要补好“钙”，做共产主义远大理想和中国特色社会主义共同理想的信仰者、实践者。要把理想信念教育作为思想建设的战略任务，认识到位、落实到位。理论上清醒，政治上才能坚定。坚定的理想信念建立在对马克思主义的深刻理解之上，建立在对历史规律的深刻把握之上，所以学好马克思主义基本理论，特别是要学好十八大以来党中央治国理政新理念、新思想、新战略，不断提高马克思主义思想觉悟和理论水平，对坚定理想信念至关重要。

实现并践行全心全意为人民服务的宗旨。民心是最大的政治。一个政党，一个政权，其前途和命运最终取决于人心向背。如果党脱离群众，就会失去人民拥护和支持，也就会失去凝聚力。要想赢得群众的支持，就必须坚持好立党为公、执政为民的方针，切实践行好全心全意为人民服务的宗旨。为人民服务不能只是一句口号，一定要落在具体的行动中、化在具体的政策上。行动上、政策上的为人民服务才是真正的为人民服务，才是全心全意的为人民服务。立党为公、执政为民就要在思想上尊重群众，感情上贴近群众，工作上为了群众，努力实现好、维护好、发展好最广大人民的根本利益。要把人民拥护不拥护、赞成不赞成、高兴不高兴、答应不答应作为衡量一切工作得失的根本标准。全心全意为人民服务体现在发展中就是要坚持以人民为中心的理念，做到发展为了人民、发展依靠人民、发展成果由人民共享，保证人民平等参与、平等发展权利，使改革发展成果更多更公平惠及全体人民，使人民群众在共建共享发展中有更多获得感。

要把优秀的自愿为党的事业奋斗终生的社会各种优秀人士吸收到党的组织中。中国共产党既是无产阶级的先锋队，又是中华民族的先锋队，必然要包括无产阶级以外的承认党的纲领和章程、自觉为党的路线和纲领而奋斗、经过长期考验、符合党员条件的社会其他方面的优秀分子。这样做既有利于调动社会各方面人士的积极性和创造性，又有利于把他们紧紧地团结在党的周围，扩大党的社会基础，巩固党的执政地位。没有阶级基础，无以立党；没有社会基础，无法广泛凝聚力量。“功以才成、业由才广。”党和人民事业要不断发展，就要把各方面人才更好使用起来，聚天下英才而用之。以识才的慧眼、爱才的诚意、用才的胆识、容才的雅量、聚才的良方，广开进贤之路，把党内和党外、国内和国外等各方面优秀人才吸引过来、凝聚起来，共同为祖国的繁荣发展服务。

发挥党组织和共产党员的领导核心作用与先锋模范作用。中国共产党是中华人民共和国的领导核心，党的各级组织是发挥领导核心作用的中坚力量。党的各级组织都应当努力提高执政能力和水平，总揽全局、协调各方，调动各方面的积极性，增强全社会的创造活力，真正发挥好领导核心作用。党的领导主要是政治、思想和组织的领导。政治领导，就是确定政治目标、政治任务、政治方向，制定路线方针政策。思想领导，就是用党所确立的理论、路线、方针政策武装全党、教育人民，把党的主张变成全党全国人民的行动。组织领导，就是实施党管干部原则，抓好基层、打牢基础，让每个基层党组织都成为战斗堡垒。党员是党组织的细胞。党员充分发挥先锋模范作用，党的肌体才能健康，党的创造力、战斗力、领导力才能增强，从而体现出党的先进性，增强党的凝聚力。党员要牢固树立党员意识和执政为民意识，树立共产党员良好形象，在奉献中实现人生价值，用人格力量去感染他人，用先进的事迹去引领社会风尚。

## 第七节　反腐败成效与政治凝聚力

腐败是一个世界性问题。在任何国家，反腐败都是民众评价与检验政府公信力的重要指标，反腐败的成效都成为国家政治凝聚力的重要构成要素。

## 一、腐败、反腐败与政治凝聚力

“得众则得国，失众则失国。”人民最痛恨腐败，腐败使政权丧失存在的合法基础，引发社会动荡。反腐败符合公众期待，通过反腐败，纯洁政权主体，政党才能和民众紧密联系，才能得到民众拥护，政治凝聚力才能提升。

### （一）腐败是导致国家凝聚力削弱甚至亡国的重要原因

腐败的本义是指生物界物质变质的现象。腐败一词最早出现在《汉书·食货志》：“太仓之粟，陈陈相因，充溢露积于外，腐败不可食。”腐败在这里指的就是食物的腐烂。《辞海》解释腐败为“腐烂”。《辞源》解释为：“溃烂发臭、陈旧迂腐、腐朽败坏。”腐败一词在社会政治和国家政权层面有广义和狭义之分。广义的腐败是指行为主体为其特殊利益而滥用职权或偏离公共职责的权力变异现象。狭义上是指国家公职人员为其特殊利益而滥用权力的蜕变现象。从实质上来讲，腐败就是公共权力的滥用与变异。

腐败是国家政治凝聚力的天敌，腐败的蔓延会大大削弱国家的政治凝聚力。一个腐败的政府机构，必然导致政令不通，政府公信力下降，官民矛盾加剧，从而使民众对国家的合法性产生怀疑，甚至引起整个社会的动荡不安。执政党的最大危险也是腐败。近年来，一些国家因长期积累的矛盾导致民怨沸腾、社会动荡、政权垮台，其中贪污腐败就是一个很重要的原因。大量事实表明，腐败问题越演越烈，最终必然会“人亡政息”。

### （二）反腐败是净化政权主体、提升政治凝聚力的有效手段

国家的发展和强大，不仅需要执政党的思想、路线、方针、政策上的正确领导，更需要执政党廉洁高效的道德形象。人民论坛问卷调查中心对于公众凝聚力的调查显示[①]：在开展反腐工作过程中，民众的参与和

---

① 人民论坛问卷调查中心：《当前公众的凝聚力调查》，《国家治理》2015 年第 10 期，第 12 页。

支持力度显著增强。公众对反腐行动的支持意愿与公众的凝聚力指数呈现出十分显著的正相关关系，说明反腐败工作在一定程度上提高了公众的自组织能动性，即提高了公众自愿地联合起来参与或影响公共事务的能动性。这也进一步表明，反腐败符合群众对领导干部、公职人员的要求与期待，公众的政治热情需要在公共参与和组织实践中才能得到释放和传递，社会成员的积极支持使中国公众的凝聚力在此过程中大幅提升。

消极腐败现象是兴国强国的大敌，它损毁执政党的形象，削弱政府的权威，激化社会矛盾，引发社会动荡。消极腐败现象是社会的腐蚀剂，败坏党风民风，污染社会风气，毒化人们的思想，是国家向心力、凝聚力的大敌，必须下力气解决腐败问题，坚持“老虎”“苍蝇”一起打，坚决遏制腐败蔓延的势头，坚决消除腐败滋生的土壤，真正做到干部清正、政府清廉、政治清明，从而凝聚社会共识，激发群众爱国热情，增强人民对党和政府的信心，打牢增强国家凝聚力的社会基础。

## 二、当代中国的反腐败与政治凝聚力

### （一）腐败对政治凝聚力的破坏性不可低估

通过揭露出来的大量的腐败案例可以看出，党风廉政建设和反腐败斗争形势依然严峻复杂。一些领域腐败现象易发多发，一些腐败分子一意孤行，不但没有收手，甚至变本加厉。一些腐败分子贪腐胃口之大、数额之巨、时间之长、情节之恶劣，令人触目惊心。一段时间里，区域性腐败、系统性腐败、家族式腐败、塌方式腐败等不断发生，比“独狼式”腐败危害要大得多。表现在区域性腐败和领域性腐败交织，窝案串案增多；用人腐败和用权腐败交织，权权、权钱、权色交易频发；官商勾结和上下勾连交织，利益输送手段隐蔽、方式多样；有的公然对抗、妨碍组织审查，形成“拦路虎”。

这些严重的腐败现象，使人民的不满情绪正在增长，对政治凝聚力带来严重的损伤。主要表现在以下几个方面：

第一，严重损害党和政府的形象，削弱党和政府的公信力。在我国社会主义制度下，中国的官员和大多数党员，尤其是各级政府部门的行政官员，直接掌握人民赋予的权力并运用权力为人民服务，他们的一言一行备受人民关注，他们行为的好坏直接影响党和政府在公众心中的形象。而官员腐败，尤其是一些党员干部腐败现象的存在，侵犯了人民的根本利益，导致领导权威降低，政令不畅通，经济发展滞后，社会矛盾加剧。这些情况的存在，严重损害了党领导下的政府的公信力。

第二，损害法律尊严和司法公正，降低法律的权威性和实效性。在现实生活中，当腐败案件发生时，公众的视角更多地聚焦在法律和司法体制上，对腐败案件的监管、治理、惩处的实效性和力度产生怀疑。而一旦发生妨碍司法公正的情况，会在更大范围内产生更深远的负面影响，其后果是阻碍了我国社会主义精神文明建设的步伐。社会弱势群体的切身利益遭到伤害和损失时，将有可能减少或者不再寻求法律的保护。长此以往，将会产生犯罪类型的社会问题，这将会动摇我国法律的权威性和社会的稳定。

第三，败坏道德观念和社会风气，加剧经济社会的不稳定。目前我国正处于改革发展的关键期和社会矛盾的突发期，社会利益结构多元化，各种矛盾纠纷明显增多。当腐败的观念和行为成为现实生活中部分人的潜规则时，必将对社会造成严重危害，造成人们的是非标准颠倒，政治迷茫，价值取向扭曲，社会责任感缺乏，从而败坏整个社会风气。而如果在腐败过程中监管不严、执法不力，会加剧官民矛盾，甚至导致武力冲突。而公众也往往把官场腐败归咎为对政府的整体不满，加剧了经济社会的不稳定。

在执政前，中国共产党以数百万党员的前仆后继、浴血奋斗赢得人民的拥护，历史地确立起中国共产党的政治权威；中华人民共和国成立后，中国共产党以自己的艰苦创业继续赢得人民的信任和支持。而新的历史时期里，一方面改革开放代表了中华民族的根本利益要求，给人民群众带来巨大的利益，极大地增强了党的政治凝聚力，提高着党的政治权威，另一方面由于党内严重的腐败现象，人民的不满正在增长，对党的信任程度逐渐下降。党要始终代表中国最广大人民的根本利益，但是“是否代表”和“能否代表”，要由人民来认可，而不是由党来自封。否则，历史和人民的选择难保不会有所改变，苏共就是前车之鉴。所以，中国共产党一定要从执政党生死存亡的高度重视反腐败问题，保持反腐败的高压态势，标本兼治、内外兼修，打赢反腐败斗争的攻坚战、持久战。

**（二）中国共产党通过反腐败增强了政治凝聚力**

中国共产党始终把党风廉政建设和反腐败斗争作为重要任务来抓，旗帜是鲜明的，措施是有力的，成效是明显的，为保持和发展党的先进性和纯洁性发挥了重大作用，为党领导革命、建设、改革开放和社会主义现代化建设提供了有力保证。特别是改革开放40年来，如果不是一以贯之高度重视党风廉政建设、坚决反对腐败，我国经济社会发展不可能取得这么大的成就，改革发展稳定大局也不可能得到巩固，这也是我们国家政治凝聚力总体上强大的重要保障。

早在中华人民共和国成立前夕，在西柏坡召开的中国共产党七届二中全会上，毛泽东就对可能发生的腐败问题向全党敲响了警钟，告诫全党要警惕资产阶级糖衣炮弹的袭击，务必继续保持谦虚、谨慎、不骄、不躁的作风，务必继续保持艰苦奋斗的作风。中华人民共和国成立后，中国共产党对在一些地方和单位出现的贪污和违法乱纪等腐败分子严惩不贷，下决心跳出执政—腐败—亡国的周期律，实现国家政治凝聚力的可持续。这方面最典型的代表是刘青山、张子善严重贪污案。党中央对刘青山、张子善贪腐案的坚决正确处理，在很长时期内都是人民拥护共产党、拥护中央人民政府的有说服力的理由。

从1978年12月党的十一届三中全会开始，根据形势的发展，党和政府加大了反腐败的力度。首先是十一届三中全会党中央建立了中央纪律检查委员会，中纪委和最高人民检察院的恢复和重建，为新时期的反腐败斗争奠定了组织基础。1982年1月11日，党中央发出紧急通知，开展一场打击严重经济犯罪活动的斗争。据统计，这次斗争揭露并查出的经济犯罪案件19.2万件，开除涉案党员党籍的有8500多人。1989年6月，党的十三届四中全会召开，以江泽民同志为核心的党中央在继续推进改革开放，加快发展经济的同时，把党风廉政建设和反腐败斗争作为关系党和国家生死存亡的大事来抓。1992年初邓小平南方谈话和党的十四大报告中都明确提出，要把党风廉政建设作为关系党和国家生死存亡的大事来抓，在整个改革开放过程中都要反对腐败。这一时期出现的腐败问题已经不是个别现象，已经成为影响当代中国国家政治凝聚力的重要因素。

党的十八大后，以习近平同志为核心的党中央对腐败问题高度重视，深入推进反腐败斗争，持续保持高压态势，以零容忍的态度、猛药去疴的决心、刮骨疗毒的勇气、严厉惩处的尺度严惩腐败不手软，党风廉政建设和反腐败斗争进入新阶段，力度和成绩空前。这种反腐的决心和力度，是构筑民众信任的基础，也是一个政党施政治国、带领民众实现政治理想的前提，增强了政治凝聚力。国家统计局于 2015 年 10—11 月在 22 个省区市开展了全国党风廉政建设民意调查。结果显示，2015 年的满意度、信心度、遏制度指标均首次超过 90.0%，与往年相比有大幅提高。这说明，党的十八大以来，党风廉政建设和反腐败工作取得了重大成效，赢得了人民群众高度肯定和衷心拥护，增强了人民群众对党的信任和信赖，巩固了党的执政基础。

## 第八节　加强当代中国国家政治凝聚力的措施

政治凝聚力是一个多因素复合叠加的产物，加强政治凝聚力建设必然也是一个整体性、综合性的过程。政治凝聚力相关的几个基本要素：政治制度认同、国家领导人认同、执政党认同、民主法治建设、腐败治理，既彼此独立又是相互关联、相互生成、相互促进的整体，增强政治凝聚力就要从这些基本元素入手，既注重每个方面的健康发展，又注重各方面均衡协同推进。

### 一、打好政治制度认同这个基础

政治制度认同是一个国家政治凝聚力的根基。加强政治凝聚力首先要加强对中国特色社会主义的政治制度认同。中国特色社会主义具有广泛而深厚的社会思想基础，中国特色社会主义发展道路已成为社会普遍共识。但当下，国际国内形势错综复杂，新情况新问题层出不穷，对我们坚持走中国特色政治发展道路提出了更高要求和严峻挑战，需要认真加以应对。

加强政治制度认同的前提和基础是要对我们的制度有自信。自信者人皆信之，自己都不相信，怎么能要求他人相信呢？我们要通过各种方式方法让人民坚信，中国特色社会主义道路是实现社会主义现代化的必由之路，是创造人民美好生活的必由之路。就像习近平总书记讲的：我们要坚信，中国特色社会主义理论体系是指导党和人民沿着中国特色社会主义道路实现中华民族伟大复兴的正确理论，是立于时代前沿、与时俱进的科学理论。我们要坚信，中国特色社会主义制度是当代中国发展进步的根本制度保障，是具有鲜明中国特色、明显制度优势、强大自我完善能力的先进制度。

加强政治制度认同的关键在于与时俱进，不断地完善制度。中国特色社会主义的根本制度毫不动摇，但不等于在这个根本制度基础之上的具体制度一成不变。加强政治制度认同就要按照党的十八届三中全会提出的，通过全面深化改革，实现国家治理体系和治理能力现代化。只有治理体系和治理能力提高了，制度的包容参与性增强了，才能最大限度地发挥出中国特色社会主义制度的优越性，才能让人民从现有的政治制度中拥有获得感，增加政治信任，避免塔西佗陷阱，从内心产生制度认同，从源头增强政治凝聚力。

## 二、抓住党的核心作用这个关键

中国特色社会主义最本质的特征是中国共产党领导。办好中国的事情，关键在党。增强当代中国政治凝聚力的关键也在党的核心作用。中国共产党是领导我们事业的核心力量，是把全国人民凝聚成整体力量的根本保证。党坚强有力，政治凝聚力就强大无比。如果管党不力、治党不严，人民群众反映强烈的党内突出问题长期得不到解决，那党就会丧失凝聚力，政治凝聚力也就会软弱涣散。政治凝聚力建设，就意味着不断提升党领导各族人民建设中国特色社会主义的领导力，就意味着以提高执政党的政治认同度为目标，通过提高执政党自身建设水平和执政能力，提升人民对党的认同度，夯实群众基础，加强党执政的合法性和有效性，提高党的自我纠偏能力，在政治统治领域提高凝聚力。

治国必先治党，治党务必从严。我们党作为一个有 9000 多万名党员、461 万个党组织的党，作为一个在有着近 14 亿人口的大国长期执政的党，只有全面从严治党，不断加强党风廉政建设、驰而不息地开展好反腐败斗争，才能不断增强创造力、凝聚力和战斗力，永葆党的生机和活力。[①] 为政清廉才能取信于民，秉公用权必然赢得人心。反腐败是净化政权主体、提升政治凝聚力的有效手段。反腐工作要坚持到底，既打攻坚战，又打持久战，不获全胜，决不能收兵。如果中途罢手，必然前功尽弃，导致更大的反弹。反腐败要保持高压态势，但最根本的高压还是制度的紧箍咒。要更多地依靠制度建设、制度创新，落实教育、制度与监督相结合的反腐倡廉建设思路，把权力关进制度的笼子里，真正实现即使想腐也不能腐、不敢腐的态势。坚持全面从严治党，坚持反腐败，党就能够日益得到人民拥护，干部清廉、政府清正、政治清明的时刻就会到来，政治凝聚力也会随之增强。

### 三、筑牢民主建设这个基本依托

人民立场是中国共产党的根本政治立场，是马克思主义政党区别于其他政党的显著标志。尊重人民主体地位，保证人民当家作主，是我们党的一贯政治主张。加强政治凝聚力建设必须充分认识到人民民主是社会主义的生命这个核心命题，高扬社会主义民主的光辉旗帜，筑牢社会主义民主建设这个基本依托。社会主义民主是不同于资本主义民主的更高层次的民主，坚持民主的社会主义属性、中国特色不能动摇，但不管什么性质的民主，也必须是民主。因此，我们一定要通过切实有效的民主形式，大力推进民主制度建设，保障人民当家作主的权利，保护弱势群体与区域利益，维护社会公正与公平，通过维护人民根本利益，从而达到提升凝聚力的目的。

增强政治凝聚力要认认真真地按照社会主义民主政治的根本原则，不断完善我国的人民代表大会制度，真正实现人民代表能够代表人民，

---

① 参见《2018 年中国共产党党内统计公报》，人民网 2019 年 7 月 1 日。

人民代表大会能够充分反映全国人民的意志和愿望，发展人民民主。要在注重实质民主的同时，更多地注重通过切实有效的形式去实现保障民主权利的落实，加快推进社会主义民主政治制度化、规范化、程序化。要进一步建立起能够充分、畅通地反映和表达社会各个阶层利益要求的民主机制，让民众能够充分表达自己的思想意愿，争取自己应有的利益，使各党派、各团体、各民族、各阶层、各界人士真正凝聚起来共商国是，实现广泛有效的人民民主。

## 四、增强法制建设这个有力保障

坚持走中国特色社会主义法治道路、加快构建中国特色社会主义法治体系、建设社会主义法治国家是增强政治凝聚力的有力保障。我国社会发生的深刻变革，利益关系的日益复杂，利益诉求的日益多样，使得人们对法治的期待越来越强烈。“十三五”规划提出，为完成“十三五”时期法治建设的目标任务，必须坚持依法治国、依法执政、依法行政共同推进，坚持法治国家、法治政府、法治社会一体建设，建设中国特色社会主义法治体系，建设社会主义法治国家，这既是当代中国发展的基础，也是增强政治凝聚力的基本点。

当今社会，有法不依、执法不严、司法不公、徇私枉法等现象依然存在，侵蚀着人们对法治的信心。要彻底扭转这种现象，把全面依法治国落到实处，干部是决定因素。领导干部在推进依法治国方面肩负着重要责任，全面依法治国必须抓住领导干部这个“关键少数”。领导干部只有带头尊崇法治、敬畏法律，带头了解法律、掌握法律，带头遵纪守法、捍卫法治，带头厉行法治、依法办事，法治之风才会吹向全社会，民众才会切身体会法治社会的氛围，从而逐步建立社会信任、法治信任，最终使社会主义政治凝聚力得到切实有力的保障。

# 第七章

# 当代中国国家文化凝聚力研究

随着我国社会主要矛盾的转变，人民美好生活对文化的需要越来越表现为多元化、多样化。文化中所内含的传统文化要素、现代文化要素以及西方文化要素，正在融合成为新的文化形态。国家文化凝聚力越来越面临着文化选择和人民认同的难题。当代中国国家文化凝聚力已经不同于单纯某种文化形态条件下的发展。从简单的文化形态到复杂的文化形态，经历了人民文化需求不断升级、不断发展、不断繁荣的过程。国家文化凝聚力的引领作用、主导作用越发显得十分重要。缺乏吸引力的国家文化难以破解现代多元文化激荡中的价值取向问题，固然也很难满足新时代人民美好生活对文化的需要。认识国家文化凝聚力形成的一般条件和规律，掌握文化凝聚力发展的主动权，让国家文化凝聚力成为文化复兴的主旋律，就一定能够成为中华民族伟大复兴的前奏曲。

## 第一节　国家文化凝聚力基本理论

文化是一种复杂的社会现象，又是一种历史现象，是人们长期创造形成的产物，是社会历史的积淀。文化一词现在已被人们广泛使用，它的含义和范围非常丰富。据不完全统计，有关“文化”的各种不同的定义至少有二百多种。文化可以分为广义、中义和狭义三种解释。广义而言，文化是指在历史发展过程中所创造的物质财富和精神财富的总和。广义的文化，着眼于人类与一般动物、人类社会与自然界的本质区别，着眼于人类卓立于自然的独特的生存方式，其涵盖面非常广泛，所以又被称为大文化。中义上，文化应该是精神文化的总和，包括了精神文化本身及其制度和组织，主要指意识形态、宗教信仰、价值观念、思维方式等。从狭义角度说，文化是指一个国家或民族的历史、地理、风土人情、传统习俗、生活方式、语言文字、文学艺术等人文领域的全部知识、经验、技艺及其理论与方法。而国家文化又同一般文化含义有着不同的范围界定。

## 一、文化在国家凝聚力形成过程中的地位与作用

世界上无论何种制度、哪个时代的国家，都需要运用各种政治、经济、文化等手段，以满足人民群众物质和精神需求为动力，不断增强国家凝聚力。作为客观存在的文化，不仅对其需要与满足是国家凝聚力形成的源泉与动力之一，而且文化自身也是国家凝聚力的重要构成要素和载体，并以其具有的引领、传承、传播等功能，在国家凝聚力的形成过程中起着重要作用。

### （一）从国家凝聚力形成的动因来看，人民群众的文化需要及需要的满足是国家凝聚力形成的源泉和动力之一

文化是建立在物质活动基础之上，伴随着人类社会发展而必然要出现的精神活动现象。在社会生活中，人们除了需要高水平的物质享受外，还存在着对科学、教育、知识、艺术、体育等方面的文化需要。当前我国经济社会快速发展，人民群众的物质需要得到了较好的满足，必然要产生对精神、文化、政治等方面的新的需要。而且随着物质满足的不断深入，文化、精神需要越来越成为人民群众的主要需要。国际经验表明，人均收入达到3000—5000美元，是物质消费与文化消费并重的时期。随着我国经济社会的快速发展，我国人民群众的文化需要呈现快速增长和向高层次、多样化转变的趋势。据湖南省委宣传部和省统计局联合调查表明，在电话随机调查“您今后的日常生活中，文化娱乐消费占日常开支的比重有什么变化”提问中，回答会有大幅度增长和有所增长的占

52.6%。可见，文化需要已成为广大人民群众的共同需要、主要需要，也是每个公民切身体会到的迫切需求。

当然，与其他需要一样，人民群众对文化的需要也是从低到高、由少到多、日益增长的。任何一个国家要增强其凝聚力，必须不断满足人民群众的这些文化需要，并在满足原有需要的基础上不断满足新的需要，循环往复、螺旋上升，这也正是国家凝聚力的周期产生的根本原因。我国是人民当家作主的社会主义国家，人民群众的主体性决定了人民群众共同需要得以满足的必然性。党的十七届六中全会、十八大相继提出的推动文化大发展、大繁荣，扎实推进社会主义文化强国建设等重大举措，必将推动国家文化凝聚力从全面发展向全面增强转变。

**（二）从文化与国家凝聚力的关系来看，文化既是国家凝聚力的载体，又是其重要构成要素之一**

国家凝聚力是精神范畴的吸引力、聚合力，它是深入到人们思想、观念、信仰、潜意识领域的无形作用力，它不能直接为人所感知，只有通过语言、文字、绘画、知识、风俗、习惯等为人所能感知的文化形式和途径才能表现出来；只有在人民群众从事一定的社会活动，并且在个体之间进行语言及行为交流时，才能表现出来。同时，任何国家在形成发展的过程中，都要采取各种手段不断强化自身的凝聚力，强化国家凝聚力要运用多种手段和方法，其中最重要的就是运用各种文化形式、文化手段进行灌输、宣传，运用各类约定俗成、道德标准来引导、规范，运用国家的政治理念、奋斗目标来统一人民的思想和行为。这说明文化不仅是国家凝聚力精神的物化载体，还是国家凝聚力存在、被认知的有形载体，更是国家凝聚力自我强化的行为载体。也就是说，国家凝聚力只有加载到文化这个载体上，才能把精神要素变为有形的物质要素，才能被人民群众所感知，才能实现不断自我强化的目的。

文化是国家凝聚力的重要构成要素主要体现在以下三个方面：首先，文化认同是国家凝聚力形成的前提和基础。文化认同是指一个群体内成员对文化各要素认知的一致性。文化认同是民族认同的前提和基础已是学术界的共识。国家是由一个或多个民族构成的集合体，各个民族在共同的世界观、价值观、理想、信仰、目标的整合下，会逐渐形成共同或大多数认同的政治理念，一旦形成这一理念，就产生了政治认同。在政治认同的前提下，全体国民才会有共同的目标、共同的需要和为满足需要而进行的共同的社会活动，从而产生国家凝聚力。由此可见，文化认同是国家凝聚力产生的前提和基础，可以说，没有文化认同就不会有民族认同，更不会产生政治认同、国家认同，也就不能产生国家凝聚力。其次，文化凝聚力是国家凝聚力的重要组成部分。一个国家的民族文化、政治制度、综合国力、军事实力、民族政策、外交政策、国际影响力都会形成对人民群众的吸引力和凝聚力。如经济快速发展，满足人民群众的物质需求会产生物质凝聚力；军事实力强大、广大人民群众安全的需要得到满足会产生安全凝聚力。文化凝聚力是一个国家或一个民族文化所具有的聚集、吸引、团结和组织全体成员的向心力，也是国家凝聚力的组成部分。文化凝聚力与其他构成要素一样，或多或少、或大或小地对国家凝聚力产生影响，所有这些凝聚力的矢量和就构成国家凝聚力的主体。再次，文化兴衰左右着国家凝聚力的强弱。美国学者塞缪尔·亨廷顿在《我们是谁？美国国家特性面临的挑战》（*Who Are We ? The Challenges to America's National Identity*）中认为，美国应该发扬盎格鲁—新教的文化、传统和价值观，这是美国的根本“特性”，否则美国就有分化和衰落的危险。所有民族、国家都一样，文化都是维系民族、国家存在，保持统一、内聚稳定和发展的不可或缺的力量。一个国家或一个民族具有凝聚力，这个国家和民族不管现在的发展程度如何，未来的发展前景一定是美好的；反之，缺乏文化凝聚力的国家和民族一定要走下坡路。数千年的中外历史事实表明，凡是文化繁荣发展的阶段都是国家兴旺昌盛之时，也是国家凝聚力空前强大之时；反之，文化没落衰败，国家很难产生凝聚力，国家也就分崩离析了。

当然，国家凝聚力不是被动的，它的强化及弱化将直接影响文化发展的繁荣与否。国家丧失凝聚力，全国一片散沙、各自为政，只能造成政权丢失，人们只有流离失所，衣食住行、生命安全等最基本的需要都难以满足，更别谈对精神文化的需要了。

**（三）从文化特有的功能来看，文化对国家凝聚力的形成起着重要作用**

胡锦涛同志在中国文联第八次全国代表大会、中国作协第七次全国代表大会讲话中深刻指出："人类社会每一次跃进，人类文明每一次升华，无不镌刻着文化进步的烙印。文化的力量，深深熔铸在民族的生命力、凝聚力、创造力之中。"[①] 这一论述深刻揭示了文化的作用和力量。对于国家凝聚力来说，也正是因为有了文化的引领、传承、传播功能，才使得国家凝聚力能够保持方向同一、持续稳定、实现广泛传播。

1. 文化的引领功能决定了国家凝聚力方向的一致性

文化能导致人们某种情感和情绪，当然也可以引导属于心理现象的国家凝聚力的作用方向。文化对国家凝聚力方向的引领作用体现在两个方面：一是在未形成全国国民的共同目标或旧的目标已经实现，新的目标尚未产生之时，通过文化的作用可以使共同的目标形象化、具体化，吸引和引导人民群众在主体核心价值观的统领下，把个体目标与共同目标结合起来，达到个体目标与群体目标的统一、需要与满足的统一。这种引导作用就像在处于自由活动状态的电子旁放一块磁铁，能把各个电子的作用力调整为同向；把杂乱无章、相互作用、相互抵消的作用力变成方向一致的矢量集合，产生磁力。二是当个体向心力产生偏差时，起到统一、规范的作用。人自一出生起，就会不断接受他们所处的文化环境、文化规范、文化模式的影响。符合这一环境、规范、模式的行为就会得到习俗、道德、舆论等的肯定；反之，就会受到制约、谴责，使他们回归规范，重新产生向心力，进而达到强化凝聚力的目的。正如露丝·本尼迪克特（Ruth Benedict）在 1934 年出版的《文化模式》（*Patterns of Culture*）一书中指出："每一文化之内，总有一些特别的，没有为其他类型的社会分享的目的。在对这些目的的服从过程中，每一民族越来越深入地强化着他们的经验，并且与这些内驱力的紧迫性相适应，行为的异质项就会采取愈来愈一致的形式。"

2. 文化的传承性有利于提升国家凝聚力的稳定性

传承就是传递传统、承袭精华。历史上很多文化能够历经数千年绵延不断、历久弥新，关键在于文化在发展过程中具有强大的传承性，能

① 胡锦涛：《在中国文联第八次全国代表大会、中国作协第七次全国代表大会上的讲话》，《十六大以来重要文献选编》（下），中央文献出版社 2008 年版，第 751 页。

够不断地继承发扬、去芜存菁，进行自我完善。一个国家、民族的现行文化来源于传统文化，是对传统文化的批判继承，传统文化的精髓是现行文化的重要组成部分。习近平总书记指出，“中国特色社会主义文化，源自于中华民族五千多年文明历史所孕育的中华优秀传统文化，熔铸于党领导人民在革命、建设、改革中创造的革命文化和社会主义先进文化，植根于中国特色社会主义伟大实践”①。这种文化内涵、精髓的延续性，决定了人民的思想观念、价值取向、道德规范、理想、信仰等的相对稳定性。只要以文化为代表的核心价值体系没有改变，核心价值观还被广大人民群众认同，国家的凝聚力就不会消失，而是处于稳定状态。中华民族文化传承数千年，中国传统文化中的“忠、孝、节、悌、礼、义、廉、耻”传承至今，已成为我们今天进行道德建设的基础和重要内容。这些理念、精神、规范根植于人民群众的血脉，不是转瞬即逝的，也不会轻易变动，形成持续稳定的凝聚力也是必然的。

3. 文化的强大传播力能扩大国家凝聚力的影响范围

国家凝聚力不仅仅包括对本国国民的聚合力，也包含着对海外本族裔人以及其他国家、民族、群体成员的影响力、吸引力。一个国家的政治制度、经济政策等很难被其他国家政权认可，但文化却能对国家以外的侨民、侨胞以及外籍人士产生重要影响。一个国家的文化能够为各个国家具有不同文化和宗教背景的人们认同，并为他们接受和喜欢，将大大提高一个国家的国家形象，提升外交影响力、国际影响力，也必然会提升本国人民的民族、国家自豪感，提升对国家的认同度，从而激发更强的向心力。党的十八大明确提出，中华文化走出去要迈出更大步伐。近年来，我国党和政府高度重视文化的传播作用，大力推行中华文化走向世界、建立孔子学院、“海外中国年”等文化建设，使广大海外华人始终感受着国家和民族文化的眷顾，增强了他们的归属感和自豪感。数以千万计浪迹天涯的侨民、侨胞，虽然有的已在异国他邦安家立业、生儿育女，但他们仍然与祖国血肉相连。在他们的意识与潜意识中，一刻也未曾忘记自己是中华儿女、炎黄子孙。通过他们的文化、道德准则、勤

① 《习近平谈治国理政》第3卷，外文出版社2020年版，第32页。

劳勇敢的精神展示，使我国的社会声望日益提升、国际认可度与日俱增，我们国家的凝聚力也在日渐强化。

## 二、国家文化凝聚力的概念与特点[①]

我国国家文化就是中国特色社会主义文化，是反映国家核心价值要求，推进国家经济社会发展和进步的多种文化形态集合。中国的语言文字是中国文化，中国的文化知识也是中国文化。国家文化是本国内各个地方和各个民族共同认可的，以国家特有的历史与国情为基础，反映一个国家核心价值的，有着鲜明的民族特色和地域特色的一种文化形态。国家文化是在政治认同的基础上，反映一个国家核心价值观的主流文化。它以更广泛意义的血缘关系和更大范围内共同地域为基础，更加依赖于共同的语言、信仰、历史、价值观以及宪法和主流意识形态所规定的共同奋斗目标和思想背景。它是以家庭认同为基础的，建立在更深层次和更高目标上的关于民族国家一致利益和共同未来的认同。

国家文化除了具有文化的共有性、传承性、规范性、多样性、共享性、发展性、潜隐性等一般性特征外，还具有如下特点：

一是国家主体性。即国家文化具有鲜明的国家主体性特征，可以说，没有国家的存在，当然就没有国家文化的存在。也只有有了这种主体性，国家才能贯彻自己的统治思想、观念，围绕自身利益，建立普遍认同的政治主体。

二是国家主权性。国家文化主权就是指国家在文化领域内拥有的最高权力，即在尊重他国权利及国际公权的前提下，国家按照自己的意志决定对内对外文化政策，处理国内及涉外的一切文化事务，不受任何外来干涉。国家的文化主权分为对内权利和对外权利。国家文化主权是国家主权的重要组成部分，是一个国家文化的灵魂。

三是国家主导性。国家对国家文化的主导性主要体现在国家对国家文化方向的把握引导和对国家文化的维护、建设和发展三个方面。包括

---

① 本节来源：何新生、荣婧：《加强文化凝聚力建设，不断增强国家软实力》，《人民论坛》2015 年第 8 期，第 166—168 页。（该文章为课题阶段性成果）

国家文化政策、文化制度、文化投入、文化规划、文化保护、文化传播、教育文化资源、文化产业发展等多方面。

国家文化凝聚力是指在人民主体共同的文化需要基础上，进一步达成共同利益、共同社会理想、共同奋斗目标的统一，实现对国家主流文化和国家政治的认同而形成的凝聚力。只有对人民有凝聚力的文化，才能在人的行为中发挥作用，才能把文化符号变成改造社会的实践力量。也就是说，并不是所有的文化都能产生凝聚力，或者说即使产生凝聚力，其作用方向和强弱也会有所不同。这是因为：

第一,一些腐朽、没落的、丧失现代生命力的文化形不成凝聚力。文化凝结着历史，文化连接着未来。中华民族上下五千年，历来以悠久而丰富的文化著称于世。爱国主义、包容博大、不屈不挠、勤劳勇敢、以人为本、时新精神、尊老爱幼、社会担当精神等文化精粹，把中华民族紧密地凝聚在一起，成为维系中华民族生存与发展的内在动力，成为维护祖国统一、民族团结的纽带，值得我们不断地发扬光大。但是，中国传统文化中也有许多腐朽没落的东西，如几千年封建文化形成的皇权至上、法治精神和平等意识缺乏、封建的落后生产力造成的科学精神匮乏等。由这些理念统领而形成的君臣文化、烈女文化、三纲五常、三从四德、刑不上大夫和各种封建迷信等，造成人与人之间的等级差别、轻视劳动、法治缺失。这些文化代表的只是封建社会统治阶级的思想和意志，使广大人民失去了自身的独立性和基本人权，丧失了对自由、平等、物质及文化需要追求满足的权利，这些文化是现在广大人民群众所抵制和痛恨的，根本无法产生统一的文化认同，因此就形不成国家文化凝聚力。

第二,一些不符合时代精神、同人民的根本利益相悖的文化不能产生凝聚力。我们对传统文化采取的是“扬弃”的做法，扬弃就是取其精华、去其糟粕。对文化的界定也是受时代和环境影响的，并不是一成不变的。界定的标准之一就是看这种文化能否引领时代发展，适应时代精神；看这种文化是否已经过时了，不合时宜了。比如，中国传统的“多子多福”文化，在特定的历史时期，由于生产力水平低下，确有其存在的合理性，即便在当今社会，许多人也乐此不疲。但在生产力高速发展，自动化、数字化、智能化日益普及的条件下，多子多福的观念已经产生了分化。

许多夫妇主动放弃“二胎”指标，许多年轻人成为“丁克”，这足以说明，多子多福的文化已失去了被广泛认同的基础，形不成凝聚力。再比如，中国传统的中庸文化，讲究的是在为人处事方面的恰到好处，但也蕴涵着墨守成规、不做出头鸟等思想，这些在当今创新、发展、竞争的时代已经不合时宜了。这种文化产生的凝聚力不利于生产力的发展，甚至阻碍社会的全面进步，当然不能形成国家文化凝聚力。

第三,一些不易被全体人民所接受，缺乏引导力、亲和力和影响力的文化也不能形成凝聚力。没有文化的人类历史是无法想象的，任何个体无法脱离文化，个体总是需要认同某种文化，没有文化的个体是不存在的；同时，任何文化选择又不是轻松随意的，文化凝聚力的产生需要文化资源、文化内容、文化载体、文化产业、文化传播等多方面因素共同作用、形成合力，才能在潜移默化中形成共识和认同。为此，世界大国都高度重视文化的发展，相继提出了文化立国的战略，其目的就是让本国的人民认知、认同自己的文化，并努力以本国的文化影响世界。再者，文化既要有阳春白雪，又要有下里巴人，只有雅俗共赏的文化才能被最广大的人民群众所接受、所认同。如果本国的文化没有引导力、缺乏亲和力、在国际上没有影响力，就很难形成本国文化的凝聚力。

那么，什么样的文化才具有凝聚全体国民的作用，形成国家文化凝聚力呢？历史实践证明，只有不断满足广大人民群众的文化需求、被广大人民群众认同、反映国家核心价值观念的主流文化才能形成国家文化凝聚力。

### （一）只有不断满足人民群众的国家文化需求才能形成国家文化凝聚力

文化产生凝聚力，国家文化产生国家文化凝聚力。这是由于人民群众对文化的客观需求，形成凝聚力的源泉；国家通过各种手段不断强化以国家核心价值观为主导的文化思想，发展文化事业和文化产业，不断满足人民群众日益增长的文化需求，形成国家文化凝聚力的不竭动力。如果一个国家的文化不能满足人民群众的文化需求，是不可能产生凝聚力的。只有两者相辅相成，才能共同形成国家文化凝聚力的源泉动力系统，在此基础上产生国家文化凝聚力是客观的必然。同时，一个国家只有不断加强文化建设，不断提高国家文化软实力，才能在不断满足人民群众日益增长的文化需求的基础上，不断提升国家文化的认同度，提升国家文化体系对人民的统摄力、吸引力和感召力，才能不断强化国家文化凝聚力。

由此可见，国家文化是否具有凝聚力，关键一点就是能够满足人民不断增长的文化需求，这是文化凝聚力的源泉和动力。正如习近平总书记在文艺工作座谈会上指出的，“就是要把满足人民精神文化需求作为文艺和文艺工作的出发点和落脚点”[①]。这不仅是对文艺工作者的希望，也为我国文化事业的发展指明了方向。

**（二）被广大人民群众认同的文化才能形成国家文化凝聚力**

美国学者约瑟夫·奈认为：文化对于一个国家来说，是一种“同化行为的能力”，它“使人随我所欲”；其主要“来源于文化和意识形态方面的吸引力”。德国精神分析学家弗洛伊德把“认同”看成“是一个心理过程，是个人向另一个人或团体的价值、规范与面貌去模仿、内化并形成自己行为模式的过程，认同是个体与他人有情感联系的原初形式”。世界上所有国家都一样，对本国文化的认同，促使产生其独特的国家文化，并会产生国家自身的凝聚力。

国家文化认同是指人民对自己所属的国家文化的认知、赞同和感情依附。国家文化认同一方面界定了“我性”与“他性”，即区分了国别文化的差异，形成对一个国家文化的界定和正确认知；另一方面，个体会自觉或不自觉地把自己定位于这一文化群体，自觉归属这一文化。这种认同来源于对这种文化核心价值体系的认同，主要包括价值观念、道德准则、思维模式等。由此可见，国家文化凝聚力最终源自社会的核心价值，只有在共同的核心价值观指导下，全体国民对国家文化产生深厚、强烈的认同，才能汇集转化成为相互吸引、专注于同一目的的国家文化凝聚力。

国家文化认同不仅是国家文化凝聚力形成和发展的基础，同时，国家文化的认同度也是直接影响国家文化凝聚力强弱的重要因素。认同度是指认同的广泛性，是人们对文化的认可、赞同程度。对国家文化的认

---

① 习近平：《在文艺工作座谈会上的讲话》，人民出版社 2015 年版，第 13—14 页。

同度高，国民的同化效应强，国家文化的凝聚力就高。国家文化认同不是被动的，而是主观性与客观性、主体与客体之间相互作用、共同构建的结果，是一个国家自己主动选择、能动创造的体现，是主体能动性积极展现的结果。有学者认为："文化身份不仅是在历史上形成的，而且也是由不同的文化机构根据社会中某一阶级或群体的利益及世界观构建起来的。"[①]在国家形成、发展的历史实践中，人们的信仰、理念、人生理想、道德观念、价值取向、审美意识等各种文化因素，在一定社会中占统治地位、主导性的根本思想观点的指导下交互作用、运作转化，最终形成共同的价值观、共同的理想和共同的奋斗目标，从而产生主体与客体之间的强大吸引力，这就是国家文化的凝聚力。

### （三）只有反映国家核心价值观的主流文化才能形成国家文化凝聚力

文化分为主流文化和非主流文化。所谓主流文化，是指一个社会、一个时代所倡导的起着主要影响的文化，是在文化竞争中形成的，具有高度的融合力、较强的传播力和广泛认同的，在诸多文化中占主导地位，并具整合和引领作用的文化。主流文化是民族精神、时代精神与群众智慧的凝聚和积淀，是实现国家认同、民族认同、社会认同的重要手段和载体。而非主流文化是相对于主流文化而言的流行次文化或亚文化。主流文化反映着一个国家的主流意识形态，是国家精神、意识形态的承载者，是社会和谐与稳定的精神纽带。主流文化不仅具有价值包容性，而且具有整合资源、凝聚意志、形成共识、提振精神的力量，能够自觉承担起弘扬社会主义核心价值体系的使命和代表国家文化力量，是支撑国家、民族生存和发展的强大精神动力。主流文化的核心是主流的文化意识形态。

在任何一个国家、任何一个时代，都有一种主流文化，它在社会中占主导地位，是一个国家主流意识形态的反映，是国家意志的表达，这就是国家文化。国家文化源于历史进步的积累，是被一个国家民族的历史所证实的能够激励人们奋发向上的引导力量，是教育人们积极进取的

---

① ［英］乔治·拉伦：《意识形态与文化身份：现代性和第三世界的在场》，戴从容译，上海教育出版社2005年版，第222页。

精神食粮。一个国家的主流文化是以该国国家民族的荣辱观、价值观为基础，以国家民族的生存和进步为目的，以国家民族的利益道德为标准的。在现代社会，文化的多元化，特别是来自不同社会制度国家的文化，相互渗透、相互影响，使社会文化所内含的价值取向表现为多元化。一个国家只有坚持弘扬国家主流文化，才能保证国家的健康发展。所以，主流文化必须是为国家利益和主体理念服务的文化。同时，国家还应高度重视非主流文化，应当坚持以主流文化为主导，重视和发挥非主流文化的积极作用，以主流文化引领多样化的非主流文化，在弘扬主流文化的前提下提倡多元文化的融合。

习近平总书记指出："人类社会发展的历史表明，对一个民族、一个国家来说，最持久、最深层的力量是全社会共同认可的核心价值观。"①2013 年 8 月 19 日，习近平总书记在全国宣传思想工作会议上进一步指出："能否做好意识形态工作，事关党的前途命运，事关国家长治久安，事关民族凝聚力和向心力。"② 如果没有共同的核心价值观，一个民族、一个国家就会魂无定所、行无依归。这说明，只有反映国家核心价值观的主流文化，才是同人民群众根本利益相一致的文化，才能不断满足广大人民群众的文化诉求，最终形成力量强大的国家文化凝聚力。

### 三、国家文化凝聚力与国家精神凝聚力的区别与联系

首先，国家精神凝聚力和国家文化凝聚力中所内含的国家精神与国家文化和一般意义上精神与文化有着重要区别。从学术和理论的角度，一些学者认为两者存在的界限不是很明显，甚至认为就是一个概念的两种表达方式。经过认真的研究和讨论，我们认为，两者的区分是明显的，各自构成独立的要素体系。一些学者认为是一个概念的两种表达方式，我们认为他们是把一般意义上的精神与文化和国家精神与国家文化的特

---

① 习近平：《创造中华文化新的辉煌——关于建设社会主义文化强国》，载《习近平总书记系列重要讲话》，《人民日报》2014 年 7 月 9 日。

② 习近平：《习近平在全国宣传思想工作会议上强调 胸怀大局把握大势着眼大事 努力把宣传思想工作做得更好》，《人民日报》2013 年 8 月 21 日。

定含义混淆了。在人类历史的发展过程中，产生的一切文明成果，不论是物质的还是精神的，都可以叫文化，如远古时期的半坡文化、河姆渡文化、仰韶文化，以及中国运河文化等等。古代文化中，图腾占有重要位置，这是典型的精神信仰活动，但在表达上并没有和文化相区分。如果仅从上述史实和一般意义上分析，精神和文化确有使用上的相通性。但是随着人们实践活动的深入，人类文明出现多元化和复杂化以后，精神和文化开始逐步形成各自细分的领域，有些精神和文化的成果，显然不能混淆使用了。比如，习近平总书记指出，实现中国梦必须弘扬中国精神。这里是指以爱国主义为核心的民族精神、以改革创新为核心的时代精神。在这里，如果把“精神”两字换成“文化”，显然就不合适了。反过来，若把中国的语言文字、文化教育等说成是中国的精神，显然也不合适。国家精神和国家文化就是因它们有着各自独立的内涵和构成而相互区别。一是国家精神与国家文化的内涵不同。国家精神是适应人民精神生活需要，以国家理想、信仰和核心价值观为主要内容的意识形态总和。国家文化是适应人民文化生活需要，国家支持和倡导的以传播和弘扬主流文化为内容的各种文化载体、文化形态的总和。二是国家精神和国家文化的构成要素不同。国家精神主要由国家理想、信仰、精神和道德等构成。国家文化主要由文化载体、文化教育、文化传播和文化产业等构成。

在这里需要指出的是，国家精神凝聚力中所包含的精神，在内容上与上述所说国家精神也有所不同，从逻辑上说是种和属的关系。这里所说的精神是指，人民群众中的群体或个体在社会主义事业的伟大实践中，克服困难，取得成功，或在服务人民群众过程中业绩突出而产生的，和国家倡导核心价值观相一致，并得到党和国家、人民高度认可的思想境界。思想境界是什么？是指人在生活和事业的各个领域表现出来的看法和见解。人们在实践中形成的思想境界有高低之分，因而那些高尚的、和国家倡导的价值取向相一致、并得到国家和人民认可的思想境界，就会成为凝聚人民的精神力量。如我们国家倡导的“两弹一星精神”“抗震精神”“抗洪精神”“大庆精神”和“雷锋精神”“焦裕禄精神”。国家精神的内容不限于中华人民共和国成立后，中华人民共和国成立前革命年代产生的许多革命精神，也是重要的国家精神，如“井冈山精神”“长征精神”“延安精神”和“西柏坡精神”等。

其次，国家精神凝聚力和国家文化凝聚力在源泉和动力上存在区别。一是国家精神凝聚力的源泉是人民群众的精神生活需要；国家精神凝聚力的动力是人民群众精神生活需要得到国家的满足。在这里，国家精神凝聚力构成的国家精神，同人民群众精神生活的精神需要应具有高度的一致性。这种一致性具有刚性的条件约束性。国家精神必须成为人民群众的精神生活主导，国家对人民才有精神凝聚力；人民群众的精神生活中，只有形成国家精神的主导地位，人民对国家才有向心力。二是国家文化凝聚力的源泉是人民群众文化生活的需要；国家文化凝聚力的动力是人民群众文化生活需要通过发展国家文化得到满足。在这里，国家文化凝聚力构成的国家文化同人民群众文化生活需要的文化具有高度的一致性。同样，这种一致性也具有刚性的条件约束性。国家文化必须成为人民群众文化生活的主导，国家对人民才有文化凝聚力；在人民群众文化生活中只有形成国家文化的主导地位，人民对国家才有深深的文化认同感，才能在多元文化的冲击中，保持文化自信，明白我是谁。

再次，国家精神凝聚力和国家文化凝聚力之间的依存与支撑。国家精神凝聚力和国家文化凝聚力虽然在要素构成上不同，在功能上不能相互代替，但是在凝聚力的增强和功能的发挥上，确有很强的依存性和相互支撑作用。一是在现代社会条件下，国家精神凝聚力和国家文化凝聚力具有共生共存的依存关系。一方面国家精神凝聚力的国家精神，往往需要国家文化凝聚力的国家文化表现出来和传播出去。国家文化发展不充分，没有在社会文化生活中占主导地位，国家精神就难以在人民群众中入耳入脑大众化。不仅如此，国家文化凝聚力直接表现为人民对国家文化的认可度，国家文化凝聚力的强大又必然促进国家精神人民群众认可度的提升。另一方面，国家精神凝聚力和国家文化凝聚力也存在相互依存的关系。从实践中看，如果国家精神凝聚力增强，往往国家文化凝聚力也会增强；反之，国家文化凝聚力削弱了，国家精神凝聚力也会削弱。这种现象在国家受到国外精神和文化冲击较大，而国内精神和文化又缺乏时代化的创新发展时，最容易发生。二是在现代社会条件下，国家精神凝聚力和国家文化凝聚力要发挥凝聚人民的作用，必须通过相互支撑才能实现。一方面国家精神凝聚力要通过国家文化凝聚力才能发挥凝聚人民的作用。人民有信仰，国家有力量。但国家信仰靠什么成为人民的信仰，靠共产党人的身体力行表率，但更主要还是文化教育的传播。培养人民的信仰，要从儿童的是非观教育抓起，有正确的是非观，才会逐步形成正确的价值观、世界观，才会选择国家信仰。语言文字也是国家文化的重要组成部分，如普通话和简体中文的推广，本身就有国家倡导的中华民族一家人的价值蕴涵，同时也有利于全国人民共同理想、共同信仰、共同价值观念的认同。这种认同就充分显示了国家文化凝聚力对精神凝聚力的支撑作用。另一方面，国家文化凝聚力也要通过国家精神凝聚力才能更好地发挥凝聚人民的作用。国家精神和国家文化在价值取向上具有高度一致性，国家精神的人民高度认同，必然促进国家文化的人民高度认同。一个国家精神凝聚力强大的群体，往往是弘扬优秀传统文化、创新时代文化、唱响国家主旋律文化的主体力量。现实中某种看似随意的文化现象，往往蕴涵很突出的价值取向。相同价值取向的人群，必然选择蕴涵相同价值取向的文化。这也同样表明，国家精神成为群体精神力量的群体，必然成为弘扬国家文化主旋律的群体。

## 第二节　国家文化凝聚力的要素构成

一个国家能够产生凝聚力必须满足人民的物质、精神、政治、文化、安全等需要。国家满足人民的文化需要，就会产生文化凝聚力。那么，人民的文化需求又有哪些？它们对文化凝聚力的形成和发展各自起到什么作用呢？根据本书的国家凝聚力层级结构理论，在国家凝聚力这个总体层下设定物质、精神、政治、文化、安全等五大要素构成的系统层，每个系统层下分别设立状态层和要素层两个层级。为了更好地对国家文化凝聚力强弱变化进行评价，遵循系统性、科学性、可比性、可测量性以及收敛性原则，我们在国家文化凝聚力系统层下，设立文化载体、文化教育、文化传播、文化产业等四个状态层；为了强化定量研究，我们采用可测量的、可获取的、可比较的基本构成要素，分别在文化载体状态层下设语言文字、文学艺术、风俗习惯等子要素；在文化教育状态层下设教育水平、文化资源和历史底蕴等子要素；在文化传播状态层下设书籍报刊、广播影视和新时期的网络多媒体等子要素。

## 一、文化载体与国家文化凝聚力

文化必须通过物质、环境等手段、条件才能为我们所感知；必须通过特定载体，承载文化特定的机制、情感、内涵，才能形成文化的力量。文化载体又称文化形式，是指以各种物化的和精神的形式承载、传播文化的媒介体，它是文化得以形成与扩散的重要途径与手段。文化载体种类繁多，语言文字、文学艺术、风俗习惯等都是文化的载体。文化凝聚力通过文化载体，把文化价值要素传递给凝聚对象，发挥凝聚作用，最终形成文化凝聚力。

### （一）语言文字

语言文字作为人类思维、交际的工具和最重要的文化载体，在维持和协调社会生产、生活方面具有基础作用。语言文字作为一种文化现象，是文化重要载体，是创造、传播、保存文化的基本手段，对文化的传承、发展和经济、政治、社会等各项事业的发展都起着重要的作用。

语言文字对一个国家文化凝聚力形成、发展具有重要意义。首先，语言文字的使用对积累文化和发展文化起着继承和发展的巨大作用。它不仅是各个国家民族文化积累和交流的重要工具，也是各个国家民族文化发展不可缺少的工具。有时，一个国家，特别是具有多种民族、多种语言的国家，其语言文字的选择决定了整个国家的文化走向。其次，语言文字不仅决定着一个国家的文化类型，还对国家文化的传播力、影响力、控制力产生巨大影响。语言文字的统一能够促进一个国家民族文化的统一，推动民族的大融合，使所有民族都融入主体民族，不断增强国家文化凝聚力。

衡量一个国家语言文字在文化凝聚力中的作用，主要是看这个国家有没有一种统一规范的语言文字。语言文字统一的国家，文化凝聚力必然大于多种文字并行的国家。即使有统一的官方语言文字，也要看官方语言文字在全国人民中使用的比例大小。

### （二）文学艺术

文学与艺术，是文化的载体，也是文化无限丰富的表现形式。文学艺术起源于人类的生产劳动，且与文化有着密切的联系。总的来说，文学艺术与文化的发展是统一的，文学艺术是文化的重要内涵与组成部分，而文化是文学艺术的渊源与内涵。文学艺术在文化中的地位与作用，表现在文学艺术在参与和推动人类文化的变化与发展的功效，如大量优秀的文学艺术作品引领文化，提升人们的文化素养，推动文化发展繁荣。

文学艺术是文化的重要组成部分，除了具有认识、教育、情感交流、娱乐等作用外，它还对文化的繁荣发展和文化凝聚力的提升具有重要的作用。正如习近平总书记所强调的，“文艺创作方法有一百条、一千条，但最根本的办法是扎根人民”。“以人民为中心，就是要把满足人民精神文化需求作为文艺和文艺工作的出发点和落脚点，把人民作为文艺表现的主体，把人民作为文艺审美的鉴赏家和评判者，把为人民服务作为文艺工作者的天职。”[①] 首先，文学艺术蕴涵丰富的文化内容，它不仅反映社会生活的客观现实，而且代表了作家、艺术家的思想情感，表现一定时代人们的政治主张、法律概念、宗教信仰、道德伦理、哲学观点和美学情趣等。其次，所有的文学艺术作品都会通过创造去满足人们的审美需求，通过独特的艺术形象去感染人、影响人、教育人，使人们思想意识在潜移默化中得到升华，从而丰富人们的内心生活，塑造人们的精神品格，提高人们的思想境界，培养人们高尚的审美趣味和情操。

文学艺术对文化凝聚力的影响主要体现在四个方面：一是正确的方向。它必然应该坚定地维护大多数人民的根本利益，传播一个国家的理想、目标，宣扬一个国家的核心价值，并以这样的理想、目标、核心价值观去引领社会。二是促进社会和谐。文学艺术只有大力提倡爱国主义、集体主义、人道主义等，激发群体顾全大局、无私奉献的气概，爱祖国、爱人民、爱集体胜于爱自己的精神追求，和伸张正义、争取公平的信念和决心，才能使文化产生精神凝聚力。三是具有多样性。文学艺术的多

---

① 习近平:《高擎民族精神火炬吹响时代号角 筑就中华民族伟大复兴时代文艺高峰》,《人民日报》2016 年 12 月 1 日。

样性是文化多样性的重要体现，文学艺术百花齐放，文化才能五彩缤纷。四是人民群众的接受度。文学艺术作品必须具有高度的思想性、艺术性和感染力，才能被广大人民群众所接受，这是衡量文学艺术对文化凝聚力功能的关键因素。

（三）**风俗习惯**

文化的载体形式除了语言文字、文学艺术以外，还有大量的特殊文化表现形式，如饮食文化、酒文化、茶文化、丧葬及婚嫁文化、居住文化、园林文化、建筑文化、服饰文化、节日文化等，这些统称为风俗习惯。风俗习惯就是指一定的国家、民族、地区的人们在长期的劳动生活中所形成的一种固定的、带有约定俗成性质的行为规范。风俗习惯与文化是相互影响、相互制约的辩证统一关系。风俗习惯是社会意识的低级形式，文化是社会意识的高级形式，他们都是对一定的社会政治、经济的反映，同时又反作用于一定的政治和经济。一方面，风俗习惯是文化的载体和思想源泉之一，风俗习惯的特点决定文化的特点，风俗习惯的变化决定文化的变化；另一方面，文化对风俗习惯又有反作用，先进的文化有助于人们树立良好的风俗习惯，反之则可以养成不良的风俗习惯。

就风俗习惯对文化的影响来看，第一，它既是文化的中介又是文化内容的重要源泉。许多文化如文学、戏曲、舞蹈等都是在风俗习惯的基础上产生和发展而来的。他们直接来源于人民群众的生产生活，来源于人民群众的风俗习惯。第二，风俗习惯决定了文化的历史性特点。由于不同历史时期生产方式和生活方式不同，使人们形成不同的风俗习惯，即便是同一个风俗习惯在不同的历史时期也会有不同的内容，而这些不同的风俗习惯就催生了不同的文化。第三，风俗习惯决定了文化的民族性特点。由于长期的生产生活，造成各个民族的兴趣、爱好、要求、愿望、禁忌等出现很大的差异，而这些差异又造成各个民族文化的差异性，形成不同的民族文化。第四，风俗习惯决定了文化的地域性特点。历史唯物主义认为，地理环境是社会存在的重要基础。由于人们所处的地域不同、自然条件不同，人们的风俗习惯也就不同，从而形成文化的地域性特点。第五，风俗习惯的约束作用，有助于文化凝聚力的强化。风俗习惯是特定社会文化区域内人们共同遵守的行为模式或规范，它对社会成员有一种非常强烈的行为制约作用。风俗还是社会道德与法律的基础和补充，它与道德法律一样能够使人们皈依于某种文化，并在某种文化的约束下生产和生活，因而也就强化了文化的凝聚作用。

## 二、文化教育与国家文化凝聚力

文化教育的普及与提高是国民认知、认同国家信仰、经济发展、政治制度、文化传承的前提条件，有什么样的文化教育水平，决定着人民有什么样的文化、政治、经济诉求。因此从一定意义上说，国家的文化教育水平，往往决定着国家文化凝聚力的凝聚范围与强度。因此，一个国家人民的受教育程度和水平，必然成为国家文化凝聚力的评价要素。

### （一）教育水平

教育是培养人准备从事社会生活的整个过程，也是人类社会生产经验得以继承发扬的关键环节。广义上讲，凡是增进人们的知识和技能、影响人们的思想品德的活动，都是教育。狭义的教育，主要指学校对适龄儿童、少年、青年进行培养的过程，其含义是教育者根据一定社会（或阶级）的要求，有目的、有计划、有组织地对受教育者的身心施加影响，把他们培养成为一定社会（或阶级）所需要的人的活动。类型有正规教育、成人教育、技术教育、特殊教育、终身教育等。

当代诗人、文化学者张修林认为：所谓教育，应当是作为对社会文化的传授、传播。其实，教育从一开始就担负着保存、传递文化的功能。主要体现在以下几个方面：一是传承作用。人类文化具有一个重要特征，即只能通过学习而获得，不能通过遗传方式获得，这就决定了人类文化从它产生之日起，就与人类教育有着不可分割的关系。二是选择作用。教育通过培养人来传承积累人类文化，为特定社会服务，实现个体的社会化，这就决定了教育必须按照社会的要求和人的身心发展规律及特点来选择教育的内容。同时，在教育对文化选择的同时，对文化进行整理、去伪存真，使其更加系统化，精华更加突出，从而显示出更强的生命力。三是创新作用。在教育过程中，不只是对原有文化进行简单的复制，而且要重新建构自己的文化。同时，教育能促进不同文化交流与融合，必定包含新的文化元素的产生。

由此可见，教育对文化起着传承、选择和创新等重要作用，教育的成败与否，效率和效果如何，水平怎样，决定着文化的繁荣还是衰败，也必然影响着一种文化的吸引力和凝聚力。

（二）**文化资源**

历史文化资源是指人类发展进程中所创造的一切含有文化意味的文明成果以及承载有一定文化意义的活动、事件、物件等。文化资源所内含的历史、知识元素、价值符号，是一个国家历史文化同另一个国家历史文化相区别的重要标志，是国民相互认识、认同，一脉相承的文化根据。因此，文化资源必然成为国家文化凝聚力的构成要素。

文化资源具有以下特征：一是文化资源的差异性。文化资源由于产生的背景、条件等不相同，导致不同地域的文化资源存在明显的差异性。同时，也正是这种差异促成文化的交流与融合。二是文化资源的无限性。这不是指文化的物质产品、物质存在的无限性，而是指同一种文化资源的价值可以做不同理解、不同阐释，赋予它们不同的意义，进而可以转换为既体现文化资源特色又体现时代特点的新的多种文化模式。三是文化资源的转化性。同一种文化资源可以转化为政治资源、经济资源、管理资源、科技资源、旅游资源等。另外，同一种文化资源，还可以转化为多种商品。比如书籍，既可以作为知识商品，又可以作为礼品，还可以开发为收藏品等等。四是文化资源的动态性。世界上任何一种文化，无论它以哪一种符号或者形式出现，都承载着一定的内容，而这个内容既有相对稳定的特征，也必然会随着时代的变迁、社会的变革不断地衍生和发展。四是文化资源的共有性。文化资源与其他自然资源相比，虽然有较强的地域性，并在一定程度上有主权的保护，但它一旦被创造出来就成为全世界人类共享的财富，成为人类进行文化再创造的资料。

衡量一个国家物质文化资源的指标分为历史文化资源、自然景观文化资源和公共文化服务资源等三个方面。历史物质文化资源主要指历史文物、古迹、历史遗存等。自然景观资源是指未曾受人类影响的一切可见及可觉察的事物。例如，地形景观、地质景观、森林景观、天文景观、气候景观、生物景观等。其可衡量指标包括世界自然文化遗产数、世界知名景区数、入境旅游人数等。公共文化服务是指以政府部门为主的公共部门提供的、以保障人民的基本文化生活权利为目的、向人民提供公共文化产品与服务的制度和系统的总称，包括公共文化服务设施、资源和服务内容，以及人才、资金、技术和政策保障机制等方面内容。

（三）**历史底蕴**

历史是文化的载体，文化是历史的血脉。历史底蕴也叫文化遗产、文化传统，是指人类发展进程中所创造的一切含有文化意味的文明成果以及承载有一定文化意义的活动、事件、人物、思想、观念、精神等等。历史底蕴是一个国家民族的精神、是国家民族文化的积淀。历史底蕴在国家文化凝聚力的形成和发展中具有重要的基础作用。

历史文化底蕴在人类社会发展中起着十分重要的作用。具体而言，有以下几个方面：一是导引方向。传统文化中的价值观念、精神理想和既成的制度文化，根植于每个个体之中，并影响着社会经济、政治的基本取向，这种渗透力和集合力不是人们可以随意主观改变的。如美国的"民主、自由、科学、希望"，德国的"果敢、严谨、刚强、独立"，法国"浪漫、诙谐、渐进式保守"，日本的"国家利益至上、为达目的不择手段"等。二是精神动力。社会的发展不仅要满足人们的物质需求，还需要不断满足精神文化需求。无论是一个人、一个民族、一个国家，没有坚强有力的精神动力，就不可能获得长久的发展。三是凝聚作用。一个国家、民族的信仰、信念、价值观，对一个国家、一个民族具有永久的、强大的统摄力，能够凝聚人心，积聚力量。

衡量一个国家民族的文化底蕴是很难的。国家民族的文化底蕴等都是精神层面的东西，无法界定优劣、好坏，也无法确定先进还是落后，我们只能通过它的一些客观表现来近似比较。一是国家民族独立统一的历史。文化只有经过长期的历史演进，绵延不断，才能经过时间和实践的检验，才能得到广大人民群众的认可。而一个国家民族的独立统一，是使国家民族文化得以延续的基础；同时，独立统一时间的长短，也将影响、代表着文化自身的吸引力、凝聚力。二是有重大影响的理论、思想、观念。每一个国家民族都有其影响世界或区域的思想、观念，如中国的儒家思想、西方的基督教思想、中东的伊斯兰教思想以及东方的形象思维和西方的逻辑思维等。一个国家民族拥有此类思想成果多，流行范围广，人们认可度高，则说明这个国家民族的历史底蕴深厚。三是传统文化的影响力。先进的、科学的文化传统总会历久弥新，具有顽强的生命力。除非人类遭受重大浩劫，否则，它就永远不会灭绝、消失。譬如，中华文化、古埃及文化、古希腊文化、古印度文化等，虽然历经沧桑，但至今仍显示其灿烂的光芒。

## 三、文化传播与国家文化凝聚力

文化传播就是文化交流的过程，人们通过一定的方式传递知识、信息、观念、情感或信仰，以及与此相关的所有社会交往活动，都可视为文化传播。由于人们的文化需求很大程度是由文化传播手段实现的，同时，文化需求的水平和程度又决定着文化传播手段的规模和发展。因此文化传播是国家文化凝聚力的构成要素。我们能够通过国家文化传播的规模和人们接受程度来反映国家文化凝聚力的变化。

一个国家民族要生存、发展，就必须利用各种手段传播、灌输反映国家民族思想、价值观念的文化，以期增强文化的吸引力和凝聚力，为国家的长治久安奠定基础。任何国家的主流文化，都是在文化竞争中形成的，具有高度的融合力、较强的传播力和广泛认同的文化形式，是能够在诸多文化中起到主导地位，并具整合和引领作用的文化。一个国家要形成并不断强化代表国家利益和意志的主流文化，必须不断适应时代发展，在传承一切优秀文化的基础上，改进和创新主流文化的内容、形式。特别要在传统的书籍报刊、广播影视等传播方式的基础上，根据时代的发展创新网络多媒体等传播方式，提高主流文化的传播广度和深度。使其更加贴近时代、贴近生活、贴近大众口味，才能使主流文化的受众越来越多，在大众中的共享程度越来越高，真正发挥引领文化发展，提振国家民族精神，吸引、凝聚人心的作用。

### （一）书籍报刊

书籍报刊是以语言文字、图像及符号为载体，传播科学技术和文化知识，起到解释、宣传等作用的印刷媒介。书籍的传播作用主要表现为传播思想、普及知识、积累文化。在21世纪的今天，印刷媒介已经高度普及，书籍、报纸、杂志等出版物作为人们每天获得信息、知识、娱乐的基本渠道之一，在社会生活的各个领域发挥着重大影响。书籍报刊传播文化具有信息较为详细、可选性强、信息量较大、留存性强、成本低廉、受众面广等优势。

书籍在人类社会的发展过程中，对于传播思想、普及知识、积累文化具有重大影响。从文字产生起，人类就开始记载自己的历史，通过书籍报刊记述人类社会由初级向高级阶段发展的社会形态。人类创造的光辉灿烂的文化和对自然界的认识与改造中取得的优秀成果，都是靠书籍报刊记载、传播并留给后人的。而且在积累文化、传播知识的过程中，还对人们的思想、世界观的形成具有重要影响。不同文化氛围下熏陶出的人，对各种事物的看法也不相同。因此，各国政府对本国书籍报刊的内容都要严加控制。体现一个国家或地区在书籍报刊等方面的成效指标主要包括公共图书馆藏书量、年度书籍报刊出版总量、人均书籍报刊消费等。

（二）**广播影视**

广播影视是通过无线电波、光线或导线向广大地区播送音响、图像节目的传播媒介，统称为广播影视，包括广播、电影、电视。广播影视是文化传播的重要途径，主要功能有宣传、教育、监督等功能。宣传功能，即利用广播电视这一现代化的大众传播媒介，及时地宣传国家的路线、方针和政策以及人民群众在生产、生活实践中所取得的成就。教育功能，即利用广播电视向受众传播知识，特别是现代科学技术知识，不断提高全体国民的科学文化素质。监督功能，即利用广播电视这种大众传媒对社会经济活动进行监督，对舆论进行监督，以便树立有利于国家和民族利益的正气。广播电视具有形象化、及时性、广泛性等特点。衡量一个国家文化广播影视传播力的大小有广播节目人口综合覆盖率，有线电视入户率，每年电影、电视剧制作部数及每万名人口拥有数，在世界有较大影响的广播、电影、电视节目数量，每百名人口拥有收音机、电视机、电影院等的数量等指标。

当今世界，国际竞争日趋激烈。一个国家要在竞争中赢得主动，除了有经济、军事等硬实力基础，还需要强大的文化软实力作保证。无论什么国家、什么制度下的广播电视，都起着传播文化、传递信息、引导舆论的作用。而且，广播电视媒体作为文化传播的重要载体，在提高国家文化软实力方面发挥着越来越重要的作用。

就对国家文化传播、强化的角度而言，广播影视的功能分为自然功能和社会功能两种。自然功能就是传播音像信息符号，没有阶级性，为一切社会、阶级、集团所利用，是社会功能所赖以存在的物质基础。社会功能是掌握广播影视的人或集团，根据一定的社会、阶级、集团的要求赋予它的特殊职能，是自然功能的延伸和利用。社会功能有阶级性，一切社会、阶级、集团总是利用广播影视为自己所要达到的利益服务。美国电影业工会在给白宫的一份备忘录中明确指出："电影可以成为以极小成本甚至零成本进行国家宣传的最佳方式。"可见，广播影视可以成为向人们灌输政治文化和社会规范，规定社会政治角色的重要途径。一些国家和政府常常运用广播影视这一政治沟通工具来影响国民，强化国家民族文化，塑造与国家民族文化相一致的国民精神品格和观念人格。

此外，广播影视把思想意识形态、道德观、人生观、价值观等理念教育寓于形式多样、声光电相结合的媒介之中，并多以娱乐的形式出现，在人们消遣、娱乐过程中潜移默化地进行教育。广播影视能够通过刺激人的感官而使人产生短暂的主观体验，进而产生一种复杂而又稳定的心理感受和共鸣。广播影视正是依靠这种"感染"的力量来激发人的情感的。它往往通过道德伦理、亲情、目标引导等手段来影响人民的情绪和感情。广播影视创作过程中，往往把政治主体置换为道德主体，更能刺激观众、感染观众，让人们在不知不觉中接受作品中的道德观念，又在某种程度上接受作品中的政治、文化观念，以形象思维灌输的方式，为人们提供文化标准、行为准则和生活规范。历史和现实表明：一个国家主流媒体传播的信息和观念能否为国民所接受，能否在国民中产生广泛而深刻的影响，直接关系国家文化的传播和影响力、吸引力的大小。

### （三）网络多媒体

网络多媒体指以多媒体技术和网络技术为基础，既包括文本、图形、声音、图像、动画等，也包括把这些媒体结合在一起的超媒体技术。网络多媒体是文化传播的一次重大革命。同时，随着网络多媒体技术的发展，又催生了一种全新的文化形式，即网络文化。

网络的产生与发展，深刻影响和改变着人类的生产、生活方式以及人际交往和沟通方式，为文化传播与发展提供了前所未有的有利条件。网络多媒体技术在文化传播中不受时间、空间限制，容量大，影响范围广，传播快，表达方式多样。以网络为载体传播新文化、新知识，更贴近实际、贴近生活，让人耳目一新，使人类文化的传承内容更加丰富，感觉更加直观，依据更加可靠，且形式丰富多彩，极大地丰富了人们的精神文化生活，是任何文化传播方式都不能比拟的。网络多媒体传播技术的发展，使人类进入了一个全新的、前所未有的信息时代。

网络文化是信息时代的产物，它不是传统文化的延伸，而是在传统文化基础上孕育出来的一种崭新的文化形态，具有里程碑的意义。网络文化是指网络上的具有网络社会特征的文化活动及文化产品，是以网络物质的创造发展为基础的网络精神创造。网络文化是一种全新的文化表达形态，是“随着信息技术的发展而形成的社会亚文化”。它以互联网、计算机、手机和各种多媒体等为载体，以网民为主要对象，以虚拟的网络空间为主要传播领域，以数字化为基本技术手段，为人类创造出一种全新的生存方式、活动方式和思维方式。

一个国家要促进本国家、本民族的文化发展，必须高度重视网络多媒体文化建设，不断增强国家网络文化的竞争力、控制力、吸引力和影响力，使国家在文化竞争和文化发展中取得优势。根据网络文化本身的特性及其在文化软实力中的作用和功能，应从提升网络文化服务能力、创新能力、安全力、吸引力等四个方面加强网络文化建设。网络文化服务能力关系到文化环境体系的吸引力和对文化再生产的保障力。当前，许多主要国家都高度重视新兴网络文化在信息服务中的重要作用。例如新世纪以来，欧洲委员会启动的 eContent、eContentplus（2005—2008）等项目，旨在让欧洲范围内的数字内容变得更易于获得和使用。二是网络文化创新能力。方兴未艾的网络文化及其强大的内在活力，不断推动着文化内容、形式、手段、媒介、技术的不断更新和创新。网络文化的主体多元性和全员性又极大地激发了文化主体的创造力，不断提升网络文化创新能力是文化创新的重要途径。网络文化安全力是对文化信息的控制能力、对文化安全的维护能力。这其中，主权国家对其文化信息流、文化内容的有效引导和防控是其文化安全和文化自主权的基本保障之一。增强网络文化的吸引力，这是衡量一个国家文化软实力的重要标志，也是不断增强文化凝聚力的重要内容。

衡量一个国家网络多媒体文化的指标主要有：网站数量、互联网普及率、每百人的家庭计算机拥有量、网民人数及占总人口的比例、网民年度增长率、每百人手机拥有量、微博用户数量、网络购物用户数量、手机端电子商务类应用使用率等。

## 四、文化产业与国家文化凝聚力

文化产业是指按照工业标准，生产、再生产、储存以及分配文化产品和服务的一系列活动。文化产业与国家文化凝聚力具有非常密切的关联性。国家文化的构成要素都是通过文化产品传递到凝聚对象，才能够发挥凝聚作用的。文化产业发达，将会满足更多的人民群众的文化需求，从而在更大范围内对人民产生凝聚力作用。带有一个国家主文化要素的文化产品能走多远，一个国家文化的凝聚力就能影响多远。

随着经济的发展，人们的物质需求、衣食住行需要得到一定程度的满足后，消费倾向必然向精神、文化方面转移。为满足人民群众的文化消费需求，就要依靠文化企业创作、生产丰富多彩的文化产品和服务，繁荣文化市场，这就形成文化产业。一位法国记者就 2000 年初美国在线兼并时代华纳的消息做评论时曾指出："在因特网时代，只要谁买下文化，谁就可以控制时代。"美国的迪士尼创造了文化产业的成功范例，这个以世界各国优秀童话故事为主题建立的游乐园，闻名遐迩，声振四海，吸引了来自世界各地数以亿计的游客，年营业收入高达 150 亿美元。美国克里福兰在 20 世纪 70 年代经济萧条时期，50 万人中有一半以上迁走，城市一度陷于崩溃的边缘。后来有位银行家和一位搞文化研究的学者制定了拯救计划，开发了一系列文化产业项目，使这个城市 3 年后从死亡线上复苏过来，现在人口已达 80 多万，成为美国经济发展最快的城市之一。在旅游方面，美国的夏威夷也是一个比较典型的例子，它作为海岛风景胜地并非首屈一指，但当地土著文化却独领风骚，当它把文化旅游和风光旅游巧妙地结合在一起，就极大地增强了其特有的吸引力，带来了可观的经济收入。总之，文化产业的大发展已经成为一种世界潮流，作为新兴的朝阳产业、新的经济增长点，在各国经济发展中占据了越来越重要的地位。党的十八大报告中也明确指出要把文化产业建设成为国民经济支柱性产业。

当今世界，在文化产业快速发展的同时，由于文化产业发展的不平衡性，西方发达国家文化产业的强大与发展中国家文化产业的弱小形成鲜明的对比，并出现了“强势文化”对“弱势文化”的扩散渗透，甚至成为“文化霸权主义”进行文化侵略的重要工具。文化产业具有产业和文化的双重属性，对一个国家的综合实力至关重要，体现在经济、政治、文化、社会的方方面面，其中最重要、也是最直接的是对经济和文化的影响。就产业、经济属性而言，发展文化产业是满足人民群众不断增长的精神文化需求的需要。从这一点上说，文化产业的发达必然促进国家文化凝聚力的形成与发展。从另一个角度说，通过考量一个国家文化产业发展程度，又能反映出这个国家的文化凝聚力的强度。

## 五、国家文化凝聚力各构成要素的独立性与整体性

正如我们研究国家凝聚力中的物质、精神、政治、文化、安全五大构成要素具有独立性与整体一样，国家安全凝聚力包含的文化载体、文化教育、文化传播、文化产业等四个构成要素及其下设的各个子要素指标同样具有独立性和整体性特点。这些要素中每一种都有其自身独特的构成内容，形成相对独立的凝聚力体系，并在不同领域发挥着各具特色的功能。但这些构成要素之间又具有整体性特征，是相互作用、相互支撑、相互联结、相互制衡的。只有形成合力，才能推动当代中国国家文化的大繁荣、大发展，不断强化当代中国国家文化凝聚力。

就独立性而言，构成国家文化凝聚力的文化载体、文化教育、文化传播、文化产业等四大要素在源泉、动力、内容、作用方式、功能、体系等方面都存在着独立性。文化载体是以各种物化的和精神的形式承载、传播文化的媒介体，它是文化得以形成与扩散的重要途径与手段。文化载体通过不断满足人民种类繁多的语言文字、文学艺术、风俗习惯等文化需求获得源泉和动力，并通过语言文字、文学艺术、风俗习惯等把文化价值要素传递给凝聚对象，发挥凝聚作用，最终形成文化凝聚力。文化教育则是在

不断满足人民群众接受教育、提高素质的需求的基础上强化国家文化凝聚力的。其所包含的文化教育水平、文化资源及历史底蕴，都起着保存、传递、创新文化的功能。文化教育的普及与提高是国民认知、认同国家信仰、经济发展、政治制度、文化传承的前提条件，有什么样的文化教育水平，决定着人民有什么样的文化、政治、经济诉求。文化资源是指人类发展进程中所创造的一切含有文化意味的文明成果以及承载有一定文化意义的活动、事件、物件等。文化资源所内含的历史、知识元素、价值符号，是一个国家历史文化同另一个国家历史文化相区别的重要标志，是国民相互认识、认同，一脉相承的文化根据。历史底蕴是一个国家民族精神、民族文化的积淀，是人类发展进程中所创造的一切含有文化意味的文明成果以及承载有一定文化意义的活动、事件、人物、思想、观念、精神等等。而文化传播是满足广大人民群众获取文化资源、文化知识、文化传统的必要途径。只有内容，没有途径，深厚的历史底蕴、丰富的文化资源无法通过文化传播传递给人民群众，就不会形成国家文化的凝聚力。新兴的文化产业更是通过发展文化产业来满足人民群众不断增长的物质文化需求，进而通过文化产品传递知识、信息、观念、情感或信仰，来增强文化的吸引力和凝聚力的。

就整体性而言，无论是构成国家文化凝聚力的五个主体要素还是各主体要素下设的众多子要素，他们都是国家文化凝聚力涵盖的影响因素之一。他们虽然在不同的领域、通过不同的方式满足不同的需求，但总体而言，他们都为国家文化凝聚力这个主体服务，都是形成国家文化凝聚力这个合力众多的分力之一。当然，在历史发展的进程中，有时这些分力强度或强或弱、方向或正或反，但在推动国家文化凝聚力的形成和发展过程中，这些分力交互作用，最终形成推动国家文化凝聚力形成和发展的合力。正如恩格斯所说，在人民的社会生活中，有无数个“意志和力量”，因而就有无数个“力的平行四边形”，当这些力的平行四边形统一于一起时，就会在社会历史活动中产生一个“总的合力”，推动国家文化凝聚力不断强化。

## 第三节　当代中国加强国家文化凝聚力建设的路径

当代中国要加强国家文化凝聚力建设，最重要的就是要传承发展、努力创造、大力培育先进的、具有中国特色、能够在世界民族之林具有影响力、感召力和强大凝聚力的国家文化。因此，增强当代中国的文化凝聚力，必须大力加强以社会主义核心价值观念为统领的民族的、国家的、科学的、时代的、大众的、世界的国家文化建设。

### 一、建设反映人民大众需求的、具有民族特点的文化

文化是维系民族生存与发展的纽带，而民族又是国家的基本构成要素，没有民族也就没有民族的国家，民族文化是国家文化的前提和基础。因此，任何国家都不应轻视自己的民族文化资源，都需要从传统民族文化中汲取理想、价值和道德资源，为民族、国家的进一步发展提供目标、动力和凝聚力。民族的复兴，首先体现在文化的复兴上；国家的崛起，必须依靠民族文化的繁荣。文化是民族认同的前提和基础，也是国家认同的必要条件，没有民族文化的认同，也就没有国家文化的认同，国家文化也就没有了凝聚力。中华文明历经5000多年，具有悠久历史且从未间断的独特文化传统，是民族之根、民族之魂，是形成国家文化凝聚力的重要构成要素，是民族复兴和国家发展的基本依靠力量。因此，传承和弘扬民族文化，应成为当前和未来文化建设的主题。

### 二、建设体现国家核心价值的国家文化

我国有14亿人口，对外开放是我们的基本国策。文化如果不能形成一个反映国家核心价值观的国家主流文化，就会被多元文化所冲击失去对国家文化认同的基础，国家就会丧失凝聚力。具有强大凝聚力的国家文化应是一个国家的主流文化，是一个国家主流意识形态的反映，是国家意志的表达，在诸多文化中起到主导地位，并具整合和引领作用的文化。主流文化是以该国国家民族的荣辱观、价值观为基础，以国家民族的生存和进步为目的，以国家民族的利益道德为标准的民族精神、时代

精神与群众智慧的凝聚和积淀，是实现民族认同、社会认同、国家认同的重要手段和载体。主流文化的核心是主流的文化意识形态，也就是一个国家的核心价值体系，是国家民族要弘扬的价值观和道德理念，这也正是软实力的核心要素，它直接反映着国家的凝聚力和核心竞争力。

## 三、建设反映人民大众实现科学发展要求的科学文化

实现社会的科学发展、可持续发展，必须由富有科学精神和科学思想的文化来指导。早在五四新文化运动中就已提出民主科学的口号，作为五四新文化旗帜的科学，并不是单指提倡自然科学的具体研究，而是提倡在文化的传承与发展过程中要有科学精神和科学思想，只有富有科学精神和科学思想的文化才有生命力。要加强富有凝聚力的国家文化建设，首先要增强文化内容的科学性。在传承弘扬传统文化和吸收引进外来文化时坚持以科学为准绳，努力吸收、借鉴先进的、科学的文化为我所用，抛弃那些不科学、伪科学的文化内容。只有这样形成的国家文化才能经受住实践和历史的检验，才能产生持久而强大的凝聚力。其次，要不断增强文化建设的科学性。在文化建设过程中要坚持科学的方法和手段，把国家文化建设纳入法制化轨道。党的十八届四中全会专题研究了依法治国问题，为我国文化建设明确了新的重点任务，也为文化事业的发展提供了科学的方法和强有力的保证。一方面，要弘扬社会主义法治精神，建设社会主义法治文化，进一步完善文化建设内容。使全社会形成良好的法治意识，才能从根本保证人民群众公平享受文化的权力，才能保证最大限度地满足人民群众的文化需求，从而形成强大的凝聚力。另一方面，要用法治手段推动文化发展。2014 年 10 月 23 日党的十八届四中全会通过的《中共中央关于全面推进依法治国若干重大问题的决定》提出，“要建立健全坚持社会主义先进文化前进方向、遵循文化发展规律、有利于激发文化创造活力、保障人民基本文化权益的文化法律制度。制定公共文化服务保障法，促进基本公共文化服务标准化、均等化”。因此，我们要善于运用法律手段，建立健全各种促进国家文化发展的法律法规，以法律保证国家文化的健康良性发展，也只有这样才能进一步增强国家文化的凝聚力，为不断提升我国的软实力打下坚实的基础。

## 四、建设反映人民大众当代需求、体现与时俱进的时代文化

要创造符合时代发展要求的国家文化。中国文化有着上下五千年的悠久历史，中华民族文化博大精深，源远流长，是我国文化软实力的首要资源和重要基础。但我们不能坐在中国传统文化的宝库上一劳永逸，只有随着时代的前进，不断地吸收、改造、扬弃和创新，才能使其保持旺盛的生命力。要建立符合时代发展要求的国家文化，既要保持传统文化的主体性，又要兼收并蓄，吸收借鉴世界各民族的文化精髓；既要保持传统文化的延续性，又要推陈出新，创造出属于我们这个时代的崭新的先进文化，不断丰富和拓展中华民族的文化宝库。我们必须清醒认识存在的问题、差距和不足，抓住历史机遇，坚持以核心价值体系为统领，以文化的复兴促进国家和民族的复兴，大力推动文化内容形式、体制机制、传播手段等方面的创新，努力创造出具有中国特色、能够在世界民族之林具有影响力与感召力的先进文化，只有这样，才能不断增强中华文化的竞争力，提升国家软实力。

## 五、建设人民大众喜闻乐见、体现引导启迪性的大众文化

文化建设要面向大众，不断增强国家文化的吸引力、亲和力和影响力。文化力量在于吸引、精神感召、潜移默化、润物无声、引人入胜，具有极强的渗透力和超越性，体现的是一个国家、一个民族的文化价值观念、社会制度、发展模式等对国民和国际社会的影响力和感召力。一个国家的文化只有富有吸引力、亲和力和影响力才能被全体国民和世界各国人民所接受，国家文化才能真正构成国家的软实力。为此，要创造面向大众的，富有吸引力、亲和力的国家文化。文化软实力的核心是文化魅力，正如习近平总书记在文艺工作者座谈会上的讲话中所指出的那样，“好的文艺作品就应该像蓝天上的阳光、春季里的清风一样，能够启迪思想、温润心灵、陶冶人生，能够扫除颓废萎靡之风……做到春风化雨、润物无声”。

## 六、建设既被国人所喜爱、又被世人所欣赏的走向世界的文化

文化是民族的，也是世界的。文化是综合国力的重要构成因素，作

为一种软实力、一种精神的力量，文化直接关系一个国家的国际影响力、国际竞争力和国际地位。在国际竞争中，软实力中的文化要素指的是一国的文化内容对他国形成吸引力，使得他国自愿效仿、学习、追随，从而对他国的国家、国民产生影响。当今世界，文化在综合国力竞争中的地位和作用更加凸显。众所周知的美国的薯片、芯片和大片的“三片文化”分别涉及生活、科技、娱乐等方面，大片控制了我们的视觉娱乐，薯片控制了我们的胃，芯片则控制了我们的创造性和文化安全性。1992年，美国总统老布什在《美国复兴日程》中说：“我们的政治和经济联系由于美国文化对全世界的吸引力而得到补充。这是一种新的我们可以利用的‘软力量’。”

在世界范围内各种思想文化交流交融交锋更加频繁的背景下，谁占据了文化发展制高点，谁拥有了强大文化软实力，谁就能够在激烈的国际竞争中赢得主动。作为发展中国家，我国在经济、军事、科技方面崛起的同时，在文化方面却没有跟上步伐。一手强一手弱的局面，使中国文化正倍受西方文化冲击，甚至带来中国文化的失语现象。中华民族要延续自己的文化传统、自立于世界民族之林，国家文化的建设必须要面向世界，研究和制定“走出去”的国家文化战略，积极向海外、向西方强力介绍中国文化，让更多人认识、了解和欣赏中国文化，不断提升中国文化的国际影响力。只有中国文化在世界上占据较高地位，有着广泛的影响力，才会有效提升国家文化凝聚力。

# 第八章

# 当代中国国家安全凝聚力研究

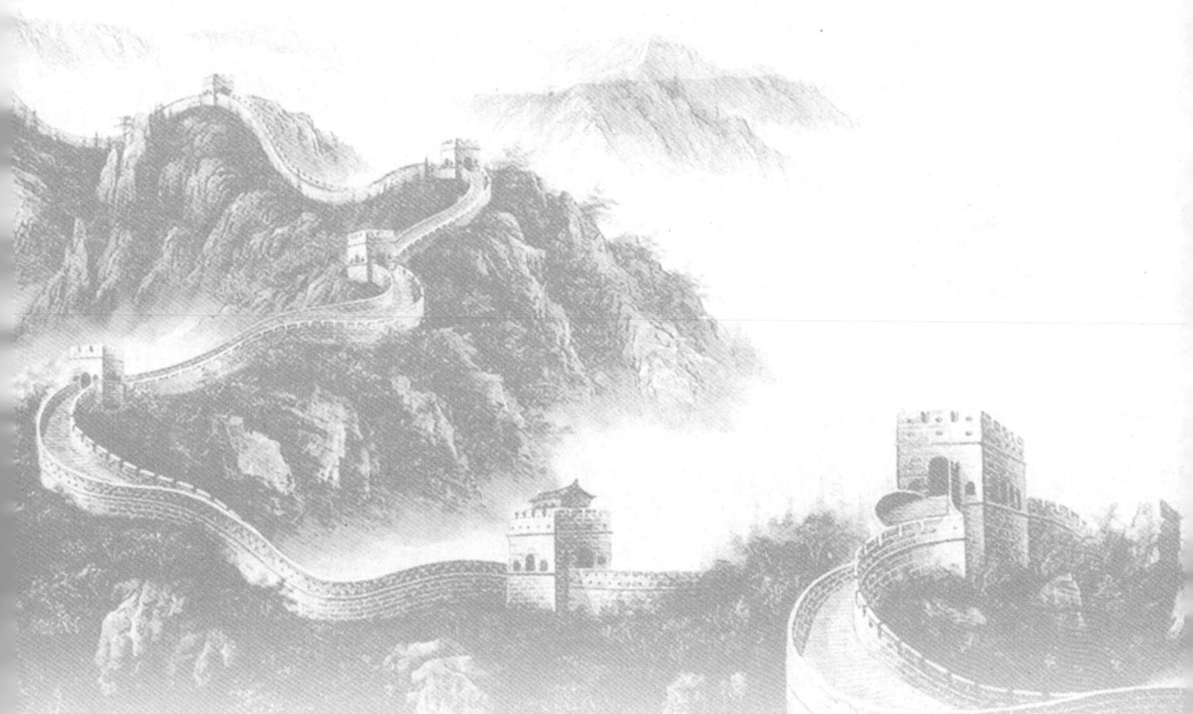

“安全”是人类社会活动中至关重要的问题。在任何情况下，追求安全都是人类活动中最重要的事情之一，直接决定了人类社会、主权国家、国民个体的生存和发展。国家安全凝聚力正是伴随追求国家安全的过程、维护国民安全的需要而产生的一种聚合力、向心力，是国家凝聚力的重要内容和基础保障。本章将重点讨论国家安全凝聚力的理论基础、价值意义、要素构成、现实挑战及强化途径。

## 第一节　国家安全凝聚力的概念、特点和意义

### 一、国家安全与国家安全凝聚力

当一个主权国家诞生，国家安全问题就随之产生；国家开始发展，国家安全就随之演变。在人类历史上的任何时期，保障国家安全都是主权国家的首要问题，是国家战略的核心内容之一。国家安全凝聚力正是国家和人民在追求国家安全的过程中，形成的精神力量。

#### （一）国家安全的内涵和外延

对国家安全的内涵和外延进行界定，是本章论述的逻辑起点。随着主权国家现代化进程的推进，经济社会不断发展，国家安全所涉及的范

围也发生变化，以至于对这一概念进行准确界定，本身就是一个十分重要的研究课题。我们要厘清国家安全与国家安全凝聚力的内在关联，在国家安全的理论基础上推演国家安全凝聚力的内涵和外延，首先应梳理国家安全这一概念的演进路径。

从根本上说，国家安全是指维持主权国家独立自主存在、保障其健康持续发展、维护其各领域根本利益的各种要素的总和。这一基本判断，在任何历史时期都保持着一定的稳定性，但对各种要素具体内容的界定，在不同时期、不同国家的研究中差异较大，具有明显的演进特征。从学界对国家安全的研究可以发现，对国家安全的理解大致经历了“传统国家安全观”“综合国家安全观”和“总体国家安全观”三个阶段。

国家安全概念提出伊始，主要指主权国家领土不被侵犯，即政治制度和军事防御上的安全，这也是国家安全的传统观念。在人类发展的历史长河中，武力都是解决冲突的首要力量和终极力量，决定着国家独立自主、政治制度确立、社会资源分配、国际关系形态。因此，战争威胁、军事入侵、国家结盟等成为国家安全领域的“关键词”。国际上，直到“二战”时期，各个国家对国家安全的理解仍主要由此展开，并被广泛地用来处理国内的政治事务和国际复杂的安全事务。[①] 再看国内，中华人民共和国成立伊始，为了不断巩固和发展新生的人民政权，我国亦将加强国防与捍卫主权和领土完整摆在了国家安全的突出位置。此后包括反对“台独”、收回香港澳门、重申钓鱼岛主权在内的一系列重大举措，都得到了社会极大关注。可见，不论着眼国内还是放眼国际，追溯历史还是立足当前，国家安全问题的“圆点”都至关重要。

随着世界各国现代化、“全球化”进程加速，国与国之间的联系和依存度不断提高，国家安全也逐渐向综合性概念拓展。以经济发展和科技进步为主的综合国力竞争日趋重要，非军事和政治因素对国家安全的威胁令各国猝不及防，随着经济和金融危机、石油等能源危机、生态环境的恶化、人口爆炸、跨国犯罪乃至恐怖主义等方方面面的新威胁、新问题出现，国家安全的研究逐步进入非传统领域。比如，1977 年，世界观

---

① 刘卫东等:《论国家安全的概念及其特点》,《世界地理研究》2002 年第 2 期，第 2 页。

察所所长布朗（L.Brown）就在“重新定义国家安全”一文中讨论了能源危机和经济威胁（如通货膨胀）、食品不安全以及诸如森林退化、土壤侵蚀、气候变化等生态威胁。[①] 在我国，1978 年后的对外开放，对经济、文化、生态、信息等领域的安全带来挑战，国家安全面临的国内国际形势更加复杂多变，多种因素相互交织。一些研究也重新发现了国家安全的新领域，将传统国家安全和非传统国家安全放在一起进行研究。除了传统安全要素，将金融安全、民族和睦、社会安定、环境友好等更具社会渗透力的要素纳入国家安全的研究范畴，这也被学界称为“综合国家安全观”。

特别需要指出的是，随着我国经济社会发展进入新阶段，在“综合国家安全观”的基础上，“总体国家安全观”应运而生。党的十八届三中全会做出了设立国家安全委员会的重大决定，将新时期的国家安全提升到前所未有的高度。2014 年 4 月，习近平同志在国家安全委员会第一次会议上强调要“坚持总体国家安全观，走出一条中国特色国家安全道路”，并且首次提出构建集“政治安全、国土安全、军事安全、经济安全、文化安全、社会安全、科技安全、信息安全、生态安全、资源安全、核安全等于一体的国家安全体系”[②]。这一重要论述被称为“总体国家安全观”，兼顾了传统和非传统两个范畴，统筹了国内国际两个安全大局，标志着对国家安全的解读上升到更高的崭新层面。

通过对国家安全概念演进的梳理可以发现，国家安全是一个内涵简单明确，外延十分宽泛且动态变化的概念。具体表现为从传统领域到非传统领域的无限延伸、从重视国家内部到兼顾国际关系、从物质领域扩展到意识形态等精神领域等等。

由此，我们认为，国家安全可分为狭义和广义两种。狭义的国家安全内容较为明确，即主要依靠军事力量和政治力量维持的主权独立、领土完整、政治稳定、国防安全。广义的国家安全内容则极其广泛，包括

---

① 刘卫东等：《论国家安全的概念及其特点》，《世界地理研究》2002 年第 2 期，第 2 页。

② 习近平：《坚持总体国家安全观走中国特色国家安全道路》，《人民日报》2014 年 4 月 16 日。

经济、社会、生态、文化、科技、信息等主权国家生存发展所涉及的方方面面，乃至无穷尽。

在对国家安全和国家安全凝聚力的交叉研究中，我们将选取军事安全、政治安全、经济安全、社会安全、生态安全、文化安全、科技安全、信息安全等8个重点领域的安全要素作为具体讨论对象，力争在更广阔的领域中描述国家安全凝聚力的面貌。

（二）**国家安全凝聚力**

国家凝聚力的具体指向是主权国家的人民，也就是人。当国家满足了人民的各种诉求和需要，自然而然会产生相应的内向聚合力和外向吸引力。一个主权国家满足了人民生存和发展的安全需要，国家安全凝聚力就随之产生、加强。

结合本章对国家安全内涵和外延的界定，我们认为，建立在国家安全基础上的国家安全凝聚力，是指国家在维护主权、领土、国防安全的基础上，满足人民在经济发展、社会生活、精神追求、生态环境等多层级多领域的安全需求，由此对人民产生的聚合力和向外发散的吸引力。

1. 满足人民的安全需要是国家安全凝聚力的源泉

在历史上的任何时期，一个群体的紧密聚合除了依靠共同理想、目标等精神层面的向心力，更重要的是实现了在此基础上的共同利益。满足人民生存发展的安全需要，就是国家安全凝聚力产生和发展的前提和基础。具体而言，国家主权独立，人民就能实现选择政治生活道路的自由和权利；领土完整，人民的生存空间就不会被挤压和侵占，生命不会受到威胁；社会安定团结，人民生活就会井然有序；经济平稳发展，人民的生产生活资料受到保障；文化保持特色和传承，人民就能维护精神家园，有效抵御外来文化的冲击；生态环境良好，更是关系到人民生存和发展的根本权益。人民生存发展各方面的安全需要被满足的程度越高，国家安全凝聚力的力量也就越强。

2. 满足人民的安全需要是加强国家安全建设的动力

人民有满足自身安全需求的愿望，谋求保障这种可持续安全状态的能力，就必然会转化为加强国家安全体系建设的实际行动，这也是国家安全凝聚力不断强化的内生动力。寻求国家主权独立、领土完整，就必然会加大军事国防建设；实现科学技术独立进步，就必然会加大自主创新、技术研发的力度……一系列源于人民安全需要的诉求一旦转化为具体行动，国家安全体系就会随之巩固，国家安全凝聚力也会随之加强。

3. 国家安全凝聚力对满足人民安全需要有反作用力

国家安全瓦解固然有削弱安全凝聚力的趋势，但安全凝聚力的运行惯性也有可能反作用于国家安全的重构。我国从 1840 年近代开端至 1949 年中华人民共和国成立，列强践踏国土、内忧外患不断、经济危机深重、人民生活水深火热，国家安全更无从谈起。正是在这样的背景下，为反对内外敌人、争取民族独立和人民自由幸福，中国人民前仆后继、奋勇抗争，在军事国防、内政外交、经济金融等各个领域积极拼搏，竭力重新构建中华人民共和国成立之后的国家安全秩序，这正是国家安全凝聚力强大反作用力的有力体现。

## 二、国家安全凝聚力的基本特征

不同主权国家在不同历史阶段对国家安全有不同的理解和实践，使得其对国家安全凝聚力的认识和要求都有很大差异。但国家安全和国家安全凝聚力的演进有其自身规律，呈现出的态势也相对稳定。我们认为，国家安全凝聚力主要有以下几个特征：

### （一）基础性

国家安全是安邦定国的重要基石，维护国家安全是全国各族人民根本利益所在。稳定是促进国家、社会不断发展的重要前提，动荡则会产生经济社会停滞不前甚至倒退，因此任何一个主权国家都会把“稳定”作为治国理政的重要目标。“稳定”背后正是满足人民重大利益的安全需要，因此，保障国家安全是主权国家存在和发展的根本。

从狭义国家安全来看，领土和主权的安全是一切其他领域安全的前提。主权不独立、政治不稳定、国土受威胁，经济发展、社会和谐、人民幸福自然无法实现，强化国家安全凝聚力也无从谈起。从广义国家安全来看，维护经济社会各领域安全，也是各领域可持续发展的基础。以经济安全为例，没有安全的金融体系，就无法抵御外来资本冲击，金融危机就可能爆发，甚至将国民经济带入深重的低潮；能源对外依存度过高，资源约束力加重，能源领域的不安全会对国家经济产生致命冲击；粮食安全则直接关系到国民生存，保障这一经济命脉更是经济安全的重中之重。可见，若国家安全崩坏导致国家安全凝聚力弱化，其他方面的国家凝聚力也将大打折扣，国家安全凝聚力的基础性作用不言而喻。

（二）**全面性**

习近平总书记指出："当前我国国家安全内涵和外延比历史上任何时候都要丰富，时空领域比历史上任何时候都要宽广，内外因素比历史上任何时候都要复杂，必须坚持总体国家安全观，以人民安全为宗旨，以政治安全为根本，以经济安全为基础，以军事、文化、社会安全为保障，以促进国际安全为依托，走出一条中国特色国家安全道路。"随着国家安全内涵和外延的不断扩展，对国家安全凝聚力的研究也愈加全面。没有哪一个单一因素能够直接决定国家安全的强弱，国家安全外延的无穷扩大左右了人们评价国家安全凝聚力的坐标。只有将经济社会发展的多领域实力进行综合评价，才能真实反映一个主权国家的综合国力，也才能切实体现一国的安全凝聚力。

与此同时，各个安全要素之间联系紧密、相互影响、难以分割，且在一定条件下相互转化。对某一安全问题的影响因素如此复杂，以至于很难单独进行测量和评价。比如，一般意义上属于经济安全领域的能源安全问题，还直接关系到政治和军事领域的安全；再如，某些属于内政范畴的民族问题、环境问题，也很有可能被催化成国际问题，进而影响到国家整体安全。

因此，在国家安全问题呈现出内部安全与外部安全交织、传统安全与非传统安全交互的情况下，强化国家安全凝聚力不可能寄望依靠一个或者几个领域安全实力的提高，也不可能通过解决单一领域的安全问题去解决整体国家安全问题。

（三）**动态性**

对任何事物而言，动态的、变化的状态是绝对的；稳定的、静止的状态是相对的。随着主权国家经济社会发展、"全球化"程度不断提高，国家安全问题内涵外延不断丰富、演进路径越发清晰，国家安全凝聚力也由此呈现出动态性的特征。

这一特征至少表现为两种趋势：一是从传统安全领域向非传统安全领域延伸的趋势，尤其是随着科技发展、信息时代来临，表现出从现实世界向虚拟世界延伸的新动向；二是从主权国家内部安全向外部安全延伸的趋势，内政外交的交集不断扩大，任何内部安全问题都有可能在一定条件下演变为外部安全问题。巩固国家安全凝聚力的焦点也会根据实际情况，在不同领域之间不断转换。

对这一特征的理解直接反映在当前我国构建中华人民共和国成立后国家安全体系的具体举措上。十二届全国人大常委会第十二次会议审议的国家安全法草案就明确规定：国家建立健全与维护国家安全需要相适应、与经济社会发展相协调的国家安全保障体系，不断提升维护国家安全的能力。

**（四）比较性**

即使对国家安全的内涵和外延有明确的界定，不同历史阶段、不同地域、不同民族对国家安全的评价标准也很难统一，国家安全凝聚力因此具有十分明显的比较性特征。

没有绝对的安全，只有相对的安全，判定一国安全凝聚力的强弱只能是比较而言。经济社会发展程度相对较高的发达国家，非传统安全问题出现更频繁，人民对安全的需求更高，对环境变化更为敏感；发展程度相对较低的发展中国家甚至身处战火中的国家，人民的安全需求更倾向与生存相关的传统领域，要求也相对较低。

但总体而言，人民对生存和发展的安全需求呈现出不断增长的态势，新的安全领域层出不穷，要强化国家安全凝聚力就必须认识到、顺应好这种趋势。

## 三、国家安全凝聚力在国家凝聚力中的地位和作用

国家安全凝聚力是国家凝聚力的重要组成部分。满足人民的安全需要，形成国家安全凝聚力，是巩固国家凝聚力的重要一环，是不可或缺的重要部分。

形成国家安全凝聚力是产生国家凝聚力的基础。国泰民安是人民群众最基本、最普遍的愿望。实现中华民族伟大复兴的中国梦，保证人民

安居乐业，国家安全是头等大事。[①] 满足一国人民生存和发展的安全需求，是主权国家存在和发展的前提。这一前提一旦缺失，人民在物质、精神、政治、文化方面的需求便无暇顾及甚至无从谈起。因此，只有形成国家安全凝聚力，才有可能发展其他方面的凝聚力，国家凝聚力才有可能全方位产生。

增强国家安全凝聚力是强化国家凝聚力的有效途径，也对强化国家凝聚力有决定性作用。虽然随着一国经济社会发展，人民在物质、精神、政治、文化方面的需求更为凸显，对安全的需求更为隐性，但这依然无法改变人民安全需求的基础性、决定性地位。需要指出的是，经济社会发展水平越高，通过增强国家安全凝聚力来强化国家凝聚力的边际效应就越弱；经济社会发展水平越低，通过这一途径强化国家凝聚力的效果就更为明显。

### 四、加强国家安全凝聚力的现实意义

习近平总书记在党的十九大报告中明确指出："中国特色社会主义进入新时代，我国社会主要矛盾已经转化为人民日益增长的美好生活需要和不平衡不充分的发展之间的矛盾。"在新时代，人民对生存发展的安全需求要求更高，加强国家安全凝聚力对新时代中国特色社会主义经济社会发展有重要的现实意义。

一方面，我国正处于发展的新阶段——经济增长进入"新常态"、全面深化改革进入"深水区"、依法治国大幕开启、国际国内形势复杂多变，完成经济增速换挡、发展方式转变、调整产业结构的任务之重前所未有，面临的挑战、困难和风险亦前所未有。推动创新发展、协调发展、绿色发展、开放发展、共享发展，前提都是国家安全、社会稳定。没有安全和稳定，一切都无从谈起。[②] 要继续保持经济社会健康持续发展，完成"两个一百年"奋斗目标，就必须将全党全国人民的意志统一到当前

① 习近平：《在首个全民国家安全教育日之际作出的指示》，《人民日报》2016年4月15日。

② 习近平：《在省部级主要领导干部学习贯彻党的十八届五中全会精神专题研讨班上的讲话》，人民出版社2016年版，第39—40页。

的经济建设、社会发展、改善民生上来，需要包括国家安全凝聚力在内的国家凝聚力提供强大的精神支撑。

另一方面，国家安全凝聚力能为经济社会其他领域发展提供坚强后盾。生存发展是否有安全感，直接决定着人民个体和群体在生产生活中的具体选择，这些具体选择决定了相关领域未来的发展态势。具体来看，安全凝聚力弱，资金、人才、劳动力外流现象就会增多；反之，一国对重要生产要素的吸引力就会增强。近些年，部分富人向国外转移财富、高知阶层举家移民的现象备受关注，同时，国家对国际资金和人才引进程度也在不断加深。虽然这种“一进一出”现象背后的情况比较复杂，但安全因素仍是个人、机构或者资本做出判断的重要依据。

特别是当前，我们国家的安全面临着比以往更严峻更复杂的形势。国际经济复苏缓慢，我国经济下行压力较大，社会分层加快，改革进入爬坡过坎的阶段，社会矛盾多发频发，不可预见性增强。同时，虽然国家安全形势保持总体稳定向好的基本态势，但影响我国国家安全和社会安定的不稳定、不确定因素也日益增多，国家安全涵盖的范围愈加广泛、内容愈加丰富，要素之间层次愈加模糊、联系愈加紧密。这都要求我们必须走出一条中国特色国家安全道路，坚持“总体国家安全观”，加强国家安全凝聚力，满足新时期的新要求。2015 年 1 月 23 日，中共中央政治局召开会议，审议通过了《国家安全战略纲要》。会议认为，制定这个纲要对有效维护国家安全非常迫切，是实现全面深化改革总目标的必然要求。

由此可见，无论是实现中华民族的伟大复兴，还是解决经济社会发展现阶段存在的难点热点问题，都需要国家安全凝聚力作为坚强后盾。相关政策制定和执行部门、社会各界都应对此有清醒认识，多措并举，不断巩固和加强国家安全凝聚力。

## 第二节　国家安全凝聚力的要素构成

国家安全是国家安全凝聚力实现的基础和前提。这里，我们所研究的国家安全凝聚力的要素构成是广义的范畴，国家安全的要素也是国家安全凝聚力的要素。

在2014年举行的中央国家安全委员会第一次会议上，习近平同志提出要构建集政治安全、国土安全、军事安全、经济安全、文化安全、社会安全、科技安全、信息安全、生态安全、资源安全、核安全等于一体的国家安全体系，描绘出了一条中国特色国家安全道路。在本章的讨论中，我们将这11种安全要素分等级重新归纳、有扬有弃，就军事安全、政治安全、经济安全、社会安全、生态安全、文化安全、科技安全、信息安全8个方面进行具体介绍。

## 一、军事安全与国家安全凝聚力

军事安全属于一个国家安全的基础性核心要素，直接决定着主权国家是否存在、人民是否存活，因而也是维护国家安全和产生国家安全凝聚力的重要基础和根本前提。

### （一）军事安全的定义

当前，学界对军事安全的主流认识以国家应对外部武力威胁为主要内容。《中国人民解放军军语》给出的定义是“国家处于不受战争威胁、军事入侵和军事利益不受侵害的状态”[①]。《中国军事百科全书》认为，军事安全是“国家不受外部武力侵犯和军事威胁的平安状态。军事安全是国家安全的重要支柱，是实现国家安全的根本保障”[②]。

随着“冷战”结束，世界各国普遍进入和平发展、战略防御阶段。虽然在世界范围内，局部战争、小规模冲突不断，恐怖袭击仍时有发生，但爆发重大战争的可能性微小，不过各国内部的不稳定因素仍持续增多。研究表明，国家内部的反政府武装、恐怖主义在本土的威胁、分裂势力的活动以及社会动乱等，都是当前一国内部面临的主要安全危险源。从这个角度看，军事安全应涵盖一国内部和外部两个方面。英国哥本哈根

① 总参谋部、总政治部、总后勤部、总装备部：《中国人民解放军军语》，军事科学出版社2011年版，第162页。

② 黄大富：《国防发展战略（中国军事百科全书〈第二版〉）》，中国大百科全书出版社2008年版，第91—93页。

学派代表人物巴瑞·布赞就对军事安全下过一个定义："军事安全首先是关于国家的实际武装攻击能力和防御能力，同时包括彼此对对方能力和意图的认识。"[①] 这一表述抛开了军事威胁的来源方向，强调军事安全主要由国家从事战争的能力（攻的能力和防的能力）所决定的。

因此，我们认为，军事安全就是国家通过提升从事战争的能力，达到不受内部外部武力侵犯和军事威胁的安全状态。

（二）**军事安全与国家安全**

军事安全是国家安全的核心内容。任何一个主权国家自形成起，军事安全就是国家安全的核心内容，并且在漫长的发展进程中始终处于内政外交的焦点位置。在相当长的一段时期内，国家安全问题几乎等同于军事安全问题。军事安全关系到一国的核心利益和重大利益，而不是其他的一般性利益；军事手段是解决国家安全问题最终极的、最有震慑力的手段；军事能力是保证一国主权独立、领土完整的最坚实后盾。

军事安全是其他领域安全的根本保障。一个主权国家只有在军事安全得到保障的前提下，追求更高层次、更多领域的安全才是现实的、可行的。"没有了军事上的安全，其他任何领域的安全都将丧失依托和前提。"[②] 就是说，即使随着一国经济社会发展，国家安全问题扩展到非传统领域，军事安全依然是所有安全问题的基础和前提，是国家、人民生存发展的重要保障。

军事安全与非传统领域安全问题交互发展。在国家安全多元化、"全球化"背景下，不仅不能将一国的国家安全从世界孤立出来，也不能将传统领域的安全问题与非传统领域的安全问题割裂来看。军事安全问题与其他领域的安全问题相互联动、渗透的态势日益凸显，呈现出正相关趋势。比如，经济"全球化"的逐步加深，导致军事"全球化"的出现和发展；随着科技进步和信息时代来临，军事发展的科技含量日益加大，信息化程度逐年提高。因此有学者认为，应以非传统领域安全的保障为契机和切入点，研究和观察当前的军事安全形势，利用互补和依托的关

① 马平：《论军事安全与国家利益》，《国防》2006 年第 4 期，第 16 页。

② 马维野：《全球化时代的国家安全》，湖北教育出版社 2003 年版，第 122 页。

系实现双赢。[①]

**（三）军事安全与国家安全凝聚力**

军事安全是国家安全凝聚力能够形成的第一要素。自从人类出现国家政治形态以来，国家的安全首先是军事安全。习近平总书记指出："军事上的落后一旦形成，对国家安全的影响将是致命的。"只有国家的主权和统一不受侵犯，领土、领空和领海不受外敌入侵，人民的和平劳动和国家政权不受破坏和颠覆[②]，人民才有安全感，国家才能生存和发展。军事安全对于人民安全需要的满足主要是通过以下三个方面产生凝聚力量：一是在强大的国防条件下，国家较少面临军事威胁；二是国家军事安全力量能够维护国家发展重要领域的核心利益，保证人民生命财产的安全；三是国家军事安全能够保障政治、经济、社会、文化等其他领域安全发展的水平和需要。

## 二、政治安全与国家安全凝聚力

政治安全是国家安全体系的核心问题之一，也是一个执政党执政追求的基本目标。习近平总书记指出，我们面临的风险既包括国内的经济、政治、意识形态、社会风险以及来自自然界的风险，也包括国际经济、政治、军事风险等。防范化解重大风险，首要任务是维护以党的执政安全和我国社会主义制度安全为核心的国家政治安全。由此可见政治安全在国家安全体系中的核心地位。

**（一）政治安全的定义**

与军事安全相比，虽然政治安全也属于传统安全领域，却因涉及方面过于宽泛，清晰界定有一定难度。特别是在国家安全概念外延不断延展的情况下，政治安全与其他非传统安全领域的交叉、重叠、互联日益加深。正如哥本哈根学派的代表人物巴瑞·布赞（Barry Buzan）所说，"在某种意义上，所有的安全事务都属于政治的范畴"。因此，学界对政治安

① 崔可忆：《"非传统安全"的发展对于中国军事安全战略发展的启迪》，《淮北职业技术学院学报》2012年第11期，第51页。

② 朱阳明：《亚太安全战略论》，军事科学出版社2000年版，第202页。

全的研究呈现多种路径。据不完全梳理，对政治安全概念界定较有代表性的有：国家主权说、制度因素说、意识形态说、执政安全说、综合要素说、广义政治说、政治状态说等，[①] 足见政治安全内涵之丰富、复杂。我们将选取其中较为主流的观点，并在此基础上进行研究。

一般而言，政治安全是指在一定环境和条件下，国家主权、意识形态、价值文化、国家制度和权力体制等上层建筑及其安排实现自主，有能力防止干扰、威胁和危害的状态。具体来说，就是一国有防范各种政治破坏、干预、颠覆的能力，确保国家政治领域的自主选择。

**（二）政治安全与国家安全**

政治安全是国家安全的核心内容之一。一个主权国家的政治安全状态，与国家兴衰、民族存亡、政权巩固密切相关，也直接关系到国民个体的切身利益，不但地位重要，而且对其他各领域的渗透力极强极广。全世界绝大部分国家的人民都能够并且主动参与本国的政治生活，原因正在于此。需要指出的是，当一个主权国家的军事力量处于相对弱势的情况下，依靠政治或外交手段有的时候也能实现维护国家安全的目标。相比之下，军事安全更注重物质储备和技术力量，政治安全更偏重于意识形态和制度建设。

政治安全是国家利益的根本体现。从字面上看，政治安全属于政治领域，但实际上，政治安全的涉及面远远超过政治范畴，以至于不少学者认为，一切问题都是政治问题，一切领域都与政治密不可分。相比于包括军事安全在内的其他领域安全，政治安全对主权国家经济社会发展的影响更为深远，因而对国家利益起到决定性作用。

从国家内部看，政治安全是其他各领域安全的根本保障。在一个主权国家自主发展的道路上，只有政治安全了，国家内部稳定才能实现，经济社会安全发展才能有保证，军事安全才能巩固。从国家外部看，政治安全是主权国家谋求国际地位和话语权的重要前提。政治安全状态良好，抵御外部干涉的能力就强，国际影响力相应增大，谋求国际利益能

---

① 虞崇胜、舒刚：《近年来关于政治安全问题研究述评》，《探索》2012 年第 3 期，第 70—71 页。

力增强；政治安全风雨飘摇，社会出现动荡，资金人力外逃，受到外部干涉和威胁的概率大大增加，国家利益必然受损。

值得注意的是，政治安全和军事安全虽然同属于传统国家安全范畴，但两者在相关的同时，往往呈现出出乎意料的独立性。在世界政治发展史上，政变大致分为军事政变和非军事政变。后者，便是在军事安全几乎不受影响的情况下，政治领域发生激烈变革，国家内部动荡，外部收敛。这也说明，政治安全不仅仅是个学术理论问题，更需要放在经济社会发展的大背景下乃至历史长河中去考量。

### （三）政治安全与国家安全凝聚力

政治安全是国家安全凝聚力产生的重要条件。政治安全最核心的是国家主权独立。一个国家只有主权独立，才有可能发挥自己的国家职能，更好地满足人民的安全诉求。没有国家主权，人民也就没有国家功能所给予的个人权利和义务。国家政权稳定是政治安全的重要表征。人民通过国家政权满足自己的政治需要，又通过国家政权维护自己的政治诉求。国家政权不稳定，人民的安全需要就不会落到实处。执政党地位的巩固、政治秩序良好、政治意识形态广纳等也是满足人民政治安全需要的重要内容。我国是社会主义国家，执政党地位巩固就是共产党执政地位稳固。政治秩序良好是人民依据基本的政治共识与法律制度，有序地展开政治实践。政治意识形态就是马列主义、毛泽东思想和中国特色社会主义理论在中国所产生的政治认同。这些都是产生国家安全凝聚力的政治保障。必须指出的是，日益深刻的全球化进程也对政治安全凝聚力的形成提出了新要求。只有政治领域的反干涉能力不断增强，意识形态领域的国际主导权不断增强，才能更有效地维护国家的政治安全，也才能更好地增强国家安全凝聚力。

## 三、经济安全与国家安全凝聚力

在国家安全非传统领域，经济安全的重要性和基础性毋庸置疑。经济安全上与国家安全的传统领域密切相关，对政治安全和军事安全产生深刻影响，下与非传统领域深度融合，直接决定了社会、生态、文化、科技、信息等各领域的发展水平和状态，是新时期研究国家安全凝聚力极为重要的领域。

### （一）经济安全的定义

和其他非传统国家安全领域一样，世界各国对于经济安全概念的理解有一个过程。最早提出国家经济安全概念的国家是日本。1980 年，日本发布《国家综合安全报告》，正式出台了经济安全战略，将保障经济安全的战略思想和政策运作贯穿于日本的经济发展过程中。此后，美国、俄罗斯等国也都在其官方文件中强调了国家经济安全的重要性。

我国对于经济安全的研究起步较晚，目前学界对其进行定义的出发点大致分为两个方面。一方面强调经济安全的状态，注重静态现实；另一方面侧重一国维护经济安全的能力，着眼动态发展。我们认为，若没有维护经济安全的能力，一国不可能长久保持经济领域的安全状态，而经济领域安全问题频频发生，也不能说明该国的经济发展和经济利益得到维护。因此，状态也好，能力也好，是一枚硬币的两面，都直接决定着一国的经济安全。

我们认为，国家经济安全是指一个国家核心经济利益不受外来威胁。一般来说其内容可以包括：经济主权独立；不会因为某些问题的演化而使整个经济受到过大的打击和遭受过多的损失；避免局部性系统性风险。①

### （二）经济安全与国家安全

经济安全是国家安全的重要内容。随着“冷战”结束，“和平”与“发展”成为当今世界的两大主题，经济安全在国家安全体系中的重要性越来越突出。

一方面，“经济增长是硬道理”的观念被世界各国普遍接受，用经济思维主导国家决策的做法也屡见不鲜，经济安全在国家安全中的地位上升到前所未有的高度。美国前总统克林顿就曾抛出一句响亮的口号：“笨蛋，关键是经济！”我国在治国理政方面也不断强调“以经济建设为中心”的理念。另一方面，过去主要通过军事手段取得的国家利益，如今也可通过经济手段或以经济为主要内容的外交手段达到目的，经济战、

---

① 毛定之：《关于维护国家经济安全的思考》，《理论前沿》2008 年第 19 期，第 14—15 页。

贸易战正在取代军事战争，成为国与国之间、集团与集团之间的竞争主战场之一，“兵不血刃”“不战而屈人之兵”等古语，均能在世界贸易中找到生动的诠释。

经济安全为其他领域安全提供物质基础。一国安全能力和水平从根本取决于经济科技实力。特殊战争时期，维护军事安全必须有强大的物质基础支撑；和平时期，经济领域一旦失守，主权的独立性和政权的稳定性必然弱化，社会民生必然受损，更遑论生态安全、文化安全、科技安全、信息安全等方面的发展，进而国家安全凝聚力随之削弱。

**（三）经济安全的“全球化”**

“全球化”是 21 世纪的一个重要特征，已经成为不可逆转的潮流。虽然对国家安全的各领域来说，都面临“全球化”的新情况，但其首先和突出地表现在经济领域。

经济全球化、金融一体化意味着能源、资源、资金、人力等的配置空间加速膨胀，金融资本、生产、技术、知识与信息在全球范围内加速流转。对实体经济而言，各国共同分享国际贸易、国际分工和合作的发展红利，并在生产链条的不同节点找到属于自己的位置，跨国公司垄断势力得到强化；再看虚拟经济，热钱等跨境资本的大进大出，投机动机更为明显，各国金融体系联系紧密，一个经济体出现金融危机，则会迅速蔓延至其他经济体，构建更安全的金融体系被各国重视。全球在经济领域的“互通互联”新变化，决定了新时期人们对国家安全以及国家安全凝聚力的理解。

一是改变了国家竞争的传统理念。“冷战”结束，“全球化”浪潮席卷，国家之间竞争的重心已经从军事领域转向经济领域，发展为以经济实力为中心的综合国力的竞争，着眼点从一国的“军事版图”转向“经济版图”、从军备武装转向金融利器，包括金融在内的经济手段可能成为威胁或者保卫国家安全的重要“武器”。

二是改变了国家安全的传统思维。做大做强军事实力，在经济领域维持“温饱”就能实现国家安全的固有理念，已经逐渐让位于新的安全思维，即赢得经济发展的未来，掌握本国乃至世界经济秩序的主动权和话语权，才能构筑更为稳固的国家安全体系。

三是改变了世界各国经济安全格局。由于国家之间的经济依赖程度越来越强，一国既不可能在“全球化”浪潮中“独善其身”，又不可能否认客观上存在的“经济版图”“市场版图”。比如欧盟，虽然有英国、法国、德国等许多国家组成，但在“经济版图”上，这些国家同属于一个经济体，其经济安全建设也将据此协调行动、共同发展。

**（四）经济安全重点领域**

经济领域内涵和外延极为丰富，我们选取几个与安全凝聚力关系密切又相对独立的领域，进一步介绍。

1. 能源安全

在国家安全的非传统领域，很多概念都尚在发展之中，能源安全就是其中之一。迄今为止，学界关于能源安全还没有一个统一、明确的定义。总的来看，对能源安全的研究侧重点较为集中在供应和保障方面。也就是说，一个主权国家能够以合理的或更为有利的代价获得充足的、可持续的能源供应，即可认为该国实现了能源安全。

影响能源安全的因素有很多，分为自然因素、经济因素、政治因素、科技因素。对一个国家来说，天然禀赋是决定能源安全的首要因素，包括地理位置、自有物产、国土面积、人口数量等，这些决定了国家本身对能源的需求量和自给量。经济因素就包括一国的经济实力，面临的市场风险等。政治因素则包括地缘政治、国际地位、外交手段等，甚至世界不断爆发的局部战争、政治纠纷，也都在影响世界各国的能源安全。科技因素则包括对能源的发现、开采与利用，对新能源的开发等。

从这个角度看，能源安全既是经济问题，同时也是关系政治、军事安全的重大问题，不只是某一个国家的问题，而且是全球性的问题。能源业已成为关系国家安全的战略性资源，是保证国家安全、国民经济可持续发展的基础，能源安全已经直接关系到一国经济、政治和军事等领域安全。

2. 金融安全

金融是现代经济的血脉，经济是否安全核心要看金融安全水平。金融活动愈加活跃、金融功能愈加深化，对经济发展的作用就愈加显著，直接影响经济的平稳运行。历次爆发的经济危机中都少不了金融的影子，而在金融自由化和“全球化”的今天，金融危机对国家政治、经济、社会的破坏力和波及面都在不断加深。因此，如果金融安全出现问题，就会危及经济社会安全，甚至政治安全都会受损。

随着经济全球化深入发展，国际金融传导加快，金融安全的内涵和外延也不断深化，学界对金融安全定义并不一致，但很多学者都从不同方面做出了很有意义的探索。有学者从金融实质角度提出，所谓金融安全就是货币资金融通安全，其范围几乎涵盖了与货币流通以及信用直接相关的所有经济活动。[①] 有学者则从能否抵御内外冲击保持金融稳定角度来解释金融安全。[②] 综合各种分析和国家安全的实际，我们认为金融安全是动态的、系统的。金融安全就是一国金融主权不受侵犯、金融体系正常运转、金融制度稳定高效、金融功能持续发展的态势，以及保持这一良好态势的能力。

影响金融安全的因素较为复杂。首先是内部因素，即一国经济实力的强弱、金融体系的优劣，以及控制金融风险的能力和水平等；其次是外在因素，即该国在国际金融体系中的地位、金融“全球化”的程度，以及抵御外部金融冲击的能力等。

3. 粮食安全

粮食是关系国计民生的极为重要的战略产品。历朝历代，各种政权都有“无粮不稳”的判断，坊间俚语也有“手中有粮，心中不慌”的说法。世界各国对粮食安全的重视由来已久，但对这一概念进行具体界定起步较晚。

较早的界定是20世纪70年代，联合国粮农组织提出了目标论，认为保证“生存和健康所需要的足够食品”就是安全。之后，又在此基础上演化成有能力得到足够的粮食，才实现了粮食安全。近年来，国内学者也在从不同角度研究粮食安全问题。

---

① 王元龙：《我国对外开放中的金融安全问题研究》，《国际金融研究》2008年第5期，第33页。

② 梁勇：《开放的难题：发展中国家的金融安全》，高等教育出版社1999年版，第10页。

我们认为，国家粮食安全的界定大致分为两个层次，一个是生存的需要，一个是发展的需要。基于前者，即一国全体国民能够获得生存和健康所需的，数量充足、结构合理、质量达标的，包括粮食在内的各种食物；基于后者，则是一国的粮食生产、流通和消费能有效满足经济社会发展需要。

粮食安全既是一国经济发展的前提，也是政治稳定的基础。我国是世界上最大的粮食消费国，不管是过去、现在还是未来，将“饭碗”端在中国人自己手里都至关重要。正因如此，中央经济工作会议多次将保障粮食安全放在突出位置来部署。

影响粮食安全的基础因素主要有自然禀赋和科技进步。耕地资源和水资源作为农业生产最基本的物质条件，其数量、质量变化势必影响到粮食生产的效率；科学技术被誉为“第一生产力”，农业科技创新是推动农业生产增产增收的重要力量，在提高粮食单产、培育优良品种方面作用巨大。此外，农业人力资源等种粮主体环节，粮食流通、消费等市场环节，粮食收购、储备等政策环节，也都能对粮食安全产生重要影响。值得注意的是，粮食短缺和粮食过剩都会产生严重的社会问题。由此可见，粮食问题是一个永恒的经济、社会、生态问题，更是一个关系国家安全凝聚力强弱的重要问题。

**（五）经济安全与国家安全凝聚力**

经济安全是人民最关注、与人民的生存发展关系最密切的安全。在传统生活的社会，经济安全直接关系到国家的稳定、社会的和谐以及人民对国家的向心力。随着国家经济安全的内涵和外延不断突破，经济安全的内容愈加丰富。除了一些传统变量，如经济增长速度、通货膨胀、金融、就业等，国际收支、外资与外债规模、外贸及其依存度，以及双边、多边的国际经济条约等越来越多的因素，决定着一国经济安全状况。在现代社会，经济安全与国家安全凝聚力的相关性直接体现在以下方面：一是关系到一国经济领域的建设和发展是否独立自主，国民生活是否稳定富裕；二是关系到在国际经济竞争中是否能有效维护本国经济利益；三是关系到在国际经济秩序中能否掌握主动权和话语权；四是关系到是否有能力应对或缓解全球或区域经济、金融危机等。根据一些学者提出的指标体系，在经济安全条件方面，选取外债负债率、短期外债占外债中的比重、七大关键产业外资加权、市场占有率、中国专利在国际专利中的比重、贸易依存度、出口集中度、能源加权对外依存度、石油对外依存度等指标；在经济安全能力方面，则确定了商业银行不良贷款率、商业银行资本充足率、国债负担率、500强企业研发投入比、国际竞争力指数、国家石油战略储备满足消费的天数、人均粮食产量（公斤）、CPI、城乡居民收入之比、GDP增长率等。[①] 随着经济社会发展和全球化加速，人民的经济需要更加多元化，经济安全体系也将不断吸纳新的内容，更精确地描绘经济领域各方面的走向，使国家安全凝聚力更加可持续。

## 四、社会安全与国家安全凝聚力

在所有国家安全领域中，社会安全十分特殊。它既是国家安全的重要部分，又不必须依托“国家”这个载体。简单来说，不论国家是否存在，社会都是人类生存的基本形式，甚至在国家出现之前，人类就已经存在社会安全问题。因此，“在国家安全体系中，社会安全是构成国家安全的一个史前要素、原生要素、传统要素”。[②]

### （一）社会安全的定义

出于对“社会”一词理解的不同，学界对社会安全概念的研究大概分为几个层次：宏观上看，只要是人类生存涉及的领域和实践，就都是社会的，或者是具有社会性的，经济、政治、文化、科技等众多领域都属于“社会”范畴，在此基础上的社会安全自然覆盖面极广；中观上看，社会安全指社会系统能够保持良性运转和协调发展，各个群体能够避免来自自然界或人类社会的伤害，实现自主、可持续的发展；微观上看，社会安全主要是指社会保障体系的建立。

我们所讨论的社会安全属中观层面的。具体来说，就是国家有能力

---

① 顾海兵、詹莎莎、孙挺：《国家经济安全的战略性审视》，《南京社会科学》2014年第5期，第23页。

② 刘跃进：《国家安全体系中的社会安全问题》，《中央社会主义学院学报》2012年第2期，第95页。

保障个人和群体的基本利益，控制或消灭妨碍社会有序运行和发展的因素；国民享有安定的生活环境、良好的发展条件、有序的社会秩序、平和的社会心理，生存发展的各项权利受到保护。

**（二）社会安全与国家安全**

社会安全是国家安全的重要组成部分。社会安全是公共安全利益的需要，是社会稳定程度的一种表现，是国家安全的重要内容。虽然在国家产生之前，人类就已经在实质上面临社会安全问题，但在国家产生之后，社会安全就再也不能与国家安全割裂来看。社会安全因其“社会”属性，与其他领域的安全关系密切、相互交织、互为因果，任何形式的社会不安全因素，都极易迅速演化为其他领域的不安全，甚至是整个国家的不安全。

社会安全是实现其他领域安全的必要条件。社会安全是国民安居乐业、社会和谐、政治稳定、国家发展的基础，为实现其他领域安全提供了稳定的社会环境。“利莫大于治，害莫大于乱”，如果出现社会动荡，经济、文化、科技等领域的安全建设就会顿失动力，政治、军事领域的安全也将备受困扰，最终严重影响到国家安全。历史上，由于社会矛盾积累、社会安全事件爆发而波及甚至摧毁国家安全的例子屡见不鲜。

**（三）社会安全与国家安全凝聚力**

引发社会不安全的因素多种多样，有自然方面的因素，如包括地震、洪水、干旱在内的各种自然灾害，包括雾霾、极端天气、水土流失等在内的生态威胁；有社会矛盾的表现，如失业、贫富差距、宗教信仰、生产事故、传染病、恐怖主义等；有社会管理的缺失，如社会矛盾处理不力、社会组织建设不足、突发事件应急和社会保障机制不健全等；有外部环境的影响，如国际关系、局部战争等。衡量一国社会安全是否实现，不但要看社会环境是否稳定有序，还要充分考虑包括教育、就业、分配、医疗卫生、社会保障等在内的各方面情况。社会安全对国家安全凝聚力的影响不在于上述社会不安全因素的客观性，而在于国家采取什么措施克服社会不安全因素给人民带来的不安全结果。在相同不安全因素影响的环境下，总是社会安全保障能力强的国家对人民有吸引力。我们是人民当家作主的国家，人民有社会安全，才有安居乐业，才能把安全感转化为对国家的向心力。

## 五、生态安全与国家安全凝聚力

生态安全是新近提出的一种安全理念，是在全球范围内生态恶化和环境问题日益严重的背景下进入研究者视野的。作为国家安全的非传统领域，人们对生态安全的认识和理解起步较晚。特别是在“和平”“发展”两大主题下的当今世界，生态环境面临的危机已经成为威胁国家安全的主要问题之一。由于生态系统是人类得以延续的最基本环境，因此生态安全与其他领域安全相比，呈现出一种原生性和基础性，是国家安全中的重要部分。

### （一）生态安全的定义

我国在 2000 年《全国生态环境保护纲要》中明确将生态安全作为环境保护目标和国家安全的重要组成部分提出来，对我国生态环境的形势和任务作出了分析和安排。

长久以来，学界不但对生态安全和环境安全的描述并不明晰，而且对生态安全的定义也未有定论。我们认为，与环境安全相比，生态安全的空间更广泛、内容更立体，因此沿用这一提法。环境安全则具体指向缓解或消除环境污染带来的威胁。

一般意义来看，生态安全可以分为四个层次：一是自然环境稳定、优良；二对人类生活能够形成基本支撑；三是能支撑一个国家的经济持续发展；四是从“全球化”视角看，避免由于生态环境退化和资源短缺引发公众不满，形成对资源的争夺，进而造成社会动荡、国际关系恶化，甚至暴力冲突和局部战争。

### （二）生态安全与国家安全

生态安全是国家安全的物质基础。对于人类社会来说，生态是其赖以生存的基础，一旦这一基础被破坏，人类生存面临挑战、发展空间丧失、自然灾害侵扰，其他领域安全的建设必然弱化，甚至无从谈起。因此，营造和谐、安全的生态环境，不仅是人类生存、经济可持续发展的必要条件，也是一国社会稳定、人民安居乐业的重要基础。

生态安全问题威胁其他领域安全。生态安全对人类生存发展的硬约束只是问题的一个方面，另一方面，关键资源短缺还会引发对有限资源的争夺。不论是国内群体之间的争夺，还是国际上国家之间的争夺，都会威胁政治、经济、社会、文化等领域的安全，甚至直接造成暴力冲突，军事安全同样遭遇挑战。比如，生态严重退化和资源严重短缺能直接造成大量环境难民，进而引发地区动荡；污染扩散等跨国环境问题也经常性地上升为政治问题、外交问题，导致国际关系紧张，甚至武装冲突、局部战争。这些都将对人类社会将产生更为复杂、深远的消极影响。

**（三）生态安全的基本要素**

一般而言，生态安全主要包括国土安全、环境安全、水安全和生物安全，[①] 我们从这四个方面进一步探讨。

这里所说的国土安全，并非与军事安全紧密相连的领土方面安全，而是更侧重于生态环境角度。国土资源的大小、质量的优劣直接决定了一国的经济发展、社会运行和国民生活。

水是生命之源，是人类生存发展的基本资源，是生态环境的重要组成部分。一方面，人类生存、社会运转、经济发展各方面都离不开水的保障和供给；另一方面，水也会出现水灾害、水短缺、水污染等问题。若一国能对水资源可持续利用的状态，有确保经济社会发展需要、实现水环境优良、缓解或消除涉水灾害的能力，即为水安全。

环境安全主要相对环境污染而言，是人类健康发展的重要保障，是一国国民的基本安全，也是影响国家安全的重大问题。当前世界各国所面临的环境安全问题主要有大气污染、水土污染等。

生物安全是生态安全领域中的特殊一环，主要分三个方面：一是物种减退，包括物种灭绝、植被消减、土地退化等；二是物种入侵，给一国生态环境造成重大损失；三是生物多样性变化，包括原有物种的减少、新物种的产生等。[②] 这些都会造成对生态系统的严重伤害。

---

① 曲格平：《关注生态安全之一：生态环境问题已经成为国家安全的热门话题》，《环境保护》2002 年第 5 期，第 3—5 页。

② 赵其国、黄国勤、王礼献：《中国生态安全、农业安全及“三农”建设研究》，《农林经济管理学报》2014 年第 13 卷 3 期，第 237—243 页。

**（四）生态安全的特征**

生态安全是国家安全众多领域中，唯一一个兼具自然性和社会性的领域，因此生态安全的特点也较为鲜明。

一是系统性。生态环境自成体系，涉及的范围和领域十分广大。在自然环境方面，生态安全包含全部的生态环境要素：森林、海洋、草原、农田等生命系统和大气、水源、矿产资源等环境系统；在经济社会方面，生态安全直接关系到主权国家的经济增长、社会稳定、文化发展等。其中任何一环的问题都有可能演变为整个系统的问题和人类社会的问题。二是全球性。随着人类社会的发展，生态安全也表现出区域化、全球化的特征。生态环境是一个独立的系统，这个系统不分区域和国家的界限。因此，海洋污染、大气污染、气候异常、土地退化等，都是全世界各国共同面临的问题。三是不可逆性。生态环境一旦遭到破坏，很难再实现原生态恢复。四是隐蔽性。生态安全问题具有很强的隐蔽性，只有在人类活动危害生态环境延续一段时间、达到一定程度的时候，才会表现出来。五是长期性。生态安全问题始终伴随人类社会发展，并扮演着越来越重要的角色，生态环境的保护和治理必然是一项漫长、艰巨的任务。六是相对性。生态环境没有绝对的安全，只有相对的安全。不同国家、地区的生态安全问题的特点和程度不同，人们对生态风险的认识和耐受力也有不同，生态环境本身始终处于动态变化中。因此，对生态安全的评价指标也较为模糊、差异较大。

**（五）生态安全与国家安全凝聚力**

生态安全是随着经济社会的发展与进步，人民认识到的一种涉及环境、空气、水、生物等安全的新的安全形态。生态安全成为影响国家安全凝聚力的重要因素，就在于生态与人的健康息息相关。没有健康，财富再多、生活现代化水平再高，都失去了意义。所以，在现代社会条件下，人民群众对生态安全的需要更加迫切，满足人民生态安全的需要，正在成为现代化国家的重要职能。提高人民的生态安全，要充分认识生态安全对人民健康的影响；要深刻认识生态安全对国家可持续发展的影响；要充分认识生态安全对人民共享改革发展成果，增强幸福感的影响。要在国土安全、环境安全、水安全、空气安全和生物安全等方面采取重大措施，形成生态安全态势，让人民在生态安全的环境条件下，增强国家的安全凝聚力。

## 六、文化安全与国家安全凝聚力

文化是人类社会组成的要素。随着“全球化”进程加快、各国经济社会发展、思想文化碰撞频繁，文化在综合国力的竞争中日趋重要，文化安全逐渐受到关注。在总体国家安全观中，文化安全被视为“走出一条中国特色国家安全道路”的保障。相对于国家安全的传统领域，文化安全对国家安全的影响更为间接、隐蔽，是维护国家安全的精神力量，是国家安全凝聚力的重要内容。

### （一）文化安全的定义

文化安全是一种更深层次的安全，主要是指维护国家文化主权的水平。当前我国宣扬和巩固社会主义核心价值观，意正在此。

在界定文化安全之前，先要对“文化”一词进行分析。国家安全体系中的文化安全所指的“文化”，不是历史哲学文化或物质文化，而是一种与经济基础、国家政治制度相适应的社会意识形态，是一国国民的精神内涵和价值追求，更强调精神层面，而非物质层面，如民族精神、民族传统、宗教信仰、政治文化、生活方式、语言思维习惯等。

文化安全主要指的是一个国家有能力维护该国传统文化不被侵犯，文化自主选择不受控制，民族文化能够保持独立。在现代社会中，文化安全往往和文化主权安全密不可分。一旦文化的安全性丧失，一个国家就将失去文化主导力。有保护本国文化并使得本国文化建设顺利开展的能力和状态，是文化安全的重要内核。

### （二）文化安全与国家安全

文化安全是国家安全的精神内核。文化是国家民族世代传承的血脉、独立自主的灵魂，文化安全是一切领域安全的精神内核。安全健康的文化，有助于推动经济发展、增强综合国力、创造稳定的社会秩序。相反，核心价值模糊、社会道德滑坡、国家认同感下降的状态，国家安全无从谈起。[1]从某种意义上说，我国古代说的“其亡人国也，必先灭其语言，灭其文字”[2]，讲的就是这个原理。

文化安全影响着其他领域的安全。文化安全对其他安全等都有极大的精神影响力，具有政治认同、政治动员、社会控制等重要功能。一国的文化安全遭到破坏，国民政治认同随之改变、社会秩序遭受挑战、传统道德瓦解受损，可能引起社会动荡，进而影响经济发展，甚至牵连到国家军事安全。而一国实现了长期的文化安全，国家安全其他领域也都能获得精神上的强大支持。在很多情况下，文化安全就像“多米诺”骨牌倒下的第一块，会引发负面的连锁反应，对国家安全产生长久而深刻的影响。

### （三）文化安全与国家安全凝聚力

文化安全对国家安全凝聚力的作用主要体现在以下四个方面：一是塑造和巩固作用。文化安全是国家安全精神层面上的利益表达，由于是非物质的、深层次的，因而表现更为间接，影响更为深远，对国家安全的作用也更为曲折。但对于国家安全凝聚力的塑造和巩固，文化的作用则较为直接。二是渐进性的加强作用。随着国际格局发生深刻变化，不同文化之间的冲突和竞争被广泛关注，文化才成为世界各国综合国力较量的重要内容，被视为“软实力”。一方面，在国家经济社会发展到一定阶段，文化安全的战略重要性才能凸显；另一方面，文化力量的作用方式是“润物细无声”，通过渐进的方式、渗透的方式，使人民确立主流文化和认同，达到增加文化安全凝聚力的作用。三是在文化融合中保持主流文化主导地位的作用。在全球化浪潮和信息技术飞速发展的背景下，融合是当前世界各国文化表现出来的重要趋势。不仅是不同文化之间的融合，也表现在一国本身新旧文化的融合、不同民族之间文化的融合以及文化与经济政治领域的相互交融。体现在文化安全领域，就是既要顺应文化融合的大趋势，又要警惕冲击核心价值和主流文化的可能。四是重要保障作用。文明有高低，但文化无优劣。

---

① 张安、卢建军：《胡锦涛国家文化安全思想探析》，《理论建设》2014 年第 3 期，第 80 页。

② 邓实：《鸡鸣风雨楼独立书·人格独立》，《政艺通报》1903 年第 23 期。

对文化而言，没有任何好与坏的评判标准，其最大特点就是一种文化与另一种文化之间的差异性。实现文化安全的一项重要任务，就是在保护本国本民族的文化特点和传承力度。这点与文化融合的趋势呈现出和谐但又相悖的态势。因此，文化安全所形成的凝聚力也是国家文化凝聚力的重要保障。

## 七、科技安全与国家安全凝聚力

科技一直是推动人类社会发展、进步的重要力量。随着科学技术在国家经济建设和社会发展中的作用日益增强，国家安全体系中的科技安全的独立性逐渐显现。以往，科技对国家安全的影响都是通过其他要素间接、迂回地反映；如今，用科技手段维护国家安全的重要性直线上升，其作用也更为直接、有力。

### （一）科技安全的定义

科技安全是近些年新近提出的概念，学界对此探讨颇多，一般有狭义和广义之分。

狭义的科技安全通常立足于科技系统的安全性。有学者认为，科学技术是一个完整的系统，其避免来自内外部威胁的水平就是科技安全水平。[①] 广义的科技安全则从国家利益的高度进行分析。有学者认为，科技安全是在一定的社会环境条件下由科学技术因素以及科学技术与国家安全因素的相关性所构成的国家安全的一种态势。[②]

总的来说，科技安全是一国科学技术独立自主、健康可持续的发展态势。具体来看，就是一国家科技发展健康自主，有能力化解来自内部和外部的威胁；科学技术系统运行正常、效率优化，能有效维护国家利益，促进经济社会各方面发展，同时能避免科技发展的负面效应和伦理陷阱；通过科技手段，能使国家利益免受国际科技优势侵害，或任何势力以技术为手段的经济、政治、军事威胁等。

---

① 胡雅萍、刘千里、潘彬彬：《维护科技安全的情报预测研究》，《情报杂志》2014 年第 33 卷 9 期，第 8 页。

② 连燕华、马维野、王玉民：《科技安全的定义与概念》，《科技管理研究》2000 年第 2 期，第 3 页。

### （二）科技安全与国家安全

2014 年中央国家安全委员会第一次会议上，习近平总书记明确指出“科技安全是当代国家安全的关键。第一，科技和科技安全广泛渗透于国家安全的各种领域、各个要素和各个因素之中。国家安全体系及其任何部分都有科技安全问题存在。第二，科技和新科技安全不仅对当代国家安全在整体上起决定作用，而且对当代国家安全其他领域和内容都起决定性作用。第三，科技与科技安全的丧失，对国家安全是毁灭性打击”。

科技安全是国家安全的重要保障。科技安全是实现国家安全的工具，为其他领域安全提供技术保障。对军事安全来说，科技实力决定着军事技术和装备的优劣；对政治安全来说，科技实力制约着一国行使主权的范围；对经济安全来说，科技是第一生产力，左右着经济增长的速度和效率；对生态安全来说，维护和改善生态环境，很大程度上是一个科技问题；对信息安全来说，科学技术的作用更是至关重要……应该说，没有科技安全，就不可能有真正意义上的其他安全。

科技安全是国家安全的重要标志。科技安全和国家安全在状态上成正相关，科技安全既是维护国家安全的重要手段，又是国家安全的重要标志。“正像当代科学技术已渗透到各个领域一样”，科技安全已经成为其他安全的重要因素。[①] 因此，当一个主权国家无法维护本国科技安全时，该国的国家安全状态必然堪忧。

### （三）科技安全与国家安全凝聚力

随着科学技术的日新月异，科学技术不仅渗透到国民经济与社会发展的各个方面，而且与人民的生活水平、健康水平密切相关，科技安全已经直接影响到国家安全的方方面面。人民对科技安全的需求既表现为科技对经济社会发展的促进作用，又表现为科技应该成为人类安全幸福可持续的保障。因此，科技安全直接影响国家安全凝聚力在现代社会的形成与发展。没有科技安全，其他安全都没有保证，国家安全凝聚力难

① 胡雅萍、刘千里、潘彬彬：《维护科技安全的情报预测研究》，《情报杂志》2014 年第 33 卷 9 期，第 8—12 页。

以形成。如果科技安全没有得到充分发展，没有在一个国家成为主要的战略思想并形成一系列科技安全的能力，国家安全凝聚力就难以得到发展。近年来，在国内外出现的由于科技不安全造成的各类事故，直接导致人民丧失某项技术甚至产业发展的信心。同时，科技安全对国家安全的影响越来越大。在科技已经渗透到人类生活方方面面的条件下，没有科技的安全，就没有人民的安全感。没有科技安全的科学发展只会给人类的发展造成灾难。科技安全与国家安全凝聚力具有既相互促进、相互保障，又相互制约的关系。

## 八、信息安全与国家安全凝聚力

21 世纪，随着信息技术革命的飞速发展，世界进入“信息时代”，信息网络渗透到了经济发展各个领域、各个环节，信息安全直接关系到经济发展、社会稳定和国家安全。由于其他各领域安全建设都不同程度地建立在“信息”基础之上，信息安全不但与其他领域安全是“你中有我、我中有你”的关系，在整体国家安全中的地位也日益体现出重要的战略性和全局性。

### （一）信息安全的定义

对信息安全概念的研究历经了由浅入深、由片面到全面的发展历程，学界对信息安全的理解并不统一，人致分为微观、中观、宏观三个层次：

微观上，信息安全就是传统的计算机安全，以计算机为主体，保障计算机信息系统的安全运行。中观上，信息安全既包括信息技术，也包括信息管理，其覆盖面从计算机扩大到从企业到社会的各种组织机构，避免由于信息的泄露、更改、被控制造成的组织损害。《中国大百科全书》给出的定义就是：信息安全的任务，就是要采取措施（技术手段及有效管理）让这些信息资产免遭威胁。[①] 宏观上则从国家利益出发，认为信息安全确保一国社会信息化体系保持独立自主、可持续发展，不受外

① 中国大百科全书总编辑委员会《政治学》编辑委员会、中国大百科全书出版社编辑部编：《中国大百科全书·政治学》，中国大百科全书出版社 1992 年版，第 76—80 页。

来威胁或侵入，避免因信息领域的不安全造成国家政治领域动荡、金融系统崩溃、社会秩序混乱、人民权利受损等。

处于国家安全体系的信息安全应立足于宏观层面来考量。归根结底，就是要保护影响国家利益关键信息的机密性、完整性、可用性，覆盖信息产生、储存、传输、处理、使用、销毁的全过程。

（二）**信息安全与国家安全**

信息安全是国家安全的重要内容和支撑。信息本就是人类社会存在、发展的重要内容，特别是在网络信息技术广泛应用、日新月异的背景下，信息安全在国家安全体系中的地位也不断跃升。一方面，国民日常生活与互联网的交互日益深刻，网络信息已经成为现代生活不可或缺的重要部分，成为人类社会的重要生产要素和资产财富。另一方面，当信息技术渗透到社会生活的方方面面，任何领域的发展都将离不开信息技术的支撑，直接影响经济、政治、科技、文化等领域安全，甚至军事安全。现代战争就是以信息为基础、整合各种技术和战术的一体化战争，其主力正是信息化军队。正如习近平同志在中央网络安全和信息化领导小组第一次会议上指出，没有网络安全，就没有国家安全。

信息安全是国际竞争的新战场。以“冷战”结束为界限，此前国家竞争的主战场是军事、政治等领域，此后竞争主战场则转向经济、文化等领域。进入 21 世纪，世界信息技术异军突起，信息领域正在成为国际竞争新的主战场，各国不但积极抢占信息制高点，而且对“虚拟国土”的争夺日趋白热化。比如，网络空间已被普遍看作一种新型作战平台，一些国家纷纷组建网络战部队。足见维护一国信息安全的重要性不亚于一场维护国家主权、利益的战争。在 2016 年 4 月 19 日召开的网络安全和信息化工作座谈会上，习近平总书记深刻指出，谁都不愿生活在一个充斥着虚假、诈骗、攻击、谩骂、恐怖、色情、暴力的空间。互联网不是法外之地。利用网络鼓吹推翻国家政权，煽动宗教极端主义，宣扬民族分裂思想，教唆暴力恐怖活动，等等，这样的行为要坚决制止和打击，决不能任其大行其道。利用网络进行欺诈活动，散布色情材料，进行人身攻击，兜售非法物品，等等，这样的言行也要坚决管控，决不能任其大行其道。

**（三）信息安全与国家安全凝聚力**

随着信息网络的普及，信息安全已经成为人民安全需要的一项重要内容。信息安全对于国家安全凝聚力的影响主要体现在以下两个方面：一方面，人民生活中有了信息安全才有其他的安全。人们在现代生活中时时刻刻和信息相联系，如健康信息、工作信息、交友信息、居住信息、出行信息、就业信息等等。这些信息需要有安全保证。没有了信息安全就意味着人们时时刻刻面临信息被泄露的风险，处在不安全的环境中。人民对信息安全的需求已经成为人民对国家安全管理的重要诉求。因此，满足人民信息安全需要，就成为国家安全凝聚力形成的重要源泉。另一方面，信息安全关系到国家安全。国家信息安全，国家在国际竞争中保持优势地位，人民才能在国家独立自主健康发展过程中享受幸福自由。

军事安全、政治安全、经济安全、社会安全、生态安全、文化安全、科技安全、信息安全涵盖了国家安全的传统领域和非传统领域，提供了国家独立自主、经济健康发展、社会和谐稳定、国民安居乐业的基础条件和保障，实现这八个方面的安全即可认为基本实现国家安全，国家安全凝聚力也由此产生、巩固、强化。

## 第三节　总体国家安全观与国家安全凝聚力

国家安全体系中的各种要素并非机械性地组合，而是你中有我、我中有你，相互联系、相互作用，不断演进、频繁变化，每一个领域的具体安全都与其他领域的安全密切相连，凝聚为一个不可分割的整体，进而影响整个国家安全体系的水平和状态。因此，任何时候都不能孤立地、片面地理解国家安全问题。

以人民安全为宗旨，以政治安全为根本，以经济安全为基础，以军事、文化、社会安全为保障，以促进国际安全为依托，是“总体国家安全观”五个基本要素。本节将在此基础上，进一步梳理军事安全、政治安全、经济安全、社会安全、生态安全、文化安全、科技安全、信息安全之间的关系，明确不同领域安全在国家安全体系中扮演的角色，对理解“总体国家安全观”及建立于其上的国家安全凝聚力，十分重要。

## 一、人民安全是宗旨

进入21世纪，和平和发展成为时代主题，主权国家安全的出发点和落脚点也日益明确，重心逐渐从“物的安全”转移到“人的安全”。人民不但是国家安全的最终指向，也是国家安全凝聚力的源头和主体。

我国明确人民安全的宗旨地位，直接体现了构建国家安全体系的目的，是“以人为本”价值理念的突出体现。不仅进一步表达了人民安全在国家安全构成要素中的核心性，昭示了国家安全活动中的终极目的，而且强调了人民群众在国家安全体系中的本原性、核心性、目的性和主体性。

人类社会是主权国家形成的先天基础，国家的主人是人民，人民安全才是一切国家安全活动的根本宗旨和根本目的——维护人民生命财产安全，维护人民自主尊奉政治制度的权利，维护人民选择生活方式的自由，维护人民自我发展的根本利益等。从这个角度看，其他领域的安全都是实现人民安全的不同途径和手段，在国家安全体系中扮演“工具”角色，体现“服务”作用。

同时，国家安全的主体是人民，实现国家安全除了以“一切为了人民”为目标，还要“一切依靠人民”。为实现自身安全需求，人民会迸发出无穷无尽的创造力，产生强大的执行力，持续巩固和完善国家安全。也将根据时代发展和新增的安全需求，不断调整和拓展国家安全的内涵和外延。国家安全正是因人民群众而充满活力、动态发展。真正夯实国家安全的群众基础，才是建设和发展国家安全体系、巩固和强化国家安全凝聚力的根本法宝。

## 二、政治安全是根本

政治安全在国家安全体系中的重要性毋庸置疑。政治安全关系到国家发展、政府运行，乃至意识形态的稳定性，在国家安全体系中起着

“大环境”“大框架”的根本性作用。

一方面，政治安全覆盖面广大、构成因素众多，包括国家主权、领土疆界、民族尊严、意识形态、价值文化、国家制度和权力体制等。可以说，所有的安全事务都属于政治范畴，具有政治性。因此，国家安全的整体状态和其他方面的安全，都将受到政治安全状况的根本性影响。另一方面，虽然人民安全是国家安全的宗旨，但国家安全最明显的表现就在政治领域，其威胁和防卫大都是从政治角度上构成、定义和实施的。政治安全在国家安全中的根本性作用，不但体现在宏观上，也体现在微观上；不但作用于概念理解，也作用于具体措施，乃至战略规划。因此，政治安全是国家安全最根本的象征，意味着该国人民对国家主权、意识形态、国家制度和权力体制的现状认识、价值判断趋同，这正是国家安全凝聚力的重要体现，也是形成国家安全凝聚力的重要动力。

进一步看，社会主义国家的政治安全以社会主义制度和政治思想的安全为必然前提[①]，国家安全凝聚力在政治领域的表现十分明显。对我国来说，维护政治领域的安全，就是要始终坚持“四项基本原则”。

## 三、经济安全是基础

经济安全不仅是国家安全的重要组成部分，而且是国家安全的物质基础。没有经济安全，便没有政治、科技、军事、社会等领域的安全，国家安全凝聚力也将瓦解，经济安全的基础性作用显而易见。

对任何一个主权国家来说，经济发展都是治国理政的重中之重。我国亦反复强调，“必须毫不动摇坚持以经济建设为中心，切实抓好发展这个执政兴国第一要务”[②]。当前，世界经济仍处于金融危机之后的深度调整期，总体上的“体质虚弱”短期内难有改观。国内，经济增长的传统动力正在消退，投资拉动的边际效应日渐萎缩，人口红利日益消减，创新

---

① 张裕民：《论国家政治安全的核心地位不可动摇》，《山西警官高等专科学校学报》2014年第22卷2期，第42页。

② 李克强：《政府工作报告——2015年3月5日在第十二届全国人民代表大会第三次会议上》，《经济日报》2015年3月17日。

的贡献尚显不足，经济增长点处于“青黄不接”的特殊档口。还应该看到，完成结构调整任务，解决产能过剩难题，保障民生就业底线等，都是亟待解决的严峻问题。加强经济安全，正是实现转型升级、避免落入“中等收入陷阱”的重要保障，为我国转变经济发展方式提供迂回空间，更能为其他国家安全领域的发展提供物质基础。

同时，经济安全堪称“百姓身边的安全”，是新时期国家安全的“晴雨表”。经济领域出现的任何波动，都能够在国民生活中体现。比如，就业情况、物价涨跌、收入增减等，原本就是国民生活的重要部分，对每一个国民个体和家庭的影响深入而直接，是一国国民判断包括经济安全在内的国家安全的重要依据。因此，经济领域的安全状态也直接决定了人民对国家安全的理解，进而能有力左右一国的国家安全凝聚力。

### 四、军事、文化、社会等安全是保障

传统国家安全领域的关键词在“稳”，着眼稳定；非传统国家安全领域的关键词在“进”，着眼发展。不论是传统国家安全，还是国家安全的新领域，都是随着时代变化和人类经济社会发展而存在的安全需求，都在从不同侧面、不同领域保障国家安全，是国家安全体系不可分割的一部分。军事、文化、社会、生态、科技、信息等领域的安全状态都直接影响整个国家安全体系的稳固，任何一方面有缺口，都有可能演变成严重的国家安全问题，也通过影响人民对国家安全状况的判断，对国家安全凝聚力施加作用。

### 五、国际安全是依托

“全球化”浪潮方兴未艾，不但国家安全的传统领域备受冲击，呈现出前所未有的风险和挑战，而且非传统领域本身或是因“全球化”而生，或是因“全球化”凸显。在这种背景下，国际、国内安全问题相互关联、密不可分，国家安全挑战呈现出内部安全与外部安全联动、传统领域与非传统领域相互转化的特点。因此，必须从国际视野看待国家安全，内外兼修，着力营造或加强国家安全体系的国际环境。

与此同时，国家安全凝聚力也在遭受“全球化”冲击。世界各国在综合国力的比拼中尤为重视价值输出，不少国际争端表现为文明、宗教冲突，就是明证。如何在“你中有我、我中有你”的复杂世界中巩固和加强本国的国家凝聚力，维护国际安全、强化国家安全凝聚力将是一条有效途径。

## 第四节　增强当代中国国家安全凝聚力的途径

增强当代中国国家安全凝聚力，是提高国家凝聚力的重要组成部分，是提升我国国家安全水平的必由之路。当前，以习近平同志为核心的党中央决定组建中央国家安全委员会，着力加强对国家安全工作的统一领导，着力构建国家安全法律体系，着力建设与国家安全和发展利益相适应、我国国际地位相称的强大军队，对于建立集中统一、高效权威的国家安全工作领导体制，明确维护国家安全的基本力量及其运用方式，形成加强国家安全建设的基本格局，增强当代中国国家安全凝聚力，推动国家安全治理体系和治理能力的现代化，具有非常重要的意义。

进一步增强当代中国国家安全凝聚力，是个系统工程，不仅要继续落实国家已有的重要战略部署，还要统一思想，形成共识，形成夯实国家安全基础的合力。

### 一、全面落实总体国家安全观重大战略思想

理论是行动的先导，增强当代中国国家安全凝聚力，必须要从思想认识上进行科学武装。党的十八大以来，习近平主席站在时代发展和战略全局的高度，从国内国际两个大局出发，把国家安全问题放在实现中华民族伟大复兴的历史进程中加以运筹，放在当今世界大变局的时代背景下加以思考，对国家安全统筹部署，鲜明提出总体国家安全观这一重大战略思想。这一重大战略思想，内涵极其丰富，思想极为深邃，体系完整，是运用马克思主义世界观方法论认识和分析国家安全形势的中国特色国家安全战略的最新理论成果，创新发展了党的国家安全指导理论

和实践，是指导开展我国国家安全战略实践的强大理论武器，为增强当代中国国家安全凝聚力提供了科学行动指南。

道路问题至关重要。提升我国安全凝聚力，是仿照西方的路子，还是从中国实际出发，兼容并包？习近平主席强调必须毫不动摇坚持中国共产党对国家安全工作的绝对领导，并提出以人民安全为宗旨构建一条中国特色国家安全道路的具体思路。这些重要论述和部署，深刻揭示了国家安全各领域各要素的功能作用和相互关系，阐明了中国共产党在国家安全中的核心领导地位。

要善于把握大势，统揽战略全局，积极主动进取；要始终增强忧患意识，做到居安思危，凡事从最坏处准备，向最好结果去努力；要重视外部安全又重视内部安全，重视国土安全又重视国民安全，重视传统安全又重视非传统安全；要重视发展问题又重视安全问题，重视自身安全又重视共同安全，等等，这是习近平主席对国家安全工作方法论的重要论述。认真学习这些重要论述，就要善于坚持战略思维、历史思维、辩证思维、创新思维和底线思维，就要增强全局观点和底线思维，就要积极运用科学的思想方法和工作方法去认识问题、分析问题、解决问题。

### 二、用发展的办法解决安全问题和安全凝聚力不足问题

落后才会挨打，发展是当代中国的主题，是解决中国一切问题的“总钥匙”。国家安全，经济安全为基础。当前国家安全和安全凝聚力所遇到的一切问题，无论是科技、军事、粮食、能源，还是一些社会矛盾和问题，说到底都是发展上的问题，只能通过发展来解决。发展，对于全面建成小康社会、加快推进社会主义现代化，增强国家安全凝聚力，仍然具有决定性意义。

发展必须转型。我国已成为经济大国，但块头大不意味着强壮。当前我国还面临一些问题亟须解决。比如，我国经济结构不合理，工业内部传统重工业比重过大。又如，我国自主创新能力不强，很多核心技术仍掌握在别人手里。更为突出的是，能源资源消耗多，环境污染重，增长的质量和效益不高。这都表明，长期以来高投入、高消耗、高污染、

低效益的增长方式已不可为继。不加快转变经济发展方式和调整经济结构，发展就难以持续。

转型必须改革。体制机制不合理是制约转方式的最大障碍，转方式必须深化改革开放。改革开放以来我国发展取得巨大成就，靠的是改革开放；现在转方式、促发展，还要靠改革开放。改革未有穷期。我们已进入转方式的关键期、发展的转型期和改革的深水区。在这个阶段上，改革的诉求与期待增多，改革的难度和复杂性加大，但改革的空间和潜力依然很大。加快转方式是我国经济社会领域一场深刻变革。必须把抓改革、促转变、谋发展更好地结合起来，深化改革开放，激发动力活力，使转变经济发展方式取得重大进展。

从更广阔视角看，加快转型发展、全面深化改革，也是抓住机遇、抢占未来发展制高点的必然选择。问题越多，矛盾越大，越要攻坚克难、勇往直前。只有保持定力，坚定信心、增强勇气，敢于涉险滩，敢于啃硬骨头，坚决打好全面深化改革这场攻坚战，实现更高水平的发展，我们才能从根本提升我国国家安全凝聚力水平。

### 三、提升国防军事安全水平

国家安全凝聚力的提高，说到底还要靠提升国家经济实力、国家军事实力、国家外交实力、国家科技实力、国家主义化的弘扬与创新能力、国家反干涉反渗透能力，还需提升各个方面的安全水平尤其是国防军事安全的水平，以促进国际安全为依托，以军事安全为保障。

军事手段是一个国家确保国家安全、提高安全凝聚力的保底手段。贯彻习近平主席关于总体国家安全观、实现国家总体安全的一系列重要讲话精神，就要在习近平主席和中央军委坚强领导下，紧紧围绕实现党在新形势下的强军目标，全面加强军队革命化、现代化、正规化建设，开启了强军兴军的新征程。习近平主席强调，要始终从思想上政治上建设和掌握部队，确保绝对忠诚、绝对纯洁、绝对可靠；重申思想建党、政治建军原则，明确回答了怎么做好新形势下军队政治工作这个重大问题，确立了强军兴军征程中政治建军的大方略。坚决听党指挥是我军的建军之魂、强军之魂，是保证我们党长期执政、国家长治久安的根本法宝。我们要毫不动摇地坚持党对军队绝对领导的根本原则和制度，始终把党的领导作为维护国家安全和社会稳定的最大压舱石，坚定不移地贯彻军委主席负责制，坚决听从党中央、中央军委和习近平主席指挥，坚决维护党中央、中央军委和习近平主席权威，把党对军队绝对领导的根本原则和要求贯彻到工作中、落实在行动上。

军事安全与军事战略战术水平息息相关。习近平主席着眼实现党和国家战略目标，从政治和全局高度思考筹划战争问题，提出现代战争作战指导新思想，丰富和完善积极防御战略思想的内涵。我们要深入学习这些重要论述，适应形势任务变化，创新发展军事战略指导，深化现代战争特点规律和制胜机理研究，充分发挥军事力量对实现国家安全战略目标的重要支撑作用，着眼于发挥我们的优势，以能击不能，创新新的时代条件下人民战争的战略战术；始终扭住关系全局的战略枢纽管控危机，更加注重运用军事力量和军事手段营造有利战略态势，高度关注海洋、太空、网络空间安全，注重经略新型安全领域，关注战场空间的新变化和军事竞争新的制高点，全面提升我国军队在更加广阔空间执行多样化军事任务的能力。

能打仗打胜仗，是确保军事安全的核心要求；有没有战斗力是衡量军事安全的唯一标准。我们要坚持战斗力这个唯一的根本的标准，深化军事斗争准备，真抓实备、常备不懈，深入推进实战化军事训练，统筹推进各方向各领域军事斗争准备，下大力提高实战和威慑能力，着力提升军队维护国家安全的实际能力，努力做到训练的规模、难度、强度大幅提高，演风训风明显改善，实战化氛围空前浓厚，实战和威慑能力不断提升。

强军兴军的不竭动力归根结底要靠改革。我们要深刻洞察世界新军事革命发展趋势，大力推进新一轮国防和军队改革，坚持把改革作为强军兴军的关键一招，解决制约国防和军队建设的体制性障碍、结构性矛盾和政策性问题，深入推进军队组织形态现代化，构建中国特色现代军事力量体系，努力建设与国家安全与发展利益相适应的巩固国防和强大军队。

### 四、以政治安全为根本，加强国家执政能力建设

只有党坚强有力，国家安全凝聚力才能最大化，事业才能兴旺发达，国家才能繁荣稳定，人民才能幸福安康。当前最大的政治安全就是腐败问题以及由此带来的执政党执政能力不足问题。正如习近平总书记指出的那样，这些年来，世界上一些老牌执政党衰败甚至垮台的教训告诫我们，如果管党不力、治党不严，我们的执政资格迟早会丧失。

办好中国的事，关键在党。中国共产党要确保始终走在时代前列，肩负起历史使命，就必须党要管党、从严治党。回顾过去，我们党之所以能够从小到大、快速发展壮大起来，领导中国人民在革命、建设和改革道路上取得一个又一个伟大胜利，使得中国越来越富强，就在于我们党始终高度重视加强自身建设。

当前，与国内外形势发展变化相比，与党所承担的历史任务相比，党的领导水平和执政水平、党组织建设状况和党员干部素质、能力、作风，都还有不小差距。形式主义、官僚主义、享乐主义、奢靡之风“四风”问题较为普遍地存在，一些干部为官不为，甚至严重脱离群众，腐败现象仍然易发多发，老虎、苍蝇仍然不少。

“打铁还需自身硬。”以政治安全为根本，加强国家执政能力建设，首先要补足共产党人精神上的“钙”。应该充分肯定，当前我们大多数党员、干部理想信念是坚定的，政治上是可靠的。但也要看到，在党员、干部队伍中，信仰缺失是一个需要引起高度重视的问题。理想指引人生方向，信念决定事业成败。理想信念不坚定，精神上就会缺“钙”，骨头就会软，人就会忘记初心，就会变质。

坚定广大党员的理想信念，就要抓好两手，一手抓用科学理论武装头脑，不断建设我们的精神家园；一手抓惩治腐败，以猛药去疴、重典治乱的决心，以刮骨疗毒、壮士断腕的勇气，坚决把党风廉政建设和反腐败斗争进行到底。我们要深入学习、系统掌握马克思主义基本理论，把理想信念建立在对历史规律的正确认识上，建立在对科学理论的理性认同上，建立在对基本国情的准确把握上，不断运用马克思主义立场、观点、方法认识问题、分析问题、解决问题。坚持标本兼治、综合治

理、惩防并举、注重预防，建立健全惩治和预防腐败体系，以改革精神加强反腐败体制机制创新和制度保障，坚定不移反对腐败，坚决查处发生在领导机关和领导干部中的滥用职权、贪污贿赂、腐化堕落、失职渎职案件，又着力解决发生在群众身边的腐败问题，坚定不移转变作风。

# 第九章

# 当代中国国家凝聚力的结构整体性与功能独立性

当我们研究国家物质、精神、政治、文化、安全凝聚力之后，不能产生一个错觉，即认为国家凝聚力的结构是分散的。实际上，在结构上，他们是一个联系非常紧密的整体。这种国家凝聚力的结构整体性表明了构成要素之间的不可分割性。同时，国家凝聚力的要素构成，在功能上又是相互独立的，各要素之间又具有不可替代性。因此，国家凝聚力内部各要素之间构成一个整体性、独立性相互融合的复合系统。认识国家凝聚力结构的整体性和功能的独立性的价值意义，就在于在加强国家凝聚力建设的过程中，必须平衡发展，不能只强调某种功能而忽视其他功能。

## 第一节　当代中国国家凝聚力一般理论模型

国家凝聚力由物质、精神、政治、文化和安全五大要素构成。本部分旨在通过对国家凝聚力一般理论模型的回顾和梳理，以此作为当代中国国家凝聚力结构模型的研究基础。其中，物质凝聚力是国家凝聚力形成的基础，精神凝聚力是国家凝聚力的指向标，政治凝聚力是国家凝聚力建设的核心，文化凝聚力是国家凝聚力的助推器，安全凝聚力是国家凝聚力的保障。五大凝聚力之间既互相联系，又互相区别；既相互独立，又缺一不可，形成一个紧密的复合系统，如图 9–1 所示。

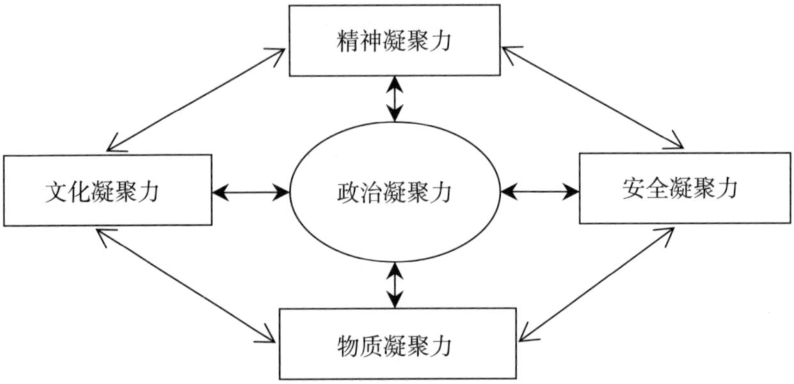


**图 9–1 国家凝聚力五力模型**

## 一、物质凝聚力是国家凝聚力建设的基础

国家物质凝聚力是在满足人民群众物质需求基础上，所表现出来的国家对国民的吸引聚合力。物质财富的生产是人类社会赖以存在和发展的基础，和谐社会必然是物质财富相对宽裕的社会。人类社会发展的历史表明，物质财富匮乏所造成的贫困，是造成社会发展不和谐的根本原因[①]；同样，物质极度缺乏的国家，是很难形成强大的国家凝聚力。

如在早期封建社会，由于社会生产的剩余产品数量极少，根本满足不了社会所有成员的需求，那些拥有经济特权和政治特权的剥削者就要侵吞被剥削者的生活必需品，相互争夺剩余产品。而被剥削阶级为了维持基本的生存条件，就要与剩余产品的占有者展开殊死的斗争，于是社会处在严重的对抗和冲突之中[②]。这种因物质的争夺而处于对抗和纠纷不断的国家，是很难形成强大国家凝聚力的。因此，物质财

① 骆辉：《以公平正义构建和谐社会》，《兰州学刊》2006 年第 5 期，第 109—111 页。
② 同上。

富是和谐社会建设的充分条件，物质凝聚力是国家凝聚力建设的基础保障。

## 二、精神凝聚力是国家凝聚力建设的指向标

国家精神凝聚力是国家在满足人民群众精神需求基础上，促使其成员产生的对国家的向心力和聚合力。人们的行动是受人的思想支配的，而思想又是理想、信仰、价值观等共同聚合构成的精神产物，有什么样的思想指导，就会导致什么样的外在行为。也就是说，不同的精神境界，不同的价值观念，导致不同的行为，决定着国家群体的凝聚与离散。

说国家精神凝聚力是国家凝聚力建设的指向标，主要基于以下两点：一是国家精神凝聚力内含的理想、信仰、精神、道德规范，体现着人类的总需要或是最高需要，其他方面的需要都是围绕着人类的总需要或最高需要而展开的；二是国家精神凝聚力的科学内涵，对于其他凝聚力建设方向具有确定的导向作用，离开了国家精神凝聚力的正确导向，就不可能形成强大的国家凝聚力，或难以形成正能量的国家凝聚力。

## 三、政治凝聚力是国家凝聚力建设的内核

国家政治凝聚力是国家满足国民政治诉求而产生的对国家政权的吸引力和向心力。国家的核心是政权，政权的行为是政治，由政治要素聚合而形成的政治凝聚力是国家凝聚力建设的核心内容。

国家政治凝聚力是国家凝聚力建设的内核，也主要基于以下两点：一是国家政治凝聚力内含的制度、执政党、领导集团、政府行为，只有符合人民的期望，得到人民的拥护，并有所作为，其他国家凝聚力内含的多样化需求才能得到满足；只有把国家政治凝聚力这个内核建设强大了，其他国家凝聚力建设才会强大。二是国家政治凝聚力建设在整个国家凝聚力建设中具有中心地位，对其他国家凝聚力的强度和作用方向具有调控作用。

## 四、文化凝聚力是国家凝聚力建设的助推器

国家文化凝聚力是在国家文化认同的基础上，国家主流文化对国民形成的吸引力和感召力。由文化要素构成的文化凝聚力，不同于物质凝聚力对国家凝聚力的基础作用，也不同于精神凝聚力对国家凝聚力的指向作用，更有别于政治凝聚力对国家凝聚力的内核作用。文化凝聚力作为一种软实力，是以国民对国家主流文化的认同为基础和前提，以语言、文字为载体，以教育普及为手段，形成特定的社会文化环境，进而对生活于其中的人们产生同化作用，并对他们的价值观、审美观、是非观、善恶观产生影响，使人们在认识问题、分析问题、处理问题中，保持大致相同的基本点，以此助推国家五大凝聚力的全面建设。

事实表明，文化是维系社会、保持民族生生不息的巨大力量，这种力量不断推动着一个国家凝聚力的形成、发展和创新。值得注意的是，近代一些国家凝聚力量，实现复兴，往往都是从文化凝聚力开始的，原因就在于国家文化中的各种要素符号承载了历史和现实的价值取向，能够通过传递，使社会的正能量迅速得到扩散和扩大。而文化凝聚力的这种独特作用，是其他形式的凝聚力所不能代替的。

## 五、安全凝聚力是国家凝聚力建设的保障

国家安全凝聚力是国家在满足国民和平安全需求的基础上，对国民产生的吸引力和向心力。每个人都有希望国家军事、政治、经济、社会、生态等安全的需求，满足人们的和平安全需求，又以国家的领土完整、强大的军事实力和外交实力等要素共同构成的国家安全凝聚力为前提。一个主权不独立的国家，一个社会不稳定的国家，一个没有话语权的国家，一个连人们最起码的人身安全需求都无法满足的国家，不可能形成强大的国家凝聚力。

中外历史上，一个国家的繁荣与发展时期，一定是和平稳定的时期，国家保证了人民的安全，人民才能集中精力建设国家。一个国家的安全建设能够形成对人民的安居乐业需求的满足，而这种满足又会转化成经济建设、政治建设、文化建设的动力，这就是安全凝聚力对国家凝聚力建设的保障作用。

## 第二节　当代中国国家凝聚力演进阶段模型

当代中国国家凝聚力结构模型，首先遵循一般理论模型的构成规律。这一理论模型中，五种要素均衡发展，共同支撑起当代中国国家凝聚力促进国家发展的目标，这也正是我们研究凝聚力所期望的目标所在。但是，我们必须要认识到，由于中国国家凝聚力形成及发展有着自身的历史渊源和特点，所以，当代中国国家凝聚力构成有着自身独特之处。梳理中华人民共和国成立以来的演进轨迹，可以看出，由物质凝聚力、精神凝聚力、政治凝聚力、文化凝聚力、安全凝聚力构成的当代中国国家凝聚力，在其形成和发展中发挥着重要作用，但在不同阶段演进中，又分别扮演着不同的角色，发挥着不同的功能。

### 一、形成期（1949—1956 年）

1949 年 10 月，中国共产党领导人民推翻了压在中国人民头上的“三座大山”，以人民当家作主为标志的中华人民共和国成立。这一时期，在党的领导下，全民齐心协力，奋发图强，重点从稳固政权、全面恢复国民经济建设、弘扬社会主义理想、保卫领土安全、提升全民文化素质等方面着手展开各项工作；以政治凝聚力、安全凝聚力、精神凝聚力为主体，物质凝聚力和文化凝聚力为两翼的国家凝聚力架构初步形成，如图 9-2 所示。

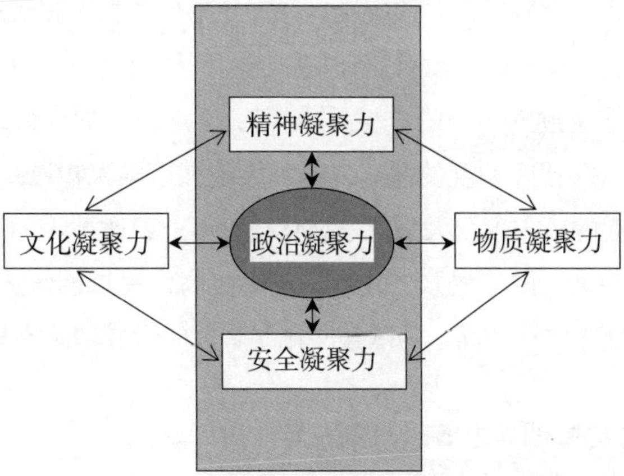


图 9-2　当代中国国家凝聚力形成期结构模型

国家的独立首先是政治上的独立，合法的政治权力即政府，是一国政治生活中的一个重要角色。中华人民共和国成立初期，经过战争的洗礼，各行各业百废待兴，稳固的政治凝聚力对国家凝聚力作用发挥起着至关重要作用。在此期间，党中央结合人民当家作主的意愿要求，建立了人民代表大会制度，制定了中华人民共和国第一部宪法，民主程度大幅提高，法制建设初见成效，以毛泽东为核心的第一代领导人得到全民的拥戴，社会主义国家制度得到民众的普遍接受和认同，当代中国国家政治凝聚力初步形成。

国家独立的第二个标志就是领土独立，领土独立有赖于强大的国家安全凝聚力。为保证领土安全，有效抵抗美帝国主义的侵略以及国内反革命分子破坏，党和国家政权通过科学的战略决策，充分调动广大军民力量，先后取得解放战争、和平解放西藏、抗美援朝等的全面胜利，在这样的磨炼中，逐步打造出更加正规化和现代化的战斗力更强的人民解放军队伍。同时，积极加强和其他国家的交流，并开创性地提出独立自主的和平外交政策，在世界的影响力逐步提高。

中华人民共和国成立初期，精神凝聚力在当代中国国家凝聚力形成过程中发挥着重要作用。首先社会主义和共产主义理想成为几代人为之努力甚至以生命为代价的奋斗目标，毛泽东思想成为新中国人民共同的信仰，在艰苦卓绝的战争中磨炼出来的爱国主义精神和艰苦奋斗精神，都成为这个时期精神凝聚力形成的重要源泉。

相比较而言，此阶段的物质凝聚力和文化凝聚力影响相对较弱，但也在悄然萌动。虽然工作重心还没有完全集中到经济建设上来，但实现国富民强的愿望却不曾停止过。“一五”规划的制定、土地改革的推行、工农业生产恢复和发展、医疗保障制度的建立，都极大地加速国家物质凝聚力的形成。为适应人民变化的新需求，大力推进文化教育事业，改革陈旧教育制度，开展大规模扫盲活动。随着民众文化水平不断提高，民众创作热情逐步高涨，涌现出一大批优秀文化作品，为国家文化凝聚力的形成增砖添瓦。

## 二、强化发展期（1957—1965 年）

强化发展期，是我国生产资料所有制社会主义改造基本完成，中国进入全面建设社会主义时期[①]。在这一阶段，党和国家的工作重心由政治安全逐步向经济建设转变。虽然确立了经济发展目标，制定了经济政策，但由于思想上的盲目性，导致物质凝聚力并没有呈现出强劲发展态势。在这一时期，当代中国国家凝聚力的结构构成中，起主导作用的依然是国家精神凝聚力、国家安全凝聚力和国家政治凝聚力。但与形成期中国国家凝聚力构成的具体内容相比，却有着极大的丰富和完善。当代中国国家凝聚力强化发展期结构模型如图 9–3 所示。

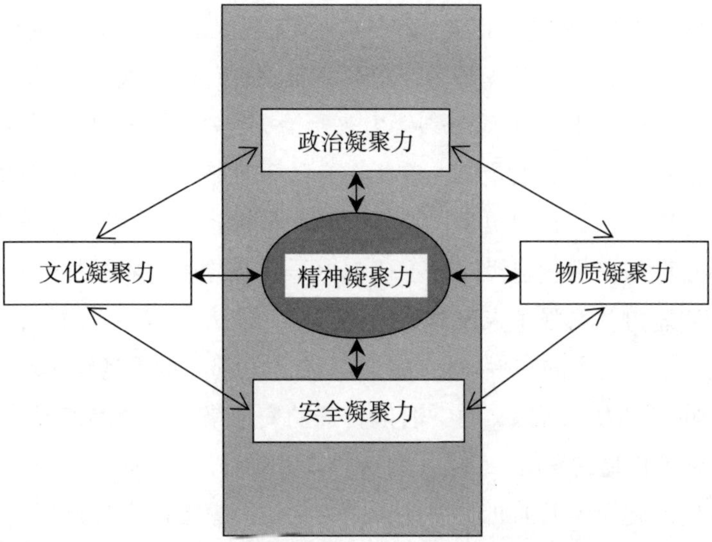


**图 9–3　当代中国国家凝聚力强化发展期结构模型**

国家精神凝聚力得到大幅度提升。共产主义的理想和建设社会主义的目标进一步得到广大人民的认同和积极响应，纷纷投身到共产主义建设队伍中。体现马克思主义理论与中国实践结合的毛泽东思想进一步丰富和完善，并成为这一阶段路线、方针、政策制定的主要理论依据。革命战争时期流传下来的团结同心、不怕困难的革命精神，“工业学大庆、农业学大寨”的自力更生、艰苦奋斗的创业精神，“两弹一星”的不断挑战自我的创新精神以及“全心全意为人民服务”的雷锋精神，都成为构

① 杨立志:《开创中国特色社会主义道路的新境界》,《兰州学刊》2012 年第 8 期，第 5 页。

筑这一阶段中国国家凝聚力的国家精神和道德规范。

经过形成期的发展，政权逐步稳固，在这一阶段国家政治凝聚力有着新的内容。首先通过加强党的自身建设，包括整风运动、全党学习毛主席著作以及人民公仆焦裕禄先进事迹的推广，进一步加强了人民对国家发展道路的认同，使党的执政能力不断提高。在内部关系处理上，国家积极进行政治关系调整，制定了一系列民族宗教政策，同时加强国家民主与法制建设，这些都在一定程度上促进了国家政治凝聚力的发展。

全面推进社会主义国家建设时期，国家安全面临着错综复杂的境况，国际上以美国为首的反华势力、中苏关系破裂、印度大举侵犯，国内蒋介石的“反攻大陆”、西藏分裂势力有所抬头，加上客观环境形成的自然灾害，使我们的国家安全处在前所未有的困难格局之中。为了克服重重困难，党中央在“自力更生、奋发图强”精神指导下，通过加强军队思想政治建设和正规化建设、自主研制原子弹和导弹，不断提升军事实力和反干涉能力，增强了人民对国家安全防控能力的信心。同时，进一步贯彻执行独立自主的和平外交政策，逐步建立起与世界良好的外交关系，增强了外交实力。所以，这一时期特殊的安全格局反而促使国家安全凝聚力得到了长足的发展。

强化发展期中的曲折更多地指向了物质凝聚力的发展进程。在国家理想和国家目标指导下，制定了“赶英超美”奋斗目标，但由于急进思想影响，出现了工业和农业发展中的“大跃进”，由于这一行径严重违背了经济发展的运行规律，不仅没有促进国民经济的发展，反而一定程度上出现了“倒退”，在当代中国国家物质凝聚力的演进中出现了弱化态势。与此同时，受到民众高涨的国家精神凝聚力影响，国家文化凝聚力也表现出良好的发展态势。一大批优秀文艺作品出版，各级各类文化馆、文艺工作队全面开花，各类教育政策、制度、规章和管理办法制定出台，极大地推动了教育事业发展，以报纸、广播为媒介的各级各类传播载体得到较快发展，不仅大大促进了国家文化凝聚力的发展，还进一步加速了国家精神在经济、政治等领域传播，这又进一步促进了国家物质和精神凝聚力的发展。

## 三、不平衡发展期（1966—1976 年）

当代国家凝聚力在经历了形成与强化发展阶段，应该克服重重阻力，进入一个快速发展阶段，但是，由于此时进入“文化大革命”时期，信仰、政权甚至文化被极大扭曲，导致此阶段的国家文化凝聚力和国家政治凝聚力不但没有如预期进入一个良性发展轨道，反而出现严重失衡状态。这里的失衡，主要是与预期目标相比较而言。这一时期，相较于被弱化的国家文化凝聚力和政治凝聚力以及基本维持的物质凝聚力，精神凝聚力和安全凝聚力（当然精神凝聚力出现了作用方向上的问题），却在失衡环境中形成发展态势，成为此阶段影响国家凝聚力结构中的主导力量。当代中国国家凝聚力不平衡发展阶段结构模型如图 9–4 所示。

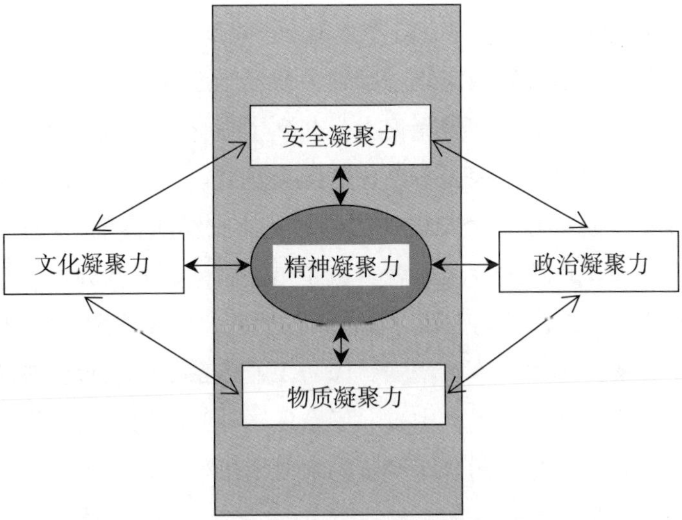


**图 9–4　当代中国国家凝聚力不平衡发展期结构模型**

“文化大革命”初期以“破四旧”为名对传统文化进行否定和破坏，文化艺术创作在很大程度上处于停滞状态，教育工作受到严重冲击，甚至主要的报纸、广播等主流文化载体也被政治革命化，使当代人的思潮失去文化根基，文化主流受到错误舆论影响，专业人才与知识出现割裂断层，国家文化凝聚力呈现出极大被弱化甚至退化趋势。

受“文化大革命”的影响和冲击，国家政权同时遭到严重破坏，国家政治凝聚力也出现了弱化态势。“文化大革命”期间掀起的造反浪潮，对原有的政治组织体系形成严重冲击和破坏，新组建的革委会难以得到广大人民认同，从而无法发挥应有的组织职能，加之党组织、党的领导人甚至部分国家领导人惨遭各种凌辱和迫害，使得政府管理处于一片混乱状态。另外，全国人民代表大会、多党合作政治协商的民主政治制度被迫中断，有些法律条文形同虚设，无政府主义思想泛滥，这些都在很大程度上加速了国家政治凝聚力的扭曲和破坏。

政治对人性的摧残，极大地破坏了人们的精神追求，扭曲了人们的国家信仰。由于对国家领导人个人的盲目崇拜甚至盲从，当时的造反运动可谓对人们的精神和信仰造成极大的摧残，这一阶段的国家精神凝聚力对当时广大人民形成错误导向。但在这一时期，我们仍然有国家的正能量，即国防科技领域“两弹一星”的开创精神、唐山大地震中的不屈不挠的抗震精神等，成为国家精神凝聚力正能量的发展动力。

该时期基本维持的国家物质凝聚力和逐步发展的安全凝聚力，也为此阶段呈现弱化趋势的国家凝聚力，起到了强化与支撑作用，使整体的国家凝聚力作用得以发挥，不断促进国家发展。“三五”“四五”目标的顺利完成，国防科技事业突破性进展，是国家物质凝聚力增长的支撑。人造卫星等国防科技的巨大成就，也是热爱祖国、爱社会主义精神驱使的结果。这一时期，受到苏联寻机滋事的影响，国家安全受到极大重视，国家安全凝聚力也因此不断增强，国防工业体系不断完善，军队建设在海陆空全方位发展，中美、中日、中欧多国外交取得突破性进展。随着中华人民共和国在联合国合法席位的恢复，也标志着中国在世界范围的影响力不断加强。

### 四、调整发展期（1977—1992 年）

这一时期是对“文化大革命”导致国家凝聚力失衡及弱化的纠正及调整时期，也是进行全面拨乱反正、推进国家凝聚力全面调整发展的新时期。这一时期，通过经济体制改革、加大对外开放力度，极大地调动了人们生产积极性，使我国经济实现较快增长，人均 GDP 从 1978 年的 379 元增长到 1991 年的 1879 元，国家物质凝聚力不断增强，并成为这一时期国家凝聚力结构构成的核心力量。在以邓小平为核心的第二代中央领导集体和以江泽民为核心的第三代中央领导集体的带领下，国家政治凝聚力和国家安全凝聚力逐步巩固和强化，形成国家凝聚力结构中的主导力量。经历“文化大革命”后，教育重建、中华传统文化新复兴是一项渐进而艰巨的任务，加之资产阶级自由化思潮泛滥，对年轻一代的价值观和信仰形成强烈冲击，使得此阶段国家精神凝聚力和文化凝聚力出现弱化。当代中国国家凝聚力调整发展阶段结构模型如图 9–5 所示。

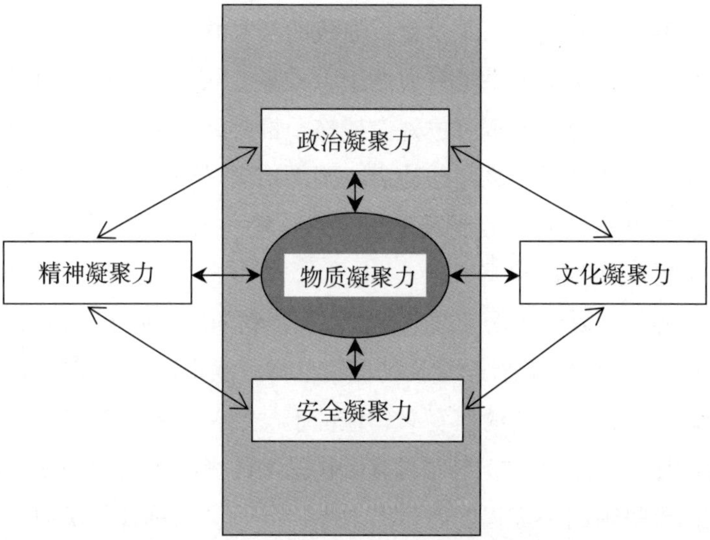


**图 9–5　当代中国国家凝聚力调整发展期结构模型**

此阶段国家凝聚力结构构成是以物质凝聚力为核心，首先表现在党和政府确立了以经济建设为中心的工作任务，并进行了大量的实践活动。以家庭联产承包责任制为中心的农村经济体制改革，使农业增产农民增收，极大调动了农民的生产积极性，广大农民温饱问题基本得以解决。同时，以企业股份制改革为标志的城市经济体制改革全面推进，城镇居民收入大幅提升，消费能力增强，极大地满足了人民日益增长的物质生活需求，国家物质凝聚力得以巩固和提升。

当时国际社会反社会主义敌对势力抬头和西方自由化思潮高涨，面对严峻的国际政治环境，以邓小平为核心的第二代领导集体和以江泽民为核心的第三代领导集体，果断决策，通过社会主义民主政治体制改革，大力发展社会主义民主政治，调整了权利过度集中的党和国家领导体制，及时对“文化大革命”时期造成的冤假错案进行纠正和清理，积极恢复和完善党领导下的多党合作和政治协商制度，加强民族区域自治制度建设，全面推进社会主义法制建设，这一系列创新性举措，增强了民众对国家的政治自信，极大推动了各族人民积极投身到中国特色社会主义建设中来，国家对民众的政治凝聚力得以不断提升。

面对东欧剧变、苏联解体和西方自由化思潮的侵蚀，国家安全成为此阶段不容忽视的重要问题。精兵简政的裁军政策，为建设一支精练高效的现代化军事队伍提供了有力的组织保障。同时，在取得对越自卫反击战胜利后，大力开展全方位外交战略，推行睦邻友好外交政策，巧妙处理并化解与西方国家之间的冲突，不断稳固了同周边国家的睦邻友好关系，恢复并提高同西方国家外交关系，使举国上下安全感逐步提升，国家安全凝聚力增强。

在精神凝聚力和文化凝聚力建设方面，党和政府做了大量努力工作，坚定地捍卫了中国特色社会主义的国家信仰，逐步恢复、完善教育体系，大力推动中华传统文化的新复兴，但由于“文化大革命”时期对文化的颠覆性破坏，加之西方资本主义自由化思潮的影响，使得调整期对精神文化的调整呈现出一定程度的迟滞现象，导致国家精神凝聚力和文化凝聚力发展缓慢。

### 五、全面发展期（1993—2012 年）

国家凝聚力的全面发展期，是国家政治经济社会进入全面快速发展时期，是当代中国国家凝聚力演进历程中整体上发展的良好时期。首先是国家物质凝聚力发展强劲，中国成为世界第二大经济体，极大促进了国民收入的增加，在更大程度上满足了人民日益增长的物质文化生活需要。政治方面的民主法治建设，极大满足了民众的政治需要，尤其是几代领导人连续推进的党风廉政建设，让普通民众看到了反腐的决心，增强了信心，加强了人民的民主自信和政治自信。人民军队现代化建设步伐加快，外交能力大大提升，国家捍卫领土安全的能力提高，民众对国家安全信心大大提升，国家安全凝聚力也表现出强劲发展势头。中国特色社会主义理论体系逐步丰富和完善，并成为我们共同的国家信仰，万众一心，凝心聚力，为实现中华民族伟大复兴梦而努力奋斗！国家教育改革、文化事业大发展，不断推进文化凝聚力加强。但由于社会主义初级阶段的现实影响，国家凝聚力各方面还需要不断丰富和完善，尤其是精神凝聚力和文化凝聚力的软实力建设，更需要做好长期建设的准备。因此，此阶段国家凝聚力结构模型中，把发展潜力巨大的精神凝聚力和文化凝聚力放在了模型的两翼。当代中国国家凝聚力全面发展阶段结构模型如图 9–6 所示。

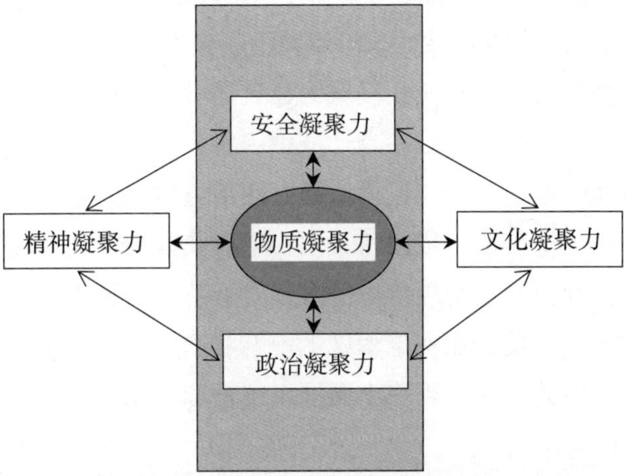


**图 9–6　当代中国国家凝聚力全面发展期结构模型**

国家物质凝聚力极大强化。首先表现在经济总量上，我国 GDP 总量在 2010 年跃居世界第二位，成为仅次于美国的世界第二大经济体。经济总量的增长，进一步使人民的收入水平和社会保障不断提升。国家加大力度改善民生问题，通过医疗卫生、教育事业改革，人民的物质生活得到极大满足，人民的生活水平和幸福指数不断提升，国家对人民的感召力和吸引力进一步加强，国家物质凝聚力在当代中国历史上呈现出前所未有的强大。

此阶段，在构建中国特色社会主义政治制度基础上，不断加大深化经济政治体制改革，既强调市场在资源配置中的决定性作用，又注重加强政府调控力度。同时加大民主政治建设改革，加强党风建设，均取得显著成效，在更大程度上满足了民众的政治诉求。因此，这一时期政治凝聚力得到了发展与强化。

在国家安全凝聚力建设中，进一步构建了睦邻友好和平相处的外交体系。人民解放军队伍与精良的现代化装备，展示了一个热爱和平、不惧外敌的大国形象，这也极大地促进了国家安全凝聚力建设，也使民众增加了对祖国安全的自信。但也要看到，经济快速发展的同时，生态安全也敲响了警钟，这恰恰是涉及每一个民众的紧迫需要解决的问题。同时，互联网普及，网民用户激增，使网络安全也提到议事日程，这些都是国家安全凝聚力建设中面临的新任务和新挑战。

与强大的国家物质凝聚力、国家政治凝聚力和国家安全凝聚力相比，此阶段国家精神凝聚力和文化凝聚力建设还有很大的提升空间。精神凝聚力建设主要有两个方面：一是形成中国特色社会主义理论体系的国家信仰，二是加强并实施了“以德治国”政治方略。国家加大精神文明建设，弘扬中华传统美德，道德正义正在形成我国精神文明建设中一道亮丽风景线。但社会主义初级阶段的时代发展特点，国内外文化多元化融合发展的文化大环境，在一定程度上影响着国家精神和国家文化凝聚力的快速发展。由此可见，当代中国国家精神和文化凝聚力建设，依然是任重而道远！

### 六、全面增强期（2013 年至今）①

国家凝聚力的全面增强期，是从党的十八大开始，其典型的标志是党的十九大报告中提出的对我国社会主要矛盾的新界定：我国社会主要矛盾已经转化为人民日益增长的美好生活需要和不平衡不充分的发展之间的矛盾。中国特色社会主义进入新时代，国家物质凝聚力在全面发展期基础上继续保持新常态下的稳定增长，经济总量稳居世界第二，创新实力不断加强，人民的生活环境更美了，蓝天白云好天气更多了，人们

---

① 本部分来源：刘学谦、何新生：《我国国家凝聚力进入全面增强新时期》，《中国社会科学报》2019 年 3 月 12 日。（文章为课题阶段性成果）

的生活水平和生活质量均得到更大幅度提升。国家政治凝聚力全面增强，更好地发挥了在国家凝聚力体系建设中的核心作用。十八大以来，从严治党、反腐倡廉取得重大成效，极大增强了人民对党的信任和认同；简政放权、优化营商环境等改革措施，进一步提高了人民对政府的满意度。在此阶段，以提倡文化自信为主调的文化凝聚力大幅提升，教育水平逐步跻身世界先进行列，文化产品更加丰富多元，中国文化正成为世界文化中必不可少的元素，文化普惠工作得到大力推广，博物馆、纪念馆等逐步免费向市民开放，进一步提升人民的综合文化素养。同时，国家安全凝聚力和国家精神凝聚力都得到进一步提升，对外的政治安全、国土安全、军事安全，以及对内的生态安全、粮食安全都在新时期给予极高的重视并得到强化。在习近平新时代中国特色社会主义理论指导下，人民和国家信仰高度协调一致，构筑了中华民族伟大复兴中国梦的共同理想，受到当代中国精神的鼓舞和洗礼，人民的精神境界得以升华，精神生活更加充实和丰富，并极大提高了人民高度的道德自觉和社会责任自觉。

新时期中国国家凝聚力的五个维度都得到极大程度的增强，世界国家综合凝聚力评价中，中国在世界的排名从 2012 年的第 14 位跃升到 2017 年的第 8 位，当代中国国家凝聚力正以强劲的发展势头，推动着我国国家综合实力全面增强，新时代中国特色社会主义伟大事业全面开创新局面。当代中国国家凝聚力全面增强阶段结构模型如图 9–7 所示。

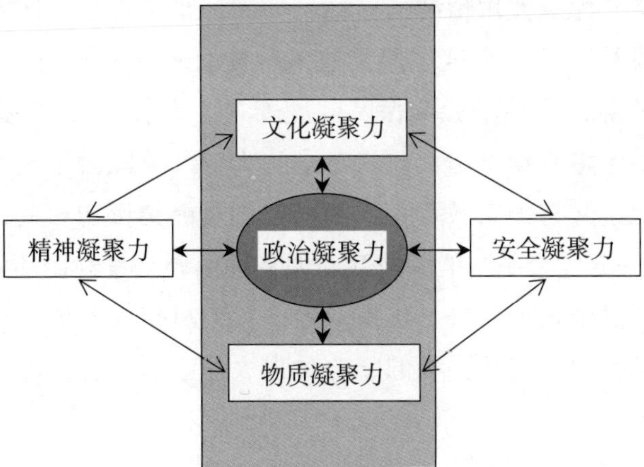


**图 9–7　当代中国国家凝聚力全面增强期结构模型**

## 第三节　当代中国国家凝聚力要素构成的独立性

当代中国国家凝聚力所包含的五大要素体系，即国家物质凝聚力、国家精神凝聚力、国家政治凝聚力、国家文化凝聚力和国家安全凝聚力，这五种凝聚力中每一种都有其自身独特的构成内容，形成相对独立的凝聚力体系，并在不同领域发挥着各具特色的功能。但这五种构成要素之间又是相互作用、相互支撑、相互联结、相互制衡，形成合力，共同促进了当代中国经济社会健康发展。

### 一、体系相对独立

当代中国国家凝聚力所包含的五大要素，各自包含着丰富的子要素，这些子要素之间相互联系、相互支撑，形成相对独立的子系统。

构成当代中国国家物质凝聚力要素包括：国家财富、国民平均寿命、国家科技创新能力、国民社会保障程度、国民收入分配公平度和可持续发展能力等要素指标，如图 9-8 所示。这些指标又可细分为两大类。一类是测度国家物质财富积累程度的相关指标，如国家财富。国家财富的多少，决定了国民的富裕程度。近年来，我国成为世界第二大经济体，提升了世界话语权，也对人民形成强大向心力。另一类是国民财富分配及使用情况的指标，如国民平均寿命、国家科技创新能力、国民社会保障程度、国民收入分配公平度和可持续发展能力。国民健康长寿，有赖于社会保障制度安排，有赖于良好的物质保障，良好的物质保障有赖于国民收入总量的多少及分配公平，而国民财富的创造与积累又与国家教育投入和科技创新能力密切相关，从而形成“财富积累—分配公平”的双向互动的良性循环，良性循环的结果就是国泰民安、健康长寿，进一步推动经济社会可持续发展。这样的国家对人民的吸引力一定是强大的，这种强大的吸引力正是国家物质凝聚力的动力来源。

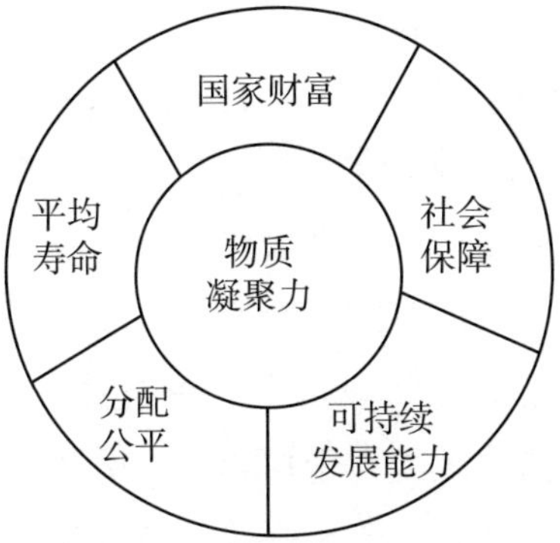


**图 9–8　当代中国国家物质凝聚力构成体系图**

构成当代中国国家精神凝聚力要素包括：国家信仰、国家理想、国家精神、国家道德，如图 9–9 所示。共同的信仰、共同的理想、共同的精神、共同道德标准，都会成为号召人们凝聚在一起的动因或源泉。国家信仰是以人民共同价值取向和行为道德标准为基础，是国家理想和国民共同奋斗目标形成的前提。在当代中国，国家信仰为马列主义、毛泽东思想、中国特色社会主义理论特别是习近平新时代中国特色社会主义思想。在共同信仰指导下，人民形成共产主义和社会主义的理想目标，并成为几代人为之奋斗的重要动力来源。国家精神是贯穿于国家成员之间的相互认同的巨大精神力量。当代中国人民为了自由民主，与压迫者、各种灾害作出了艰苦卓绝的斗争，在这个过程中不断转化成国民的爱国主义精神、改革开放精神等，这些都成为我们宝贵的精神财富，成为当代中国国家精神凝聚力的内在驱动力，引导着人民为国家经济社会建设而努力奋斗。

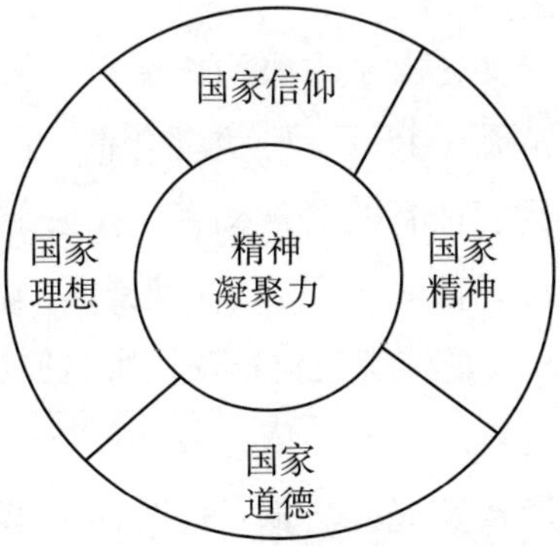


**图 9–9　当代中国国家精神凝聚力构成体系图**

构成当代中国国家政治凝聚力要素包括：政治制度、党的凝聚力、领导人执政能力与执政水平、民主与法制建设、廉洁高效政府，如图9-10所示。在我们社会主义国家，中国共产党的凝聚力直接决定着国家政治凝聚力强弱，党的凝聚力强则人民对国家政治制度表现出的情感和意识上的归属感就强，人民对国家制度的认同也是对政府执政能力认可的结果。领导人执政能力与执政水平，影响着人民对国家领导人认同，这种认同与中国共产党执政能力密切相关，而执政能力又有赖于民主法治建设的合法性与广泛性，有赖于高效廉洁、拒绝贪污腐败的政府。所以，政治制度、党的凝聚力、领导人执政能力、民主与法制、廉洁高效政府共同决定了人民对国家制度和国家领导人的认同感。认同感强，人民才会自觉自愿地跟随与追随，国家才会产生强大吸引力，进而凝聚成强大的政治凝聚力。

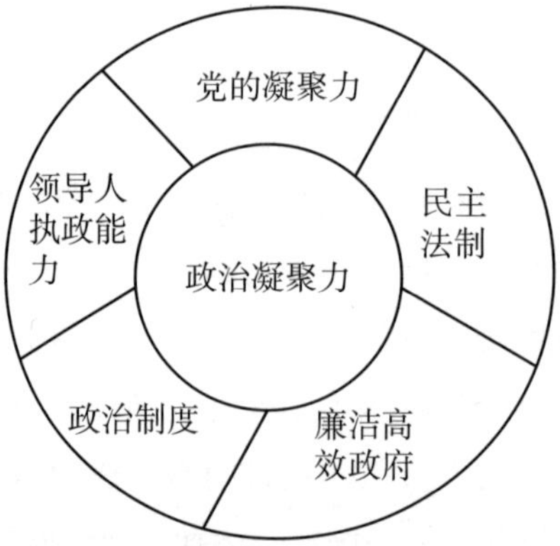


**图 9-10　当代中国国家政治凝聚力构成体系图**

构成当代中国国家文化凝聚力要素包括：文化载体、文化教育、文化传播、文化产业，如图9-11所示。几千年的中国传统文化，几乎影响着整个人类的文明。我们独有的语言文字，扎根于每一个中华传人心中的儒、道、法、兵、佛，都对我们的文化观念、文化传统打下了深深烙印。我们要不断继承和发扬传统文化精髓，紧紧抓住时代文化核心价值，加快传统与现代文化的创新融合，依托各种传播媒体和语言文化教育等传播载体，推动文化产业发展，真正发挥时代文化的统摄力、吸引力和感召力，借助文化凝聚力的提升，推进中华优秀传统文化的新复兴。

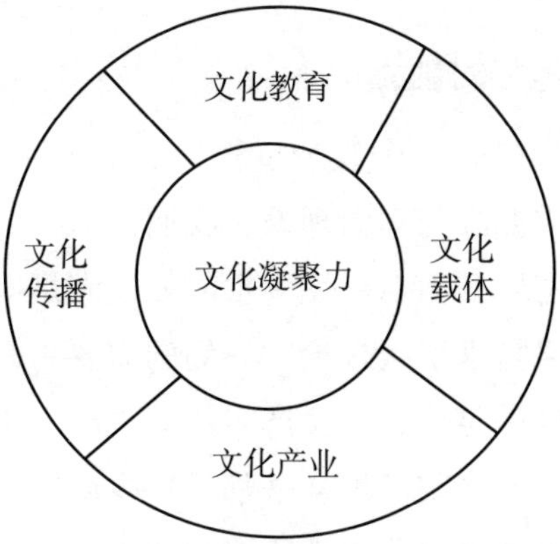


**图 9–11　当代中国国家文化凝聚力构成体系图**

构成当代中国国家安全凝聚力要素包括：军事安全、政治安全、经济安全、社会安全、生态安全、文化安全、科技安全、信息安全，如图 9–12 所示。国家安全是本国人民安居乐业的首要条件。在和平年代，国家安全的保障，首先依托于政治上的安全，同时，还有赖于正规化、现代化、信息化的军事实力和先进精良的高科技武器装备，有赖于高瞻远瞩的国家军事战略，有赖于有效处理国际关系的高超的外交手段。只有这些条件具备，才能更好保障和促进国内社会、经济、文化和生态安全，才能更好地形成威慑力、反干涉力，有效抵御外来侵略，让人民感觉到赖以生存和生活的环境是安全的，人民才能安居乐业，不断提升对国民的吸引力和国民对国家产生的向心力，构筑起强大的国家安全凝聚力。

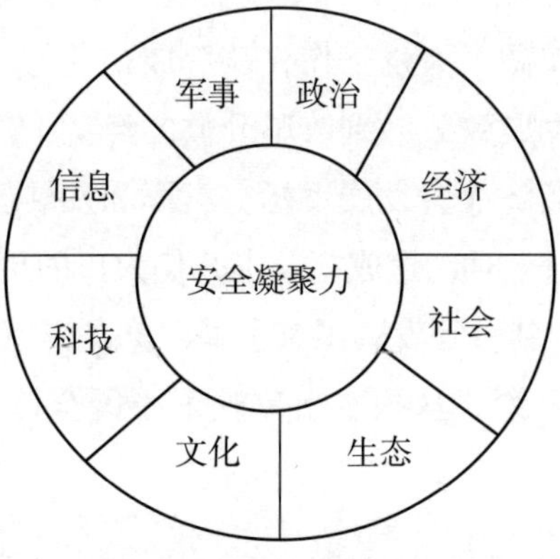


**图 9–12　当代中国国家安全凝聚力构成体系图**

## 二、形成与功能相对独立

国家凝聚力的形成是一个复杂过程，是整个社会系统运行的结果。根据国家凝聚力形成源泉与动力理论，我们知道，国家凝聚力的源泉来自人民群众的多重需要，而对人民多重需要的满足则是国家凝聚力发展的动力。根据马斯洛需求层次理论，人们的需要总是在不断动态发展变化，当低级需要得到满足后，就会产生新的更高一级需要。根据这两种理论，国家凝聚力的形成与发展从来都不缺少动力，因为相对于稀缺而有限的资源而言，人的需要是永无止境的。当然，我们还可以看到，不同的人会有不同的需要，即便是同一个人在不同时期需要也不尽相同，这就是需要表现出来的典型的多元化特征。这种需要的多元化特征，决定了国家在满足人们需要时，不可能只依靠某种单一手段或者方式，而必须采取多样化手段与方式来满足人民多样化需要，这进一步决定了国家凝聚力建设势必是一个具有内在强化的多元循环累积过程，这也就是国家凝聚力构成上所表述的包括物质凝聚力、精神凝聚力、政治凝聚力、文化凝聚力、安全凝聚力的多元构成属性。由于每一种需要有着自身的特点，满足方法和手段各有千秋，因此，五种凝聚力在形成过程中也是各有侧重，呈现出相对独立性特征。

物质凝聚力是满足人民物质需要而形成。依据郝茨伯格的双因素激励理论，物质需要属于保健因素，也是人们衣、食、住、行的基本保障因素。从中华人民共和国成立以来，我们党和国家政府为国家财富积累、富国强民目标的实现做了大量工作，从解放初期的“一五”规划、土地改革政策、工农业发展政策，到改革开放的经济工作重心的确立，再到十八大新党章确立经济社会发展目标：巩固和发展已经初步达到的小康水平，到建党一百周年时，建成惠及十几亿人口的更高水平的小康社会，人均国内生产总值达到中等发达国家水平，基本实现现代化[①]。这一系列的经济建设目标和政策，从根本上反映了中国全体人民的心声和愿望，

① 《中国共产党章程》，中国共产党第十八次全国代表大会部分修改，2012 年 11 月 14 日通过，人民出版社 2012 年单行本。

是当代中国国家物质凝聚力建设不竭的源泉和动力。

精神凝聚力是满足人民的精神需要而形成。依据郝茨伯格的双因素激励理论，精神需要属于激励因素。人类之所以区别于其他种类生物，最大不同之一就是人类有自己的信仰、理想、责任和道德等精神追求。从封建社会到新民主主义时期的资本主义思想萌芽，再到当代社会主义制度确立，先辈的信仰也经历了“学习—探索—创新”的过程，也是历经几代人的艰苦磨砺最终形成马克思主义与毛泽东思想为指导的中国特色社会主义理论体系，并成为当代中国人的理论信仰，它指导我们改革开放以来取得举世公认的巨大成就。随着中国特色社会主义的不断发展，我们的制度必然越来越成熟，我们的民众越来越充满着道路自信、制度自信。正是在这样的信仰探索中，形成我们的政治信仰、理想目标、道德责任，这些共同的信仰、目标责任和道德准则，把我们紧紧团结在一起，成为当代中国人民精神需要满足的重要内容，对人民形成吸引力、感召力、向心力，不断形成并强化了当代中国国家精神凝聚力。

政治凝聚力是满足人民的政治诉求与需要而形成。国家政治的核心是国家政权，国家政权的核心是执政党，而执政党对民众的感召力，与高效、廉洁、全心全意为人民服务的政府密切相关。当代中国，中国共产党是执政党，是全中国人民的领导核心。在中国共产党的领导下，我们坚持中国特色社会主义道路不动摇，建立起了人民代表大会制度，形成中国共产党领导的各民主党派共同参与的政治协商制度，民众及各党派人士参与国家政治的热情更加高涨。尤其是中华人民共和国成立以来，形成各时期不断发展的核心政治理论，从毛泽东思想、邓小平理论，到江泽民“三个代表”重要思想、胡锦涛的科学发展观，再到习近平新时代中国特色社会主义思想，这一系列的政治理念因很好地结合了中国不同时期发展实践，不仅为中华人民共和国不同时期的发展明确了方向，还使民众团结一心，探索开创更具中国特色社会主义道路，更好地促进中华民族伟大复兴。特别是党的十八大以来，以习近平同志为核心的党中央领导集体，大刀阔斧，不断加大反腐力度，反腐成效显著。这些举措适应时代要求，切合民众意愿，让广大人民群众看到了希望，不仅增强了民众反对腐败的信心和决心，更重要的是提升了中国共产党领导的政府在民众心目中的威望，形成对民众极强的吸引力和感召力，国家政治凝聚力作用得以巩固并强化。

文化凝聚力是满足人民的文化生活需要而形成。当代中国文化的渊源是中国几千年流传下来的传统文化。中华传统文化博大精深，其核心是在满足民众文化需要过程中，经过历史的沉淀凝结而成的思想精髓。传统文化精髓流传至今，与当代文化相融合，结合时代精神，赋予其崭新的含义，更好地满足了当代人们文化新需要。在经济全球化的今天，我们应该加强中西文化交流融合发展，在继承的基础上不断创新，这样才能形成具有中国特色的文化体系，形成强大的当代中国国家文化凝聚力。

安全凝聚力是满足人民的安全需要而形成。没有完整国土、没有独立政权，人民的安全需要是难以满足的。毛泽东同志在总结大革命失败的经验教训的基础上，针对陈独秀等的右倾倾向，明确指出党中央当时所犯错误之一就是没有认识到军队的极端重要性，由此提出“枪杆子里面出政权”这一著名论断，给中国革命的基本方式指明了正确方向。英勇的人民解放军，以革命的武装反对反革命的武装，最终夺取全国政权。从中华人民共和国成立初期抗美援朝战役的“步枪、土炮”，到 70 年代的海陆空队伍，再到今天现代化、正规化、信息化的人民解放军队伍，他们或以“英勇战斗、不怕牺牲”的革命精神，或以正规化、现代化的崭新形象，向世界人民展示出中国的大国风范和实力。尤其是 2015 年 9 月 3 日“纪念中国人民抗日战争暨世界反法西斯战争胜利 70 周年”的大阅兵，更加彰显了我国坚定不移走和平发展道路，坚定不移维护世界和平，捍卫国家主权、安全和发展利益的坚定立场，展示我军贯彻强军目标、推进现代化建设的新成就和威武之师、文明之师的良好形象，动员和激励全党全军全国各族人民，更加奋发有为地为实现中华民族伟大复兴而努力奋斗[①]。这种感召力也正是当代中国安全凝聚力形成所需要的不竭动力。另外，2010 年以来，中国周边“偶发”事件不断，如韩朝天安号事件（2010 年）、中日钓鱼岛争端（2012 年）、中菲黄岩岛争端（2012

---

① 曲睿：《中国举行纪念抗战胜利 70 周年阅兵活动的重要意义》，国务院新闻办公室网站 2016 年 6 月 23 日。

年）、“981”钻井平台事件（2014 年）、香港“占中”事件（2014 年）等，看似简单的冲突，背后或许隐藏的是某些世界霸权主义国家的野心。2015 年 3 月 28 日，国家发展改革委、外交部、商务部联合发布了《推动共建丝绸之路经济带和 21 世纪海上丝绸之路的愿景与行动》，即“一带一路”倡议，这既是加强区域合作、加大多边贸易的平台，也是对美国东移战略的一次背向对冲，巧妙化解周边危机与压力，这也正体现出我们大国的治国智慧。[①]

## 第四节　当代中国国家凝聚力要素构成的整体性

根据恩格斯关于社会发展合力的观点，推动社会发展的主要因素有物质因素和精神因素。具体而言，包括经济因素、政治因素和文化因素等，这些因素交互作用，形成推动社会发展的整体合力。国家凝聚力是构成国家社会职责的多种要素共同发挥正向作用的结果，因而，国家凝聚力必然是推动社会发展的总和力[②]，这种合力外显为构成要素的整体性。而国家凝聚力强大作用的发挥，终将有赖于实现五种力量均衡发展而形成的合力，这种合力能更好地推动国家经济社会全面、健康、持续发展，这也正是我们研究当代中国国家凝聚力，推动凝聚力建设的目标所在。

### 一、形成与作用的整体性（作用方向一致性）

国家凝聚力是由物质、精神、政治、文化、安全五种要素融合而成，各要素相互支撑，互为补充，共同推动国家凝聚力的整体发展。如强大的物质凝聚力为人们文化生活需要和强大国防力量提供物质基础，同时国民财富增加，人民安居乐业，进一步增强了民众对政府的信任，因此，

① 乔良：《美国东移与中国西进——中国为什么搞一带一路》，《环球视野》2015 年 4 月。

② 刘学谦：《中国国家凝聚力的内涵、特点及动力》，《新疆师范大学学报（哲学社会科学版）》2014 年第 6 期，第 9—19 页。（文章为课题阶段性成果）

物质凝聚力是文化凝聚力、安全凝聚力、精神凝聚力、政治凝聚力的基础保障。同样，以高度的政治自信和美好的理想奋斗目标形成的政治凝聚力和精神凝聚力，强大军事实力、国际威慑力形成的安全凝聚力，文化传播、文化产业化形成的文化凝聚力，与国家物质凝聚力相结合，共同作用于国家这个主体，构建起强大国家凝聚力。

从当代中国国家凝聚力周期演进轨迹及阶段性构成模型，可以看出，五大构成要素在不同发展阶段所发挥的作用强度不尽相同，但国家整体凝聚力强大作用的发挥依然有赖于各种要素之间的均衡发展。

在形成期，经历战争的洗礼，工业百废待兴，物质极度匮乏，人们的衣、食、住、行难以为继，尽管物质需求是强大的，但当时国家满足人们物质需要的能力还相对较弱，此时，物质凝聚力对广大民众的吸引力并不明显。但也正是较弱的满足能力，激发了国家加大经济建设的决心，成为后续强大物质凝聚力建设的内在驱动力。当人们为解决温饱问题而苦恼时，对文化方面的需求也相对较少，此阶段文化凝聚力建设的潜力还没有被激发出来。与此形成鲜明对比，中国共产党领导的革命武装力量，成功推翻封建主义、帝国主义压迫，取得了民主政权独立，建立了人民当家作主的社会主义国家。长期在“三座大山”压迫下的劳苦大众，真正成为国家和自己的主人，精神上的解放远比受压迫下的吃饱穿暖更让人受用。人民精神饱满、情绪高涨、干劲冲天，精神凝聚力在推进社会主义建设中发挥着重要作用，并成为推动社会主义国家建设的主导力量。

在强化发展阶段，社会主义改造基本完成，文化生活逐渐丰富，物质上的需求增加，但由于冒进思想影响，国家财富积累总量还不能完全满足6亿人口的全部物质需要，在这一时期，精神凝聚力依然起着主导作用。虽然国内外反动势力有所抬头，但我们在自力更生革命精神鼓舞下，依然克服各种困难，捍卫了国家安全，政权更加稳固。

在不平衡发展阶段，文化、政治、精神依然占据历史革命的大舞台，表现出很强的影响力，但令人遗憾的是，这些要素由于违背了广大人民的真正需求，其作用方向与国家发展目标方向相反，导致国家凝聚力整体弱化。到了改革开放阶段，提出了解放思想、实事求是，在探索建设中国特色社会主义道路进程中，开启全方位推进全要素发展模式。

在调整阶段，我国进一步加大经济体制改革，推进社会主义民主政治体制改革，军事上采取精兵简政方针，并积极推进睦邻友好和平外交政策，巧妙化解国际反动势力和西方自由化思潮的侵蚀，逐步形成强大的国家物质、政治、安全凝聚力，极大带动了文化和精神凝聚力建设。

在全面发展阶段，中国经济逐步崛起，并成为世界第二大经济体，国富民强，人民安居乐业，同时，积极推进党风廉政建设，对党内外贪腐形成极大威慑力，反腐成效显著。巧妙化解与周边国家各类事件冲突，人民对国家捍卫领土安全的能力与信心大大增强，与此同时，国家教育改革、文化的新复兴紧锣密鼓地进行，多元化、多样化思想与信仰并存，使当代中国国家凝聚力进入一个全新发展阶段。

通过上述分析，在国家凝聚力形成发展的各个阶段，有的要素凝聚力较弱，虽然会在一定程度上影响到其他方面要素功能的发挥，但并没有导致整个国家凝聚力的整体弱化，这不仅表明国家凝聚力五大要素之间的相互联系、相互支撑的关联性，同时也体现了五大要素之间的优劣互补性、协调发展的均衡性以及你中有我、我中有你的包容性。

### 二、演进的整体性（时序演进交叠性）

随着国家全面发展战略目标确立，国家五个方面凝聚力发展呈现出明显的均衡态势，要素之间构建了相互带动、相互促进的良性互动关系，表现出演进的整体性。现阶段我国国家战略，如创新驱动发展战略，包含科技创新、政府体制机制创新，其中科技创新的结果又会带动文化创新、国防科技创新、产业创新等，所以创新驱动发展的真正落地实施，会推动国家凝聚力全要素的创新，这将极大推动当代中国国家凝聚力的整体发展。同样的，全面建成小康社会、全面深化改革、全面依法治国、全面从严治党的“四个全面”战略布局的提出，更完整地展现出新一届中央领导集体治国理政总体框架，使当前和今后一个时期，党和国家各项工作关键环节、重点领域、主攻方向更加清晰，内在逻辑更加严密，这对推动改革开放和社会主义现代化建设迈上新台阶提供了强力保障。[1]“四个全面”的战略内涵，包含了当代中国国家凝聚力的各个要素，不仅验证了国家凝聚力要素构成体系的科学性和完整性，同时表明国家发展需要全要素共同发挥作用，也预示着国家凝聚力全要素构成的整体性和不可分割性。

另外，在梳理各要素构成体系过程中发现，有些要素是很难明确界定其所归属的子系统，如互联网安全问题，从字面上看是安全凝聚力的构成要素，但互联网金融的风险与安全问题，从内容属性上又应该划归为物质凝聚力体系，同样的问题也出现在文化安全、经济安全、政治安全等领域。从这个角度而言，国家五个方面凝聚力在发展过程中具有整体演进的客观要求。

国家凝聚力作为中国经济社会发展实践的成果之一，当代中国国家凝聚力的五大构成凝聚力也是伴随着政府与市场关系的调整而不断动态演进。我们所构建与倡导的“五力制衡模型”，究竟是五个要素各占五分之一的均衡关系，还是某一个要素占比多一些或者少一些，才能更好发挥国家凝聚力整体合力作用，这需要结合中国经济社会政治的发展实践，在充分尊重社会发展规律和社会主义建设规律的基础上进行有效的均衡和选择；从这个角度而言，当代中国国家凝聚力的建设及作用充分发挥，亦是任重而道远！

---

① 施芝鸿：《高清图解：“四个全面”战略布局是怎样形成的》，《北京日报》2015 年 3 月 2 日。

# 第十章

## 当代中国国家凝聚力的历史轨迹

1949 年 10 月 1 日，中华人民共和国在北京宣告成立。从此，当代中国作为社会主义新生政权，开始了凝聚人民开创发展辉煌历史的新篇章。70 多年过去了，一个强大的社会主义中华人民共和国屹立在世界的东方。中国人民由一盘散沙到凝心聚力，在党的领导下，奋发图强，开拓创新，在经济发展的重点领域，取得多项第一，成为世界第二大经济体。与此同时人民生活水平大幅提高，在解决 14 亿人民温饱问题的基础上，先实现了基本小康，现在建设全面小康。世界人民为中国的和平崛起而赞叹，中国人民为祖国的跨越发展而自豪。当我们探寻国家发展背后的强大动力时，也发现了和国家的发展同步的国家凝聚力发展变化的历史轨迹。这条轨迹清楚地显示出国家满足人民不断增长的物质、精神、政治、文化、安全等需要所形成的国家凝聚力发展曲线。这里既有宝贵的经验，也有深刻的教训，认真总结，发现规律，对凝聚中国力量，实现中华民族伟大复兴具有重大意义。

## 第一节　当代中国国家凝聚力的形成时期（1949—1956 年）

这一时期从 1949 年 10 月开国奠基到 1956 年确立中国社会主义国家

制度，是当代中国国家发展历史的最好时期之一。在这一时期，当代中国国家物质凝聚力、精神凝聚力、政治凝聚力、文化凝聚力、安全凝聚力基本形成。

## 一、当代中国国家物质凝聚力的形成

这一时期国家物质凝聚力的形成，主要是通过以下方面实现的：首先是实行土地改革，实现了耕者有其田。这是中国广大农民群众盼望了几代人的诉求，极大地鼓舞了农民群众拥护中华人民共和国，坚定跟共产党走的信心和决心；其次是全面恢复国民经济，由中华人民共和国成立前经济崩溃，物价飞涨，民不聊生，到经济恢复后，工农业生产全面恢复和发展，金融物价稳定，人民生活初步改善，一方面增强人民对国家的信心，另一方面使人民群众的基本生活有了保障；再次是顺利实施国家第一个五年计划，并以 156 项重点工程为核心的工业基本建设为国家工业化奠定基础，并实现科学技术从无到有的发展，这使人民群众极大地增强了对国家经济可持续发展的信心；最后是卫生医疗事业的发展和三大医疗保障制度的建立，改变了旧中国人民群众缺医少药的状况，促进了人民健康水平的提高，同时积极改善城乡人民的生活卫生环境，全国人口预期寿命由 1949 年的 35 岁提高到 1956 年的 57 岁。

从 1949 年中华人民共和国成立到 1956 年，短短 7 年时间，基本达到了人民群众对新兴国家政权的物质诉求。当代中国也首次以新生国家政权发展经济的成果，初步满足了中国人民 100 多年来求发展、求富强的渴望，得到了人民群众的支持和拥护，形成中华人民共和国国家政权稳定发展的物质凝聚力。

## 二、当代中国国家精神凝聚力的形成

这一时期国家精神凝聚力的形成，有以下几个标志：一是中华人民共和国国家的理想被人民所认同，已经成为人民群众的奋斗目标。这以《共同纲领》提出的“反对帝国主义、封建主义和官僚资本主义，为中国的独立、民主、和平、统一和富强而奋斗”为标志，至少在这以后，在社会主义制度确立之前，国家提出的完成民主革命遗留任务目标、推进工业化目标、抗美援朝目标等，都是围绕这一总方向、总目标提出来的。二是马克思主义中国化的第一个成果——毛泽东思想，成为中国人民的共同信仰。实际上，毛泽东思想的国家信仰地位，在中华人民共和国成立以前，就已经确立了。因为中国共产党领导中国革命取得的胜利，都是在毛泽东思想指导下取得的。因此，毛泽东思想作为中华人民共和国的国家共同信仰，是具有不可取代性的。三是中华人民共和国的国家精神，已经成为凝聚全国人民建设国家的精神力量。爱国主义精神及中华人民共和国成立后形成的勤俭节约、自力更生、艰苦奋斗精神等，是中华人民共和国国家精神之魂。在党的领导下全国人民发扬以爱国主义为核心的国家精神，我们取得中华人民共和国成立后的经济发展成就，取得抗美援朝、保家卫国的伟大胜利，取得国家稳定、人民幸福、政权巩固的局面。四是中华人民共和国成立时国家倡导的"提倡爱祖国、爱人民、爱劳动、爱科学、爱护公共财物是中华人民共和国全体人民的公德"，得到了全国人民的广泛认可。至今，社会主义道德有了更全面的发展，但是这"五爱"仍然是国家道德建设的主旋律。

### 三、当代中国国家政治凝聚力的形成

这一时期，国家政治凝聚力的形成，主要有以下几个标志：一是中华人民共和国的成立，得到了中国人民的热烈欢迎和衷心拥护，成为国家政治凝聚力形成的前提和基础。因为这是中国历史上第一个体现人民当家作主，并按着人民的意愿和诉求建立起来的政府。二是建立了人民代表大会制度，把人民当家作主通过制度落到了实处，使政府满足人民政治诉求，形成政治凝聚力源泉和动力有了制度保证。这是中华人民共和国非常了不起的政治成就。通过人民代表大会制度，人民群众直接实现了参与国家管理的政治诉求，充分保证了人民当家作主，这是重要的国家政治凝聚力。三是制定了中华人民共和国第一部宪法，使国家满足人民的公正、公平和当家作主的政治诉求，形成国家政治凝聚力有了法律基础保证。宪法是中国历史上第一部保证人民民主权力的根本大法。据有关资料介绍，参加"宪法"讨论的人民群众就达到了 1.5 亿，实现了"宪法"制定过程和凝聚人民过程的统一。四是加强党的思想建设和组织

建设，增强党在人民群众中的凝聚力。领导我们事业的核心力量是中国共产党，没有共产党就没有中华人民共和国，从一定意义上说，中华人民共和国国家的政治凝聚力是依靠党的凝聚力形成的。这一时期是党的凝聚力非常强大的时期，也是中华人民共和国国家政治凝聚力得到大力加强的时期。五是以毛泽东主席为核心的第一代领导集体非常团结，展示了治国理政的非凡才能和大国领袖的风范，得到了全中国人民的拥护和爱戴。人民从毛泽东为核心的第一代领导集体的英明领导实践中，极大地增强了走社会主义道路的自信，成为中华人民共和国国家政治凝聚力的凝聚中心。六是从中华人民共和国成立开始就严惩腐败，跳出“执政—腐败—亡国”的周期律，实现国家政治凝聚力的可持续。最后，顺应人民的强烈要求，废除娼妓制度，禁绝鸦片毒品，改革宗教制度，都在客观上增强了中华人民共和国国家的政治凝聚力。

## 四、当代中国国家文化凝聚力的形成

尽管这一时期，国家工作的重点在新生政权的巩固，在国民经济的恢复，在人民物质生活水平的改善和提升，但作为国家的全面发展，适应人民的新需要、新要求，在改变经济落后面貌的同时，大力改变文化教育事业的落后局面，提升人民适应社会主义革命和建设所需要的文化素质。这一时期，国家文化凝聚力的形成主要表现为以下六个方面。

一是开展全国性的大规模群众扫盲活动，提高人民的文化水平（识字），增强了人民文化凝聚力自觉。二是这一时期我们国家明确提出了推广普通话的要求，这对增强中华人民共和国对中华民族的文化凝聚力具有重大意义。三是改革旧教育制度，发展适应新的经济和政治发展要求的文化教育事业，形成国家文化凝聚力的源泉和动力。四是建立国家掌控的舆论媒体体系，保证国家舆论宣传的主旋律，确保国家文化凝聚力的正确作用方向。五是发展反映民族化、大众化、时代化，鼓舞人民、教育人民的优秀文艺作品，发挥文学艺术独特的凝聚力功能。六是反映国家人民整体健康水平的体育事业有了发展，丰富了国家文化凝聚力的内涵。

## 五、当代中国国家安全凝聚力的形成

中华人民共和国成立后，在国内有国民党敌特和反革命分子的破坏，在国外有对中华人民共和国虎视眈眈的美帝国主义，中国人民在中国共产党的领导下经过长期的艰苦奋战和流血牺牲换来的胜利果实，有可能重新丧失。能否保证人民政权的安全、国土的安全，保证人民胜利果实的安全，对人民形成国家安全凝聚力，是人民对国家安全的期盼，也直接关系中华人民共和国的前途和命运。面对如此严峻的国家安全形势，党和国家政权以科学的战略决策和正确的领导指挥艺术，紧紧依靠翻身得解放的亿万人民群众，依靠忠于党和人民的军队，在这一时期，先后取得了解放战争的全面胜利、大规模剿匪斗争的胜利、和平解放西藏的胜利、抗美援朝战争的胜利和镇压反革命运动的胜利。根据形势和任务的变化，经过数年的努力，人民解放军实现了向现代化、正规化的转变。这一时期，我国成功开创了独立自主的和平外交，所倡导的和平共处五项原则得到世界爱好和平国家的认同。到 1956 年，中华人民共和国基本实现了国土安全、政权安全、人民胜利果实安全和国际安全等，年轻的人民共和国胜利渡过了生存的安全关，同时也标志着国家安全凝聚力的形成。

## 六、这一时期国家凝聚力的作用分析

中华人民共和国成立后的这一时期，是当代中国国家凝聚力形成的时期，中国几代人渴望的物质、精神、政治等需要，第一次通过自己的政权实现了满足，无论是国家物质凝聚力、精神凝聚力，还是政治凝聚力、文化凝聚力和安全凝聚力都基本形成。这是中华人民共和国国家政权的新生凝聚力。这一时期，国家凝聚力发挥了巨大的作用。首先是民心的聚合作用。中华人民共和国刚刚成立，民心向背决定新政权的生死存亡，国家凝聚力使人民心向国家，热爱国家，团结在新政权的周围。其次是对新政权的巩固作用。正是因为中华人民共和国国家政权有凝聚力，人民才拥护国家政权，支持国家政权，在党和政府的领导下，勇于克服经济恢复过程中的困难，战胜企图推翻新政权的敌人。再次是化解矛盾，实现共兴共荣的作用。中华人民共和国成立之前，各民族、各阶层积累了大量矛盾，中华人民共和国成立之后，国家凝聚力使大家识大体顾大局，摒弃前嫌，携手共建自己的国家。最后是国家意识和国家责任的培养作用。中华人民共和国成立后，人民成为国家的主人，国家凝聚力使人民形成国家意识和国家责任，使国家有了不竭的发展动力。

## 第二节　当代中国国家凝聚力的强化发展时期（1957—1965 年）

1956 年，我国的生产资料所有制社会主义改造基本完成以后，标志着社会主义制度在中国已经基本建立起来了。从此，中国进入了全面建设社会主义的新时期。与此相对应，国家凝聚力也由形成时期，进入了新的发展时期。在这一时期，国家物质凝聚力、国家精神凝聚力、国家政治凝聚力、国家文化凝聚力、国家安全凝聚力都有了新的发展，但由于我们党和政府在探索适合中国国情的社会主义建设道路的过程中出现了偏差，直接影响了对人民日益增长的政治经济文化等需求的满足，致使出现了国家凝聚力的弱化因素。随着党和政府对实践偏差的调整与纠正，经济社会发展回到了正确道路，国家凝聚力也从曲折发展，进入正常发展，到 1965 年时，当代中国国家凝聚力已经强大起来。

### 一、国家物质凝聚力的曲折发展

从中华人民共和国成立到 1956 年，短短 7 年，从国民经济的恢复、第一个五年计划的完成，到形成工业化的基础等等，所取得的经济发展的巨大成就，使新生的社会主义国家政权，对人民产生了很强的物质凝聚力，极大地激发了人民建设社会主义国家的热情。但是，凝聚力和热情是经济发展的重要动力，并不等于对社会主义经济规律的认识和把握。发挥国家凝聚力作用只有同尊重规律相一致时，才能推进国民经济健康发展。

从当时的情况看，一是 1958 年出现的违背经济发展规律的“大跃进”、“共产风”，偏离了人民的正确需要，弱化了国家物质凝聚力的源泉和动力。这是中华人民共和国成立后，当代中国国家物质凝聚力出现的第一个弱化时期。二是总结经验教训，按照经济发展规律全面调整国民经济，经济进入健康发展轨道，人民生活水平显著提高，国家物质凝聚力得到加强。国家从1960年下半年开始全面调整国民经济，经过1961至1965年的艰苦努力，工农业生产得到全面恢复和发展，农业生产实现了连年增产，工业生产总值有了很大增长，人民生活显著改善。这一时期国民经济调整任务胜利完成的国家凝聚力意义，就在于人民增强了对党和政府的信任，坚定了走社会主义道路的信心。三是这一时期科学技术的飞跃发展，增强了国家的综合实力，大长了中国人民的志气，成为国家物质凝聚力的重要支撑。四是这一时期的卫生事业也有了很大发展，提高了中国人民的健康水平。

## 二、国家精神凝聚力的巩固和发展

历史表明，国家凝聚力强大的国家，越是在困难时期，越能激发人民的国家意识和国家责任，进而增强国家精神凝聚力。中华人民共和国成立后，国家凝聚力迅速增强，因而这一时期，尽管国家遇到的困难是巨大的，但是人民并没有丧失信心，并没有和国家离心离德，而是在党和政府的领导下，一步一步地克服困难，纠正错误，最终取得经济调整的胜利。这一时期注定是国家精神的丰硕收获期。这一时期的国家精神凝聚力巩固和发展主要体现在五个方面。

一是国家理想和目标先错后纠，在调整中实现了人民认同。历史证明，这种调整显然使党和政府恢复了对人民的号召力和凝聚力，没有这种恢复，就没有1961年到1965年四年调整国民经济的成绩和胜利。二是实现马克思主义指导中国经济建设的中国化，丰富和发展毛泽东思想。在这一时期，毛泽东对经济工作的调查和他发表的《论十大关系》，集中体现了对适合中国国情的社会主义道路的探索，是对毛泽东思想的丰富和发展。特别是党的八大，科学地明确了国内主要矛盾和主要任务，是马克思主义同中国社会主义革命和建设实践第二次结合的重要成果，是我国实现由解放生产力变为保护和发展生产力的重大战略决策，作为毛泽东思想的重要组成部分，至今仍发挥着理论指导的作用。这也表明毛泽东思想作为当代中国国家信仰，对中国人民具有长期精神凝聚价值。同时，也正是这一科学的论断，为我们分析当代中国国家凝聚力的源泉和动力奠定了重要的理论基础和前提。根据这一时期国内政治生活中人民内部矛盾日益突出，我们的党员干部工作不适应的问题，毛泽东经过长期思考，创立了正确处理人民内部矛盾的学说，这是这一时期马克思主义中国化的另一大成果。这一成果在整个社会主义阶段，都具有科学的理论指导价值，更是凝聚人民的执政法宝。三是这一时期中国人民团结一心、艰苦奋斗、战胜困难所形成的革命精神，已经成为当代中国的国家精神。四是这一时期道德建设全面发展，出现了以雷锋为代表的道德模范人物群体，带动全社会形成良好的社会风尚。雷锋的崇高理想和优秀品质成为全国人民特别是青少年的楷模，大家自觉地学习、仿效和实践，树立远大理想，培育优良品德，这一时期成为中华人民共和国成立以来党风、民风和社会风气最好的时期。[①] 五是这一时期国家精神建设的特别重要标志是人民英雄纪念碑的建设和完成。人民自觉尊敬和崇拜国家英雄，学习和效仿国家英雄，以英雄的精神激励着后人，国家才有强大的精神凝聚力，才能战胜困难，才充满希望，才会不断取得新胜利。

### 三、国家政治凝聚力的进一步加强

随着三大改造的完成，人民当家作主的社会主义制度的建立，标志着人民对新生政权的政治诉求目标的基本实现。但是，如何巩固发展和完善这个制度确是一个长期的过程，围绕着理论、道路和制度问题必然出现各种矛盾和斗争。国家政治凝聚力也会随着这种矛盾和斗争的不断出现和不断解决，表现为不断起伏性的发展。这一时期的国家政治建设主要有以下几个方面。

一是建立符合中国国情的农村政治体制。经过多次调整，多次反复，

---

① 当代中国研究所：《中华人民共和国史稿》第 2 卷，人民出版社、当代中国出版社 2012 年版，第 235—236 页。

到1962年初，以生产队为基本核算单位，以上有生产大队和人民公社三级的农村政治体制才稳定下来。这种体制在当时是国家政治体制凝聚农民的重要载体。二是加强党的自身建设，保持思想统一，提高执政能力。首先是我党开展了以反对官僚主义、宗派主义和主观主义为内容的整风运动。其次是党和国家领导人带头发扬以身作则、吃苦在先、享受在后，与人民群众同甘苦共命运的优良作风，深得人民群众的拥护和爱戴，靠领袖的人格魅力增强了党和国家的凝聚力。最后是树立了优秀党员干部的好榜样焦裕禄。在这一时期，在全党全国开展了学习毛主席著作、加强思想政治工作和学习焦裕禄的运动，促进了干部政治水平的提高和工作作风的转变。三是对国家民主与法制建设的探索，为建设社会主义法治国家，增强国家政治凝聚力，打下了重要理论基础。四是这一时期对国内政治关系的调整以及对民族、宗教政策的调整，客观上起到了稳定和加强国家政治凝聚力的作用。通过调整民族、宗教政策，解决严重伤害宗教感情、民族关系，乃至党群、干群和军民关系的问题，促进了全国各族人民的团结和社会的和谐稳定。

应该指出的是，这一阶段后期，由于对国内形势的判断的错误，使阶级斗争扩大化问题越来越严重，特别是开展城乡社会主义教育运动中，对“桃园经验”的推广和错误地提出运动的重点是整“党内走资本主义道路的当权派”，使不少基层干部受到不应有的打击和迫害，实际上为“文化大革命”的发动作了准备。[①]这对国家政治凝聚力起到了严重的损害作用。

### 四、国家文化凝聚力的发展

这一时期，由于贯彻执行了“百花齐放、百家争鸣”的文艺方针，体现国家价值导向的文化事业得到繁荣发展，文化对人民的影响力增大，国家文化凝聚力得到增强。

一是创作出版了大批反映正确价值导向，深受人民群众喜爱和欢迎的优秀文艺作品。这些文艺作品塑造的英雄模范人物，深深影响了几代

① 齐鹏飞:《中华人民共和国史》，中国人民大学出版社2009年版，第125—127页。

中国人，充分发挥了教育人民、引导人民、鼓舞人民、凝聚人民的特殊作用。二是大力发展群众文化、文艺普及工作，深入农村、工厂、部队，形成大众化的社会主义文化氛围，扩大和发展文艺对人民的凝聚作用。三是图书和报刊出版事业以及广播电视事业有较快发展，增加了文化凝聚人民的新载体。四是全面建设和发展教育事业，增强国家文化凝聚力的基础和动力。这一时期国家在初步建立社会主义教育制度的基础上，制定了一系列比较适合中国国情的教育方针、政策、制度和各类教育的规章和管理办法，促进了教育事业的全面发展，为国家培养了大批各项建设事业需要的人才。

## 五、国家安全凝聚力的发展

这一时期是国家进行全面社会主义建设时期，也是国家安全面临着各种威胁和严峻考验的时期。在国际上，以美国为首的敌对国家并不甘心朝鲜战场的失败，阴谋制造“两个中国”；印度派军队大举蚕食和侵犯中国领土；中苏关系破裂，经济、技术、军事上，处处卡我们的脖子，随时有变友成敌的危险。在国内，蒋介石疯狂叫嚣“反攻大陆”，西藏分裂势力发动武装叛乱，由于自然灾害，人民生活出现困难。在这种十分严峻的形势下，人民在党和政府的领导下，全面加强国家安全建设，取得了一系列国防建设的重大成就和对敌斗争的重大胜利，同时通过调整民族政策，加强了民族团结，维护了国家的统一。人民对国家取得的军事、国防、外交以及国家统一的巨大成就和胜利，充满了骄傲和自豪，国家对人民的安全凝聚力极大增强。

一是国防建设取得重大成就，以国防实力增强人民的安全感。这一时期，一方面通过加强军队的思想政治建设和正规化建设，全面提高部队适应现代战争的能力。另一方面通过加强国防科技和武器装备现代化建设，在“自力更生、奋发图强”方针指导下，克服重重困难，先后研制成功原子弹、氢弹和导弹等尖端武器，常规武器的发展也完成为由仿制到自行研制的转变，初步建立起完整的国防工业体系，极大增强了国家的国防实力。二是粉碎了美帝国主义和蒋介石的多次军事挑衅，增强了人民对国家保卫人民安全能力的信任感。三是取得了对印边界自卫反击战胜利，保卫了国家的国土安全。四是平定西藏叛乱，维护国家统一。在这一时期，根据少数民族的民族特点，先后成立和完善了内蒙古自治区、新疆维吾尔自治区、广西壮族自治区、宁夏回族自治区、西藏自治区。这些民族地区通过民主改革和社会主义改造，使民族地区的工业、农业和文化教育卫生事业得到全面发展，民族自治区人民的生活逐步得到改善和提高，增强了国家对少数民族的凝聚力。最后，在这一时期，我国积极反对霸权主义，发展和平外交。提出了坚持“独立自主”的对外方针，重新提出“中间地带”理论和“一切反动派都是纸老虎”的论断，与世界上的友好国家建立良好的外交关系，为我国和平发展创造了良好环境并争取了时间。

## 六、这一时期国家凝聚力的作用分析

总的来看，这一时期是国家凝聚力全面发展和加强的时期。尽管这一时期，由于自然灾害和“大跃进”“共产风”，使经济发展出现了严重困难，在这三年中国家物质凝聚力出现了弱化，但随着党和国家政策的调整，错误的纠正，国民经济实现了全面的发展，国家物质凝聚力也随之得到增强。尽管这一时期，发生了反右扩大化，脱离了生产力发展水平的人民公社化，以及阶级斗争的泛化，所发生的错误影响了党和政府在人民中的威信，但是并没有失去人民对党和政府的坚定信任。同时，由于这一时期国家精神凝聚力、国家文化凝聚力和国家安全凝聚力的全面加强和发展，又在一定程度上弥补了国家物质凝聚力和国家政治凝聚力弱化出现的不足。这一时期国家凝聚力较好地发挥了四方面的作用：一是国家出现经济困难时，国家凝聚力较好地发挥了民心的聚合作用；二是国家出现政治错误时，国家凝聚力较好地发挥了化解矛盾和社会的稳定作用；三是面对国内外敌对势力的严峻挑衅，国家凝聚力较好地发挥了促进人民同心同德一致对敌的作用；四是国家出现民族问题时，国家凝聚力较好地发挥了促进民族团结和国家统一的作用。

值得注意的是，在这一时期，国家凝聚力在错误导向的作用下，对“大跃进”和“共产风”起了推波助澜的作用。

## 第三节　当代中国国家凝聚力不平衡发展时期（1966—1976 年）

当代中国国家凝聚力不平衡发展时期，主要是指 1966 年至 1976 年这十年“文化大革命”时期。这一时期虽然头三年国民经济的发展遭到严重破坏，但后七年因部分错误被纠正，工农业生产并没有停止，国民经济“三五”“四五”计划的完成，人民的生活水平没有太大下降，因而国家物质凝聚力得到了维持和缓慢发展。同其他要素的国家凝聚力相比，国家安全凝聚力在这一时期进一步得到加强，这在很大程度上保证了国家的乱而不散，同时对其他凝聚力的弱化起了弥补和平衡作用。

### 一、国家物质凝聚力的维持和发展

“文化大革命”开始的第一年，以周恩来总理为代表的老一辈革命家，坚持抓革命促生产，维持国民经济发展的正常秩序，因此这一年的国民经济仍得到了较大发展，各项生产建设事业都完成或超额完成任务。但在之后的两年，随着“一月夺权”导致的全国内乱，经济建设遭受严重破坏。中共九大之后，经过广大干部群众的努力，1969 年当年扭转了国民经济连续两年倒退的被动局面，经济出现了明显的恢复和好转。之后，邓小平主持 1975 年的整顿工作，排除“四人帮”的破坏和干扰，使经济工作继续好转，顺利完成“四五”计划。国家物质凝聚力的基础，也得到了巩固。这一时期我国排除干扰，科学技术事业取得了突破性发展。特别是我国人造卫星技术的突破和发展，极大地激发了包括广大华侨在内的中国人民的爱国热情，对化解社会矛盾，坚定走社会主义道路起到了促进作用，也成为强大国家物质凝聚力的重要动力。在这一时期，我国科技人员能够排除各种困难和干扰，取得如此巨大的成功，除了得到当时国家最高领导人毛泽东的支持外，在国家高凝聚力条件下，广大科学家热爱祖国的国家意识和国家责任，显然发挥了重要作用。这一时期的城乡的医疗卫生事业有了发展，人均预期寿命有了显著提高。特别是农村合作医疗的普及和遍布农村的赤脚医生，对解决农村长期以来存在的缺医少药问题发挥了重要作用，受到农民的欢迎。因此也成为国家凝聚广大农民群众的一个因素。这一时期的人口预期寿命由 1956 年的 54 岁提高到 1978 年的 67 岁。

## 二、国家安全凝聚力的进一步增强

在这一时期，由于在中苏边境多次发生苏军入侵中国领土的流血事件，同时苏联挑动和联合中国周边国家，对中国实施战略包围，中国人民切实感受到苏联正在成为中国国家安全所面临的最大、最现实的危险，中国国家领导人不能不把国家安全建设放在一个非常重要的地位加以考虑。因此，在国家政治、经济、文化等建设遭到破坏遭受严重损失的时候，国家的安全建设却能够排除林彪、“四人帮”反革命集团的破坏和干扰，取得发展，实现突破。这些成就，使中国人民增加了在动乱中的国家安全感，增强了国家的安全凝聚力。

首先是为抵御帝国主义的战争威胁，这一时期在我国的战略纵深进行的“三线建设”取得了重大成就。特别是在国防科技工业方面，建立了一大批尖端科研实验基地，初步形成应对帝国主义发动战争的国防工业格局。其次是这一时期我国的国防科技尖端技术取得多方面的重大突破。正如邓小平所说，“如果六十年代以来中国没有原子弹、氢弹，没有发射卫星，中国就不能叫有重要影响的大国，就没有现在这样的国际地位”①。再次是这一时期我国军队较好地履行了保卫国家领土、领空、领海安全的重要使命，取得了珍宝岛自卫反击战的胜利、对美防空作战的胜利和西沙群岛自卫反击战的胜利。最后是这一时期我国的外交局面也取得了重大突破。到 1976 年 10 月“文化大革命”结束时，我国已同 110 个国家建立了外交关系。这一时期的另一个外交重大成果是恢复了中华人民共和国在联合国的合法席位。社会主义的中华人民共和国终于登上联合国这个国际政治舞台，也表明社会主义中华人民共和国作为主权国家，正式得到了世界的认同，它所形成的国家安全意义和国家安全凝聚力也是巨大的。

---

① 《邓小平文选》第 3 卷，人民出版社 1993 年版，第 279 页。

### 三、这一时期国家凝聚力的作用分析

“文化大革命”是一场政治内乱。虽然这一时期的国家凝聚力出现问题，但是国家物质凝聚力的相对发展和国家安全凝聚力的增强，又客观上平衡了国家凝聚力的短板，使国民经济能够在曲折中得到发展。因此，这一时期的国家凝聚力仍发挥了四个方面的积极作用：首先是国家由全面内乱到恢复秩序的保证作用。没有国家凝聚力，人民同党和国家离心离德，国家不可能由内乱回到正常发展轨道。其次是凝聚全国军民抵御苏联霸权主义的侵略威胁。无论是在极其艰苦的条件下，全国一盘棋，开展“三线建设”，还是珍宝岛自卫反击战的胜利等，都离不开国家凝聚力在人民中形成的爱国主义精神。再次是国家凝聚力破除干扰促进了经济的发展。满足人民群众的物质需求是国家凝聚力的基础动力，而强大的国家凝聚力又必然要求国家必须把发展放在第一位。这是“文化大革命”时期国家遭受严重动乱，经济还能发展的国家凝聚力原因。最后是国家凝聚力使广大干部和人民形成的对党和国家的忠诚，自觉奋起同林彪、“四人帮”作斗争，减小了“文化大革命”的损失程度。在党和政府纠正“文化大革命”时期的错误时，人民仍然保持了对党和政府的信任，对社会主义道路的信心。[①]

## 第四节　当代中国国家凝聚力的调整发展时期（1977—1992 年）

这一时期是国家凝聚力经过“文化大革命”时期的不平衡发展之后，进入调整发展的新时期。这一时期的重要性，就在于通过调整，纠正了“文化大革命”时期造成的国家政治和国家精神凝聚力的不平衡问题和导向错误问题，使国家政治凝聚力和国家精神凝聚力在得到强化的同时，又有了正确的作用导向；通过恢复中华民族的传统文化和文化教

---

① 刘学谦:《当代中国国家凝聚力的历史轨迹分析》,《华北理工大学学报（社会科学版）》2017 年第 1 期，第 156—161 页。（该文章为课题阶段性成果）

育，国家主流文化以正确的价值导向成为社会生活的主旋律，使国家文化凝聚力步入正常发展的轨道；通过经济结构的调整和农村与城市的经济体制改革，以及对外开放，使我国经济较快增长，人民生活水平显著提高，国家物质凝聚力得到进一步增强；根据新的国际国内形势，加强军队现代化建设和国防建设取得了新成就，特别是国家经受了 1989 年政治风波和东欧剧变、苏联解体的严峻考验，成功战胜了西方国家的全面制裁，国土安全、政治安全、国防安全得到加强，国家安全凝聚力得到提升。[①]

## 一、国家物质凝聚力的巩固与增强

十年动乱，虽然维持了国家物质凝聚力的发展，但基本上是只能够满足人民生存的需要而产生的凝聚力。十年动乱的结束，人民对幸福生活的渴望和追求，已经远远超越了人民对生存需要的诉求，国家根据经济社会发展规律，采取多种措施，满足人民的物质需求，使国家物质凝聚力从源泉和动力上得到了根本性的加强。

第一是国家摒弃了“以阶级斗争为纲”的错误，明确了以经济建设为中心。这种转变不仅使人民消除了再次进行“文化大革命”的担心，更重要的是国家重新回到正确健康的发展轨道上来了。第二是农村和城市的经济体制改革，调动了人民群众生产建设的积极性。中国经济体制的全面改革，为国民经济的发展注入了新的生机和活力，使国民经济走上了持续发展的道路。到 1988 年，国民生产总值达到 13853 亿元，比上年增长 11.2%；国民收入 11533 亿元，比上年增长 11.4%；国民生产总值上升到世界第八位。特别是直接反映国家物质凝聚力的重要指标——职工收入明显提高，职工平均工资由 1978 年的 615 元增加到 1988 年的 1747 元。第三是这一时期的对外开放，取得了成功，扩大了满足人民需求的世界空间。通过对外开放，引进外资，引进外国技术，开展对外经济贸易，极大地促进了我国经济的快速发展，提升了我国的经济实力，

① 刘学谦：《当代中国国家凝聚力的历史轨迹分析》，《华北理工大学学报（社会科学版）》2017 年第 1 期，第 156—161 页。（该文章为课题阶段性成果）

缩短了我国同西方先进国家的差距，加快了我国现代化建设的步伐。第四是这一时期我国满足人民物质需求的能力明显增强，人民群众的生活水平和生活质量明显提高。在“六五”时期，全国居民的平均消费水平年平均增长 8.6%，农村居民增长达到 10.1%。这一时期的医疗卫生健康事业的发展，使我国的人口预期寿命不断提高，由 1978 年的 67 岁提高到 1991 年的 70 岁左右。第五是我国的社会福利和社会保障体制，通过改革，进一步发展和完善，“社会稳定器”的作用得到较好发挥。直接影响民生的城镇居民就业率也有明显提高。

## 二、国家精神凝聚力的调整与加强

首先，这一时期国家精神凝聚力的调整和加强是从重塑人民的国家信仰开始的。重塑国家信仰的过程大体经历了四个阶段：第一个阶段是以邓小平为代表的中央第二代领导集体，通过否定“两个凡是”，开展真理标准大讨论为标志。重新确立了实践是检验真理唯一标准的马克思主义基本原则，为中央下决心系统纠正毛泽东晚年的错误，恢复毛泽东思想的中国马克思主义本质，重塑国家信仰，恢复国家凝聚力正确的源泉和动力，打下了思想基础。第二个阶段是以党的十一届三中全会为标志，恢复了正确的当代中国国家凝聚力源泉和动力。第三个阶段是以中国共产党的十一届六中全会审议并通过的《关于建国以来党的若干历史问题的决议》为标志，把毛泽东的错误和毛泽东思想作了科学的区分，进一步明确了毛泽东思想的长期指导作用，表明了中国共产党人集体智慧结晶的毛泽东思想，仍然是国家信仰的主导地位。第四个阶段是以党的十三大明确了党在社会主义初级阶段的基本路线为标志，表明邓小平提出的中国特色社会主义理论正式成为党和国家的指导思想，成为当代中国的国家信仰。其次，这一时期确定了被广大人民群众认同的目标和理想，国家精神凝聚力得到加强。党的十三大报告，提出的经济建设“三步走”的总体战略部署是一个真正反映人民需求和愿望，并被人民高度认同的目标理想，也是一个在很长时间内凝聚中国人民的理想目标。再次，这一时期产生的改革开放精神成为国家精神凝聚力的重要组成部分。这一时期，党的各级领导干部和广大人民群众形成“解放思想、实事求是、与时俱进、改革创新、求真务实”等改革精神。这种精神在深圳等地得到弘扬，创造了“深圳速度”，影响并带动了全国的改革开放。改革开放精神已经成为当代中国的国家精神，是推动当代中国各项事业发展的强大动力。第四，以“五讲四美三热爱”为抓手，全面推进精神文明建设，增强了国家精神凝聚力。中共十三届四中全会以后，以江泽民为核心的第三代中央领导集体，深刻总结1989年政治风波的教训，提出坚持“两手抓”的方针，坚决纠正一手硬、一手软的状况，使精神文明建设得到加强。

### 三、国家政治凝聚力的调整与加强

“文化大革命”时期对国家政治凝聚力的损害首先是从对国家各级干部和知识分子的迫害以及国家政治制度的破坏开始的。因此，这一时期的国家政治凝聚力的调整与加强，必然是从改正冤假错案和国家政治制度的恢复与改革开始。

第一，全面改正冤假错案，恢复人民群众对党和国家的信任和信心。这项工作对于凝聚党心、军心、民心，动员全国各族人民同心同德进行社会主义现代化建设，产生巨大的影响和重大的作用。第二，通过建设和改革社会主义民主政治体制，把满足人民的政治诉求制度化、常态化。第三，平息了1989年政治风波，形成以江泽民为核心的新的中央领导集体。中共十三届四中全会以后，随着新的领导核心的有效工作和国内政局逐步稳定，以邓小平为核心的第二代中央领导集体和以江泽民为核心的第三代中央领导集体有计划、有步骤地实现了顺利交接。这是国家民主政治建设和政治体制改革的重大成就，也表明了党和国家政治上的高度成熟和组织上的坚定有力，证明了国家政治凝聚力的基础是强大和稳定的。第四，国家基本政治制度和社会主义统一战线的恢复、完善和发展，增强了国家对各阶层、各方面、各民族和港、澳、台的政治凝聚力。第五，这一时期，开始了全面的社会主义法制建设，努力实现人民当家作主和公平正义的制度化、法制化，初步形成具有中国特色的社会主义法律体系。这是国家实现由行政手段治国到依法治国的重要转变时期。从1978年底到1992年党的十四大召开前的 14 年时间，我国基本上形成有中国特色的社会主义法律体系，这是当代中国政治建设所取得的重大成就。第六，这一时期，党和政府开始高度重视经济生活中出现的严重腐败问题，建设廉洁高效政府取得了成效。

## 四、国家文化凝聚力的恢复、调整和加强

随着“文化大革命”的结束，这一时期是当代中国文化的全面复兴时期。同时随着改革开放的全面展开，西方文化潮涌般进入中国，当代中国出现了近代以来从没有过的东西方文化的大碰撞、大博弈、大冲击。由于“文化大革命”时期对中国传统文化的破坏和对现代文化的阉割，一开始面对来势凶猛的西方文化，我们自己的文化几乎没有抗衡的能力，一些青少年几乎成为西方文化的俘虏，从 1989 年以后，中华文化开始实现全面复兴，我们从最大失误中夺回失去的文化教育阵地，国家主流文化逐步占主导，国家文化凝聚力在这一时期也经历了一个因国家文化削弱而弱、因国家文化复兴而兴、因国家文化增强而强的过程。

第一，高考制度全面恢复，全国科技大会的顺利召开，教育和科技领域实现拨乱反正，为强盛国家文化凝聚力打下坚实基础。在这一时期，形成一大批科研成果，有些已达到国际先进水平。这些科技的辉煌成就，对“文化大革命”后恢复人民对党和政府信任和信心，增强当代中国的国家凝聚力发挥了重要作用。第二，对文化领域的拨乱反正，对文化体制的改革，繁荣了国家文化，满足了人民日益增长的文化需求。这一时期产生了一大批具有较高水准的电影、戏剧、小说、诗歌等文艺作品，弘扬了爱祖国、爱人民、爱党、爱社会主义的主旋律，对满足人民群众的多元化文化需求发挥了重要作用，客观上起到了增强国家文化凝聚力的作用。第三，各种各样的传媒发展迅速，一些媒体脱离国家主旋律成为西方价值理念的传声筒和代言人，起了削弱国家文化凝聚力的作用，后得到国家的纠正。第四，体育事业的恢复和发展，取得了系列重大成果，增强了人民的国家荣誉感和自豪感。这一时期，中国女排创造的“女排精神”不仅对体育界，而且对全国人民都起到了激励的作用，感染和凝聚着全国人民，增强了建设社会主

义强国的信心和力量。

### 五、国家安全凝聚力的发展与加强

这一时期随着国家十年动乱的结束和国家安全形势的变化，国家安全建设的重点也发生了重大的变化。通过国防建设和人民军队的现代化建设，确保国家安全的能力得到增强。20 世纪 80 年代以前，中国的多边外交活动多集中在联合国及其专门机构，主要是政治安全领域。80 年代以后，我国继续在联合国开展外交的同时，面向全球和全方位领域开展外交活动，除政治外的经济、军事、文化、社会等全面的国家安全问题得到国家重视和加强。1989 年政治风波发生后，中国特色社会主义制度和党的执政地位，受到严重威胁，党中央为国家的政治安全，在国际上采取了一系列重大措施，取得了明显成效。

第一，这一时期军队现代化建设成效明显，成为国家国防和国土安全的重要保证。通过明确强军目标、加强政治工作、提高教育训练水平、改善武器装备、健全法规制度等措施，提高了军队的整体素质，现代化和正规化建设取得明显成效，为国防和国土安全提供了坚强的军事保证。第二，适应“和平与发展”的时代主题，为保证集中精力进行社会主义现代化建设，特别是搞好经济建设，提高国家综合实力，增强国家经济安全与国土安全，我国开始向全方位外交的国际战略转变。包括改变“一条线”战略，开展“全方位”外交；推行“睦邻”政策，建立和平安宁睦邻友好的周边环境；保卫国家领土安全，反击越南侵略行径，处理好同东南亚各国的关系；积极参与国际事务，广泛开展多边外交。第三，维护国家政治安全，反对西方制裁取得重大胜利。1989 年政治风波之后，党和政府面对西方制裁，江泽民在庆祝中华人民共和国成立 40 周年大会上宣布：“任何经济制裁，都丝毫不能动摇我们振兴中华、坚持社会主义道路的决心，丝毫不能动摇我们同世界各国人民友好相处的信念。”[①] 此后我国党和政府采取了积极理性的外交战略，积极开展睦邻外交，稳定和

① 《在庆祝中华人民共和国成立四十周年大会上的讲话》（1989 年 9 月 29 日），载中共中央文献研究室编：《十三大以来重要文献选编》（中），人民出版社 1991 年版，第 632—633 页。

发展同周边国家的关系，加强同发展中国家的团结与合作，努力恢复和稳定同西方发达国家的关系，并取得了决定性的胜利。

### 六、这一时期国家凝聚力的作用分析

这一历史时期，是“文化大革命”结束后全面拨乱反正的新时期，是由长期封闭到改革开放的新时期，是人民群众的需要全面发展的新时期，更是多层次、多元化矛盾叠加凸显的新时期。因此，这一时期的国家凝聚力必然是在曲折中不断变化、在构成要素不断完善发展过程中得到提升。一是国家物质凝聚力显然发挥了重要的支撑作用。这一时期国家物质凝聚力的发展与增强主要来自满足人民需要所形成的两方面的强大动力：一方面，“文化大革命”后逐步建立的公有制基础上有计划的商品经济，极大地解放了生产力，普惠性的共享发展成果，使最广大人民群众生活水平有了显著的提高；另一方面，改革开放增强了经济发展的动力和活力，绝大多数人民群众是高兴和满意的。以此为基础形成的国家强大物质凝聚力，是任何力量都不可动摇的。二是中华人民共和国积淀的国家精神凝聚力弥补了“文化大革命”后国家精神凝聚力的不足。“文化大革命”结束后，毛泽东思想的创造者毛泽东同志晚年的错误，严重影响了人民对毛泽东思想的忠诚与信仰。《关于建国以来党的若干历史问题的决议》对毛泽东思想和毛泽东晚年的错误作了区分，恢复了毛泽东思想作为国家信仰的本来面目。这对于在毛泽东思想哺育下成长起来的老一代来说，虽然有影响但没有动摇信仰。但这对于“文化大革命”后成长起来的年轻一代影响非常大。因此当资产阶级自由化思潮袭来时，国家精神凝聚力出现弱化是有一定必然性的。但得益于有邓小平等老一辈革命家在，有广大干部和工农群众、解放军指战员对党、对毛泽东思想和中国特色社会主义理论的信仰与忠诚，战胜了西方价值观的严峻挑战，使得国家精神凝聚力在 1989 年政治风波和东欧剧变之后，逐步恢复起来。对越自卫反击战中涌现的大批战斗英雄，成为时代的楷模，他们表现出的新时代爱国主义、英雄主义，丰富了国家精神的内涵。应该强调的是，这一时期形成的“解放思想、实事求是、与时俱进、改革创新、求真务实”的改革开放精神，已经成为当代中国国家精神的重要组成部

分，成为推动当代中国各项事业发展的强大精神凝聚力。三是国家政治凝聚力经历了先弱化后强化的过程，发挥了促进人民对理论、道路和制度自信的作用。由于国家刚刚完成政治上的拨乱反正，接着又受到来源于三个方面的冲击，首先是当时某些领导人坚持四项基本原则不够坚决，对资产阶级自由化思潮放松警惕，造成一些认识上的偏差；其次是干部队伍中出现了严重的腐败问题，引发了人民群众的不满，并由对少数腐败分子的不满，在资产阶级自由化分子的诱导下，成为对国家政治制度的不满；最后是在东欧剧变冲击下，人们普遍产生的中国的社会主义道路能不能走、能走多久的疑问。随着国家第三代领导人的诞生，上述问题得到了初步的解决，特别是有了一个党和人民信得过的坚持中国特色社会主义理论、道路、制度自信的领导集体，使这一时期的国家政治凝聚力经过弱化之后出现了逐步上升的趋势。四是国家文化凝聚力在恢复和博弈中得到增强，发挥了支持主流文化和价值观占主导的作用。对国家优秀传统文化恢复和发展，特别是在广大青少年中形成中国优秀传统文化的传承和根基，必然要有较长时间的认知认同过程，加之这一时期的部分媒体热衷宣传西方资产阶级自由化思想，国家的主流文化和价值观得不到弘扬，这就使得群众和青少年面对西方文化的冲击，自己拿不出国家优秀文化与之相抗衡，丧失了甄别和抵御的能力。因此，这一时期成为新中国成立以来国家文化凝聚力弱化最严重的时期。之后，随着国家主流文化和优秀传统文化的大力弘扬，国家文化凝聚力开始增强。但是在东西方文化的博弈与交融过程中，如何保证国家主流文化和价值观占主导地位问题，不会因为我们重视了就能马上解决，东西方文化的博弈与交融的长期性，决定着国家文化凝聚力在上升过程中强化与弱化交织的必然性。五是国家安全凝聚力继续保持强大，发挥了保持国家稳定的重要基础作用。这一时期的军队现代化建设、国防建设的成就，特别是对越自卫反击战的胜利，成功化解西方国家对我国的制裁及一系列外交成就，确保了国家的政治安全、国土安全，增强了人民的国家安全感，使得这一时期的国家安全凝聚力成为国家政治稳定、社会安定的重要基础。

## 第五节　当代中国国家凝聚力的全面发展时期（1993—2012 年）

这一时期是共和国在纠正了“文化大革命”的错误，经受了“1989 年政治风波”和东欧剧变的严峻考验之后，成功进入改革开放和现代化建设的全面发展新时期。中国共产党人结合当代中国新时期的新形势、新任务、新特点，全力推进马克思主义中国化。实现中华民族伟大复兴的中国梦的宏伟目标，成为持续凝聚人民为此而奋斗的强大精神凝聚力量。加强社会主义道德建设，实施“以德治国”方略，全面提升全体人民的道德水平和道德素质。通过战胜各种灾害和困难，形成的英雄精神，丰富了国家精神的宝库。通过发展社会主义市场经济，推进全方位对外开放，我国的经济发展水平、综合国力、人民群众的生活水平得到大幅度提高。多层次的社会保障体系初步建立。发展社会主义民主政治，建设社会主义政治文明取得新成果。中国共产党执政能力和水平不断提高，党和国家领导核心表现出的科学决策与驾驭全局能力，得到人民的拥护与认同。实施“依法治国”方略，建设与社会主义市场经济相适应的法治国家。通过文化体制改革，文学艺术、电影、电视、报纸、杂志、图书出版等得到较快发展，突出体现国家主旋律，在丰富人民文化生活的过程中，发挥了教育、引导、激励人民的作用。这一时期的哲学社会科学进一步得到繁荣和发展，特别是国家社科基金的设立，成为国家哲学社会科学健康发展的价值风向标和强大助推器。体育事业的飞速发展和巨大成就，实现了由体育大国向体育强国的转变。这一时期的国家安全建设发生了重大变化，国家安全凝聚力在曲折上升中得到加强。

### 一、国家物质凝聚力的全面发展

这一时期我国的经济发展所取得的成就是举世瞩目的。

一是实现了经济社会持续、健康和快速发展。1978 年我国 GDP 的总量居世界第 11 位。2010 年，我国 GDP 总量超过日本，跃居世界第二位，成为仅次于美国的世界第二大经济体。1991 年至 2011 年，我国经济年均增长率达到 10.4%，远远超过这一时期的世界经济平均发展水平。与此同时，我国对世界经济的贡献率也大幅提升。1978 年，我国经济对世界经济的贡献率为 2.3%，到 2007 年，我国经济对世界经济的贡献率已升到 19.2%，超过世界上的所有国家。[①] 二是在我国综合国力和整体实力增强的基础上，广大人民群众的物质生活得到极大的丰富和改善。这一时期我国人民生活实现了由温饱到总体小康的历史性跨越，可支配收入迅速增长。2012 年，我国城镇居民人均可支配收入达 24565 元，比 1978 年增长 71 倍；农村居民人均纯收入 7917 元，比 1978 年增长了 58 倍。三是大力发展社会保障事业，努力改善民生，城乡人民生活质量显著改善，健康水平明显提高，人口预期寿命也明显提高。据《2013 世界卫生统计报告》显示，2011 年，中国人均寿命达到 76 岁，高于同等发展水平国家，甚至高于一些欧洲国家。世卫组织专家认为，这主要得益于中国经济的增长和生活条件的改善。四是坚持科学发展观，促进人与自然协调可持续发展。这一时期，我国加强环境保护和生态文明建设上升为基本国策。各地建设资源节约型、环境友好型社会，推进节能减排，发展循环经济，强化资源节约，加强环境保护，促进生态保护和建设，积极应对全球气候变化，人与自然相协调的生态文明建设取得重要成就。虽然我国从总体上看，生态环境恶化趋势初步得到遏制，部分地区有所改善，但环境形势依然相当严峻，不容乐观。

总之，这一时期我国经济发展创造的世界奇迹，极大地增强了国家对人民的凝聚力，与此同时，环境问题成为弱化国家凝聚力的新元素，成为我国部分民众向国外移民的一个理由。

## 二、国家精神凝聚力的全面发展

这一时期既是当代中国国家精神凝聚力的全面发展时期，也是多元化思想、理想和信仰相互交融、博弈最激烈的时期。改革开放是我国长期坚持的既定方针，但是围绕着改革的方向问题的斗争，远没有结束。一旦我们的发展遇到困难，西化的思想和“左”的思想就强烈地表现出

① 国家统计局：《中华人民共和国 60 年》，中国统计出版社 2009 年版，第 141—143 页。

来，影响人民群众坚定走中国特色社会主义道路的信心和决心。但是，我国在这一时期坚持中国特色社会主义理论自信、制度自信、道路自信所取得的巨大成就，已经成为人民选择国家信仰的基石。我国确定的建设全面小康社会，实现现代化的奋斗目标，也为最广大的人民群众所认同。党和政府领导人民群众同各种困难和自然灾害作斗争所表现出来的各种英雄精神，丰富了国家精神的宝库。这一时期的道德建设也取得了重要的成就。

首先是国家确定的现代化建设“三步走”发展目标，实现中华民族伟大复兴的中国梦，在实践中得到了人民群众的广泛认同，成为强大的精神动力。其次是作为当代中国国家信仰的中国特色社会主义理论体系基本形成并在创新中发展。在改革开放后的中国，我们取得的每一项重大成就，人民群众生活水平的步步提高，都是在中国特色社会主义理论的指导下取得的。在我们的国家，中国人民没有理由不信仰中国特色社会主义理论。再次是当代中国精神得到丰富和发展。这些宝贵的国家精神，已经成为凝聚中国人民，为实现中华民族伟大复兴而奋斗的强大精神动力。最后是道德建设取得重要成就。这一时期首次提出“社会主义核心价值体系”的科学命题。2012 年党的十八大在总结以往道德建设经验的基础上，提出了 24 字社会主义核心价值观，分别从国家、社会、人民的角度规范了道德行为。应该说，这一时期的道德建设取得的成效是明显的，但是对道德建设的成效不能高估，无论社会层面还是个人层面，失德失范的现象时有发生，面对新形势、新变化，道德建设任重道远。国家精神文明建设所形成的道德凝聚力，还有大力加强的空间。

### 三、国家政治凝聚力的全面发展

这一时期是国家政治建设的平稳发展时期，因此也是国家政治凝聚力平稳上升的时期。

第一是中国特色社会主义制度优越性的充分展示期。这一时期经过体制改革和发展实践，基本形成中国特色的社会主义经济制度和政治制度，人民群众对中国特色社会主义制度的认同度，比 1989 年政治风波和东欧剧变、苏联解体时期，有了极大的提升。第二是我国的民主政治建设在实践中取得了许多重大进展。我国的民主政治建设经过学习、借鉴和探索，形成了鲜明的中国特色。一是中国共产党领导的人民民主。二是由最广大人民群众当家作主的民主。这是中国社会主义民主的显著特征。三是以人民民主专政作为可靠保障的民主。这一时期，我国的人民代表大会制度、中国共产党领导的多党合作制度和政治协商制度、民族区域自治制度、基层群众组织制度等不断发展和完善。第三是以党政最高领导人为领袖的三届领导集体，表现了很强的治国理政能力。一个国家的凝聚力，从一个角度说，取决于国家领导集体的治国理政能力。在当代中国，如果没有三届领导集体的卓越领导才能，没有他们超强的治国理政能力，没有他们全心全意为中国人民服务的精神，没有他们为中华民族伟大复兴而奋斗的担当和高度责任感，没有他们带领13亿人民开拓创新、艰苦奋斗，就不会有当代中国的巨大成就。第四是全面加强党的建设，增强党的凝聚力。总的来看，这一时期党的执政能力是全面提升的，但也遇到了空前的挑战，无论是思想理论建设、组织建设和作风建设，都有需要创新发展，才能更好更强凝聚全国人民，担当领导中华民族复兴大业的重任。第五是实施依法治国基本方略，建设法治中国。应该指出的是，虽然依法治国取得了伟大的成就，但仍然存在人民群众不满意的地方，制约着我国的法治建设。依法治国，建设法治国家，任重道远。最后是惩治腐败取得明显成效，但是和人民的期望有距离。应该指出的是，我国的反腐败斗争将是长期的。只有通过坚持严惩，才能保持不敢腐；只有通过长期教育，才能彻底不想腐；只有通过政治体制改革建立起同社会主义市场经济制度相适应的反腐败制度体系，才能从根本上解决不能腐的问题。只有这样的反腐败结果，才能让人民群众满意。

## 四、国家文化凝聚力在博弈与融合中得到发展

这一时期是中华人民共和国成立以来，东西方文化面对面最激烈的博弈时期。在20世纪80年代中后期，特别是互联网进入中国后，国家文化在东欧剧变时期是处于被动地位的，优秀传统文化的传承出现断代

的问题没有得到很好的解决，但是这种情况随着全党统一思想，采取系列重大措施，很快得到了扭转，国家文化凝聚力也逐步得到加强。

一是这一时期教育的普及、特别是高等教育大规模扩大招生，进一步促进了国民文化素质的整体提高，为人民群众认同国家主流文化和核心价值观打下了重要的文化基础。中国特色社会主义理论和核心价值观进校园进课堂，初步扭转了教育的被动局面。广大青少年对中国特色社会主义理论、道路和制度的认同比例有了较大提升。这一时期对大、中、小学生恢复传统文化教育，在大学让国学进课堂，这对中国传统文化的继承和发扬起到了重要的作用。二是这一时期反映主旋律和核心价值观的大批优秀文化作品开始在文化市场占主角。一大批歌颂中华民族英雄的优秀历史剧，对弘扬爱国主义的中国精神起到了集聚正能量作用。三是这一时期广播、电视、新闻出版等文化传播媒体，发挥了弘扬国家主流文化的主渠道作用。国家的文化传播媒体，较好地发挥了凝聚中华民族伟大复兴的正能量作用。四是这一时期互联网进入中国，改变了传统的文化传播方式，给国家文化凝聚人民力量带来了机遇和挑战。五是这一时期文化产业的发展使文化产品内涵中的主流文化和中国元素，开始进入社会的每一个层面和角落。国家文化借助文化产业，增强了中国对人民、对世界的影响力。六是这一时期的体育事业，获得了巨大的发展。我国在反映国家综合体育实力的比赛中，不断取得好成绩，极大地增强了中国人民的自信心、自豪感和凝聚力。

### 五、国家安全凝聚力的全面发展

这一时期是国家和平发展的重要时期。在没有战争直接干扰的情况下，我国经济高速发展，成为世界第二大经济体。但是，全面的国家安全问题，已经成为影响国家凝聚力的重要因素。这一时期的国家安全问题已经远远超出了国土安全和国防安全的范围，而是形成包括国土安全和国防安全在内的，从社会、经济、文化到政治文明、生态文明等全方位、多层次国家安全建设的体系。

一是这一时期的国防安全得到加强。在军队现代化建设中，一大批国产的现代化武器装备部队，大大提升了我军打赢现代化战争的能力。

二是外交取得重要成就，巩固了国家的政治安全和国土安全。我国一方面改善周边的安全环境，主动和周边国家建立睦邻友好关系，另一方面和西方主要发达国家建立新型大国关系，为我国建立起长期稳定的和平发展环境，实现中华民族伟大复兴提供了重要的政治安全和国土安全保证。三是社会安全得到高度重视，并取得重要成果。四是文化安全得到加强。针对互联网成为公众平台，国家文化安全受到多方面冲击的问题，国家一方面加强了对网络的监管，另一方面加大了国家主流文化和核心价值观的宣传力度，在主流网站基本实现了弘扬社会正能量占主导。五是多措并举加强环境安全建设。这一时期，国家首次把加强环境保护和生态文明建设上升为基本国策，不断加大治理力度。应该指出的是，生态安全已经成为人民群众的高度关注点，也是容易削弱国家凝聚力的重点。

### 六、这一时期国家凝聚力的作用分析

综合来看，这一时期的国家凝聚力是不断上升和加强的，因此能够凝聚人民力量，实现基本小康，建成世界经济大国。这一时期，国家凝聚力具体有五个作用：一是国家物质凝聚力继续发挥重要的基础支撑作用，但是由于生态环境问题的出现，使得本来应该更加强大的国家物质凝聚力，遭到一定程度的削弱。二是国家精神凝聚力得到加强，但是增强的速度并不是很快。原因是构成国家精神凝聚力的要素发展并不均衡，人民的认同还没有同我们的努力成正比。三是国家政治凝聚力由于中国特色社会主义制度优越性的成功发挥而得到加强。由于腐败问题出现的减分值，远小于由于发展成果巨大而得到的加分值。四是由于有国家物质凝聚力和国家政治凝聚力作基础，国家文化凝聚力也逐步进入稳定增强时期。一旦中国优秀的传统文化和中国特色社会主义的先进文化相结合，一定能够形成不可战胜的能够影响世界的强大文化力量。五是国家安全凝聚力由于要素的增加，弱化了发展的速度。特别是和工业化发展阶段相关的生态安全，需要较长时间的治理才能全面达到目标。但是对国家凝聚力建设的重要支撑作用并没有改变。

## 第六节　当代中国国家凝聚力的全面增强时期（2013 年至今）

### 一、我国进入国家凝聚力全面增强新时期的理论根据

课题组经过对我国国家凝聚力发展变化的历史轨迹进行分析之后认为，我国国家凝聚力从十八大以前的全面发展时期，已经进入十八大以后的全面增强时期。其理论根据主要来自三个方面。

一是根据国家凝聚力形成发展变化的原理。一个国家的凝聚力强弱变化，只是同人民的需要和国家满足人民需要的能力相联系。这种联系具有同步、同向的正相关性。人民需要增加，国家满足能力增加，国家凝聚力发展；人民需要全面增加，国家满足能力全面增加，国家凝聚力全面发展；人民需要全面增强，国家满足能力全面增强，国家凝聚力全面增强。十八大前后国家凝聚力的变化就是人民需要和国家满足能力之间的正相关变化。

二是根据我国社会主要矛盾的变化。我国社会的主要矛盾已经从人民日益增长的物质文化需要同落后的社会生产之间的矛盾，转化为人民日益增长的美好生活需要和不平衡不充分的发展之间的矛盾。从人民需要的角度看，物质文化需要到美好生活需要，表现了需要多样化、全面化，既有量又有质的巨大变化；从国家满足人民需要的能力看，落后的社会生产到发展不平衡不充分，表现了国家满足人民需要能力增强基础上的高质量发展新要求。我国社会主要矛盾的变化，必然直接引起国家凝聚力源泉和动力的变化，促进国家凝聚力的进一步增强和提升。

三是根据国家凝聚力评价体系严格测算。通过对世界 45 个样本国家的测算，2017 年中国国家凝聚力综合得分排名，从 2012 年的第 14 位，提升到 2017 年的第 7 位。中国国家凝聚力排名超过美国、英国、日本、德国、法国等西方主要发达国家。

### 二、国家物质凝聚力进入全面增强新时期

国家物质凝聚力是国家满足人民物质生活的需要所产生的凝聚力。

国家凝聚力原理表明，国家财富、经济实力、人均收入、健康水平、可持续发展能力等是重要的物质凝聚力构成要素。首先从国家财富和经济实力的角度看，我国经济保持了中高速增长，在人均财富增长的同时，经济总量稳居世界第二。特别是随着国家创新驱动发展战略的大力实施，创新型国家建设取得了系列重大科技成果，国家财富的增长，经济实力的增强，人民有了自豪感、成就感。其次从人居环境和健康水平看，人民群众共同感受到的蓝天白云好天气多了，居住的环境美了，健康水平提高了。通过实施健康中国战略，普及健康生活、优化健康服务、完善健康保障、建设健康环境、发展健康产业，促进了人民健康事业的全面发展。代表人民总体健康水平的人均预期寿命，根据世界银行和我国卫计委发布的数据从 2011 年的 73.5 岁上升到 2017 年的 76.7 岁。增强了人民享受生活的美好感、幸福感。再次从人民生活水平和社会保障看。随着一大批惠民措施的实施，改革发展的成果更多更公平惠及全体人民。实现了 6000 多万贫困人口稳定脱贫，贫困发生率从 10.2%，下降到 4% 以下。在经济下行压力下各项民生指标逆势上扬，城乡居民收入增速超过经济增速，覆盖城乡居民的社会保障体系基本建立，增强了人民的获得感、公平感。最后是从国家发展的可持续性看，国家重视发展绿色经济、循环经济、生态经济、节约经济等程度空前，一方面提升了国家可持续发展的水平和能力，更重要的是人民对国家的未来充满信心。

### 三、国家精神凝聚力进入全面增强新时期

国家精神凝聚力是国家满足人民精神生活的需要产生的凝聚力。增强国家精神凝聚力，关键是实现国家信仰、理想、精神、道德的人民认同与践行。首先是实现“两个一百年”奋斗目标，实现中华民族伟大复兴的中国梦，已经成为中华民族的共同理想。国家理想的人民认同度，在这一时期得到了普遍性和广泛性的提升。其次是国家信仰的人民认同。当代中国国家信仰是马列主义、毛泽东思想和中国特色社会主义理论体系。特别是党的十八大以来形成的习近平新时代中国特色社会主义理论，指导我国人民取得了系列重大成就，是马克思主义中国化的最新成果，得到人民的高度认可。国家信仰和人民信仰的高度一致性，使我们国家

的发展有了强大的信仰力量。再次是国家精神得到了丰富和发展。党的十八大以来，习近平总书记提倡坚持和弘扬井冈山精神、长征精神、古田会议精神和“两路”精神、“垦荒”精神、塞罕坝精神、航天精神、大庆精神、焦裕禄精神、陈嘉庚精神等多种民族和时代精神，跨越革命战争和社会主义建设年代，成为中国精神的丰富内涵。同时，诞生在中国的“上海精神”“丝路精神”“金砖精神”开始得到世界人民的认同。其四是思想道德建设为实现中国梦提供强大精神力量。十八大以来，面对道德建设的复杂性和新问题，为使社会主义核心价值观内化为人们的精神追求，外化为人们的自觉行动，全党上下通过教育引导、舆论宣传、文化熏陶、典型引导、实践养成、制度保障等方式，推动了社会主义核心价值观在道德领域的落实，增强了核心价值观的大众凝聚力。全国范围涌现了一大批各行各业道德榜样和道德模范，道德力量已经成为强大的精神凝聚力量。

### 四、国家政治凝聚力进入全面增强新时期

国家政治凝聚力是国家满足人民政治生活需要产生的凝聚力。国家政治凝聚力由政治制度认同、反腐败成效、法制社会建设、执政党对人民的凝聚力、核心领袖集团的影响力和领导力、人民当家作主的落实程度、人民对政府的满意度等要素构成。第一是党的十八大以来，加快政治体制改革步伐，使国家政治体制更加完善，更符合人民对党和政府的期望，更加有利于提高国家治理体系和治理能力的现代化。第二是党的凝聚力不断加强。党的十八大以来，我们党提出一系列新理念新思想新战略，出台一系列重大方针政策，推出一系列重大举措，推进一系列重大工作，解决了许多长期想解决而没有解决的难题，办成许多过去想办而没有办成的大事，推动党和国家事业发生历史性变革。同时，全党坚持从严治党，严肃党内政治生活，加强党的作风建设，反腐败取得重大成果，确保党始终同人民同呼吸、共命运、心连心。增强了人民对党的高度信任感、认同感。第三是国家领导人的领导能力、科学决策水平和人格魅力，直接影响着国家的凝聚力。以习近平同志为核心的党中央是凝聚人民、团结人民的坚强领导核心。有了这个核心，我国人民就有了

战胜各种困难和挑战的主心骨，就有了国家凝聚力量的向心点。第四是人民当家作主的制度体系逐步健全，依法治国迈出重大步伐。人民当家作主的制度体系，是人民当家作主的制度保障，它促进中华人民共和国成立以来人民群众主人翁意识的传承和强化，形成国家利益高于一切的大众化的责任担当精神和爱国强国的群体心理。通过科学立法 、民主立法、依法立法和严格执法、公正司法、全民守法，建设法治国家，使人民的根本利益得到保护，公正公平正义成为社会裁判生活的准则。第五是通过统筹推进各类结构改革，深化简政放权，优化地方各级权利配置等，国家治理的组织架构进一步完善，政府职能进一步转变，初步形成更好贴近基层服务群众的优势，提高了人民对政府的满意度。

### 五、国家文化凝聚力进入全面增强新时期

国家文化凝聚力是国家满足人民的文化需要产生的凝聚力。国家在人民中有强大的文化凝聚力，才有在多元文化中保持文化自信的定力。十八大以来，我国进入了中国现代文化和优秀传统文化全面发展和复兴的新时期。首先承载中国文化元素最多的教育事业取得显著成绩。5 年来，有世界最大的教育规模的我国，各学段入学率均超过了中高收入国家平均水平，教育发展水平进入世界中上行列。与此同时，我国的高等教育也在为“发展具有中国特色、世界水平的现代教育做出贡献”。根据英国 QS 全球教育集团发布十四届 QS 世界大学排名，中国 12 所高校进入全球百强，成为拥有世界百强大学最多的亚洲国家。中国人开始享受更好的教育的同时也在彰显中国文化可以影响世界的实力。其次是我国已经成为文化产品的大国。一批文化精品力作引起强烈反响，国家倡导的价值取向得到人民认同。文化传播、文化交流、文化贸易多措并举，中国品牌、中国声音、中国形象得到越来越多的国家认可。中国文化正在成为世界文化中必不可少的元素。再次是普惠性的现代公共文化服务体系建设，保证满足最大多数人民的文化需求。目前全国县级文化馆、博物馆、纪念馆已成为重要文化阵地，覆盖城乡的国家、省、市、县、乡、村（社区）六级公共文化服务网络已经基本建成。我国公共文化的普惠性，使人民在享受中国文化的同时，提升了整个民族的文化素质。这表

明，当下中国文化的繁荣已经成为中华民族伟大复兴的前奏曲。

## 六、国家安全凝聚力进入全面增强新时期

国家安全凝聚力是指国家满足人民安全需要形成的凝聚力。国家安全凝聚力使人民对国家产生热爱感、安全感、依赖感和向心力。特别是人民富裕起来之后，人民的安全需要正在成为第一需要。有安全，才能国泰民安；有安全的国家，对人民才有凝聚力。党的十八大以来，国家在习近平总书记总体国家安全观的指导下，全面加强国家安全建设，取得重大成就。无论是政治安全、国土安全、军事安全，还是经济安全、文化安全、社会安全都得到全面提升。另外，科技安全、信息安全、生态安全、资源安全、核安全都得到加强。实践证明，国家安全正在成为世界衡量各国国家能力的重要标准，我国国家安全凝聚力的增强，最根本是基于我国国家安全能力的增强进入了新时期。

## 七、这一时期国家凝聚力的作用分析

党的十八大以来，我国国家凝聚力进入全面增强的新时期。我国稳定解决了十几亿人的温饱问题，总体上实现小康，不久将全面建成小康社会。我国的经济实力、科技实力、国防实力、综合国力进入世界前列，我国国际地位实现前所未有的提升。这些成绩的取得与国家凝聚力的增强关系巨大。正是由于有了强大的政治凝聚力，我们党才能够反腐力度空前，一大批腐败分子落马，国家秩序不乱，人心不散，拥护党中央的正确决策成为人民共同的心声；正是由于有了强大的物质凝聚力，人民才能够承受得住国际经济形势的波动，金融危机产生的负面影响，特别美国贸易保护主义带来的损失，以及为了打赢蓝天保卫战，我们不得不付出的经济增长代价；正是由于有了强大的精神凝聚力、文化凝聚力，人民面对多元化信仰、价值取向、文化激荡，才能够实现主旋律更加响亮，正能量更加强劲，坚持道路自信、理论自信、制度自信、文化自信；同时国家安全凝聚力的强大也对社会和谐稳定、人民安居乐业发挥了重要作用。需要指出的是，国家凝聚力的发展进入强化的新时期，但不是强化的结束，而是强化的开始。这也标志国家凝聚力开始进入了一个新

的发展时期。

党的十九大报告提出了人民日益增长的美好生活需要同不平衡不充分发展的矛盾是我国社会主要矛盾的论断。从国家凝聚力的发展过程看，也是推进国家凝聚力从发展、全面发展、全面增强的可持续发展过程。因为这个过程就是国家提升发展水平、提高发展能力，同人民美好生活需要，由不平衡达到平衡，不充分达到充分的过程。在实现平衡和充分的过程中，人民美好生活得到基本满足、满足、全面满足。与此同时，国家凝聚力也会出现由发展、全面发展、全面增强的过程。然后，需要和满足双方都进入稳定的平衡发展时期。与此相对应，国家凝聚力也进入平衡稳定的发展时期。这个时期，也就是中华民族实现伟大复兴的时期。国家凝聚力的平衡稳定发展时期，不是国家凝聚力不强大了，而是国家凝聚力达到很高的强度之后，出现的一种均衡、稳定的运动。我们国家的凝聚力只有到了这个时期，才可以说实现了可持续发展，并最终达到国家凝聚力可持续发展的目标。

## 第七节　对当代中国国家凝聚力发展轨迹的综合分析

中华人民共和国走过了70余年的光辉历史，也是国家凝聚力从弱到强，不断发展的历史。共和国虽然经历了无数的风雨和挑战，出现过像“大跃进”“共产风”和“文化大革命”这样的错误，受到过1989年政治风波和东欧剧变的政治冲击，经历了亚洲金融风暴和世界金融危机，也曾遭受了地震、洪水和非典等多种自然灾害，都没有阻挡住共和国前进的脚步。当代中国靠强大的国家凝聚力，取得了一个又一个辉煌的业绩。回顾当代中国国家凝聚力发展强大的历史，我们得出了四点结论和八条经验。

### 一、四点结论

#### （一）领导核心是国家凝聚力强大的关键

实践证明，国家凝聚力的强弱，领导核心至关重要。在当代中国，领导核心具有三重内涵：一是指中共作为执政党，在整体上是领导中国特色社会主义事业的核心力量；二是指中共的中央委员会，特别是中央政治局和中央政治局常委会，是对全党实行集中统一领导的核心；三是在中央政治局常委会这个核心领导层，要形成一个“领袖核心”。中国这样的大国要凝聚全国人民战胜挑战、破浪前进，必须有党中央这个领导核心。实践证明，领导核心的作用是国家凝聚力强大的关键。当代中国能够保持强大凝聚力，战胜各种困难，取得胜利，党中央的领导核心作用至关重要。没有这个核心，国家就是一盘散沙，凝聚人民力量就失去了指挥员。因此，我们要不断增强国家凝聚力，必须维护党中央的权威。中国共产党第十八届中央委员会第六次全体会议提出“以习近平同志为核心的党中央”，这对维护党中央权威、维护党的团结和集中统一领导，对全党全军全国各族人民更好凝聚力量，抓住机遇、战胜挑战，保证国家兴旺发达、长治久安，具有十分重大而深远的意义。

**（二）自我修复能力是当代中国国家凝聚力的独特优势**

当代中国国家凝聚力无论在国家多么困难的时期，从没有丧失过，始终在发展，在不断强大。即便在党和政府出现失误时，人民群众有不满、有牢骚，甚至有骂声，但从没有失去对党和政府的信任。中华人民共和国成立以来，国家凝聚力曾出现过曲折发展、不平衡发展的弱化现象，但从未丧失国家凝聚力。根本原因就是我们的国家凝聚力是在国家内的民族、政党及民众理想、目标、利益一致的基础上，满足其共同的需要形成的。因此，每个时期，党和国家纠正失误时，都得到了人民的大力支持。同时，国家凝聚力中内含的责任和担当精神、“国家兴亡，匹夫有责”精神，又能够集中智慧和力量，找到纠正错误、破解难题的道路和办法。这是当代中国在国家凝聚力建设中，其他国家所没有的优势。表明当代中国有强大凝聚力，党和政府不仅能够把实现人民对美好生活的向往当成自己的奋斗目标，而且不管遇到多少困难和挫折，一定能够带领人民实现这个目标。

**（三）人民需要和满足是国家凝聚力的源泉和动力**

不断满足人民群众日益增长的物质文化需要，特别是当下人民对美好生活的需要，国家凝聚力建设才有源泉和动力。当代中国国家凝聚力的发展史，就是党和政府不断满足人民群众日益增长的物质文化需要的历史。国家物质、精神、政治、文化、安全凝聚力的强弱变化，都是由此决定的。满足人民的物质需求，国家什么时候都是放在第一位的。国家富强了，人民生活水平提高了，人民才会对国家克服发展中出现的困难和问题有信心，才能保证国家进行政治文化等上层建筑领域的建设。中华人民共和国成立以来形成的国家理想、国家信仰、国家精神、国家道德，已经成为凝聚人民群众、建设中国特色社会主义的强大动力。党和政府不断提高国家治理能力，推进政治体制改革，加大反腐力度，充分体现了人民群众当家作主的社会主义制度本质要求，国家始终保持了对人民群众的政治凝聚力。我们国家以中国特色社会主义先进文化为主导，实现优秀传统文化和现代文化的有机结合，提高了国家文化的人民认同率和凝聚力。中华人民共和国成立初期人民的安全需要主要体现在政治安全、经济安全和国防安全上，现在已经远远超出了以上范围。社会安全、文化安全、信息安全、食品安全、生态安全等，人民的任何一种安全需要得不到满足都容易引发社会问题。正是每一届中央领导集体，都高度重视国家安全问题，根据国家安全建设出现的新要求、新变化，不断拓展国家安全建设的内容，才有现在人民安居乐业的安全环境。以上分析表明，只有满足人民在发展中出现的多种需要，国家凝聚力才有稳定的不竭源泉和动力。

**（四）持续创新是国家凝聚力的活力之源**

2013 年 10 月 21 日，习近平总书记在欧美同学会成立 100 周年庆祝大会上的讲话中指出："创新是一个民族进步的灵魂，是一个国家兴旺发达的不竭源泉，也是中华民族最鲜明的民族禀赋。在激烈的国际竞争中，惟创新者进，惟创新者强，惟创新者胜。"[①] 中华人民共和国的诞生，毫无疑问是中国社会的伟大创新；改革开放是计划体制下的伟大创新；今天建设全面小康，实现中华民族伟大复兴，同样是新形势下的伟大创新。正是当代中国社会的不断创新发展，使国家不仅能够以人民的需要为目

① 《习近平在欧美同学会成立一百周年庆祝大会上的讲话》，《人民日报》2013 年 10 月 22 日。

标，而且有能力满足人民需要从而实现目标。这是国家凝聚力保持强大的活力之源。从创新对增强国家凝聚力的意义上说，创新不仅仅是科技人员的事，应该把创新摆在国家发展全局的核心位置，不断推进理论创新、制度创新、科技创新、文化创新等各方面创新，让创新贯穿党和国家的一切工作，让创新在全社会蔚然成风。只有整个社会充满创新的活力，国家凝聚力才能保持强大和可持续。

### 二、八条经验

第一，全面加强国家凝聚力建设，必须打牢物质凝聚力和国家安全凝聚力的基础。满足人民的物质需求，国家什么时候都是放在第一位的。国家富强了，人民生活水平提高了，人民才对国家出现的缺点和问题表现出宽容和忍耐，才对国家有信心，才能保证国家进行政治文化等上层建筑领域的建设。国家安全是国家一切建设的前提条件，即便是十年内乱时期，国家也没有放松国防现代化建设，面对一些国家的军事挑衅，坚决打赢自卫反击战。国家安全了，人民才能安居乐业。

第二，增强国家精神凝聚力，必须突出信仰和道德这两个重点。“人民有信仰，民族有希望，国家有力量。”中华人民共和国刚刚成立之时，一穷二白，我们在党的领导下，靠着坚定的信仰，战胜了一个又一个困难，也是在革命信仰的激励下，各行各业涌现出大批英雄模范人物。人与人之间相互关心、相互爱护、相互帮助，本来就是社会主义道德的本质要求。在很长时间里，以助人为乐为主要内容的雷锋精神在全社会得到弘扬，曾极大地推动全社会风气的良好转变。现在一些地方社会风气不好，问题也是出在信仰缺失、道德失范上。我们在增强国家精神凝聚力的过程中，应该把国家重视信仰和道德建设的传统经验继承和发扬下去。

第三，抓好党的执政能力建设和人民对国家制度的认同，国家政治凝聚力才会强大。中华人民共和国成立以来，我们取得的一切成就，都是在党的领导下取得的，而出现的失误，同样和党的领导分不开。实践表明，我们党的执政能力越强，成绩越大，失误越少，人民对党的信任度越高。党的执政能力不仅包括治国理政能力，还包括廉洁自律的自我净化能力。中华人民共和国成立以后，人民群众拥护社会主义制度，就是人民认同社会主义制度，认为这个制度能让他们走上富裕幸福的道路。当下要强大国家政治凝聚力，必须紧紧抓住党的执政能力建设和中国特色社会主义制度认同这个重点。

第四，坚持创新发展，适应人民文化需要的新变化，增强国家文化凝聚力才能取得主动权。中华人民共和国成立以后，随着人民群众物质生活水平的提高，人民的文化生活需要也越来越丰富多彩和多元化，特别是改革开放和互联网进入中国以后，人民群众的文化生活需求，呈现出许多国际化的特点。我们国家能够保持文化凝聚力，根本原因就是从形式到内容再到管理，实现了全面的创新。这种创新就是以中国特色社会主义先进文化为主导，实现优秀传统文化和现代文化的有机结合，提高了国家文化的人民认同率和凝聚力。

第五，国家安全凝聚力必须常抓不懈，全面推进，人民才能获得稳定的安全感。人民群众对安全的需求是随着经济社会生活的发展、工业化的进程而不断拓展的。国家安全在党和国家工作全局中的重要性日益凸显。国泰民安是人民群众最基本、最普遍的愿望。实现中华民族伟大复兴的中国梦，保证人民安居乐业，国家安全是头等大事。[①]党中央根据国家安全建设出现的新要求新变化，不断加强国家安全建设的力度，才有全国人民凝心聚力，为实现中华民族伟大复兴而奋斗的局面。

第六，牢牢把握国家凝聚力的正确作用方向，国家凝聚力才能发挥正能量。在每一个历史时期，党和国家都提出了引导人民奋斗的前进目标，保证了国家凝聚力作用在国家经济发展、社会进步、人民幸福的支点上。中华人民共和国成立以来，凡是社会稳定发展较好较快的时期，也是国家凝聚力作用方向正确的时期；"大跃进"时期和"文化大革命"动乱时期，国家凝聚力的导向错误，给国家和人民造成重大损失；在社会稳定发展时期，国家凝聚力对共和国经济、社会的发展，发挥了重大的推动作用，这源于我国走的是人民群众当家作主的社会主义道路，保证国家凝聚力的作用方向必须是人民根本利益指向的目标。当前，把国

① 《习近平在首个全民国家安全教育日之际作出重要指示》，《人民日报》2016年4月15日。

家凝聚力的作用方向引导到建设全面小康，实现“中国梦”上来，国家就有了来自人民的无穷力量。坚持中国特色社会主义理论、制度和道路，对当代中国国家凝聚力的作用方向具有正相关性。当代中国能够保持和发展国家凝聚力，并形成实现中华民族伟大复兴的合力，正是由于人民群众形成了理想、目标的高度统一。

第七，强大国家凝聚力，必须注意国家五个方面的凝聚力协调发展。人民的需要有物质、精神、政治、文化和安全之分，因而国家凝聚力又有物质、精神、政治、文化、安全五个方面的凝聚力划分，而且功能各不相同。中华人民共和国成立以来的经验表明，这五个方面的凝聚力协调发展，国家凝聚力才能获得稳定的发展。五个方面的凝聚力有相互补充、相互支撑的功能，但不能相互代替。如果有一个方面长期弱化，不仅会从整体上消耗国家凝聚力的力量，而且会使凝聚力产生相反的作用方向。现实曾出现的“端起碗吃肉，放下碗骂娘”“说经济发展成就我自豪，让我说爱国不容易”，说到底是物质凝聚力和精神凝聚力建设发展不平衡、不协调造成的。当下是全面建设小康社会的关键时期，必然也是国家五个方面的凝聚力全面协调发展的新时期。

第八，优秀的领袖集体，具有超强的治国理政能力，才能过好国家凝聚力的周期关。人民的需要具有周期性，因而以人民需要为源泉的国家凝聚力必然有周期性的变化。主要表现为人民以往的需要得到满足后，在新的需要开始形成时，所出现的利益分化引发国家凝聚力出现周期性起伏变化。在这个时期，如国家政权处理不好新的矛盾，就会形成国家凝聚力的弱化期。这个时期也是对国家政权执政能力和执政水平的检验和严峻考验时期。中华人民共和国成立后，人民的需求至少出现 4 次大的周期变化，进而引发 4 次国家凝聚力的周期变化。第一个周期是中华人民共和国成立后到社会主义制度的建立，人民群众当家做了主人，人民的物质需求、精神需求、文化需求开始产生，因而出现了国家凝聚力的第一个变化周期；第二个周期是社会主义制度建立以后到改革开放之前。人民群众出现了全面需求，国家实现了全面发展，同时也出现了“文化大革命”十年的不平衡发展，国家凝聚力进入第二个变化周期；第三个周期是“文化大革命”结束后，人民被压抑的需求借助改革开放，出现了井喷式的发展，在 80 年代末和 90 年代初进入国家凝聚力变化的第三个周期；第四个周期是我国人民生活水平达到基本小康，借助互联网的力量进入中国，人民的需求与世界接轨并出现全面多元化，在 21 世纪初进入国家凝聚力变化的第四个周期。第一个周期、第二个周期是以毛泽东、周恩来为代表的中华人民共和国第一代领袖集体带领我们走过来的，并付出了“文化大革命”的沉重代价；第三个周期是以邓小平为代表的第二代领袖集体带领我们走过来的，付出了 1989 年政治风波的代价；第四个周期我们首先面临的是“中等收入陷阱”，以江泽民和以胡锦涛为代表的中央领导集体，为跨越陷阱，完成周期转变打下良好基础，以习近平同志为核心的新一代中央领导集体，已经架起了跨越陷阱的金桥，我们有充分的理由相信，在建成全面小康时，“中等收入陷阱”已跨过，周期转变已完成，当代中国将进入实现中华民族伟大复兴的新时期。

# 第十一章

# 全面增强国家凝聚力的重要措施与建议

在当代中国国家凝聚力要素构成各部分，分别从物质、精神、政治、文化和安全的角度，提出了增强国家凝聚力的建议。这里重点是从综合和整体的角度，再提出些建议。

## 第一节　全面增强国家凝聚力必须重视国家凝聚力平衡建设

所谓国家凝聚力的平衡建设，是指国家凝聚力所内含的国家物质、精神、政治、文化、安全凝聚力，虽然在特定时期有所侧重，但必须同等重视，齐抓共建。这样才能保持国家凝聚力的平衡发展。

### 一、国家凝聚力平衡建设的意义

国家凝聚力平衡发展，国家才能保持和谐与稳定。国家的发展是全面的发展，全面发展要求构成国家凝聚力的物质凝聚力、精神凝聚力、政治凝聚力、文化凝聚力、安全凝聚力，都要相对应地发挥作用。这五个方面，哪一个方面弱化，相对应的哪一个方面就出问题，如国家物质凝聚力出问题，人民会因贫穷落后对国家丧失信心；国家精神凝聚力出问题，人民会发生信仰危机或道德沦丧；国家政治凝聚力出问题，人民会对党和政府失去信任；国家文化凝聚力出问题，人民会对自己的文化失去认同，没有文化自信；国家安全凝聚力出问题，人民会丧失安全感。以上分析可以看出，哪一个方面出问题，都可能导致社会的不稳定。而且，虽然这五个方面，相互联系、相互支撑，但是谁也不能代替谁。人民群众富裕的物质生活是精神生活的基础，但不能代替人民群众的信仰，信仰的产生有其自身的规律，相反也是如此。国家凝聚力的不平衡发展，一旦冲破了平衡点，社会就会发生相对应的问题，严重时执政者丢掉政权，甚至发生亡国事件。为什么当我们出现最大失误是教育时，发生1989年政治风波也就成为必然结果了。从这个意义上说，只有国家凝聚力实现了平衡发展，国家才真正有了和谐与稳定的基础。

国家凝聚力平衡发展，各方面凝聚力才能在相互联系和支撑中，独立地发挥各自的凝聚功能。国家凝聚力是一个整体，各方面凝聚力虽然都有自己独立的功能，但功能的发挥是以整体国家凝聚力的平衡发展为前提条件的。就像人的手，离开了人体的手就失去了手的功能。如国家物质凝聚力主要靠满足人民群众的物质需要而形成，但是如没有好的政治制度作保障，没有国家信仰和理想来引导，没有人民群众的科学文化素质提高来实现创新发展，国家物质凝聚力就不会长久。再如国家政治凝聚力，主要靠国家满足人民的政治诉求而产生。如果没有经济的可持续发展，没有人民群众道德水平的提高，没有稳定、和谐的安全环境，国家政治凝聚力同样难以提高。其他各方面国家凝聚力之间，也是这种关系。当一方面国家凝聚力失去了其他方面国家凝聚力的支撑时，这一方面的国家凝聚力要么弱化作用，要么畸形发展，都会给社会的正常发展造成障碍。在这方面，人类吃的亏太多了。国家凝聚力实现了平衡发展，各方面国家凝聚力就会在相互支撑中，稳定的、可持续的发挥凝聚人民的作用。

国家凝聚力实现平衡发展，国家凝聚人民的力量才会全面增强。国家凝聚力各方面之间如果发生不平衡，也会出现“内耗”现象。而内耗的结果是，使国家凝聚力的整体功能减弱。如我们国家的物质凝聚力加强了，而精神凝聚力建设落后，使人民的信仰缺失、道德失范、精神空虚，就会因此导致整个国家凝聚力发生弱化。这样的事例在我国改革开放初期表现得非常明显。实施改革开放，中国的物质财富得到较快积累，人民的生活水平有了很大提高，人民应该由此产生对国家的强大向心力，但由于思想教育、道德理想教育出现了失误，物质发展的成果不但没有较好的发挥凝聚人民的正能量，反而在资产阶级自由化的影响下，一些人把物质发展的成果归结为西化的结果，产生了同党同社会主义中国离心离德的离心力。也就是说，改革开放发展经济的巨大成果所应产生的对人民的凝聚力被精神凝聚力建设的滞后而抵消或减弱了。如果平衡发展，我们一方面加强物质凝聚力建设，同时加强精神、政治、文化、安全凝聚力建设，人民有信仰，有道德，有理想，有制度文化自信，人民就不会被西方自由化思想所腐化，就不会动摇坚持党的领导和走中国特色社会主义道路的信心。这表明全面建设、平衡发展国家凝聚力的每一个方面都会沿着同一方向发展，形成合力。

## 二、平衡发展凝聚力的方法

平衡发展凝聚力建设主要有两大方法：一是主动平衡法，二是被动平衡法，而在实践中我们的国家往往是兼施并用的。

主动平衡国家凝聚力建设，体现着党和政府坚持用马克思主义唯物辩证法的高度自觉。主动平衡国家凝聚力建设，不仅包括国家凝聚力各要素之间的平衡，也包括各要素内部的平衡。从前者说，主动平衡国家凝聚力建设，既要重视国家物质凝聚力建设，又要加强国家精神凝聚力、政治凝聚力、文化凝聚力、安全凝聚力的建设，实现五个方面的国家凝聚力的平衡发展。从后者说，国家凝聚力构成部分的内部要素之间也要平衡发展，如物质凝聚力的构成要素中不仅有财富的增加还有社会保障的发展、可持续发展等，不坚持凝聚力内部要素的平衡发展，国家凝聚力要素建设也会出现问题。如财富增加了，资源环境破坏了，人民还是不满意。从中华人民共和国成立以来的实践看，在大多数时间里，国家凝聚力的建设是平衡的，没有平衡建设，共和国就不会有今天的成就，但同时也必须承认，我们在一定的历史时期出现了不平衡，如“文化大革命”时期、1989 年政治风波时，不仅有惨痛的教训，更有巨大的损失。

主动平衡国家凝聚力建设最容易在两个方面出问题，一是在党和政府国家领导人指导方向上出现偏差，片面强调主观认为的重要方面忽视其他方面，结果出现不平衡，直接影响国家凝聚力的功能。另一方面是国家战略和指导上是全面的、平衡的，但在落实的过程中由于种种原因出现了不全面不平衡，同样不能实现国家凝聚力对人民的凝聚功能，我们应该全力避免这两种情况的发生。我们国家坚持以马列主义、毛泽东思想和中国特色社会主义理论为指导，坚持走中国特色社会主义道路，只要我们在坚持民主集中制，坚持正常的科学决策制度和程序，充分发挥人民代表大会和民主党派的协商监督作用，不平衡建设的问题是完全可以避免的。以前之所以出问题，就在于国家领导人指导思想出现了偏差和相应的制度建设出了问题。党的十八大以来，以习近平同志为核心的党中央，大力推进全面小康建设，推进经济、政治、文化、社会和生态文明五方面的建设，树立创新、协调、绿色、开放、共享的发展理念。我国进入了国家凝聚力全面建设平衡发展的新时期，对此我们充满着信心。但是由于落实过程中可能出现的国家凝聚力不全面、不平衡的问题还是需要引起高度重视。从我们了解的情况看，五个方面的凝聚力建设不平衡问题在一些地方还严重存在，这里既有历史积累的问题，也有新情况新变化所产生的一些问题。如物质凝聚力建设中可持续发展能力要素的发展变化问题，文化凝聚力建设中作为新要素的互联网所带来的对传统文化的挑战和冲击问题，这些问题要靠我们在实践中牢牢把握正确方向，勇于创新，大胆解决。值得注意的是，在一些地方出现不全面、不平衡问题，是由于一些干部素质低，没有能力抓全面建设，从而不作为、乱作为造成的。从这个意义上说，加强国家凝聚力的平衡建设，要在用人问题上实现庸者下、能者上，让党和国家的各级决策权始终掌握在坚持马克思主义、坚持中国特色社会主要道路、实现全面发展的优秀领导者手中。

被动平衡国家凝聚力的方法，又叫短板平衡法，事物发展的不平衡性决定了被动平衡国家凝聚力方法存在的合理性和客观性。在人类社会的发展过程中，总会有一些不可预测的新事物出现，所以在国家凝聚力的建设中，根据新的实践、新的形势和新的环境变化出现的影响国家凝聚力发展的一些新问题积极采取措施，也是增强国家凝聚力的重要方法。从实践中看，国家五个方面的凝聚力主要来源于国家的基本功能，在正常情况下，在国家战略谋划和布局上是不会出问题的，问题容易出在落实上，出在长官意志和不同利益群体的干扰上，这就使得落实国家战略容易出现偏差，只强调某些方面重要，忽视或者弱化其他方面，都会出现增强国家凝聚力的短板问题。但是还有更多的情况是，随着社会的全面发展和进步，人民的需要不断发展，原有的初级的需要得到满足，于是出现了高层次的需要，这些需要开始成为社会的主导需求，如果这些新需求得不到满足也会成为国家凝聚力建设的短板。以国家物质凝聚力为例，在中华人民共和国成立初期，国家物质凝聚力的内涵主要是发展经济解决温饱等问题，但在工业化发展的中后期，虽然发展经济仍然是主要内容，但人民更多关注经济发展质量，关注可持续发展，是在有了温饱基础上，产生了走共同富裕之路，建设全面小康的新需求。这种内涵的变化，既有量变也有质变。从国家凝聚力的角度看，没有满足人民需要量的增长会出现国家凝聚力平衡发展的短板，没有满足人民需要质的变化也会出现国家凝聚力平衡发展的短板。因此，及时增强和补齐国家凝聚力发展过程中的短板，实现国家凝聚力构成要素和要素内部的平衡，才能保持和不断增强国家凝聚力。

## 第二节　全面增强国家凝聚力建设必须过好周期关

所谓国家凝聚力的周期关是指国家凝聚力在动态发展变化的过程中，满足原有的人民需要所形成的国家凝聚力在经历形成、发展、稳定、衰退过程之后，面对人民新的需求，国家能否通过满足人民新的需求而开始进入新的周期的关键时期。由旧的凝聚周期顺利转变到新的凝聚周期，就能保持国家凝聚力的连续性、可持续性；不能顺利完成周期转变，会出现国家凝聚力的减弱或中断，国家凝聚力虽然有积淀性特点，但是不能取代周期转换所必须的条件。

## 一、过好周期关的意义

国家过好凝聚力周期关，社会才能稳定。国家凝聚力周期变化反映的是政府根据人民群众需求的新变化，转变职能，创新发展，使人民群众新的需要不断满足的过程。国家过好凝聚力周期关，也就意味着国家能够满足日益增长的人民群众的新需求，人民群众因此而安居乐业，社会因此而和谐稳定，否则就会相反。国家凝聚力周期和社会稳定的正相关关系，是被实践证明的。一个国家不管过去凝聚力有多强大，但对人民新的需求长期不满足，必然会形成对国家的怨气和不满，这种怨气和不满可能表现为利用舆论对政府进行批评，也可能表现为游行抗议，甚至引发直接的矛盾冲突等等。一个正常国家出现动乱现象，在没有外部势力干涉的情况下，大都因人民的各方面需求没有得到满足所造成。人民对国家不满，必然通过行动表现出来，不管人民行动的性质如何，都会对社会的稳定造成冲击。人民群众原有的需要满足了，国家凝聚力进入稳定时期，新的需要增多，原有需求减少，国家满足人民需要的质量数量不变，国家原有的凝聚力开始进入衰退期，而新的凝聚力开始形成，并进入新的时期，不断地循环往复，使国家凝聚力处于不断发展变化的过程中。这种发展变化往往要通过各种社会变迁和人民群众的生活表现出来，这就是国家凝聚力周期关同社会稳定的必然联系。

国家过好凝聚力的周期关，国家政权才能巩固。国家能不能过好凝聚力的周期关，实际上反映的是国家执政集团的执政水平和执政能力。国家有没有凝聚力和凝聚力的强弱，与国家执政集团的执政能力和执政水平存在正相关关系。国家凝聚力的周期关从两方面影响国家政权的巩固与否。一方面国家凝聚力过好周期关，意味着人民新的物质、精神、政治、文化、安全等需求得到了满足，完成国家凝聚力从旧的周期到新周期的转换，人民对国家政权形成新的拥护和信任，执政地位因此而巩固；另一方面，国家没有过好周期关，意味着人民不断增长的新的物质、精神、政治、文化、安全等需要没有得到满足，没有完成国家凝聚力从旧的周期到新周期的转换，人民对国家政权没有形成新的拥护和信任，执政地位会因此受到影响。这里出现了一个新的概念，即人民对国家形成新的信任和拥护问题。事实是，人民对国家的信任和拥护，并不是一成不变的。人民对国家的信任和拥护，具有传承性，上一代人对国家信任和拥护，也会影响到下一代人对国家的信任和拥护，但是，我们必须清楚的是，上一代人的物质和精神等方面的需要得到了满足，形成了拥护和信任国家的凝聚力，并不等于下一代人的全方位需要也得到了满足，也可以形成拥护和信任国家的凝聚力。这是因为真正的信任和拥护是来自他们自己产生的需要得到了国家的满足之后，这样才能形成新一代人对国家的向心力。老一代人会把自己对国家的拥护和信任、信念传给下一代，但新一代会有不同于上一代人的新的需求，因而不能全面接受上一代人对国家的拥护和信任信念，他们必须在自己的需求也同上一代人的需求一样得到国家的满足时，他们才能真正形成对国家的信任和拥护，这就是国家必须时刻关注青年人的需求变化，不断调整，实施适应人民新的需求变化的国家发展战略，国家政权才能巩固的道理。

国家过好凝聚力周期关，发展才能可持续。国家过好凝聚力周期关，才能解决为什么可持续发展、可持续发展什么的问题。为什么可持续发展这本不是一个新问题，但却是一个与国家凝聚力周期密切相关的问题。人民群众某种需要的周期结束了，也就表明原有的需求发生了变化，如人民群众温饱型的需求得到了满足，这个周期就结束了，现在人民群众进入了全面小康型的需求阶段，因而也进入了新的需求周期的新阶段。相应的要求国家必须由粗放型增长向质量效益型转变，以资源的浪费和环境的破坏为代价的增长，已经不能满足人民群众全面小康愿望的新要求。因此国家满足人民群众在新形势下日益增长和变化的物质、精神、政治、文化、安全需要，必须走可持续发展的道路。这才是为什么要可持续发展的基本动因。可持续发展就内容而言，包含有发展循环经济、发展低碳经济、发展生态经济、发展绿色经济、发展新能源和节能减排等内容，从表面上看这些内容来源于人口的压力、资源的短缺、环境的胁迫、生态的危机等一系列世界难题的挑战，但这些内容正成功内化了组成人类文明的基本意涵。这些人类文明的共有意涵，也同样包含了人民需要多样性，这一国家凝聚力的源泉。过好国家凝聚力的周期关也就意味着必须全面推进可持续发展，这样国家凝聚力才能有充足的源泉和动力。

## 二、过好周期关的着力点

过好国家凝聚力的周期关。关键是抓好三方面。

首先是各级党委、政府必须牢固树立“人民对美好生活的向往就是我们的奋斗目标”的理念。习近平总书记提出的工作新要求看起来简单，但却反映了国家过好凝聚力周期关的关键点所在。“人民对美好生活的向往”包括十分丰富的内涵。首先是人民对美好生活的向往，它是一个动态的、全面的、理想与愿景相融合的综合体现。美好生活的动态性，是指人民群众对美好生活的标准不是一成不变的，它随着社会的发展而发展，随着现代化的进程而不断更新。人民美好生活的概念，中华人民共和国成立初期和改革开放后不一样，而80年代的美好生活概念又和现在不一样，这种变化虽然没有改变人民的主体性，但确体现了人民对国家要求的质的提升。全面性，表明美好生活不是单纯的物质生活或单纯的精神生活美好，而是包括生活的方方面面的美好。理想和愿景相融合，表明对所包含的美好生活的向往作为人民的理想不是虚无缥缈的，而是具体的、实在的、人民渴望而且必须实现的。另一方面，把人民对美好生活的向往作为党和政府的奋斗目标，抓住了国家凝聚力发展变化和周期转换的源泉和动力。人民对美好生活的向往体现了人民群众需要的质和量的统一，把人民对美好生活的向往作为党和政府的奋斗目标，就是对人民需要的最实、最好的满足，实现奋斗目标的过程也是国家凝聚力不断发展强大并顺利完成周期转换的过程。因此，把习近平总书记的要求落实好，是我们实现周期转换的重要前提和必要条件。

其次，善于发现人民需求的新变化，掌握满足人民需求变化的主动权。国家凝聚力周期变化来源于人民需要的新变化，人民需求的全面新变化，促使国家凝聚力出现周期转换。因此，全面掌握人民群众的需要在不同时期不同发展阶段的新变化，这是掌握周期转换的关键之点。一方面是根据经济社会的发展变化科学预测人民需求的新变化。人民需求变化具有一定的规律性，发现规律就可以预测现在和未来可能出现的变化。根据宾夕法尼亚大学智库研究项目（TTCSP）研究编写的《全球智库报告 2016》，2016 年中国智库数量达到 435 家是世界第二智库大国。预测人民群众的需求变化，应该成为各级智库的基本职责，为各级党委、政府提供可靠的科学数据，供决策时参考。现在的问题是许多干部面对人民需求的新变化，不是积极主动地适应、了解和转换服务，而是让人民需求的新变化适应他们的老方法、老办法、老规定、老制度，结果发生了矛盾，人民群众于是不高兴、不满意，影响了党和政府在人民中间的影响力和凝聚力。只有我们掌握了变化发展的人民需求，按着人民的需求去服务人民群众，才会让我们的各级政府在人民的心目中有为、有凝聚力。另一方面，要积极主动深入人民群众，努力发现人民群众需求的新变化。经常深入人民群众，了解社情民意是我们党和政府的优秀传统。人民的需要愿望必然通过各种方式表现出来，特别是今天互联网高度发达的现代化社会，主动利用各种媒体表达民意、民心已经经常化。只要我们善于深入群众，善于观察人民群众关注点变化，就会发现人民需求的变化。这方面容易出现的问题是主观主义和官僚主义，一些干部明明看到和听到了人民的各种需求，但不闻不问，漠不关心，更有甚者是把人民群众的新需求当成错误倾向去阻止和限制，让人民群众发展变化之脚适应制度落后、服务缺失的旧鞋子。特别是政治、文化方面的新需求，更容易被批评、被阻止。这样就会造成党和政府在服务人民群众的过程中出现矛盾和被动。深入人民群众发现人民诉求变化的过程，也就是联系群众，培养感情，寻求破除方法的过程，善于倾听人民呼声的党组织和各级政府，本身就对人民群众有凝聚力。

最后，要把人民群众的需求变成各级党和政府工作的方向标，让人民的合理需求得到确确实实的满足。国家过好凝聚力周期关的关键是让人民群众产生的新的物质、精神、政治、文化、安全需求得到满足。

一是要按照人民群众新的物质需求，加强国家物质凝聚力建设。我们认为，第一位的仍然要抓住发展经济这个中心不动摇，这是国家过好凝聚力周期关的基础。但发展必须摆脱浪费资源、破坏环境的传统发展模式。我们的经济总量很大，但一平均，在世界上就落后了；增长速度很快，但论发展质量就比较低了，这和人民群众在新形势、新环境、新条件下产生的新的物质需求形成反差。因此，要按人民的新需求转变经济的增长方式，增加高效益、高质量、高利用率的财富积累；要在已取得成绩的基础上打胜扶贫的攻坚战，让全国人民过上小康的日子；要大发展健康产业，提高人民群众在工业化环境下的健康长寿水平；要通过“大众创业、万众创新”实现经济的可持续发展，增强过好周期关的国家物质凝聚力。

二是要按照人民群众新的精神要求，加强国家精神凝聚力建设。当前人民群众的精神需求是全面的，我们不但要抓好以社会主义核心价值观为内容的国家道德建设，还要抓好马列主义、毛泽东思想、中国特色社会主义理论体系，特别是习近平新时代中国特色社会主义思想的国家信仰建设，大力弘扬中国精神，让中国人民树立起实现中华民族伟大复兴的理想。这样人民才会在富裕之后思想不空虚，人民有信仰，国家有力量，实现物质生活水平和精神生活水平的双提高。

三是按照人民群众新的政治要求，加强国家的政治凝聚力建设。我们在调查中发现，人民群众的最大政治诉求是希望中国共产党成为深受人民信赖、人民拥护的共产党。在当代中国，中国共产党是唯一的、不可取代的执政党。人民群众普遍认同的是，中华民族要复兴，国家实现现代化，没有中国共产党的领导，别人谁也做不到。但是人民对党内的腐败分子咬牙切齿，对官僚主义深恶痛绝，对挂着共产党员的招牌干着害党害国害民的“勾当”的假共产党员恨之入骨。他们渴望党的纯洁，希望党永远奉行全心全意为人民服务的宗旨，保持中国共产党的强大凝聚力。充分发扬民主，也是人民群众当前的重要政治诉求。人民不需要西方民主，需要真正当家作主的民主。除了继续发挥好人大、政协的民主监督角色外，还要有更多可以直接反映人民群众呼声的渠道，让老百姓敢讲真话，敢说心里话，让老百姓的话有人听，批评得对就要真改真做。一个善于倾听人民呼声，按着人民的意愿办事的政府一定是具有强大凝聚力的政府。树立良好的干部形象也是政治凝聚力的重要内容。现在有少数干部的形象不好，直接影响了国家的政治凝聚力。加强干部队伍的修养，提高干部队伍的素质，让各级干部成为老百姓最亲的人、最信任的人。党和国家领导人的形象本身就是国家的凝聚力。在中华人民共和国成立初期国家的凝聚力强大，离不开以毛泽东为首的一大批革命领袖的个人魅力和影响力。在现代化建设的过程中，人民更需要政治上信得过、能力上运筹帷幄，能带领人民实现中华民族伟大复兴的领袖人物。

四是按照人民群众新的文化要求，加强国家文化凝聚力建设。我国有五千年的文化，却抵不住西方文化的渗透。我国取得了举世瞩目的伟大成就，但一些中国人就是不说当代中国好，不讲共产党好。显然国家主流文化的地位和主流价值观受到了挑战，国家的文化凝聚力也被削弱。人民需要有文化自信的国家文化才能抵御西方腐朽文化。这就必须大力弘扬中国优秀的传统文化，实现同现代化文化相融合，创造出实现中华民族伟大复兴要求的时代文化。这种文化应该既包含了中华优秀民族传统文化和中华人民共和国成立以来所形成的社会主义文化，又同时吸取现代西方文化的精华，结合建设中国特色社会主义、建设全面小康社会的时代特点，创造出人民群众渴望的当代中国文化。建设这样的国家文化，才能经得起考验和挑战，才能保持国家文化凝聚力的可持续性。

五是按照人民群众新的安全要求，加强国家安全凝聚力建设。人民群众对安全的需求不仅同解放初期比有了很大的变化，而且同改革开放初期相比也有了很大变化。这些变化既有安全需求种类的变化，又有需求内容和层次的变化。适应人民群众对安全的新需求，我们既要抓好国防安全、主权安全、社会安全、政治安全、文化安全，又要注重生态安全、土地安全、粮食食品安全，让人民群众有一个幸福、安静、安定、安全的生产、生活、学习、工作环境。增强人民的安全感，就是增强国家的凝聚力。

## 第三节　全面增强国家凝聚力必须实现与党的凝聚力、民族凝聚力协同发展

国家凝聚力强弱是和党的凝聚力、民族凝聚力密切相关的，必须协同发展，才会相互促进。

## 一、实现国家凝聚力与党的凝聚力的协同发展

一是国家凝聚力离不开党的凝聚力的支撑。仅从内涵上分析，国家凝聚力是包含着党的凝聚力的，但是国家凝聚力并不等同于党的凝聚力。他们之间是相互促进的关系，但并不能相互取代。在中国，中国共产党是唯一的执政党，中华人民共和国的成立，就是中国共产党领导全国人民浴血奋战，推翻了帝国主义、封建主义和国民党反动派的统治建立起来的，没有中国共产党就没有中华人民共和国。因此，加强党的凝聚力建设，就能够促进国家凝聚力的增强。从实践来看，党和国家是一荣俱荣、一损俱损的关系，党如受人民拥护，国家也受人民群众的拥护；党出了问题，国家威信也受到影响。因此，要增强当代中国的凝聚力，必须加强中国共产党的凝聚力。

二是加强中国共产党的凝聚力，促进国家凝聚力的强大和发展。首先是要让广大共产党员人人树立起对马列主义、毛泽东思想和中国特色社会主义的坚定信仰，党员人人有信仰，人民群众才会跟着学、跟着做。共产党员没信仰，不但党没凝聚力，人民群众就不会有国家信仰。国家也会丧失精神凝聚力。其次是各级党委和广大共产党员必须毫不动摇地坚持全心全意为人民服务的宗旨。这里要搞清楚的几个重要内涵是：全心全意的服务绝不能是三心二意的服务；是满足人民群众所有物质、精神、政治、文化、安全等全方位的服务，绝不是主观主义、官僚主义，离开了人民需要的服务；是为全中国人民的服务，绝不是为少数人利益服务；是从社会主义初级阶段到高级阶段的全过程服务，而不是阶段性服务；是让人民群众看得见、摸得着、得到实惠的服务，而不是空喊口号做样子，搞形式主义的服务等。这样做全心全意为人民服务才能成为党的凝聚力永久的源泉和动力。

三是党必须把全社会的精英和优秀分子吸收到党内来，党执政才会有力量。要处理好忠诚和能力的关系，忠诚是前提，但还要有能力，要让这两方面都强的党员担任各级党委的领导。要选拔适应时代特点、具有改革开放精神，在改革开放时期和市场经济环境中涌现出来的共产主义的忠诚战士为人民的引领者。从党的干部队伍中坚决清除不忠诚党和

人民的所谓“精英”和机会主义分子，以及顽固不化走“封闭僵化的老路”的时代淘汰者。

四是永远高举赶考的大旗，不忘初心，清除腐败，永葆青春和活力。实践证明，毛泽东同志在中华人民共和国成立前夕提出的“进京赶考”警示，永远不会过时，越是经济发展，越是现代化，对党的考验越严峻。不忘初心，就是始终不要忘记共产党是为什么成立的，共产党是干什么的，保持共产党的本色，不忘肩负的使命和责任，要靠制度和教育、纪律，严惩腐败，坚决清除腐败分子。要永远保持同人民群众的血肉联系，吐故纳新，党才能永葆生机活力。中国共产党有了强大凝聚力，才会有强大的国家凝聚力。

## 二、实现国家凝聚力与民族凝聚力的协同发展

保持中华民族凝聚力同当代中国国家凝聚力的协同发展，民族凝聚力才会促进国家凝聚力的增强。在一般情况下，国家凝聚力包含了民族凝聚力，但是，由于民族历史大多长于具体国家制度的历史，或者民族群体存在超出了单一国家的边界，或者国家内部存在多种民族，从这个角度说，民族凝聚力又超出了国家凝聚力的凝聚范围。在当代中国，这几种情况都存在。我们认为增强中华民族的凝聚力，要自觉地同增强当代中国国家凝聚力协同相向起来。民族凝聚力的增强有自身的规律，但是不能离开中国特色社会主义道路，不能离开马列主义、毛泽东思想的指导，不能离开中国共产党的领导，不能离开社会主义制度谈中华民族凝聚力，因为没有共产党领导，不坚持中国特色社会主义制度，就不可能有中华民族的伟大复兴。这也是全国人民的认同。

保持中华民族凝聚力同当代中国国家凝聚力协同发展，关键是做好三个方面。

第一，保持建设方向上的同向。要保持中华民族凝聚力同当代中国国家凝聚力的建设方向一致，必须实现源泉和动力的一致，以及目标方向的一致。当代中国国家凝聚力的源泉和动力是人民群众日益增加的物质、精神、文化、政治、安全需求和国家对人民群众需求的满足。在当下，中华民族凝聚力的源泉和动力，也应该紧紧围绕满足当代中国各民

族人民群众的物质、精神、政治、文化、安全等方面的需求来推进。在建设的方向上，增强当代中国国家凝聚力是为了建设全面小康社会，实现中华民族的伟大复兴；增强中华民族的凝聚力，同样是建设全面小康社会，实现中华民族的伟大复兴。源泉和动力及目标方向一致了，当代中国国家凝聚力和中华民族凝聚力才会相互促进。在实践中，我们应该主动协调两大凝聚力在建设方向上的一致性。

第二，在建设的内容上相互包含、相互促进。增强当代中国国家凝聚力和增强中华民族凝聚力在内容上是相互包含的。例如，发展经济、走共同富裕的道路，推进社会主义核心价值观的道德建设，弘扬中国精神——以爱国主义为核心的团结统一、爱好和平、勤劳勇敢、自强不息的民族精神和以改革创新为核心的时代精神，传承中华民族五千年优秀传统文化和建设具有中国特色的时代文化，坚持人民当家作主为主要内容的政治文明建设，维护国家安全、边疆稳定、民族和谐等方面，都体现了当代中国国家凝聚力和当代中华民族凝聚力在建设内容上的相互包含、交叉关系。把这些相互包含、交叉的内容建设好、发展好，会起到当代中国国家凝聚力同中华民族凝聚力共促进、共发展的作用。

第三，在凝聚力对象的宣传内容上要逐步统一。当代中国国家凝聚力的凝聚对象主要是中华人民共和国领土大陆人民大众。一般不包括台湾同胞和海外华侨。但当我们强调加强当代中国的国家凝聚力时，也不应该忘了增强对台湾同胞和海外华侨对祖国的向心力。过去总认为，社会制度不同，由于他们对社会主义制度的不认同，讲国家优越性多了，他们会反感，但现在不同了，我们的国家已经强大起来了，宣传社会主义中国的优越性，增强世界华人对当代中国的凝聚力已经具备了充分的说服条件。中华民族凝聚力的凝聚对象是包括汉族在内的56个民族，当然也包括华侨、华裔和台湾同胞。长期以来，我们增强中华民族凝聚力对在外华人，较多地强调文化同根、历史同源、血脉相连，天下华人一家亲，这些当然是必要的。我们认为，随着祖国的强大和崛起，应该强调当代中国是中华民族的凝聚核心，没有共产党领导的社会主义中国的强大，就没有世界华人的平等地位。在我们的华侨在外发生安全危机时，是祖国把他们接回家。要宣传当代中国的发展崛起，宣传当代中国在世界上地位的提高，增强世界华人对祖国的自豪感和向心力。这样，就把增强当代中国国家凝聚力，同增强中华民族凝聚力协调一致起来，发挥相互支撑、相互促进作用。

## 第四节　全面增强国家凝聚力必须始终保持正能量

国家凝聚力有一个作用方向的问题，要保持国家凝聚力始终发挥正能量，国家引导方向起着关键的作用。因此，要加强当代中国国家凝聚力保持正能量，党和政府必须科学引导，防止偏差，确保强大的当代中国国家凝聚力成为实现中国梦的不竭动力。

### 一、要用正确的目标引导国家凝聚力建设的方向

国家目标是国家凝聚力建设的风向标。目标的指向，就是国家凝聚力作用的方向。因此，国家目标要发挥国家凝聚力的正能量导引作用，应该做好以下方面。首先是目标要求全面、科学。这里说的全面是指目标要代表全体人民的意志和利益，而不是少数人的意志和利益。从逻辑上说，目标代表多少人，代表谁的意志和利益就能凝聚多少人。目标不凝聚、不代表哪些人的意志和利益，对哪部分人就失去了凝聚力量。这里说的科学是指目标符合经济社会发展的规律。不能违背规律，搞唯心主义的目标、没有科学性的目标，是不能实现的目标，不管当时的凝聚作用有多大，但结果的失败，必然造成凝聚力量的尽失。其次是目标要有连续性。所谓连续性，就是国家目标如果证明是全面、科学的，不能因领导人的更换而前后否定，更不能每个领导者都提先后不联系的目标（尽管这个目标可能是正确的），这样不仅会造成国家目标凝聚力的积累浪费，而且每一个新目标都有一个人民认同的过程，老是处在不稳定状态，难以发挥稳定的可持续的凝聚力量的作用。再次是要与时俱进。目标的大方向不能改，但内容应不断地随着新形势、新任务、新情况而丰富。因为作为国家战略目标，要实现往往需要几十年，或者几代人的努力，只有不断地丰富目标的内涵，保持目标的时代感，才有对人民群众

的吸引聚合力。最后是要变成行动。只有把国家奋斗目标变成每个人民大众的实际行动，才能发挥凝聚人心作用。这是制定目标的落脚点，也是发挥目标凝聚作用，并发挥引导作用的基点。当代中国，就是要把建设全面小康，实现中国梦的国家目标落实到每一个人民群众的行动中。它体现的全面科学和承前启后，以及极具时代感的内涵，一定能凝聚起全民族的力量为之奋斗。

## 二、要批判和防止极端民族主义干扰国家凝聚力的正确方向

极端民族主义是以狭隘的民族利益为出发点，打着维护民族利益的旗子干扰破坏民族的长远利益和整体利益。他们往往抓住一点、一事挑起矛盾，破坏国家关系和社会稳定。在和平时期，极端民族主义往往是战争危险之源。从历史上看，无论是希特勒还是日本军国主义都是利用了极端民族主义来发动的战争。在当代中国，极端民族主义也有一定的影响力，不时制造一些损害国家和民族利益的事端，表面上是爱国，实际上是害民害国。因此，增强国家凝聚力保持正确的作用方面，必须批判和防止极端民族主义的干扰。首先要让人民群众认清极端民族主义的危害。对他们的极端行为，不能放任不管，要积极引导划清正确的爱国主义与极端民族主义的界限。要让人民群众认清维护人民和国家的根本利益和长远利益才是爱国主义，让人民群众自觉抵制极端民族主义。其次要理直气壮的批判极端民族主义，让他们失去生存的环境。要通过批判和教育，让极端民族主义失去支持者。要加强各类媒体，特别是互联网的管理，一旦发现极端民族主义的活动和组织要果断地进行阻止和处理，不能让他们干扰国家凝聚力的作用方向。最后，要坚持防止政府和舆论被极端民族主义所捆绑。对涉及国家和民族利益的事件，国家要及时表态，正面引导舆论，不给极端民族主义兴风作浪的机会。

## 三、要防止帝国崇拜，建设和平崛起国家

长期被奴役、被殖民的国家一旦国家独立和发展强大起来，往往会产生帝国崇拜。特别是中国，清代中期以前，中国历朝历代都是世界上的强大国家，只有在1840年鸦片战争以后中国开始衰落。中华人民共

和国成立后，我们国家在共产党的领导下走上了繁荣富强的社会主义道路，短短70年，我们取得了西方国家经过300年才取得的成就，外国人羡慕，国人自豪，这样不可避免地会在一些人中产生帝国崇拜现象。帝国崇拜现象，是对帝国主义的向往和承袭。帝国崇拜现象来源多方面。一是长期受帝国压迫，现在翻身了也要做帝国。二是把帝国的行为作为学习、效仿的榜样。三是曾经是帝国，后来失去了帝国地位，对帝国时期产生向往。帝国崇拜虽然在我们国家没有多少市场，但是也是客观存在的。特别是容易引起周边国家的误解。我们国家近年反复强调，我们要和平崛起，坚决不走帝国主义发展的老路，坚决不搞霸权主义。这是重要的引导方向。消除帝国崇拜，关键是三个正确认识。一是正确认识国家的历史，我们曾经长期被西方国家所奴役，我们强大了，我们不能也不会再去奴役别人；二是正确认识国家的成就，我们取得的成果是我们人民群众靠自己的双手创造起来的，不是侵略别人抢夺过来的；三是我们有能力靠自己的力量实现中华民族伟大复兴的目标。这是通过发展“一带一路”和世界各国共发展、共繁荣的目标，而不是我富你穷的帝国目标。有了这样的目标，中国永远不会走帝国主义的道路，帝国崇拜也不会有市场。

### 四、要及时纠正人民中间出现的错误需求，防止出现错误的源泉和动力导向

人民的需求决定着国家凝聚力的导向。正确的需求形成正确的导向，而错误的需求也会产生错误的导向。如果说目标导向错误是领导者脱离了实际而形成，这里所说的是来自人民需求的错误所导致的错误导向。从实践中看，主要有以下三种错误需求容易产生错位导向：一是代表部分人需求愿望的错误导向。就是说，国家应该按全体人民群众的需求来确定发展方向，但是如果只按部分人的需求确定发展方向，这样就会失去对大部分群众的凝聚力量。二是超能力、超条件需求造成的错误导向。本来没有条件满足的需求，国家也没有能力满足的需求，成为国家凝聚力的导向，必然会给国家和人民造成损失，这方面我们国家有深刻的教训。三是不平衡的需求造成的错误导向。国家凝聚力的平衡发展，来源

于人民需求的平衡满足。在实际生活中，离开了五大方面的需求平衡，单纯追求某一种需求的发展，不仅单一发展难以长期维持，而且也会造成国家凝聚力内部不平衡。我们曾经出现过只讲政治需求，不讲经济、文化等需求的错误，也曾出现过只要经济需求，不要政治、精神、文化需求的错误，结果都给国家发展造成损失，也使国家凝聚力出现了不平衡发展的问题。实践表明，只有人民群众的正确需求成为国家凝聚力的正确导向，国家凝聚力才有不竭的源泉和动力，才能可持续发展，才能保持正能量。

## 第五节　全面增强国家凝聚力必须增强国家的国际影响力

国家凝聚力的内涵中，既包含内向的聚合力，又包含外向的吸引力。一个国家外向吸引力的形成，主要决定于这个国家在世界的国际影响力。一个国家在世界上有强大影响力，国外民众才有兴趣去关注、了解、学习，最终这个国家形成对世界的凝聚力。

不同国家的国际影响力是有层次之分的。首先是有较多的外国民众关注的国家。这是有国际影响力的最初层次。世界关注度很低的国家，算不上是有国际影响力的国家。其次是有较多的外国民众想深入了解的国家。这是有较强国际影响力的国家。最后是有较多的外国民众认知、向往的国家。这是有强大国际影响力的国家。按照国际影响力决定国家国际凝聚力的观点分析，不同国家的国家凝聚力也可按照国际影响力的大小划分为三个层次：一是在国际上有凝聚力的国家；二是在国际上有较强凝聚力的国家；三是在国际上有强大凝聚力的国家。根据我国的影响力实际，我们认为，我国现在还处在有较强国际凝聚力的阶段。这恰恰说明，我国要全面增强国家凝聚力，增强国际影响力所具有的必要性和重要性。

### 一、全面增强国家凝聚力，要提升我国影响世界的综合实力

作为能够影响世界的国家综合实力，从国家凝聚力的角度分析，我们认为主要包括四个方面：一是经济实力，二是国际竞争力，三是国家

创新能力，四是军事实力。

首先要大力提升我国的经济实力。我国现在已经是经济大国，总量世界第二。我国经济的强劲表现，带动了世界其他国家的经济发展，已经成为全球经济增长的“主引擎”。但是，我国和经济强国相比仍然有较大的差距。不仅存在发展质量上的差距，也存在人均数量上的差距。即便现在我们的经济总量能够超过世界第一的美国，但在人均上，我们仍然落后世界发达国家很多。而这正是影响国家凝聚力的重要因素。增强我国的经济实力，既要质量，又要数量，必须保持我国高质量发展前提下的可持续总量增长。

其次要大力提升我国的国际竞争力。一个国家的强大国际竞争力，本身就是强大的国际影响力和凝聚力。在这方面我们仍然和先进国家有差距。一是我们的产品主要依靠消耗资源和低劳动力成本获得一些蝇头小利，很难有占领价值链高端的竞争力。二是缺乏国际性大品牌，许多有质量的中国制造只能贴国外的品牌商标进行销售，大部分利润都被外商拿走。三是我国的出口产品大部分科技含量低，虽然也有一定的市场占有率，但是价格比国外同类产品低很多；虽然有一定的出口量，但是很难在高端领域竞争过同类产品。因此，我们要大力提升我国的国际竞争力，就必须提高我国产业和产品的科技含量，生产更多的物美价廉产品。既要有高端产品的竞争力，又要有中低端产品的竞争力，形成全方位的、不同层次国际竞争力。要下大力量培养更多的像华为一样的国际知名品牌企业，形成能够影响世界产业发展和技术进步的世界级企业群体。一个国家的国际竞争力不仅指工农业产品，还包括服务业、教育、文化、科技在国际上的竞争力。大力提升我国的国际竞争力要充分利用现代化互联网、大数据、云计算等工具，形成我国国际竞争力的新优势。

再次要大力提高我国的科技创新能力。要加强国家的基础创新和源头创新。针对我国传统产业较多、占比较高的实际，支持改造提升转化创新，推进战略性、前沿性、颠覆性技术突破，掌控更多的核心技术，逐步占领全球价值链的高端。经过一段时间的努力，国家要实现在较多领域具备引领世界发展的能力。只有具备这样的创新能力，我国才能成为凝聚世界的强国。

最后要大力提高国家军事实力。增强保卫国家安全和维护世界和平的力量。在世界形势复杂多变、不稳定、不确定性增加的情况下，强大的军事实力就是世界影响力，就是话语权。党的十八大以来，国家的国防和军队现代化水平有了很大提高，军队战斗力增强，在维护国家安全和维护世界和平过程中发挥了重要作用。但是我国的国防和现代化建设水平与保护国家不断延伸的利益、保卫国家安全、维护世界和平的要求仍有差距。必须按照习近平总书记的要求，全面推进国防和军队现代化，“建设强大的现代化陆军、海军、空军、火箭军和战略支援部队，打造坚强高效的战区联合作战指挥机构，构建中国特色现代作战体系”，实现“本世纪中叶，把人民军队全面建成世界一流军队”的战略部署，真正能够担负起保护不断延伸的国家利益、保卫国家安全、维护世界和平的重任。

## 二、全面增强国家凝聚力，要不断提升国家的外交能力

改革开放以来，我国的外交能力有了很大提高，提升了我国的国际地位和国际影响力。但是在面临来自外部环境的严峻挑战下，要增强我国的国际影响力，我国的外交能力还有很大提升空间。根据新的国际形势新变化，首先要按照党中央提出的外交总体布局，坚持统筹国内国外两个大局，推进全方位外交，形成全方位、多层次、立体化的外交格局。其次，利用各种峰会、论坛、访问、交流、外援等多种方式，积极构建人类命运共同体，促进我国义利观、发展观、合作观、安全观、治理观等世界认同，使国际社会和我国有更多的相同价值取向和共同语言。再次，要大力推进“一带一路”建设，构建覆盖全球的伙伴关系网络。要针对“一带一路”国家的特点，精准施策，全面落实习近平总书记提出的“和平合作、开放包容、互学互鉴、互利共赢”。最后，积极引领和参与全球治理改革。进一步提升我国参与全球治理能力，推动构建新型国际关系，营造有利于我国发展的合作国际环境和良好周边环境。从根本上改变我国在国际交往中面临的不利状况，争取在世界和平与发展中有更多的话语权。

## 三、全面增强国家凝聚力，要增强国家的文化传播力

国家的文化传播力是国家文化软实力的重要内容，提升文化传播力是增强国家国际影响力的重要手段。习近平总书记强调指出："提高国家文化软实力，要努力提高国际话语权，要加强国际传播能力建设。"

首先，增强我国的文化传播力，必须首先明确要向世界传播什么样的文化。纵观历史和世界各国，向世界传播国家文化，历来都是一种顶层设计、一种国家战略。许多看似简单的文化符号，往往包含着丰富的价值因素。像影视剧这类文化艺术作品，则直接把国家价值观艺术化。因此，我国的文化传播必须反映国家的价值观。在内容上，既要艺术的、让外国民众乐于接受的形式反映中国的优秀历史传统文化，又要反映中华人民共和国成立以来，特别是改革开放以来形成的中国优秀时代文化。

其次，增强国家文化的传播力，必须实现中国文化更好地融入世界文化，并得到外国民众的认同。从实践中看，若使中国文化融入世界文化，并得到外国民众的认同，必须解决好三方面的问题：一是懂，二是信，三是好。所谓懂，就是要让外国人看得懂、听得懂我们传播的文化内容。无论我们自己认为多么优秀的文化作品，如果外国人看不懂、听不懂，就没有任何传播力。所谓信，就是要让外国人相信我们传播的文化内容。这一点很关键。因此，必须要学会用当地的语言和思维方式讲好中国故事。所谓好，就是要让外国人在理解我们的传播内容基础上，实现民心相通、价值认同。这是增强国家文化国际传播力的目的和意义所在。

再次，增强国家的文化传播力，既要利用好传统的传播手段，也要利用好建立在互联网、大数据等基础上的各种新媒体手段。书籍报刊和广播电视，这些传统的传播工具要继续利用好。经过多年的努力，我国已经形成国外较稳定的受众群体，目前，仍有新媒体不可替代的作用。同时，要充分利用好以互联网、大数据为基础的各类新媒体，使之成为传播国家文化的有力工具。要充分发挥主流媒体对大众化媒体的引导作用，适时开放世界窗口，让主流文化通过互联网走向世界，让世界各国人民认识中国历史、中国文化、中国道路、中国制度。无论是传统方式，

还是现代方式，都要运用世界各国民众信任并愿意接受的表达方式，传播国家文化。这样才能实现动机和效果的有机统一。

最后，增强国家文化传播力，既要大力发展文化产业，也要实现同各类外贸产业的创意融合，让中国产品在世界上走得更远，让中国文化传播得更远。文化产业具有产业经济和文化的双重属性，国家要支持发展受外国人喜爱的各种文化创意产品。近年来，我国的影视、动漫、网游等新兴文化产品出口增长较快，版权输出达到了上万种。特别是一大批影视剧作品出口到“一带一路”沿线国家，受到了欢迎，对传播中国文化发挥了很好的作用。我们还要逐步由向世界发展中国家到向世界发达国家增强我们的文化传播力。《流浪地球》在北美地区成功上映，既是一种突破，也是一种成功尝试。同时，要充分利用我国的对外出口商品，增强国家文化的传播力，也是一种有益的尝试。我国每年有十几万亿的产品出口到世界各国，出口产品涉及国外民众生活的方方面面。利用好外贸出口产品这个载体传播中国文化，在产品设计上更多地加入中国文化元素，实现产品与文化的有机融合，实现中国产品与中国文化时间与空间传播的同步性。

# 附章一

## 中国历史上的国家凝聚力传承

一个新的国家体制的诞生，其国家凝聚力不可能从零开始，按照马克思主义的国家学说，新旧体制的更替完全是生产力发展到一定程度，引起的必然的社会变革，新国家摧毁了旧的国家机器，但许多物质文明和精神文明也会延续下来。我国有五千多年的文明史，是世界上唯一的文明没有中断的国家。借鉴中国历史上的国家治理经验显然对增强当代中国国家凝聚力有重要意义。

## 第一节 中国历史上国家凝聚力传承的研究意义

### 一、凝聚力的积淀性影响着中华民族的延续，凝聚力的周期性影响着国家（朝代）的更迭

凝聚力作为一种客观存在，前期可能会以群体凝聚力、宗教凝聚力或社会凝聚力的形式先于国家的产生，但国家凝聚力必定会随着国家这个主体的产生而产生。每个国家的形成与发展都离不开国家凝聚力的推动。没有凝聚力，不能把人民群众凝聚在一起，就不能形成一个新的国家；国家建立后，如果不能满足人民物质、精神、政治、文化、安全方面的需求，不能形成国家凝聚力，国家就不能长久发展。

中华民族5000多年的历史，从考古学家发现的最早的原始人类“北京人”“元谋人”到母系氏族，再由母系氏族转变为父系氏族，进而相互通婚的氏族结成为部落，部落之间为争夺权利和财产，无休止地进行混战。历史的发展，需要高踞全社会智商的统治力量来调和冲突、建立秩序。一个新型的统治机构——国家产生了。① 国家制度经历了奴隶制国家、封建制国家、半殖民地半封建国家，直到1949年中国共产党领导中国人民成立社会主义国家——中华人民共和国。历经夏、商、周、春秋战国、秦汉、南北朝、唐宋、明清等朝代更迭，从陈胜、吴广第一次大规模农民起义到清朝的太平天国运动、义和团运动，中华民族经过大大小小几十次的农民起义、改朝换代，但中华民族始终屹立不倒。英国哲学家罗素说过：“从孔子时代以来，古埃及、巴比伦、马其顿、罗马帝国都先后灭亡，只有中国通过不断进化而依然生存。虽然也受到诸如昔日的佛教、现在的科学这种外来影响，但佛教并没有使中国人变成印度人，科学也没有使中国人变成欧洲人。”② 德国大哲学家黑格尔也说过：“只有黄河、长江流过的那个中华帝国是世界上唯一持久的国家。”③ 中华民族之所以屹立不倒，依靠的是强大的民族凝聚力，人民群众对炎黄文化的认同，对炎黄子孙的认同。但中华民族历史上每一个具体的节点上——国家或称之为朝代，从秦始皇嬴政统一中国之后，有的朝代如西汉（前202年—公元9年）统治国家211年，唐朝（618—907年）统治国家289年，明朝（1368—1644年）统治国家276年，清朝（1644—1911年）统治国家268年，而有的朝代如秦朝（前221年—前207年）统治国家15年，隋朝（581—618年）统治国家37年，更有甚者如王莽建立的新朝（9—23年）仅存在14年，昙花一现般消失在历史长河中。从国家凝聚力的角度来研究中国历史，就会发现，凡是能够把满足人民的需要作为国家发展目标去推进，国家凝聚力就强，国家或朝代存在的时间就长；不能满足人民的基本需要，或不能满足人民群众已经变化了的需要的国家就会弱

① 蔡美彪：《中华史纲》，社会科学文献出版社2012年版，第8页。

② ［英］罗素：《中国问题》，秦悦译，学林出版社1996年版，第65页。

③ 余立国：《中华传统文化是文化自信的深厚根基》，《湖北日报》2016年11月9日。

化甚至丧失国家凝聚力，国家就会发生动乱，人民就会起义，四分五裂，导致朝代存在的时间短。在开明帝王的管理统治之下，国家只有从当时经济、政治条件出发，从物质、精神、政治、文化和安全等方面满足人民群众的需求，增强了国家凝聚力，才会出现经济发达、政治昌明、文化进步、国家统一、社会安定的“盛世”或“治世”。例如，被大多数人所公认的历史盛世包括：汉朝“文景之治”、唐朝“贞观之治”与“开元盛世”、明朝“永宣之治”、清朝“康乾盛世”等，都是国家凝聚力空前强大的时期。

## 二、以史为鉴，盛世治国理念对当代中国国家凝聚力的启示

在中国，历来有“以史为鉴”“鉴古知今”的说法。学习历史、借鉴历史经验表达了两层含义：一是要学习历史，二是要批判地学习，把握正确的方向。诚然，中国历史上的两千多年封建制国家采取的一些政策措施是为了维护地主统治阶级的利益，但须知，历史是人民群众创造的，国家兴盛强大，人民也会生活富裕，安居乐业；国家动乱落后，人民就生活在水深火热之中，居无定所，颠沛流离。因此，借鉴历史上国家的治国理念，分析其成败得失，吸取经验教训，取其精华，去其糟粕，为当代中国增强国家凝聚力，实现中华民族的伟大复兴，实现中国梦已经成为一种共识。毛泽东曾说过：“我们这个民族有数千年的历史，有它的特点，有它的许多珍贵品。对于这些，我们还是小学生。今天的中国是历史的中国的一个发展；我们是马克思主义的历史主义者，我们不应当割断历史。从孔夫子到孙中山，我们应当给以总结，继承这一份珍贵的遗产。”[①] 习近平同志在中央党校 2011 年秋季开学典礼上强调：“历史是一个民族、一个国家形成、发展及其盛衰兴亡的真实记录，是前人各种知识、经验和智慧的总汇。重视对历史的学习和对历史经验的总结与运用，善于从不断认识和把握历史规律中找到前进的正确方向和道路，这是我们党 90 年来之所以能够领导中国革命、建设、改革不断取

① 《毛泽东选集》第 2 卷，人民出版社 1991 年版，第 533—534 页。

得胜利的一个重要原因。”[①]因此，学习历史就是要分析辩证地学习，活学活用。例如，毛泽东在《战争和战略问题》一文中指出：“古代也有游击战，然而，古代的游击战争大都是失败的游击战争。”但是，他仍然能够从中汲取可以借鉴的经验，应用到民主革命实践中，并使新的游击战争不断取得胜利。同样，中国历史上盛世时期，统治集团所采取的“发展农业”“与民休养”等政策仍然可以为当代中国治理国家所灵活借鉴。

## 第二节　历史盛世传承的增强国家凝聚力的治国理念与实践

### 一、增强国家物质凝聚力的治国理念与实践

中国历来是一个农业社会，以农业生产为主要经济收入来源。恩格斯研究人类古代社会，得出了如下一论断：“农业是整个古代世界的决定性的生产部门。”[②]《史记·郦食其列传》记载“国以民为本，民以食为天”，这突出体现农业生产在中国历代王朝经济发展中的重要地位。因此，历史上增强国家物质凝聚力的根本在发展农业。民以食为天，没有或匮乏粮食，人民生活难以维持，社会就会动荡不安，便会削弱一个国家的物质凝聚力，加速国家政权的衰亡；大力发展农业，人民生活水平提高，满足了其物质需求，社会和谐稳定，便容易产生强大的物质凝聚力。

古代国家发展农业的措施主要有以下几个方面：一是思想上重视，即静民务农，不违农时；二是鼓励开垦，增加耕种面积；三是兴修水利，防范天灾。四是轻徭薄赋，减轻人民负担。

#### （一）静民务农，鼓励开垦

秦统一六国后，改革农业体制，促进了生产力的发展。商鞅变法改革了井田制，用法令形式“开阡陌封疆”，授给农民土地，破坏了奴隶制

① 《习近平在中央党校秋季开学典礼上强调领导干部要读点历史》，《人民日报》2011年9月2日。

② 《马克思恩格斯选集》第4卷，人民出版社1995年版，第145页。

的生产关系，促进了封建经济的发展。商鞅认为，农业是“本业”，是国家富强的基础，施行的具体措施包括：为刺激农业的发展，增加农民数量，使全国各行各业的人都从事农业；禁止农民购买粮食；裁减官吏的从属人员，减少官吏扰农等。此外，秦时鼓励一家一户的生产，规定成年男子必须与父母分居，另立门户；女子到一定年龄必须出嫁，[①]否则要加倍缴纳赋税，以促进封建性的小农经济的发展。

自汉高祖刘邦时起，西汉就实行了重农政策，采取“约法省禁，轻田租，什伍而税一；量吏禄，度官用，以赋于民”[②]等一系列重要措施，鼓励发展农业生产，增产粮食。文帝时期，政治相对稳定，但由于赋税徭役太重，加之许多人弃农经商，致使农业生产没有得到恢复和发展。针对这一情况，贾谊建议“驱民而归之农，皆著于本”；晁错亦呼吁“务民于农桑，薄赋敛，广畜（蓄）积以实仓廪，备水旱”。“文帝采取了贾谊、晁错的建议，提倡以农为本，发展农业经济。”文帝前元二年（公元前 178 年）正月十五日，汉文帝刘恒亲自到农田亲耕，作为重农榜样；多次下诏劝课农桑，按户口比例设置三老、孝悌、力田若干员，经常给予他们赏赐，以鼓励农业生产发展；政府通过“贵粟”政策，提高农民收入。汉景帝刘启即位后，继续执行以农为本这一既定国策，多次下令郡国官员以劝勉农桑为首要政务；允许居住在土地贫瘠地方的农民迁徙到土地肥沃、水源丰富的地方从事垦殖，并“租长陵田”给无地少地的农民；景帝还多次颁诏，以法律手段打击那些擅用民力的官吏，从而保证了正常的农业生产；景帝曾两次下令禁止用谷物酿酒，还禁止内郡以粟喂马，这都体现了景帝对农业的重视。

唐太宗李世民即位之初，国家经过隋末的战乱，经济凋敝，民户凋残。唐太宗即位后实行偃武修文，静民务农，恢复与发展经济。他对大臣们说“国家未安，百姓未抚，且当静以抚之”[③]。“静以抚之”即减轻人民的兵役、徭役负担，使人民得以休养生息。唐太宗发展农业的措施主

---

① 孙妙华：《我看〈大秦帝国〉，有感于商鞅变法》，《青年作家（中外文艺版）》2010 年第 12 期，第 73—74 页。

② 《汉书》卷 24《食货志上》。

③ 《资治通鉴》卷 191《唐纪七》。

要有以下几项。一是劝课农桑，不违农时。劝课农桑成为唐太宗重视恢复和发展农业生产的一项带有根本性质的政策。为劝课农桑，唐太宗恢复了古代的“藉田”之礼；唐太宗还经常派使臣到各地巡行视察，劝课农桑，向使臣讲述劝农的意义，并告诫劝农使臣，到州县后不要讲排场，走形式，要讲求实效，不许名为劝农而实则增加农民的负担；为落实劝课农桑，唐太宗强调“不违农时”，认为“农时甚要，不可暂失”①，将本应于春耕大忙二月举行的太子加冠典礼改到十月，理由是“恐妨农时”；唐太宗还制定了《唐律疏议·擅兴律》，以法律的手段来保证不违农时原则的落实，对在农忙季节擅自征发徭役、强夺民时的官员依法论处。这在中国封建时代是前所未见的事，它体现了唐太宗对劝课农桑与不违农时的重视。二是均田垦荒。唐太宗为了鼓励流亡农民返归故里，政府把掌握的无主荒地按均田制的规定办法分配给农民耕种。为了解决“狭乡”授田亩数不足的问题，唐太宗鼓励农民向地多人少的“宽乡”迁徙，还通过制定法律法规来落实均田垦荒法令。这一法令的推行，对于唐初扩大耕地面积、增加粮食产量，起到了积极的作用。三是大力发展人口。唐太宗从安民、重农的思想出发，积极采取各种措施鼓励人口增殖。例如积极赎取人口，贞观五年（631 年）的四月，唐太宗派使者携带大量金帛将北方突厥掠去的汉民 80000 多人赎回；释放宫女，据记载唐太宗在位期间前后释放的宫女多达 3000 余人；另外，唐太宗还积极地对法定婚龄进行改变，并鼓励鳏、寡者复婚；唐太宗还把婚姻和生育状况作为考察地方官吏的重要标准，鼓励人口的大量繁衍。通过这些措施，唐初农业劳动力缺乏的状况基本得到解决，为农业经济的恢复与发展提供了有利条件。

为了使农民和土地相结合，使大量的荒地得以开垦，永乐帝朱棣从永乐元年（1403 年）开始，在全国范围内进行了大规模、有组织的移民。因为当时北京一带的荒地比较多，1403 年八月，发南直隶、苏州等 10 郡、浙江等 9 布政司富民“实北京”，又“徙山西民万户实北京”；同时下令将各地流罪以下的犯人都发来“垦北京田”。永乐十四年，永乐帝还“徙

① 《贞观政要·务农》。

山东、山西、湖广流民于保安州，赐复三年”[①]。永乐年间通过这种大规模的移民，使农民和土地相结合，有利于恢复和发展农业生产。宣德帝朱瞻基继位后，继续鼓励农民开荒屯田，劝课农桑。宣德元年（1426 年）二月，明廷规定废除开荒田逋税。宣德二年正月，宣德帝下诏申明屯田法，并令军队屯田。宣德帝告谕户部及侍臣说：“海内无事，军士量留守备，余悉屯种，所收足以给衣食，则国家可省养兵之费。”对居住在北方的蒙古族请求屯垦者，政府发给车、牛和农器。宣德五年八月，宣德帝命户部尚书黄福总理淮北、河南、山东屯田。宣德六年，为鼓励屯田，“令北直隶地方，如洪武间山东、河南事例，民间新开荒田，不问多寡，永不起科”。综观宣德年间，“东自辽左，北抵宣大，西自甘肃，南尽滇蜀，极于交趾。中原则大河南北，在在兴屯矣”[②]。

清朝初承大乱之后，招徕流亡或散失的农民归农，开垦土地，是恢复经济的首要任务。康熙帝玄烨认为“家给人足，而后世济”，在采取轻徭薄赋、与民生息的政策的同时，又采取了一系列措施。首先，是废止“圈田令”，即废止贵族圈近京州县田地的特权，将土地让与百姓耕种。康熙帝在诏书上说：“自后圈占民间房地，永行停止，其今年所已圈者，悉令给还民间。”[③]其次，延长垦荒的免税时间。清初规定垦荒三年内免税，以后改为六年内免税。康熙十二年（1673 年）改为新垦荒田十年内免税。免税政策激发了农民垦荒的积极性与主动性，全国耕地面积迅速增加。最后，实行更名地政策。对于农民耕种的原先属于明朝宗室的土地，康熙帝下诏农民可以不必支付田价，照常耕种。“原种之人，令其耕种”，永为世业，号为“更名田”，这些农民成为自耕农。这一政策将直隶、山东、山西、湖广、陕西、甘肃等地废藩田改为民地，自耕农大量出现。

**（二）兴修水利，防范天灾**

水利是农业的命脉。农田水利设施是中国古代农业发展与农业文明

① 《明史》卷 7《本纪第七》。

② 《明史》卷 77《食货志》一屯田。

③ 《清圣祖实录》卷 30，第 8 页。

的关键，水利设施的好坏直接决定了农业生产和农民生活的绩效。[①]水利工程的修筑有助于防洪防旱，对于保护农业生产、促进生产的发展起了重要作用。

秦统一六国前，便重视水利建设，变水害为水利。秦代建成世界瞩目的三大水利工程：蜀郡守李冰修建的都江堰；韩国的水利工程师郑国修筑的郑国渠；史禄领导建设的灵渠。这些举措加速了秦统一六国的步伐，同时惠泽了百姓。秦统一六国之后，仍十分注重水利工程建设，整理堤防水道，疏浚鸿沟，便利航运和灌溉。秦修建的水利建设工程，不仅对农业生产的发展起到了巨大的作用，而且开中国后世水利事业之先河。

文景之治时期，借用战国时期修筑的都江堰、郑国渠等，继续发挥灌溉之利，造福万民。汉武帝刘彻在位时期，借助强大国力，开始大兴水利工程。元光六年（前 129 年），开漕渠，全长三百余里，历三年而通。经此渠将关东粮食运到长安，运期减少一半，大幅度节省人力、运费，而且两岸万余顷民田获得肥水灌溉之利。之后，汉武帝先后使人在关中地区及关中以外郡县开凿数条水渠，成为我国农田水利空前发展时期。汉武帝对经常发生水患、危害人民的黄河进行积极治理，还曾亲临决口处视察，为后世统治者做出榜样。

贞观年间水旱灾害连年发生，贞观十一年（637 年）七月，天降暴雨，谷、洛二水暴涨，洪水流入洛阳宫城，“坏官寺、民居，溺死者六千余人”[②]。为治理河水，防止泛滥，唐太宗李世民采取了很多措施。一是对治水机构加以整顿。水部郎中员外郎，“掌天下川渎陂池之政令，以导达沟洫，堰决河渠，凡舟楫灌溉之利，咸总而成之”[③]。“凡京畿之内，渠堰陂池之决坏，则下于所由而修复之。每渠及斗门，各置长一人。至于溉田时，乃令节其水之多少，均其灌溉焉。”[④]即水部官员有两大职责，防止水

① 王树春：《中国封建社会农业基础设施建设与治理制度的变迁》，《天津商学院学报》2007 年第 4 期，第 1—8 页。

② 《旧唐书·五行志》。

③ 《唐六典》卷 7。

④ 《唐六典》卷 23。

害与开发水利。二是专门为水利与水运立法，制定了《水部式》——我国现存的最早的水法，用法律明文来保证堤防的维护和水运的合理使用；将灌区管理的好坏作为有关官吏考核晋升的重要依据。据《新唐书·地理志》记载，唐太宗鼓励兴修水利的政策收到了可观的成效，贞观年间全国各地兴修的河渠、池塘有二三十处，为唐初农业生产的恢复和发展提供了有利条件。水利工程的大量兴建，在唐玄宗开元年间形成高潮，据许道勋、赵克尧《唐玄宗传》的统计，贞观年间兴修的水利工程有 26 处，唐高宗时期 31 处，武则天时期 15 处，唐玄宗开元年间 38 处，天宝年间 8 处，总计 46 处。

永宣时期，明朝统治者也十分重视水利建设。永宣时期兴建了三项规模较大的水利工程，即治理黄河、疏浚吴淞江、对南北运河的治理。永乐帝朱棣即位之初便申谕各级官员“每岁春初及农隙之时，敕郡县浚河渠，修筑圩岸陂池”[①]。永乐帝鼓励南方一些地方的农民在十月至十二月去修水利工程，为此免掉他们的秋季赋税。这样，永乐年间的水利工程更加完备，规模更大，其中户部尚书夏原吉主持修筑的苏淞水利工程最为人们称道，对这一带的农业发展发挥了重大作用。宣德帝朱瞻基也十分重视水利工程，说：“凡水利当兴者，有司即举行，毋缓视。……慢者治以罪。”宣德时期大规模的水利工程甚多，如修复泾阳洪渠堰，可灌田 5 县，8400 余顷；宣德三年（1428 年）修复都江堰水利工程 44 处；宣德四年修建济南运河，使命大臣经营漕运；宣德七年修建眉州新津通济堰，可灌溉良田 25000 余亩；宣德帝还命周忱与况钟疏浚太湖入海水道，解除了苏淞地区的水患。

与发展农业息息相关的水利建设，在清代也始终受到重视。“国之大计在农”，而农业之好坏，又取决于雨水得宜。[②]康熙帝玄烨亲政后，就把三藩的政治问题与河务、漕运的经济问题列为他优先解决的三件大事。自康熙十六年（1677 年）起用靳辅为河道总督，至康熙四十六年，整整 30 年时间，康熙帝 6 次南巡，亲自考察，全面指挥治河，不惜投入巨资，

---

① 《明太宗实录》卷 6，第 939 页。

② 《清圣祖实录》卷 6，第 12 页。

终于将肆虐半个世纪的黄河、淮河驯服，运河通畅无阻。同时，还展开了对其他有害河流的根治，如修治京畿地区的永定河，江浙地区的太湖，疏浚刘家河、吴淞、黄浦三江等，在其他各省兴修水利工程，取得了实效。[①]清康熙、雍正时期，洪洞县共有 24 条引水渠，溉田 4240 万平方米，占全县总耕地面积 3.8 亿平方米的 11%，是农田灌溉的黄金时期。乾隆帝十分关心水利建设，下令完成的较大水利工程有：河南兰阳（今兰考县）至商丘黄河河堤新筑 170 余里；清口及江南运河疏浚；江南淮扬运河疏浚；清河千里堤岸培筑。此外，在他的关心下，修建了江苏宝山至金山 242 里长的块石篓塘和浙江金山至杭县 500 里海塘。这些水利工程的修建，对防洪、促进农业生产起了十分重要的作用。在清康雍乾时期，政府利用国家雄厚的财力，大规模的整治水患，既极大地促进了农业的发展，也保证了社会生活的安定。

（三）**轻徭薄赋，减轻人民负担**

历史上，中国是一个以农为主的国家，统治者对农民剥削的多少轻重，直接关系到国家的盛衰兴亡。轻徭薄赋可以减轻人民的负担，创造更多的财富组织再生产，人民安居乐业，经济繁荣，为国家提供不竭的财富源泉，国家富强安定；横征暴敛则加重人民负担，缺乏再生产的能力，若遇到天灾，人民则生活贫困，满足不了基本的温饱需求。农民起义，国家内乱不断，丧失物质凝聚力。

汉高祖、汉惠帝时期就把轻徭薄赋作为施政大事。汉高祖时“轻田租，十五而税一”[②]，汉文帝接受贾谊、晁错建议，“下诏赐民十二年租税之半。明年，遂除民田之租税”。“孝景二年，令民半出田租，三十而税一也”[③]。汉文帝时，偃武修文，政尚节俭，既不搞大规模土木工程建设，又无大规模军事行动，百姓几乎无徭役之苦，号称“民赋四十，丁男三年而一事”[④]。较以往算赋百二十钱、赋役一岁一事相比，各减轻三分之二。而且汉文帝十三年（公元前 167 年），刘恒认为时机成熟，正式下

① 《清代全史》卷 2，第 122—129 页。

② 《汉书·食货志》，第 430 页。

③ 同上书，第 432 页。

④ 《汉书·贾捐之传》卷 64 下。

诏，免除所有农人的田赋租税。终刘恒一生，再未恢复征收农业税赋。连续免除全国田赋长达 11 年，农民来自农业税的负担没有了，这在封建社会是绝无仅有的。汉景帝时，继续坚持轻徭薄赋方针。昭示天下“不受献，减太官，省徭役”[①]。对诸侯王征发封国民力加以限制，为其修筑坟墓不得超过 300 人，也不准随意占地修建。

唐初沿用隋文帝时期的租庸调赋役制度，这一制度是与均田制相适应的。唐太宗时期为了恢复农业生产，实行均田制，因此唐太宗李世民对租庸调赋役制度没有进行重大改革，但他在位期间确确实实实行了“轻徭薄赋”，减轻了农民的负担。“薄赋”表现为：武德九年八月，唐太宗诏令：“关内及蒲、芮、虞、泰、陕、鼎六州免租调二年，自馀给复一年。”[②] 贞观元年，“山东大旱，诏所在赈恤，无出今年租赋”[③]。贞观年间，减某一州、县赋税的事例，史书记载还有若干次，但由于唐初财力有限，唐太宗在经济有所恢复时又大兴土木和东征高丽，所以唐太宗在“薄赋”方面表现比不上文景二帝。“轻徭”方面，唐太宗确有值得称道之处。唐太宗贞观四年（630 年）对侍臣说：“劳弊之事，诚不可施于百姓。”[④] 他不仅严格约束自己，而且通过制定法律约束地方官员。例如，《唐律疏议·擅兴律》中规定“诸非法兴造及杂徭役，十庸以上坐赃论”，对在农忙季节擅自征发徭役的地方官员有严厉的惩罚规定。

宋代“青苗法”是古代统治者采取的赈济农民政策的一个典型，是北宋王安石变法时期实行的一项重要措施，目的是“以广蓄积，平物价，使农人有以赴时趋事，而兼并不能乘其急”，即利用行政干预的办法，贷钱物于民，使兼并之家不能在青黄不接之时，放高利贷来兼并小民。青苗钱的发放，使农民在青黄不接之时，有一定的钱物，作为生活资料或生产资金，保障了农民能够不失时机地进行农业生产活动，并且抑制了

① 《汉书·景帝记》卷 4。
② 《资治通鉴》卷 191。
③ 同上书，卷 192。
④ 《贞观政要·俭约》。

高利贷活动的进一步加剧，极大缓解了农民所受的压榨。[①]青苗法的实施，无疑是一项“惠民”之政。

明靖难之役打了三年，“淮以北鞠为茂草”，大批农民流离失所。永乐帝朱棣一再劝民于田亩，千方百计地招抚流民复业，“未复业者，悉心招抚。新垦田地，停征其税”[②]；永乐十四年（1416 年），“徙山东、山西、湖广流民于保安州，赐复三年”[③]。这种做法使得大批流民很快又回到田间，残破的农业生产迅速得到恢复。宣德帝继位后，继续鼓励农民开荒屯田，劝课农桑。宣德元年（1426 年）二月，明廷鼓励开荒田，并蠲免逋税；宣德二年正月，下诏申明屯田法，下令让军队屯田，“寓农于兵”，这对于恢复和发展农业生产，有着十分重要的作用。

为巩固满洲贵族统治，缓和满汉民族矛盾和阶级矛盾，清初统治者采取了“轻徭薄赋”政策。顺治元年（1644 年）八月，摄政王多尔衮下令免除明末最苛重的“三饷加派”，“自顺治元年为始，凡正额之外，一切加派，如辽饷、剿饷、练饷及召买米豆尽行蠲免”[④]。康熙八年（1669 年）实行“更名地”，下令将前明废藩田产“未变价地亩给予原种之人，改为民户，号为更名地，承为世业”[⑤]。这一政策使这些农民对土地的占有合法化和长期化。到康熙晚期，随着综合国力的进一步增强，1712 年发布了著名的“盛世滋生人丁，永不加赋”的圣旨，这对无地的农民是很有利的。雍正、乾隆时期，在全国范围内实行“摊丁入亩”，按地亩多少征收赋税，使地丁合一，取消了我国古代实行两千多年的人头税。这是中国古代赋税制度的一大变革，赋税按照地亩征收，有利于无地和少地的农民，使农民对国家的依附关系进一步削弱。[⑥]有学者评价：“清王朝‘中央政府的财政制度是相当程度地浮在表面上的。’清王朝是中国历史

---

① 刘德：《青苗法之得失及其原因探略》，《广西民族学院学报（哲学社会科学版）》，1993 年第 2 期，第 73 页。

② 《明太祖实录》卷 2。

③ 《明史》卷 7《本纪第七》。

④ ［清］巴泰等：《清世祖实录》，中华书局 1986 年版，卷 6。

⑤ ［清］乾隆官修：《清朝通典》，浙江古籍出版社 2000 年版，卷 1。

⑥ 陈香：《中国古代“盛世”的审视》，《徐州教育学院学报》2007 年第 6 期，第 31 页。

上少有的实行‘轻徭薄赋’的朝代，它在长时间里实行低税率政策。”①

## 二、增强国家精神凝聚力的治国理念与实践

### （一）民族精神是精神凝聚力之源

中国是一个多民族国家。汉族作为人口最多、规模最大的民族，对其他少数民族有着强烈的吸引力和凝聚力，其根源就在于汉族包容性的民族精神。

民族精神的起源是图腾。古代社会每个氏族或民族都有其供奉的神（大多以图腾崇拜的形式表现出来），这些神、图腾就是民族精神的表现形式，是民族精神支柱的实物化和对象化，它对氏族或民族的存在和发展具有重要的意义。恰如恩格斯所说：“只要这些民族存在，这些神也就继续活在人们的观念之中；这些民族没落了，这些神也就随之灭亡。”②

民族精神随着五千年中华文明的发展而发展。虽然目前学术界对民族精神的内涵、概念等还没有形成共识，但大家都认为，在几千年的中华文明发展的历程中积淀的中华文明的精神包括：团结统一、和而不同、厚德载物、刚健自强、伦理孝仁、仁义至上、戒奢以俭、民为邦本等等。并且形成共识的是中国之所以能够历经风雨而屹立不倒，就是得益于中华民族五千年来形成的民族精神。民族精神转化为了精神凝聚力，精神凝聚力能够形成以爱国、爱民族、爱集体为核心内容的精神统一体。在和平年代，精神凝聚力是爱岗敬业、艰苦奋斗、戒奢以俭等优秀家风，激励人民创造美好生活；当面对外敌入侵时，精神凝聚力就转化为了抵御外敌、不怕牺牲、保家卫国的战斗力。

### （二）国家主导思想是精神凝聚力的基本要素

汉代文景时期朝廷推行与民休息、无为而治的统治政策，这些政策的思想根源是汉初以来风行于世的黄老思想。黄老思想始于战国，盛于西汉，假托黄帝和老子的思想，实为道家和法家思想结合，并兼采阴阳、儒、墨等诸家观点而成。在社会政治领域，黄老思想强调“道生法”，主

---

① 刘佳：《浅谈晚清财政》，《法制与社会》2007 年第 6 期，第 778 页。

② 《马克思恩格斯选集》第 4 卷，人民出版社 2012 年版，第 250 页。

张“是非有分，以法断之，虚静谨听，以法为符”，认为君主应“无为而治”，“省苛事，薄赋敛，毋夺民时”。

从唐太宗开始，一直到唐高宗、唐玄宗，唐朝的儒法结合主要体现在宽容政策的推行。唐太宗认为“天子者，有道则人推而为主，无道则人弃而不用，诚可畏也”。唐太宗把有德、无德作为衡量能否为人君的标准，可见他极其重视德、敬畏德。唐太宗的这种德治思想直接造就了贞观时期行仁政、重人性、守法纪的良好政治环境。

清朝实行崇儒重道的文化教育政策，即崇孔尊朱，提倡理学，以儒家思想作为全社会的指导思想。崇儒重道首先表现为崇孔尊朱。清代帝王对朱熹的礼尊达到了前所未有的高度，不但把朱熹从祀孔庙的地位升格，由先贤之列变为十哲之次，而且在科举考试中，把朱熹对四书五经的注释作为标准。崇儒重道其次表现为提倡理学。清代帝王提倡理学，重用理学名臣。康熙帝重用魏裔介、熊赐履、李光地等深通理学的大臣，并委以高官，给以重用，死后还入祀贤良祠。[①] 同时，清代帝王还提倡考据学，这也是清朝崇儒重道文化教育政策的表现之一。在全方位的推动下，儒家思想得到了全面的普及。

## 三、增强国家政治凝聚力的治国理念与实践

### （一）优秀的领导集团是政治凝聚力的保证

领导集团的执政能力与执政水平是影响国家政治凝聚力的关键因素。纵观中国古代兴衰史，盛世的到来必然是由一位勤政为民的帝王领导与推动，而一位生活奢靡、不理朝政的帝王必然会激起民众的怨愤，导致国家的衰落。在“文景之治”“贞观之治”“康乾盛世”等几大盛世，有一种值得重视的政治文化现象，就是“帝德”“帝范”，也就是帝王注重自身的道德行为规范、自我约束和自我反省，执政集团从上而下形成开明的政治风气。

#### 1. 生活节俭、勤政为民的领导者

汉文帝刘恒要求各级官员各自整饬其职任，一定要减省徭役和租税，

① 赵云田:《清朝对蒙古的儒学教育政策》,《炎黄文化研究》第二辑，2004 年 2 月。

以减轻百姓的实际经济负担。他诚恳地说："朕既不能远德，所以总是担心地方官吏残虐害民，所以寝食不安。"汉文帝提倡节俭，厉行节约，禁止浪费。他在位期间，宫室苑囿，车骑服御，都无增加。他曾经想做一个露台，预算报上来，需要百金，他便放弃了这一想法。他说："百金相当中产人家十家的财产总和了，我继承先帝的宫室，还常觉得羞耻，怎么能花百金建露台。"为了减免人民税负，他还降低自己消费生活的等级，减少自己的开支，裁减侍卫人马，还多次下诏禁止郡国贡献奇珍异物。在营建他的陵墓霸陵时，提出"皆以瓦器，不得以金银铜锡为饰，不治坟"；在遗诏中又重申薄葬的意愿，明令"霸陵山川因其故，勿有所改"[①]。汉景帝延续汉文帝时期节俭的作风，下诏不接受地方贡献的锦绣等奢侈物品，并禁止地方官员购买黄金珠玉，否则以盗窃论罪。

唐太宗李世民体恤民间疾苦，以民为本，告诫太子李治："舟所以比人君，水所以比黎庶，水能载舟，亦能覆舟。尔方为人主，可不畏惧。"[②]曾曰："朕为天子，所以养百姓，岂可劳百姓以养己之宗族乎？"[③]唐太宗在位期间，有关民为邦本、体恤百姓以安天下的言论，史书记载颇多，例如，贞观二年（628年），唐太宗对侍臣说："朕每日坐朝，欲出一言，即思此一言于百姓有利益否，所以不敢多言。"[④]贞观十六年，唐太宗对魏征说："朕所以常怀忧惧，或恐抚养生民不得其所，或恐心生骄逸，喜怒过度，然不自知，卿可为朕言之，当以为楷则。"[⑤]典型事例莫过于贞观二年，京师长安大旱，蝗虫大起，唐太宗忧心如焚，为使百姓能免于蝗虫灾害，竟吞食蝗虫，引灾于自身，为农夫祈福免灾。虽然这一举动不可能起到"自是蝗不复为灾"的神奇效果，而且在今天看来此举"过于迂腐"，但通过此事记载可见唐太宗体恤百姓疾苦的爱民之心。

清朝"康乾盛世"的出现也是与为政者节约有密切关系的。如康熙"虽贵为天子，而衣服不过适体，富有四海，而每日常膳，除赏赐外，所

① 《史记·孝文本纪》。
② 《贞观政要·教戒太子诸王》。
③ ［宋］司马光：《资治通鉴·唐纪八》，中华书局2000年版。
④ 《贞观政要·慎言语》。
⑤ 《贞观政要·慎终》。

用肴馔从不兼味"[①]。除吃喝用度之外，康熙帝对于宫廷的土木兴建也严格控制。康熙二十五年（1686年），康熙帝对四川松威道官员奏请从四川酌量停减运送楠木之事作出批复："蜀中屡遭兵燹，百姓穷苦已极，朕甚悯之，岂宜重困。且今塞外松木大而可用者甚多，若充取殿材，即数百年可支，何必楠木？"大臣们见皇帝如此恤民节俭，都由衷感佩说："皇上仁慈节俭，远超前代，虽茅茨土阶亦所安然。"[②] 这样，官俭民丰，国家岂会不安。

2. 任人唯贤，纳谏从善

总结历代的治国经验，凡是重人才、用人才，则无往而不胜，天下就会大治，统治就会巩固。如西汉"文景之治"、唐代"贞观之治"、明"永宣之治"，无不千方百计招揽人才，把他们置于崇高地位，拜求治国之道；无不人才济济，人文昌盛。而摧残人才，不仅窒息了社会的活力，也摧毁了政权的自身。秦始皇嬴政焚书坑儒，把儒生视为敌对力量而加以打击、迫害，失去知识阶层的支持，也就自断了秦朝的生命之源；崇祯帝性格猜忌而多疑，有过错轻则罢斥，重则诛杀，以至朝中无人才，小人、庸人垄断朝纲，在存亡于呼吸之间，无人肯出一谋，白白断送一代江山。不容否认，知识分子、贤臣是一个国家的中流砥柱，重视人才的力量，重用贤臣，是一个国家政治凝聚力强的根本保证。

唐太宗李世民认为，"致安之本，惟在得人"，只有选用大批具有真才实学的人，才能达到天下大治。他曾语重心长地对身边近臣说："为人择官，不可草率。用一好人，别的好人都来了；用一坏人，别的坏人也都跟着进来。"唐太宗用人唯贤，不问出身，不计恩怨，坚决反对以人际关系和血缘亲情为标尺来选拔人才。他严格掌握用人的标准，制定了许多选拔官员的办法，注意从新人、疏人甚至敌对营垒中选用许多杰出的文官武将。一是健全科举取士制，从各地考生中选拔人才。二是召集臣下来议政、议经、议文，从中了解他们的长处，发现他们的才干，掂量他们的品德，权衡他们的实际工作能力，量才录用。三是经常不断地要

---

① 陈生玺：《政书集成：第七辑·庭训格言》，中州古籍出版社1996年版，第265页。

② 中国第一历史档案馆：《康熙起居注》，中华书局1984年版，第441页。

求大臣向他推荐人才，以便多方考察，随时选用。[①]

永乐初朱棣知人善任，对有才能者能破格任用。他用人不求全责备，而讲求“贵得大体”。永乐帝时期集聚了著名的治国能臣“蹇夏”（蹇义、夏原吉）、“三杨”（杨士奇、杨荣、杨溥）等，直言敢谏，清正有为。在这些治国能臣的辅佐下，永乐时期政治清明，“政无壅蔽”，促进了盛世的形成。宣德帝朱瞻基也注意人才的选拔。宣德帝认为，“庶官贤否，关国家之治乱，一事得人，则一事理，一邑得人，则一邑安”。一是针对北方文化相对落后，知识分子入仕困难的局面，在科举上实行南北分卷制度，给了北方文士以登科入仕的更多机会。“当取百人，则南六十，北四十，南北人才，皆入彀矣”，从而使“北方学者亦感奋兴起”，有利于进一步选拔人才。二是打破因循守旧、论资排辈的用人原则，用人只重才干，不重资历。宣德帝独具慧眼，破格提拔本是七品小官监察御史的于谦为三品大员兵部右侍郎，巡抚河南、山西，史称其“声绩着著，卓然负经世之才”；宣德帝认为小吏出身的况钟清廉刚正，是治理地方的杰出人才，于是打破小吏不能担任官职的规定，任命况钟为苏州知府。况钟治理苏州十三年，不负宣德帝重托，成为历史上有名的清官；任命“有经世之才，但不为人所知”的周忱为工部右侍郎。周忱革除旧弊，节省浮费，既解决了人民的困难，又缓和了国家的财政危机，做到“民不扰而廪有余羡”，成为明代著名的理财家。[②] 自明代洪武至永宣之际的60余年间，明朝的最高决策层加意培养、选拔人才，当时科举、荐举、学校三途并用，壮大了统治集团的阵营，提高了官员的素质，为明朝的兴盛奠定了组织基础，增强了政治凝聚力。

清依靠强大的军事力量统一了全国，但不能用军事力量治理天下，而需要知识分子的有力支持。因此，从顺治到康熙朝，采取多项措施吸引人才、培养人才、选拔人才，为进入盛世准备了大量人才。一是兴办学校，培养人才。清顺治初，已在战事结束的省区陆续办学，至康熙帝

① 童本清：《论“贞观之治”》，《党风通讯》2001年第3期，第31页。

② 《明史》，卷153，《周忱传》，转引自朱子彦：《明代“仁宣之治”述论》，《史学集刊》1985年第3期，第20页。

玄烨即位主要是亲政后，教育才逐步发展起来，中间曾有三藩之乱的短期干扰，而平定三藩后，全国空前统一，康熙帝大力提倡，并采取各种措施，掀起了办学的热潮，初步形成从中央到地方的教育体制。[①]有记载“康熙时，安徽徽州有社学562所、县塾5所。徽州属六县有书院54所，以紫阳书院的规模为最大”[②]，可见当时教育之盛。二是科举取士，唯才是取。学校的建立为国家建立了大量的人才储备，而科举制度，让大量的人才经乡试、会试、殿试层层选拔进入朝廷，保持了官吏队伍的新陈代谢，带来了政治的活力。根据记载，顺治二年（1645年），当战事尚在进行之时，就首次举行了乡试。此后全国投考的人数逐年增加。到康熙五十二年（1713年），贡院号舍（京师考场）已达7400余间，而来自全国各地的投考举人共7490余人，朝廷不得不酌量添造。[③]三是康熙十七年正月，康熙帝创设“博学鸿儒科”。广大士子积极踊跃参加科举考试，隐逸民间或山林之间的名儒则纷纷应征博学鸿儒。开博学鸿儒科，极具笼络、推崇隐居而有大影响的名儒之意，连顾炎武、黄宗羲等曾激烈反清的抗节名士也放弃了对清朝的敌视与反抗。一时之间，天下人才荟萃。正如乾隆时进士阮奎生盛赞“康熙己未，鸿博之征，一时人才搜罗殆尽。盖国家定鼎数十年，德意培养，文教昌明，如宝山初开，琳琅尽献，猗欤盛矣”[④]。

### （二）吏治清廉是政治凝聚力的基本要求

吏治清廉是政治凝聚力的基本要求。吏风端正，社会便安定，百姓就能安居乐业，吏风一旦败坏，种种腐败就会产生，诱发社会矛盾，便会导致社会的动乱。因此，整肃吏治，是历代统治者的重要职责之一，只有整饬吏治，严明法纪，严整贪官，才能保证王朝大业不被腐蚀，才能保证平民百姓安稳富足的生活，才能增强国家凝聚力，从而出现吏清政通人和的盛世。

---

① 参见李治亭：《中国历史五大盛世——清康乾盛世》，河南人民出版社1998年版，第258页。

② 转引自《清朝的状元》，第133页。

③ 《清圣祖实录》卷260，第14页。

④ 《茶余客话》卷2，第40页。

1. 从严整顿吏治

汉文帝刘恒改革了任官旧例，开辟了汉代察举制的先河。汉景帝刘启更是对贪赃枉法的官吏予以严厉处置。他规定官吏收受贿赂，要没收财物和判罪，参与“买贱卖贵”的官吏，也按贪赃处理。由此，汉初官场风气比较清明。[①]

唐太宗李世民认为“君昏于上”“臣乱于下”是导致秦、隋两代王朝的迅速灭亡的主要原因。因此，唐太宗十分注意官吏的选择和使用，发出“能安天下者，惟在用得贤才”的感慨。同时唐太宗也重视肃清吏治和对官员的教化，他“深恶官吏贪浊，有枉法受财者，必无赦免”[②]。因此，贞观年间吏治比较清明，为“贞观之治”的形成创造了良好的吏治环境，为唐玄宗时唐王朝进入全盛时期——“开元盛世”奠定了良好的基础。[③]一是任用贤能。唐玄宗李隆基即位后，起用能人姚崇、宋璟，后又用张嘉贞、张说、张九龄等为相，虚怀纳谏、整顿朝纲，使得政治清明、人心向上、政局稳定。二是改革吏治。采纳张九龄的建议，制定官吏的迁调制度。选取京官中有能之士，将其升调京外为官，锻炼其才智。同时，选取京外有识之士入京做官，训练其才能。内外互调，增进了中央与地方的沟通，培养了大批精干官吏。三是提倡廉洁。唐玄宗规定三品以下大臣，以及内宫妃子以下者，不得佩戴金玉制作的饰物，并且遣散宫女，以节省开支。他又下令全国各地均不得开采珠玉及制造锦绣，一改武则天以来后宫的奢靡之风。

明太祖朱元璋亲身经历了元末腐败政府的磨难，深知元末纲纪废弛，吏治不清，以致败亡，因而非常重视监察制度的建设。他还未正式称帝，便设置御史台，他认为御史的首要任务是纠举官邪，整肃吏治，维系朝廷纲纪。他对贪官污吏的惩治和用法严酷为历史所罕见。他规定官吏贪污钱财60两以上的，皆斩首示众，还要剥皮实草。永宣时期，宣德

① 张家骏：《廉开盛世腐毁社稷——中国古代治世、盛世与乱世、衰世的现代启示》，《廉政大视野》2003年第8期，第46页。

② 《贞观政要·政体第二》。

③ 张家骏：《廉开盛世腐毁社稷——中国古代治世、盛世与乱世、衰世的现代启示》，《廉政大视野》2003年第8期，第46页。

帝继续采取朱元璋的重惩贪官、整饬吏治的方针，先后制定了《外戚事鉴》《历代臣鉴》等以资借鉴，“凡土豪害民，悉治以罪，官吏贪赃，俱依律惩办”[①]。根据吏部尚书蹇义建议，积极整顿吏治，对于那些贪赃行贿之徒，不论官职高低，都依法制裁。宣德帝朱瞻基对依仗皇权、为非作歹的近亲内侍也绝不宽贷，查办左都御史刘观、处死南京御史严皚、将工部尚书吴中下狱治罪等行为对官吏起到了警醒作用。他还任用“刚直不阿，人比之包孝肃”的顾佐为右都御史。顾佐大公无私、不畏权势，敢于弹劾贪污腐败、违法乱纪的高官显贵。通过整肃纲纪，地方官吏大都能廉洁奉公。“一时风气如此，故为守令者，无不洁己爱民，耻于清议。[②]”通过一系列措施使大明王朝的基业得以进一步巩固。

清朝入关，首要吏治，从严整顿，大得民心。摄政王多尔衮下令：“贪官必诛……何必论赃多少！”顺治帝福临亲政后也说：“安民之本，首在严惩贪官。”宣布“惟以察吏安民为要务”。康熙帝玄烨视贪污之罪为最重，不予宽大，更不能赦免，凡是大案、要案、一律亲自过问，予以处理。康熙年间处决或革职、降级了特派侍郎宜昌阿、广东巡抚金俊、兵部侍郎蔡毓荣、刑部尚书齐世武、步军统领托合齐、兵部尚书耿额、户部侍郎李仲极、户部尚书穆和伦等大臣。雍正帝胤禛即位，向全国臣民宣示：“朕惟国家首要吏治。”他大声疾呼：“吏治不清，民何由安！”下旨严令稽查银粮亏空的原因，并动员各级官员揭发贪赃枉法、侵吞公帑、勒索百姓、行贿受贿的贪官，凡经核定属实的，立即予以严惩。乾隆朝已进入鼎盛，仍不放松吏治，以“整肃官方”，达到“惠爱斯民之至意”[③]。这些惩腐治贪的措施，约束了官员行为，并规范了经济秩序，有利于经济、社会、政治的良好互动。

2. 监督制约，规范权力运行

中国古代封建王朝实行专制集权统治，相对于民主制度，主要通过监督、约束官员和执政者的权力来规范权力运行。首先是制度约权——

---

① 《明宣宗实录》卷13。

② ［清］赵翼：《廿二史劄记·明史》卷33。

③ 黄哲姣：《从君民关系看三大盛世的盛衰之因》，《中国商界》2010年第7期，第252页。

监察御史制度。御史监察制度，萌生于先秦，形成于秦汉，成熟于隋唐，完备于明清。监察御史制度是约权机制下最基本、最重要的制度，其主要职能是监察百官、监督司法、独立行使监察权。无独有偶，历史似乎有惊人的相似，王朝的兴盛时期，往往是监察制度发展的时期。①

秦始皇嬴政统一中国后，设置了与丞相府并称“两府”的御史府，由御史大夫监察中央百官，御史大夫职权重大，地位仅次于丞相，其监察对象包括了除皇帝外几乎所有官员。在御史大夫下还有御史丞、御史中丞、侍御史等监察官员，并派监郡御史对地方官员进行监察管理，形成一个较为完整的监察机构体系。汉代的监察机构多元化，既有代表皇帝监察百官的司隶校尉，又有代表丞相监察百官的丞相司直。西汉初年设置“上计”制度对官员进行年度考核。东汉时改御史府为御史台，由御史中丞主其事，专掌纠察，在监郡御史的基础上又创立了独立行使地方监察权力的刺史制度，在地方设立了十三州刺史，加强了中央对地方的监察。汉代还制定了我国第一部监察法规——《刺史六条问事》。秦汉较完备的行政监察体系，对后世各代都产生了比较重大的影响。

唐代，御史监察制度更为成熟。一是组织机构更加完备。唐代成立独立的监察机构——御史台，监察权脱离相权而独立。御史台专职监察，通过御史知班，整肃朝廷秩序，通过分察六司，监督行政机关，通过十道巡按，监察州县；二是《大唐六典》规定了御史台的品额、品秩、职掌权限及与其他机构的关系，使监察活动成为定制并有法律依据。

宋代的监察御史由皇帝亲自任命，同时由尚书省监督监察机关，形成台省之间相互监督、相互制约的格局。在各路，首长是四个监司官：“‘帅’，即安抚使，掌一路兵工民事，领军旅禁令，赏罚肃清；‘漕’，即转运使，掌财赋，领登耗上供，经费储积；‘宪’，即提刑按察使，掌司法，领狱讼曲直，囚徒详复；‘仓’，即提举常平使，掌救恤，领常平义仓，水利敛散。”② 这四个并不是地方长官，而是中央派来监督指挥地

① 姜守鹏、林乾：《中国历史上的五大盛世——明永宣盛世》，河南人民出版社 1998 年版，第 83 页。

② 钱穆：《中国历代政治得失》，生活·读书·新知三联书店 2001 年版，第 77 页。

方的。

明朝从洪武至正统年间，由于总结了历代御史制度的经验教训，实行了重典治吏等措施，使御史监察制度在整肃朝纲等方面发挥了重要作用。明初，置御史台，设左右御史大夫、御史中丞、治书侍御史、殿中侍御史、监察御史等。洪武十五年（1382 年）改置都察院。明太祖朱元璋在诏书中说："国家立三大府，中书总政事，都督掌军旅，御史掌纠察。朝廷纪纲，尽系于此，而台察之任尤为清要。"[①] 因此，御史在明朝政治舞台上是一支十分活跃的力量，在澄清吏治，发挥国家调节职能方面起着重要的作用。当时有人说："天下贪官污吏强军豪民所忌惮者，惟御史尔。"[②] 景泰以前，御史纠劾不法，朝廷多能按御史所劾奏，惩处不法。学者认为，它对大明王朝基业的巩固、"仁宣之治"的形成起到了重要作用。[③]

清在继承明监察制度的基础上，对监察制度进行了一定的创新，使监察制度更加严密完善。早在入关之前，皇太极即下诏："凡有政事背谬及贝勒、大臣骄肆慢上、贪酷不清、无礼妄行者，许都察院直言无隐。""倘知情蒙蔽，以误国论。"[④] 清初建立多元监督约权体制，包括监察制度、养廉银制度、巡按制度、回避制度。中央仍设都察院，监督各级官吏。下设 15 道监察御史（清末增至 22 道），专司纠察之事。都察院以都御史为主事官，与六部尚书、通政使、大理寺卿等重要官员共同参与朝廷大议。雍正年间，专察六部的六科给事中并入都察院，两者共同负责对京内外官吏的监察和弹劾。唐代的台、谏并列，明代的科、道分设，清代的科、道则在组织上完全统一。监察权的集中，是清代监察制度的一大特点。[⑤]

3. 减轻刑律，缓和矛盾

由于秦刑罚极为残酷，因此汉初以除秦苛法为首要举措。汉高祖刘邦初入咸阳时就发布著名的"约法三章"："杀人者死，伤人及盗抵罪。

① 余继登：《典故纪闻》卷 1。

② 《国朝献征录》卷 65，《李兴传》。

③ 李铁：《中国文官制度》，中国政法大学出版社 1989 年版，第 384 页。

④ 《大清会典·事例》卷 998。

⑤ 刘丽：《中国古代的监察制度》，《兰台世界》2009 年第 17 期，第 67 页。

余悉除去秦法。”[①] 班固称之为“初顺民心作三章之约”[②]。西汉经过20多年的休养生息，汉文帝刘恒即位时，社会矛盾相对缓和，是以“刑罚罕用”。文帝前元年（前179年）十二月“尽除收帑相坐律令”[③]，强调“法正则民悫，罪当则民从”[④]。文帝前元二年又下诏废除“诽谤、妖言之罪”[⑤]。文帝前元十三年有感于淳于公事件，下令废除肉刑，使自周秦以来，延续1000余年的黥、劓、刖刑被废除了。景帝元年（前156年）、中元六年（前144年），在文帝废除肉刑基础上，又两次轻刑薄罚。从中国刑罚制度发展的历史来看，废除肉刑反映了法制文明的进步，为封建五刑的形成奠定了基础。

隋炀帝杨广时期实行的繁法酷刑等暴政，导致了隋王朝的短命而亡。唐高祖李渊以此为戒，把“宽简”作为修订法律的原则，遵照“务在宽简，取便于时”的原则，修订了《武德律》。唐太宗李世民即位后，采用魏征的主张，“遂以宽仁治天下，而于刑法尤慎”[⑥]。唐律立法的基本原则之一是“礼法合一”“依礼制刑”。即将礼和律统一在一部封建法典之中，把引用儒家经典断狱法典化，使其成为定罪量刑的根据，实现礼与法在法律条文上的统一。基本原则之二是“法令不可数变”，强调法律条文的划一性与相对稳定性。基本原则之三是“用法务在宽简”。“宽”指“宽仁慎刑”，针对隋朝法律的“酷刑”提出。“简”指“国家法令，惟须简约”，针对隋朝法律的“繁法”而提出。这样既可以使法官记住，百姓易知，又避免了奸官利用“一罪作数种条”来作弊。这一原则促成唐律的条文简约，有利于司法的健全。难能可贵的是唐太宗认识到官民一起守法的重要性。在贞观元年（627年）他对大臣们说“法者，非朕一人之法，乃天下之法”[⑦]。唐太宗此话强调了“太子犯法与庶民同罪”的观点，任何人都不得干预司法部门办案，任何人都不得超越法律之上，都要受到法

---

① ［汉］班固：《汉书》，浙江古籍出版社2000年版，第5页。
② 同上书，第19页。
③ 同上书，第25页。
④ 同上书，第425页。
⑤ 同上书，第27页。
⑥ ［唐］欧阳修、宋祁：《新唐书·刑法志》，中华书局1975年版，第1412页。
⑦ 《贞观政要·公平》。

律的监管。同时，唐太宗李世民主张执法必严，“深恶官吏贪污，对于权贵犯法绝不姑息，”“制驭王公、妃主之家，大姓豪猾之伍，皆畏威屏迹，无敢侵欺细人”[①]，赋予了法律尊严，承认司法部门的权威性。正如张晋藩先生所说：“贞观之治的历史，雄辩地说明了盛世与法治的关系。作为封建法治的主要表征，是法律对于权力特别是对皇权的某种约束，它的出现既有复杂的社会政治原因，也与皇帝个人的品格不无关系。”[②]

（三）**中央集权、皇权至上是政治凝聚力的基础**

皇权的提高、政局的稳定，都是盛世所不可或缺的条件。从公元前230年到前221年，秦始皇嬴政建立了第一个统一的、多民族的、中央集权的封建国家。完成国家统一后，秦始皇继续加强凝聚力建设，推行了许多消除分裂因素的措施，北击匈奴，南服百越，首创了皇帝制度、三公九卿为代表的中央官制以及郡县制，彻底打破了自西周以来的世卿世禄制度。这一制度强化了中央对地方的控制，维护了国家的统一，奠定了中国大一统封建王朝的统治基础，基本上也被后来的封建统治者继承下来。

汉代，汉高祖刘邦分封同姓为王，但随着社会经济的恢复和发展，这些诸侯王日益骄横，甚至想举兵夺取皇位。文帝、景帝时期，先后发生后济北王刘兴、淮南王刘长、吴王刘濞叛乱之事。汉景帝刘启采纳“削藩”建议，削夺诸侯王的一部分土地，划归中央直接管辖，并用3个月时间平定七国叛乱。中元五年（前145年）汉景帝改王国丞相为相，诸侯王不能掌握政权和军队，并把王国的行政权和官吏的任免权收归中央，废除其御史大夫、廷尉、宗正、博士等官，对大夫以下的其他官吏也予以裁减。从此以后，诸侯王国实际上变成和郡一样的地方政权，受中央直接统辖管理，进一步加强了皇权。在地方行政设置上，汉承秦制，地方政府设郡县两级。郡设郡守，为最高长官，郡守之下设都尉；一郡之内辖若干县，县设县令或县长，统治全县人民。钱穆曾说：“中国历史

---

① 《贞观政要·政体》。

② 张晋藩：《中华法制文明的演进》，中国政法大学出版社1999年版，第259页。

上讲到地方行政，一向推崇汉朝，所谓两汉吏治，永为后世称美。”[①]

唐太宗李世民即位后采取一系列措施完善了国家权力机关的职能，使君权得到进一步的加强。一是对魏晋以来确立的三省制度上实行适当的改革，对三省的职权及其相互制约关系作了明确的规定，创立了崭新的宰相制度。具体而言，在政权机构建设上，仍然实行三省六部制。中书省发布命令，门下省审查命令，尚书省执行命令。一个政令的形成，先由诸宰相在设于中书省的政事堂举行会议，形成决议后报皇帝批准，再由中书省以皇帝名义发布诏书。诏书发布之前，必须送门下省审查，门下省认为不合适的，可以拒绝“副署”。诏书缺少副署，依法即不能颁布。这种宰相制度，实行三省讨论、封驳、执行相结合的原则，既注意发挥集体的智慧，又避免少数宰相的专权，是唐太宗在中央官职改革上的一大贡献。二是为提高政府工作效率，节省财政开支，又进一步采取“并省官员”的精简机构措施。在地方政权上由原来的州、郡、县三级制改为州、县二级制，“由是所置文武总六百四十员”（《新唐书·百官志》作“七百三十员”），把中央政府官员限定在六七百人之内，并精简地方机构与官员，不仅减少了国家的行政开支，减轻了人民负担，而且提高了政府工作效率。三是为加强中央政府对地方政府的监督，将全国分为十道，设立十个监察区。不定时派黜陟大使及巡察使、按察使、观察使到各地“巡省天下”，考察地方官吏，根据地方官吏的优劣来确定官吏的升降任免。中央对地方政权的控制也进一步加强。

“永宣盛世”出现于明王朝统治的初期，它不仅是洪武开国历史的继续，也是洪武时期体制改革的继续。明一代，规制多创于太祖朝。明太祖朱元璋建立明朝之后，总结历史经验教训，为了加强封建的君主专制，他对封建统治的政治体制进行了一系列改革：他撤销了行中书省这一地方权力机构，设置了承宣布政使司、提刑按察使司、都指挥使司，分属于中央，加强了中央对地方的控制；他废除了中书省和丞相制，把大都督府改设为五军都督府，改御史台为都察院，设置了大理寺、通政使司、锦衣卫等机构，使中央的行政、军事、司法、监察大权都牢牢地控制在

① 钱穆：《中国历代政治得失》，生活·读书·新知三联书店 2001 年版，第 9 页。

皇帝手里；他又设置四辅官和殿阁大学士以加强君权。[①]

中国封建社会发展到清朝康雍乾时期，中央集权的专制统治大大强化。在政治上，统治者拉拢汉族地主阶级，实行满汉兼用的政治、行政手段，使以满洲贵族为主的中央集权的专制统治得到加强；在机构设置上，雍正七年创建了象征皇权高度集中的军机处；在地方上，通过派遣总督、巡抚、粮道使、盐运使等大吏，把地方上的财政和军事大权牢牢掌握在皇帝一人手中；在统治疆域上，在边疆地区派驻驻疆大臣，实行有效的行政管理，并使这些地区与内地的经济文化联系不断加强，巩固和发展了统一的多民族的国家，为康雍乾时期恢复和发展社会经济创造了有利条件。[②]

## 四、增强国家文化凝聚力的治国理念与实践

### （一）统一文字货币度量衡，统一车轨，奠定文化凝聚力传承的基础

秦始皇嬴政在统一六国后，针对当时社会上“车途异轨，律令异法，衣冠异制，言语异声，文字异形”的情况，采取了许多统一措施。一是书同文。在秦统一之前，文字异形给政令的推行和文化的交流造成严重障碍。秦统一后，几经整理，将小篆作为日用文字在全国范围推广。这对推行法令、传播文化具有重要的促进作用，为文化凝聚力的初步形成奠定了基础。二是统一货币。战国时期各国自铸货币，价值不等，换算困难。秦灭六国后统一货币量度，克服了过去货币不统一的混乱状态，便利并加强了各地商品交换和经济交流。三是统一度量衡。统一之前，各诸侯国的度量衡制度混乱。秦统一后，把商鞅制定的度量衡制度推行到全国，实行度量衡定期检定制度，以保证计量器具的准确和统一。统一度量衡消除了各地割据势力的影响，促进了经济发展、文化交流。四是车同轨。车同轨既有利于军事又有利于民间运输，非常有战略意义。秦始皇统一中国后，这些文字、车轨、度量单位上的统一，为文化凝聚

① 姜守鹏、林乾：《明永宣盛世》，中国大百科全书出版社 1998 年版，第 56 页。

② 张成水：《法在康乾盛世中的作用——〈康乾盛世的扛鼎杠杆〉评介》，《首都师范大学学报（社会科学版）》1994 年第 4 期，第 120—123 页。

力的传承打下了坚实基础。

（二）**教育、科举是增强文化凝聚力的重要途径**

兴办教育，不仅为国家不断培育人才，重要的是，也起到正风俗、统一人心的巨大作用，是稳定社会秩序的杠杆之一。中国历史上几大盛世都很重视教育、科举的作用，从凝聚力的角度看，教育、科举一方面可以起到用文化凝聚人心的作用，另一方面也使得文化凝聚力得以增强。

西汉是我国古代教育史上一个十分重要的时期。西汉的建立，结束了秦朝的残暴统治和思想禁锢的时代，“诸儒始得修其经艺，讲习大射乡饮之文礼……于是喟然叹兴于学”，文化教育开始从沉闷肃杀的氛围中走出来。但由于汉初“尚有干戈，平定四海”，朝廷“未暇遑庠序之事”，其教育仍沿袭秦朝的吏师制度。

西汉立国之初，满朝文武，多不懂文治。汉高祖刘邦为了巩固自己的权威地位，便令叔孙通尽快制定朝中礼仪，并组织群臣学习，贯彻执行，以确保皇帝在统治集团内拥有至高无上的权力，进而起到了稳定社会秩序的作用。西汉实行郡国并行制，中央王朝十分重视对各封国诸侯王及其子弟的教育，往往任命一些学识渊博、才华横溢之士担任诸王的老师。据《史记》《汉书》记载，汉初，孔子第十代孙孔襄，曾任汉惠帝博士，后迁任长沙王太傅。汉文帝刘恒在位时，著名思想家和学者贾谊为长沙国靖王吴著的太傅。汉宣帝刘询在位时，又有《谷梁传》学者申章昌来任长沙刺王刘建德的太傅。

汉武帝刘彻在位时期国家空前统一和强盛，在文化教育上实行“罢黜百家，独尊儒术”的政策，还兴办了从中央到地方的各级官学。中央官学主要是太学，设在京城长安。其教授选择德高博学的经师大儒担任，称博士；学生称博士弟子，入学资格、年龄和修业年限都没有严格限制。太学的教学内容都是儒家的经典，《诗》《书》《礼》《易》《春秋》五经之外，《论语》《孝经》人人必修。博士各以其专精的一经教授弟子。其教学形式，有大班会讲、高徒代讲等，但主要靠学生自修。学生必须严守“师法”，精通五经中的一经，通过考试，成绩优秀者可授予官职。地方官学按行政区划设立，在郡国称为学，在县称为校，在乡称庠，在聚称序；其学、校分别设经师一人，庠、序各设孝经师一人，以主掌地方儒学教育。汉武帝创立的这整套教育制度，在当时得到了较普遍的实行，对后世更是产生了深远的影响。从此，以孔孟为正宗的儒家学说成为我国古代教育的主要内容；而这一从京师太学到地方郡国乡聚的学校庠序的官学系统，则成为以后2000多年我国古代官学设置和发展的模式。

在社会经济繁荣的基础上，唐太宗李世民高度重视文化教育事业的发展。在中央设立统管学校的国子监，在地方则设立府、州、县三种学校。学校教育以经学为中心，贞观九年颁布颜师古等编写的《五经正义》等书籍，作为学校统一课本。贞观二年（628年），唐太宗下诏广延天下儒生到京城，并给以饮食、车马等优厚的待遇，许多饱有学识的人都被授以重要官职。大兴教育的同时，唐太宗发展了隋朝的科举制度，扩大进士科，提高了进士科的晋身之阶，推动了唐前中期科举制的兴盛，选拔了大量优秀人才。科举作为一种制度，不但为门第不高的知识分子提供了做官的途径，扩大统治基础，加强中央选拔和任用官吏的权力，有效地笼络读书人，而且在不同程度上提高了各级官吏的文化素质，这对贞观时期的政治、经济、文化的发展都起积极作用。[①]

**（三）修书修典推动文化凝聚力的传承**

唐太宗李世民大兴国学，撰经修史，下诏修诸经正义及史籍；又置国史馆，由宰相监修前朝国史，开官修历史的风气。一是史馆的创新。唐太宗将历史上一直隶于秘书省的修史机构，移至宫禁之中，便于对修史工作的控制和领导。又将自北魏以来由大臣监修史书制度改由宰相监修，并赋予监修宰相诸多权力。这一举措标志着国家对修史工作的高度重视，促进了修史制度的日臻完善，在我国史学史上具有划时代的意义，并对后世的史学发展起到了不可估量的推动作用。[②]二是修史数量多。贞观年间由国家主持修撰的史书就有《梁书》《北齐书》《陈书》《隋书》《周书》《晋书》6部，占了中国封建社会2000多年所修二十四史的1/4。此外，其他类型的史书文献，还有数十部。

① 陈心耕：《试论唐太宗的政绩与贞观之治》，《福建论坛（文史哲版）》1995年第5期，第74页。

② 英卫峰：《以史为鉴与“贞观之治”》，《西北大学学报（哲学社会科学版）》2004年第34卷1期，第69页。

永乐帝朱棣广泛延揽文士，整理编纂文化典籍，最著名的就是《永乐大典》。全书共 22211 卷，11095 本，约 3.7 亿字。《永乐大典》收录古代重要典籍上至先秦，下达明初，可以说是“包括宇宙之广大，统会古今之异同”。所辑录书籍，一字不易，悉照原著整部、整篇或整段分别编入，这就更加提高了保存资料的文献价值。全书体例“用韵以统字，用字以系事”，检索非常方便。它是我国最大的一部类书，是中国古代最大的百科全书，是中华民族珍贵的文化遗产，具有不可估量的价值。

康熙帝玄烨崇尚儒学，尤其是崇尚程朱理学，他下令编了将近 5 万字的《康熙字典》、180 卷的《大清康熙朝会典》、120 卷的《历代题画诗类》、900 卷的《全唐诗》。乾隆帝弘历在位期间，重视文化建设，下令编了很多有价值的书。乾隆帝下令编写《明史》和《大清统一志》，文学方面有《清文鉴》《唐宋诗醇》，在农学方面有《授时通考》，在医学方面有《医宗金鉴》，在天文历法上有《历象考成后编》。在编纂书库过程中，最大的成就是编成大型文献丛书《四库全书》，里面保存了大量的古代文献，是古代最大的一部官修书。这些书籍是宝贵的文化遗产，对后来的文化发展产生了深远影响。

## 五、增强国家安全凝聚力的治国理念与实践

### （一）修筑长城，抵御外敌入侵，增强国家的安全凝聚力

中国长城的修筑始于春秋战国时代，已有 2000 多年的历史，其中尤以秦、汉、明三代的规模最大。初唐时，由于北方的突厥已经被平定而不再成为威胁，未修长城；五代后晋皇帝石敬瑭放弃燕云十六州，使得修筑长城变得没有意义；蒙元统治者是蒙古人，只对一些关口做了修缮，仅仅起到盘查路人和商路驿站的作用；与蒙元类似，清朝也未修长城。长城在中国古代历史上发挥着重要作用，体现着国家安全凝聚力的构建。

长城是一种积极的军事防御工程，能够有效地抵御北方民族的侵扰。在古代，游牧骑兵有优良的机动能力和强大的攻击力，但是对于城垣防御体系却无能为力，因此长城的修建一方面限制北方游牧民族的快速机动能力，防止其发动“闪电战”；另一方面构成一套完整的军事防御体系，增强防御能力。因此，长城既是农耕民族的防御前线，也是向游牧

民族发动反击的前进基地。秦时，“北筑长城而守藩篱，却匈奴七百余里，胡人不敢南下而牧马”[①]。汉武帝时，“建塞徼、起亭燧、筑外城，设屯戍以守之，然后边境得用少安”[②]。“筑长城，自代并阴山下，至高阙为塞”的赵武灵王正是以“变俗胡服，习骑射”而著称于世的政治家。[③]事实上，秦皇汉武，包括明初，无不是在主动出击、军事上取得压倒性优势时修建长城的。

修筑长城既是一种积极防御，又是积蓄力量、继续进取的谋略，是针对西北边地实情所采取的积极措施，是化被动为主动。因为对于北方的游牧部落，“大兴师征之，则遁逃伏慝，不可得而诛也；师还则寇钞又起；留卒戍守，则劳费不资，故惟有筑长城以防之”。“然则长城之筑，所以省戍役，防寇钞，休兵而息民者也。”而且长城的防御作用不是一般人以为的“不被攻陷”；其真正的用处在于——入侵者或许能集中力量偶尔攻破一两个关口、闯入内地，但只要整段长城还驻守有强劲的军队，入侵者就始终面临被阻击、伏击而无法回家的危险；尤其是，长城扼住了燕山和太行山北支各个交通要道，游牧民族的骑兵纵然破关而入，但只能对内地实施骚扰，而他们的后勤根本无法通过关口输送进来，故而无法在内地立足，从而动摇中华帝国的根基。癣疥之疾再重，也侵入不到膏肓，这是长城存在的根本意义。[④]

由于视角和价值取向的差异，有的人看来，长城便是专制残暴的象征，备受劳苦大众诅咒；有的人认为长城是“闭关锁国”的象征；唐太宗李世民、康熙帝玄烨以至刘焘、陈建等政治人物看来，长城只是笨而无用的化身。但是，结合历史发展的阶段特点来客观看待，长城保护了中华民族的繁衍生息，减少了战争的发生。孙中山在《建国方略》中，谈到长城时这样写道：秦始皇所筑万里长城“古无其匹，为世界独一之奇观”。“长城之功于后世，实与大禹治水等。”他并分析说：“由今观之，倘无长城之捍卫，则中国亡于北狄，不待宋明而在楚汉时代。如是

① 《新书·过秦》。

② 《汉书·匈奴传》。

③ 《史记·匈奴列传》。

④ 胡玉博：《气势雄伟岂能说尽中国的长城》，华裔网 2014 年 11 月 29 日。

则中国民族必无汉唐之发展昌大而同化南方之种族也。及我民族同化力强固之后，虽一亡于蒙古，而蒙古为我所同化；再亡于满洲，而满洲亦为我同化。其初能保存孳大此同化之力，不为北狄之侵凌夭折者，长城之功为不少也。”孙中山此论，不仅借长城来阐释蕴于民众之中的同化力量，而且还有号召国人坚定信念、勇往直前的寓意。同时对秦始皇嬴政修筑长城的行为给予了客观评价。因此，在古代中国，长城发挥着重要的军事作用，也满足了人民的安全需求，增强了国家的安全凝聚力。

**（二）正确处理边疆问题，与少数民族和谐相处，增强国家的安全凝聚力**

中国历史上无论哪一朝哪一代，都面临着边疆问题，统治者也都为巩固统治而制定边疆政策，展开边疆经略。边疆政策、边疆经略不仅直接影响一个朝代的兴衰存亡，而且对于作为整体的统一多民族国家——中国的形成、发展也产生重大影响。[①]

汉朝文景两代对周边少数民族也不轻易动兵，尽力维持相安的关系。吕后时，南越王赵佗自立为帝，役属闽越、西瓯、骆，与汉王朝分庭抗礼。汉文帝刘恒即位后，为赵佗修葺祖坟，尊宠赵氏昆弟，并派陆贾再度出使南越，赐书赵佗，于是赵佗归附汉王朝。文帝后元二年（公元前162年），又与匈奴定和亲之约，此后匈奴虽背约屡犯边境，但文帝只是诏令边郡严加备守，并不兴兵出击，以免烦扰百姓。这种做法起到了“御胡”的目的，维护了边境地区的稳定和安全。

唐朝是我国统一的多民族国家发展的重要时期。“自古皆贵中华，贱夷狄，朕独爱之如一，故其种落依朕如父母。”[②]可见唐朝对少数民族的尊重。唐太宗李世民实行较为开明的民族政策，并妥善处理了与突厥、回纥、吐蕃等少数民族的关系。一是东突厥汗国被消灭后，唐太宗采取了“全其部落，顺其土俗”的民族政策，既消除了对唐朝安全的威胁，又使各族人民摆脱了东突厥的奴役。二是北部边境统一后，唐太宗派兵多

---

① 马大正：《论中国古代的边疆政策》，《光明日报》2001年2月13日。

② ［宋］司马光：《资治通鉴·唐纪十四》，中华书局2000年版。

次击败西突厥，先后收复了吐谷浑、焉耆、龟兹、高昌等地，丝绸之路实现了畅通，加强西域与内地的联系，促进贞观时期经济、文化的繁荣昌盛。三是唐太宗并不鄙视边疆民族，故东亚各民族逐渐融入。唐代名将和大臣，不少为同化了的外族人。原属鲜卑族的元氏、宇文氏、长孙氏等，在唐太宗时已不被视为外族人。唐帝国声威远播，四方服悦，西北各族共尊唐太宗李世民为“天可汗”，成为当时东方世界的国际盟主。“天可汗”在当时以极强的凝聚力，在维护良好的民族关系中发挥了重要作用。四是改善与回纥、吐蕃等民族之间的关系。贞观十五年（641 年），文成公主入吐蕃与松赞干布结婚，开创了汉族和吐蕃人民交往的历史新篇章；贞观二十一年，唐太宗李世民封回纥酋长吐迷度为怀仁大将军兼瀚海都督，唐与回纥双方关系友好。唐太宗李世民开明的民族政策使唐朝统一的多民族国家得到巩固和扩大。这样，边疆各族在与唐朝的交往中，对中原王朝形成很强的向心力。

明代永乐帝朱棣积极经营边疆，其成就光前耀后。一是对于东北地区的统治并非直接掌管，而仅是在重要地点设军事据点及发展交通路线。各族实质上仍由各部族自行统治，而除少数官员之外，大多数官军人员由当地部族人民担任，中央间或派遣人员巡视宣慰各族人民。二是在西南少数民族地区实行“改土归流”政策；在西北地区，永乐帝朱棣在安定卫等 4 卫基础上，向西发展增设 3 卫。尤其是哈密卫的设立，使之成为西北的军事重镇，有力地促进了西北地区的安定和发展。三是积极发展对外交往。永乐帝即位后恢复了被洪武帝朱元璋废掉的三处市舶司，大大放宽了海禁；恢复了中断达 20 余年的对日交往，明初的所谓倭寇问题大体得以平息，中日之间建立起长达一个多世纪之久的正常的朝贡贸易关系；永乐帝朱棣遣使四出，广加招徕，使中外使节往来呈现出空前活跃的局面，出现了郑和下西洋的空前壮举。与此同时，外国使臣也频繁来华。除外国贡使和王子、王妃外，永乐年间还有 4 个国家的国王 7 次来华，其中 3 个国王死在中国，葬在中国。这从一个侧面有力地表明，当时的中外交往是何等之盛。[①]

① 晁中辰：《明朝永宣之治：内政外交多姿多彩》，《北京日报》2016 年 1 月 18 日。

清朝维护边疆地区秩序，促进了民族间的交流。一是加强对西藏的管理。为了维护西藏地方的秩序，康熙派兵进入西藏，最终打败了准噶尔叛军。清朝在西藏设置了驻藏大臣，用来监督和管理西藏的事务，西藏地区社会得到了稳定的发展。1793年，清朝颁布了西藏有关管理章程，对西藏地区的政治、经济、军事等事务进行改革，规定西藏的官员由驻藏大臣和达赖、班禅一同筛选，西藏的政教事务应该通知驻藏大臣办理，“灵童”转世应该受到驻藏大臣的监视，西藏的财政收支、对外事务也应该由驻藏大臣负责。从此，西藏得到有效的治理，中央与西藏的关系更加紧密，促进了藏族与其他民族凝聚力的增加。二是西南地区进行“改土归流”。在贵州、云南、广西地区，当地的土司对当地老百姓欺压坑骗，常常勾结地方势力对抗政府，为了解决西南地区的管理难题，雍正帝派兵镇压了土司的反抗。之后，清镇府废除了大小金川的土司制度，改为由流官担任，这消除了土司的割据制度，有利于我国统一的多民族国家的巩固和发展，这是我国对地方政治制度的重大改革，对各个民族间经济文化发展联系起到了重要作用。三是蒙古族土尔扈特部回归祖国。明朝末年，土尔扈特部与准噶尔部不和，被迫西迁到俄罗斯境内的伏尔加河下游。18世纪六七十年代，沙俄对土耳其发动战争时，企图把16岁以上的土尔扈特部人征去当兵，遭到土尔扈特部的反抗。1771年，土尔扈特部渥巴锡率领全部土尔扈特部民众克服困难重重，毅然回到祖国。乾隆帝对渥巴锡进行了盛大宴会招待，对他们表示欢迎。乾隆帝将他们分为四路、十旗安插到准噶尔盆地一带，由科布多大臣管理。土尔扈特部的归顺，有利于新疆地区畜牧业经济的发展和祖国的统一。这进一步密切了清朝与蒙古族人民的联系，加强了国家对各民族的凝聚力。

# 附章二

# 中国共产党凝聚力的历史积淀

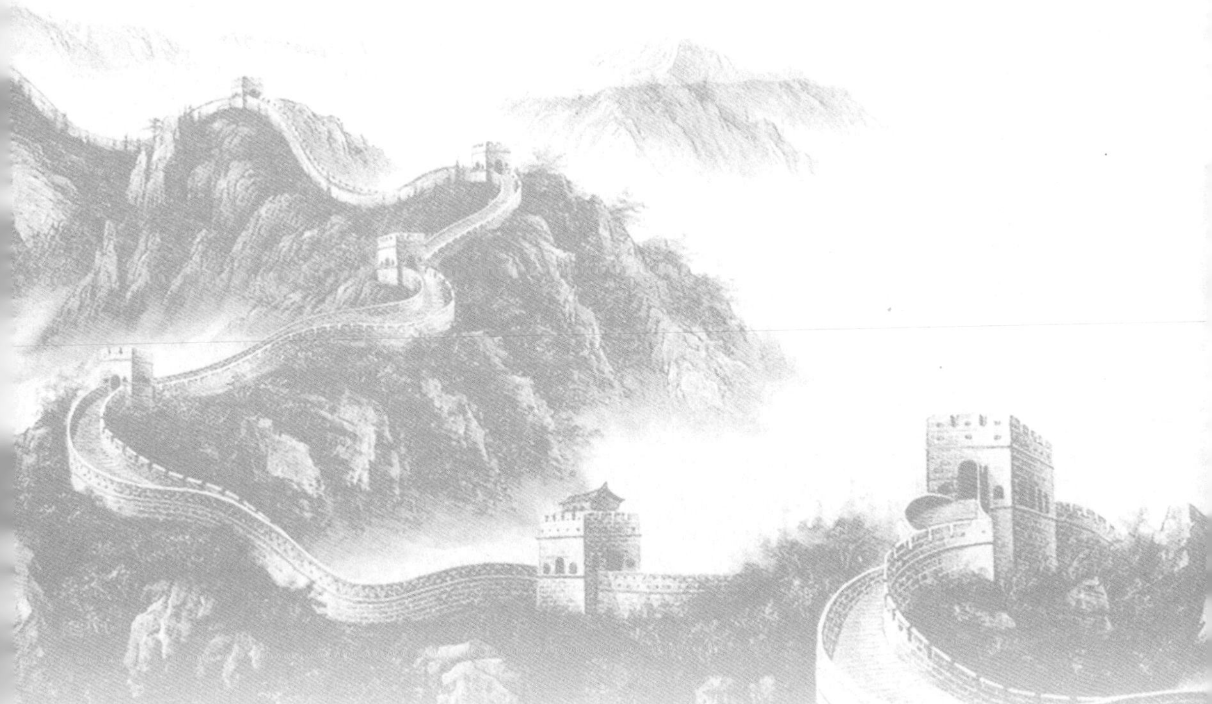

## 第一节 研究中国共产党凝聚力历史积淀的意义

习近平总书记对共产党员提出“不忘初心、牢记使命”。在中央党校2011年秋季开学典礼上，习总书记强调：“中国共产党的历史是中国近现代以来历史最为可歌可泣的篇章，学习中国近现代史要特别注意学习中国共产党的历史。历史在人民的探索和奋斗中造就了中国共产党，中国共产党领导人民又造就了新的历史辉煌”，“中国共产党的历史，总起来说是党带领团结人民不断把中国革命、建设、改革事业推向前进的历史，其所取得的成就与进步伟大辉煌，其所经历的困难与风险也世所罕见。所以，我们学习党的历史，认识党的光荣伟大，不仅要充分认识她带领人民取得了光荣伟大的业绩，而且要充分认识她带领人民在应对各种困难和风险的考验中披荆斩棘、不断开辟胜利道路所展示出来的巨大勇气、巨大智慧和巨大力量。”[①] 中国共产党成立之初只有几十个党员，带领中国人民取得新民主主义革命的胜利，建设中国特色社会主义中国，经过近百年的风雨历程，我国已经成为世界第二大经济体，中国共产党员突破9000多万。中国共产党不断发展壮大的历史，也是党的凝聚力不断增强

① 王炳林主编：《最新入党培训教材》，人民出版社2013年版，第51页。

的过程。若无强大的党的凝聚力、吸引力、号召力，人民群众不会仅仅围绕在中国共产党周围，取得历史性的伟大成就。研究新中国成立前中国共产党凝聚力的发展轨迹与积淀就是回顾历史、不忘初心，就是不断总结增强党的凝聚力的思想与经验，发挥党的凝聚力在增强国家凝聚力核心作用，更好发挥中国共产党在新时代、新征程，实现中华民族伟大复兴中国梦的核心引领、指挥作用。

## 一、党的凝聚力为新中国建立与发展打下牢固的基础

中国共产党能够带领中国人民推翻“三座大山”的压迫并建立新中国，一个关键因素是中国共产党在战争年代全心全意为人民服务，以满足人民群众渴望结束战乱、过和平安宁生活的需求为己任，凝聚广大群众的力量，进而转化为强大的战斗力，在共产党英明指导下，最终取得新民主主义革命的胜利，建立了伟大的中华人民共和国。正如人们所说“没有共产党就没有新中国”。新中国的成立离不开老一辈革命家呕心沥血、艰苦奋斗、抛头颅洒热血的革命精神，新中国的进一步发展也离不开共产党实事求是、与时俱进的改革精神。党的凝聚力是中国共产党作为一个领导集团发展并壮大的基础，也是中国共产党保持和提高执政能力的关键。

## 二、随着新民主主义革命的胜利、新中国的成立，党的凝聚力转化为国家凝聚力

在新中国成立之前，国家处于战乱时期，人民对稳定、统一的中国充满渴望。但新中国成立以前的中国并不能履行维护国土主权、保护人民安全的国家功能，不能称之为实际功能上的国家，国家凝聚力也就无从谈起。这个时期所呈现的爱国主义精神、华侨精神等更多的是一种民族凝聚力，以及对中国共产党的认同，期望中国共产党带领中国人民取得胜利而形成的党的凝聚力。新中国成立以前，历经 28 个春秋，历经大革命时期、土地革命时期、抗日战争时期、解放战争时期，中国共产党领导中国人民与封建势力、帝国主义势力及国民党开展了无数次斗争，死伤无数，换来了新中国的成立。因此，中国人民选择共产党作为执政

党，选择成立社会主义的新中国，是由于党在战争年代所积累的强大凝聚力。正如邓小平所说：“中国一向被称为一盘散沙，但是自从我们党成为执政党，成为全国团结的核心力量，四分五裂、各霸一方的局面就结束了。”[①] 没有战争年代强大的党的凝聚力，就不会实现新中国成立初期政策的平稳过渡。而这一强大的党的凝聚力随着新中国的成立转化为中华人民共和国的国家凝聚力，从而实现了新中国成立后国家取得的一系列伟大成就。

## 第二节　中国共产党的凝聚力的发展轨迹

### 一、中国共产党的创立与大革命时期：党的凝聚力的初建时期

1921 年，由 13 名中国共产党代表参加，在浙江嘉兴南湖的一艘游船上召开的党的一大通过了中国共产党反帝反封建的革命纲领，并确定党的名称为“中国共产党”，宣告中国共产党正式成立。同任何一个组织一样，中国共产党的正式成立也标志着党的凝聚力的初步形成。中国共产党从五十几人的秘密小党起步，由于人数少、规模小，在中国政治舞台上只是一个很小的政党，但它拥有马克思主义这个最先进的思想武器，它所提出的纲领和奋斗目标，代表着中国社会发展的正确方向，代表着中国无产阶级和其他广大劳动群众的根本利益。因此，从中国共产党诞生之时，就充满着勃勃生机和活力，[②] 具有凝聚人心的强大力量。但是，由于共产党成立后，到 1927 年大革命失败之前，共产党作为无产阶级的代表，没有掌握政权，只是领导工人开展运动，没有系统的指导思想，缺乏革命斗争的经验，不够关注农民状况和农民运动，在“二七”惨案后，工人运动暂时转入低潮。在党的三大后确定了建立国共合作的革命统一战线的策略，并决定共产党员以个人身份加入国民党。1924 年至 1927 年，爆发了轰轰烈烈的反对帝国主义、反对封建军阀的“大革

① 《邓小平文选》第 2 卷，人民出版社 1994 年版，第 267 页。

② 王新生：《党的先进性建设历史进程及历史经验》，宣传家网 2015 年 6 月 18 日。

命”。1927年4月，蒋介石公开发动反革命政变；7月汪精卫集团实行分共，国共合作破裂，大批共产党员和革命群众被屠杀，大革命遭受失败。从中国共产党的成立到第一次大革命的失败，是党的幼年时期，是党的凝聚力的初建时期。这一时期，虽然历经挫折，但中国共产党逐步发展壮大，在规模上从五十几个人的小党，到1926年9月，据不完全统计，党员已达到13281人。[①]至1927年4月党的五大召开时，有党员57967人；这一时期，也提出了许多关于党的建设的宝贵思想，中国共产党在党的组织建设、自身建设方面也取得了一定成效，这些都为党在初期凝聚广大群众力量起到了推动作用。

**（一）物质凝聚力的初建时期**

共产党成立到第一次大革命失败时期，是党的创建时期，这一时期是党的组织规模开始发展壮大，开展工人运动以及国共合作进行反帝反封建革命的时期。但这一时期，共产党也在领导革命的过程中，逐渐形成了“中国革命实质上是农民革命”的重要认识，探索土地政策，改善群众生活条件，为物质凝聚力的初建展开了尝试与摸索。一是共产党员开始逐步认识到农民运动的重要性，为土地革命时期“农村包围城市”路线打下了基础。1922年，党的二大在宣言中明确制定了反帝反封建的民主革命纲领，强调“中国三万万的农民，乃是革命运动中的最大要素”[②]。大革命时期，随着农民运动的蓬勃兴起，中国共产党对农民问题的认识又有了新发展。1925年召开的党的四大初步形成了农民是工人阶级同盟军的思想。同年，彭湃还指出：农民就是全国最大多数的国民，中国国民革命若不得占全国人口80%的农民参加，则革命断不能成功。这一时期，毛泽东对农民问题的重要性也逐渐有所认识。1926年5—6月，他在广州第六届农民运动讲习所讲授《中国农民问题》时说：辛亥革命的失败，政权落于军阀之手，完全是未得到三万万二千万农民的帮助与拥护。唯有把农民动员起来，参加革命，国民革命才能成功。同年9月

① 中共中央党史研究室：《中国共产党历史（第1卷1921—1949）》，中共党史出版社2011年版，第188页。

② 中共二大史料编纂委员会：《中国共产党第二次代表大会》，中共党史出版社2006年版，第44页。

1日，他在《国民革命与农民运动》一文中指出："农民问题乃国民革命的中心问题。农民不起来参加并拥护国民革命，国民革命不会成功。"（一九二六年九月二十一日出版的《农民运动》第八期刊印）12月，他又在湖南省第一次工农代表大会上强调："国民革命的中心问题，就是农民问题。一切都要靠农民问题的解决。"[①] 二是进行了土地政策的探索。一大《宣言》明确要求给予农民一定的政治权利和自由，"废除厘金及一切额外税则"，"限制田租"。随后《中国共产党对于目前实际之计划》第一次提出了"限田运动"，要求"限制私人地权在若干亩以内"，"把大地主中等地主限外之地该归耕种该地之佃农所有"。党的三大《党纲草案》特别提出了关于农民利益的规定，要求革除陋规，统一并减轻农民的赋税负担，规定限制田租的法令，承认佃农协会有议租权，并且要保护重要农产品的价格。[②]1925年的10月，中央扩大会议第一次提出了"耕地农有"的主张，随后10日发布的《告农民书》为农民运动指明了正确的方向，有力地推动了全国农民运动的发展，是中国共产党民主革命时期消灭封建土地制度总政策的萌芽。随后，党领导农民开展减租、减息斗争，发展到湘、鄂、赣等广大地区；在此基础上，再过渡到夺取土地的阶段。这为党在抗战时期制定减租、减息政策，提供了宝贵经验，也为制定新民主主义革命时期的土地政策打下了良好基础。[③]

**（二）文化凝聚力的初建时期**

这一时期，中国共产党为宣传马克思主义，以及中国共产党的成立从而登上政治舞台做了大量的理论宣传工作。共产党成立后，为提高党员自身素质，提高马克思主义在中国的影响力，让马克思主义更加深入人心，中国共产党一方面开办学校，培养优秀共产党人；一方面加强宣传出版工作，创办了很有影响力的报刊。这些宣传工作，使党在创立

① 湖南省博物馆编：《湖南全省第一次工农代表大会日刊》，湖南人民出版社1979年版，第339页。

② 中央档案馆编：《中共中央文件选集（第1册）》，中共中央党校出版社1989年版，第113—516页。

③ 杨辉：《对大革命时期党的土地政策问题的探讨》，《华东石油学院学报（社会科学版）》1985年第2期，第50—54页。

和大革命时期迅速形成文化凝聚力。具体而言，一是共产党创建初期的理论宣传工作。19 世纪 20 年代，新文化运动使中国人特别是青年学生的思想得到空前解放。为寻求改变当时中国落后的状态，社会上存在着多种思潮，除马克思主义学说外，还有无政府主义、合作主义、互助主义、基尔特社会主义、泛劳动主义等。面对各种思潮，共产党员为宣传马克思主义，用马克思主义凝聚人心，做了许多工作。共产党成立前期，《每周评论》《新青年》《建设》《民国日报》等报刊专门刊发 200 多篇文章，用以介绍马克思主义思想，供人们系统全面地学习该理论，中国南北各形成一个学习宣传马克思主义的中心。二是大革命时期为文化凝聚力初建做了许多工作。1925 年 10 月第四届中央执行委员会第一次扩大会议后，在北京建立一所高级党校，用来培养党的干部；从各地选派大批党员和进步青年到黄埔军校学习；选送优秀青年到农民运动讲习所学习等等，共产党人学习了一系列的革命和执政经验，在政治上日趋成熟。培养了共产党第一批军事领导人。同时，党还大力加强宣传出版工作。中央主办的政治机关报《向导》，旗帜鲜明地宣传党的反帝反封建的民主革命纲领，1926 年每期销量达 2.5 万份左右。此外，还有一些影响较大的地方刊物，如《新青年》《人民通讯》《党报》《热血日报》。党还通过在上海的印刷所和上海书店，出版了《中国革命问题论文集》等一批宣传马列主义和论述中国革命问题的书籍。[①] 这些书籍报刊作为学习材料，在斗争中发挥了舆论宣传、政策指导的作用，提高了广大革命青年的政治觉悟和理论水平，直接推动了共产党发展初期文化凝聚力的发展。

**（三）精神凝聚力的初建时期**

在共产党的初创和大革命时期，中国共产党逐步发展并壮大起来，在此过程中，一是形成了“红船精神”，二是把马克思主义确定为党的指导思想，三是实现共产主义崇高理想的确立。“精神 + 思想 + 目标信念”共同推动了共产党初期的精神凝聚力的建立。一是“红船精神”——中国革命精神之源。2005 年 6 月 21 日，时任浙江省委书记的习近平在《光

① 陈晨：《读党史谈学习》，《福建党史月刊》2010 年第 16 期，第 33—37 页。

明日报》上刊发5000多字的署名文章《弘扬“红船精神”走在时代前列》。他将“红船精神”的内涵高度提炼为：开天辟地、敢为人先的首创精神，坚定理想、百折不挠的奋斗精神，立党为公、忠诚为民的奉献精神。中国共产党在红船中诞生这一伟大革命实践所表现出来的精神就是：中国革命的航船从这里扬帆起航，体现了“开天辟地、敢为人先”的首创精神；中国共产党的诞生，使中国革命从此有了坚定的理想信念和强大的精神支柱，体现了“坚定理想、百折不挠”的奋斗精神；中国共产党从诞生的那天起，从来就没有自己的私利，而是以全心全意为人民谋福利为根本宗旨，体现了“立党为公、忠诚为民”的奉献精神。[①] 二是把马克思主义确定为党的指导思想。在俄国十月革命影响下，马克思主义开始在中国传播，经过五四运动，逐渐形成强大的社会思潮。这一科学的理论在社会上引起广泛影响，凝聚了一批具有初步共产主义思想的知识分子，为中国共产党的创建准备了干部条件。1921年中国共产党成立，提出把马克思主义作为党的指导思想。马克思主义确立为党的指导思想，标志着中国共产党精神凝聚力的初步建立已打下了坚实的理论基石。三是实现共产主义崇高理想的确立。1922年7月，中国共产党第二次全国代表大会明确提出：“党的最高纲领是实现社会主义、共产主义。”一个人、一个民族、一个国家，都要有一定的精神追求，这样才能凝聚人心，形成群体力量。在中国，这一精神追求就是实现社会主义、共产主义。为了这一精神追求，无数先烈英勇奋斗直至奉献自己宝贵的生命。实现共产主义这一崇高理想是精神凝聚力的核心，没有崇高的理想信念，精神凝聚力就如同没有前进方向的车辆，不知驶向何方。

**（四）政治凝聚力的初建时期**

中国共产党的诞生与大革命时期是政治凝聚力的初建时期。中国共产党作为一个新生的政党登上历史舞台，随着中国共产党领导的工人运动的蓬勃发展、国共合作、北伐战争到国共合作破裂，大革命失败，中国共产党在民众中的政治认同度越来越高，党的政治凝聚力初步形成。一是1921年，中国共产党第一次全国代表大会宣告中国共产党正式成

---

① 习近平：《弘扬“红船精神”走在时代前列》，《光明日报》2005年6月21日。

立，这标志着中国共产党作为政治凝聚力的核心的产生。中国共产党的成立是在反动统治的白色恐怖下秘密举行的，在社会上并没有引起多大注意。“但是，就在这时，一个新的革命火种已在沉没黑夜的中国大地上点燃起来了。”[①]二是1922年党的二大提出党的最低纲领——反帝反封建的民主革命，和党的最高纲领——建立共产主义社会，并阐明了现阶段中国革命的性质、对象、动力、策略、任务和目标。二大确定的党的纲领就是一面旗帜，高举这面旗帜，无产阶级凝聚在中国共产党的身边，工人运动开始出现蓬勃兴起的局面。从1922年1月开始到1923年2月，中国共产党领导的工人运动形成第一次高潮。在此期间，爆发的罢工斗争达100多次，参加罢工的工人达30万以上。[②]在此期间，爆发了在国内外都有政治影响力的香港海员大罢工、安源路矿工人大罢工、开滦五矿工人大罢工、京汉铁路工人大罢工等工人运动。这些工人运动提高了党在工人阶级的影响力、凝聚力，为中国共产党发动和领导中国革命走向高潮提供了有力的保证。三是大革命时期中国共产党的发展壮大。大革命时期是中国共产党发展的重要时期。中共三大之前，党处于秘密状态，组织发展比较缓慢。中共三大决定与国民党实行“党内合作”，到党的四大前，党员发展至千人，比三大时增加了一倍多；党的四大更加重视对党的组织建设，并通过《中国共产党第二次修正章程》，在全国范围内加强党的建设，使党的建设开始进入一个新阶段；五卅运动、北伐胜利进军和工农运动大发展等斗争扩大了中国共产党在全国人民中的影响力，党的队伍进一步壮大。到1927年4月党的五大召开时，党员发展到57967人，其中工人成分占党员总人数的50.8%、农民为18.7%、知识分子为19.1%、军人为3.1%、中小商人为0.5%、其他成分为7.8%，女党员占到党员总人数的8.27%。[③]

① 中共中央党史研究室：《中国共产党历史（第一卷1921—1949）》，中共党史出版社2011年版，第69页。

② 同上书，第85页。

③ 同上书，第188页。

## 二、土地革命时期：党的凝聚力的曲折发展时期

1927 年大革命失败后，至 1937 年全面抗日战争全面爆发前，这一时期被称为“土地革命战争时期”。这一时期，是中国共产党领导中国人民，深入开展土地革命、反对国民党恐怖统治的内战时期。在这一时期，中国共产党被宣布为“非法”，国民党建立了政权，用法律、军事、行政等一切手段残酷地镇压革命活动，妄图消灭共产党和革命群众，党组织遭到破坏，党的活动被迫转入地下。全国的革命形势转入低潮。与此相对应，党的凝聚力在这一时期也经历了曲折的发展与调整。由于前期“左”倾机会主义错误，导致党的凝聚力出现了一定的弱化。随着共产党人对形势的清晰判断、对政策的调整，以及井冈山等诸多革命根据地的建立，党的凝聚力在党的正确领导下又逐步开始增强。

### （一）物质凝聚力的曲折发展

大革命失败后，中国共产党能够紧紧依靠农民，开展土地革命，是中国革命得以坚持和发展的主要原因。但是，土地革命初期，由于缺乏经验，根据地的土地革命多发生“左”的倾向。一是“左”倾机会主义路线侵害富农的利益，弱化了物质凝聚力的群众基础。土地革命的路线、政策和方法在这一时期几经波折。1927 年 11 月中央临时政治局扩大会议决定没收一切土地，主张极端严厉无顾忌地杀尽豪绅反动派，这些做法，妨碍了土地革命的健康发展。党的六大总结经验教训，提出要联合中农，区别对待富农使之中立，保护工商业等政策。在 3 年多的土地革命实践中，基本形成了一套比较切实可行的土地革命路线、政策和方法，如依靠贫农，联合中农，限制富农，消灭地主阶级，变封建的土地所有制为农民的土地所有制；以乡为单位，按人口平均分配土地，在原耕地基础上，抽多补少，抽肥补瘦等。[①] 这极大地鼓舞了广大农民的革命热情，为根据地建设和发展提供了强大支持。当时有人分析：“群众的阶级观念比较强，痛恨地主阶级国民党军阀到了极点，同时能够受指挥。群众对党的信仰非常好，打死了自己的家属收埋，被白匪烧了的房子，亦有很多，

① 余伯流、凌步机：《中央苏区史》，江西人民出版社 2001 年版，第 159 页。

不但不怪红军苏维埃共产党，而且很痛心的怀恨反动派，对党信仰的主要原因，是农民在斗争中得到了土地，建立了苏维埃政权，政治上得着解放。”[①]但由于王明“左”倾路线在六届四中全会占据统治地位，土地革命政策又出现了波折。1931年11月10日，中共中央致信苏区中央局提出：“地主阶级必须彻底消灭，绝对不能分田和租田给他及其家属。凡是富农的土地都须没收，只有在他们自己耕种的条件下，才分坏田给他们。”这种所谓“地主不分田，富农分坏田”、企图从肉体上消灭地主和不给富农以经济出路的做法，把他们中的许多人逼上绝路或公开投靠敌人。同时，这一时期的土地革命还侵犯了中农利益，严重危害了革命根据地的社会安定和生产发展。1934年，第五次反“围剿”失败，中央苏区取得的土地革命成果也随之荡然无存。二是根据地的经济建设取得了一定的恢复和发展，党的物质凝聚力得到增强。由于“左”倾政策，根据地一些县发生缺粮饥荒。为应对这种情况，苏维埃临时中央政府在中央、省、县三级设立国民经济部，并先后召开两次经济建设大会。经过大会的号召和各级政府的指导，根据地各项经济建设工作逐步开展。农业经济方面，苏维埃政府动员和组织群众开展互助合作，有组织、有计划地调剂劳动力的使用；组织广大农民成立犁牛合作社或犁牛站，将没收地主的和集资购买的耕牛定为全体社员公有，按农户分得的田亩多少调剂使用。同时，还创办起耕田队、劳动互助社，发动妇女参加生产，加强农田基本建设，奖励垦荒，兴修水利，增加农业投入，优待红军家属，组织劳动竞赛和生产突击运动等。在工业发展方面，苏维埃临时政府鼓励发展个体手工业，加强对手工业生产合作社的扶持。公营的军需工业和厂矿企业也开始逐步建立起来。对外贸易方面，1933年2月，苏维埃临时中央政府决定在国民经济部下设立对外贸易局。此后，闽西邻近国民党统治区的一些县也设立了对外贸易分局、采办处、代办处或采购站等。为了奖励私人商业输出输入各种必要的商品，还实行某些日用品和军需品暂时减税的办法。此外，根据地的财政、金融、邮电、交通

---

① 谢春涛:《中国共产党读本》，中国青年出版社2014年版，转引自人民网2014年9月15日。

等事业也都有一定的建设和发展。根据地的经济建设是在极端艰苦的战争环境中党领导的一项开创性工作。经过努力，各根据地逐步形成了一种完全不同于半殖民地半封建社会经济的新民主主义经济的雏形。[①]经济建设取得的成就，为土地革命奠定了良好的群众基础，创造了必要的物质条件，进一步增强了党的物质凝聚力。

**（二）文化凝聚力的发展与增强**

在极为艰苦的物质条件下，根据地军民在进行政权建设、经济建设的同时，还进行了文化教育建设，克服种种困难，取得了许多成绩。一是加强干部的教育培训。对干部的教育是根据地教育事业的一项重要工作。自1932年起，中国共产党先后创办瑞金列宁师范学校、中央列宁师范学校、中央农业学校、高尔基戏剧学校等，培养各方面的干部和技术人才；1933年3月，中央根据地还创办马克思共产主义学校，主要培养党、政、工会的干部。二是提高工农的文化水平。苏维埃政府创建了夜校、半日学校、补习学校、识字班，并创作演出戏剧等来提高工农的文化水平。据统计，到1934年3月，中央根据地有列宁小学3199所，学生约10万人；补习学校4562个，学生约8.8万人；识字组2.3万多个，参加者仅在江西苏区就有约12万人；俱乐部1900多个，固定会员就有9.3万多人。妇女在夜校学员中占很大比重，如在兴国县长冈乡，夜校女生占70%。[②]三是新闻出版事业逐步建立和发展起来。1931年11月7日，根据地第一个新闻通讯社——红色中华通讯社成立，至1934年1月，中央根据地有大小报刊共34种。按发行的最多量统计，其中《红色中华》发行最多时达4万余份，《青年实话》达2.8万余份，《斗争》达2.7万余份，《红星》最多时达1.73万份。根据地的革命文艺生活也很活跃，工农剧社、蓝衫团、俱乐部等经常开展文娱活动，受到群众的普遍喜爱。根据地的文化教育事业，是在地瘠民贫、文盲众多、战争频繁的环境中发展起来的。一批从事文化教育工作的干部和知识分子，为这项事业的开创和发

---

① 中共中央党史研究室：《中国共产党历史（第一卷 1921—1949）》，中共党史出版社2011年版，第363页。

② 姚晔：《论民主革命时期中国共产党对思想启蒙的历史贡献》，硕士学位论文，华东师范大学政治学系，2008年，第49页。

展作出了很大的贡献。[①]

### （三）政治凝聚力的曲折发展

在这一时期，由于“左”倾机会主义错误，给党的发展带来了极坏的影响，弱化了党的政治凝聚力。但是，这一时期，党的发展也是有许多亮点的，例如“三湾改编”、古田会议确定党对军队的绝对领导，毛泽东关于农村包围城市、武装夺取政权思想的提出，中华苏维埃共和国临时中央政府的成立，遵义会议确立以毛泽东为代表的新的党中央领导地位等。党能够及时纠正错误，发展完善党的组织结构和力量，因此，在这一时期，政治凝聚力呈现曲折上升的特点。

一是“左”倾机会主义错误弱化政治凝聚力。由于党成立的时间比较短，部分共产党员对马克思主义认识不清，理解不到位，不能够做到理论联系实际，完全照搬苏联的模式和马克思、列宁、斯大林的个别论断，严重脱离中国革命的实际，因此，土地革命时期共产生了三次“左”倾机会主义错误，即瞿秋白盲动主义、李立三冒险主义、王明教条主义，对党的发展、中国革命的发展造成极大的影响。例如，查田运动不仅过分打击了地主、富农，严重地侵犯了中农的利益，而且破坏了农业生产，损伤了农民的生产积极性，造成根据地严重缺粮，扩大了红军遇到的困难，加重了根据地的困难局面；第三次“左”倾机会错误造成红军第五次反“围剿”的失败，给红军和根据地建设造成严重损失——红军和根据地损失了 90%，国民党统治区党的力量几乎损失了 100%。迫使红军退出南方根据地实行战略转移——长征。这次错误给中国革命造成了极其严重的危害，削弱了党的政治凝聚力。

二是党对军队的绝对领导的确立。党对军队的绝对领导不是从党的成立就确立的，而是在革命发展的实践中逐步确立的。党对军队绝对领导权的确立标志着无产阶级对党的政治制度的认同，党的政治凝聚力走向成熟。1927 年 9 月底，毛泽东在率领工农革命军向井冈山进发途中，在江西永新三湾进行了著名的“三湾改编”。“三湾改编”初步解决了如

① 中共中央党史研究室：《中国共产党历史（第一卷 1921—1949）》，中共党史出版社 2011 年版，第 365 页。

何把以农民及旧军队为主要成分的军队建设成为一支无产阶级新型人民军队的问题，保证了党对军队的绝对领导，奠定了政治建军的基础，在人民军队的建军史上具有重大意义。1927 年 10 月，毛泽东率领工农革命军到达井冈山后，按照“三湾改编”的要求，立即开始了军队内部的建党工作，各项工作迅速开展起来，推动了井冈山革命根据地发展。1929 年底古田会议又进一步纠正了当时军队党内存在的各种错误倾向，推进与健全部队内部党的工作，增强军队内部党组织的战斗力、影响力。古田会议决议是红军建设史上的纲领性文件，进一步强化了党对军队的绝对领导原则，也进一步强化了党的政治凝聚力。

三是中华苏维埃共和国临时中央政府的成立。中华苏维埃第一次全国代表大会选出 63 人组成的中央执行委员会，通过了《中华苏维埃共和国宪法大纲》《中华苏维埃共和国土地法令》《中华苏维埃共和国劳动法》《中华苏维埃共和国关于经济政策的决定》等法律文件，宣告了中华苏维埃共和国临时中央政府的成立。[①] 临时中央政府在一定程度上对各根据地的建设，起到了中枢指挥的作用，对鼓舞革命群众的斗志、凝聚革命群众的力量、推进革命斗争的进程，起着积极作用。

四是以毛泽东为代表的新的党中央领导地位的确立。1935 年 1 月，中国共产党召开了著名的遵义会议。会议确立了以毛泽东为代表的新的党中央的领导地位，在革命最紧要时刻挽救了党、挽救了红军，是中国共产党历史上一个生死攸关的转折点，是党的政治凝聚力的分界线。遵义会议之后，中国共产党在以毛泽东为代表的新的党中央领导下快速发展，政治凝聚力也开始发展起来。

**（四）精神凝聚力的进一步增强**

在土地革命时期，形成了井冈山精神、苏区精神、长征精神等为主体的中国共产党革命精神体系，成为精神凝聚力的精神财富，推动了精神凝聚力的进一步增强。一是在中国共产党创建的第一块革命根据地上提出的“井冈山精神”。井冈山精神是指以毛泽东、朱德为代表的中国共

① 参见柳建辉、曹普主编：《中国共产党执政历程（第一卷）（1921—1949）》，人民出版社 2011 年版，第 87 页。

产党人在创建井冈山革命根据地、开辟井冈山革命道路过程中所培育和发扬的革命精神。2001 年 5 月，江泽民同志视察江西时指出，井冈山精神就是“坚定信念，艰苦奋斗；实事求是，敢闯新路；依靠群众，勇于胜利”。在大革命失败后，中国共产党人该怎么办？毛泽东提出走“农村包围城市、武装夺权政权的道路”，正是这种敢为人先、勇闯新路的革命精神，保存了革命实力；在小小红色政权处于强大敌人四面包围的极端严峻形势下，毛泽东同志提出了“星星之火，可以燎原”这一伟大预见，正是这种坚定信念、勇往直前的革命精神，激励着共产党人艰苦奋斗，发展壮大。因此，井冈山精神是大革命失败后党的精神凝聚力再次增强的基础。

二是在土地革命时期形成的不怕苦、不怕死的长征精神，推动了精神凝聚力的进一步强大。在土地革命时期，以王明为代表的“左”倾主义路线，给党的建设和发展带来严重损失。苏区第五次反“围剿”失败后，红军被迫进行战略转移，开始了艰难的二万五千里长征。在长征过程中，中国共产党培育了伟大的“长征精神”，即乐于吃苦、不惧艰难的革命乐观主义，勇于战斗、无坚不摧的革命英雄主义，重于求实、独立自主的创新胆略，善于团结、顾全大局的集体主义。其主题是“一不怕苦，二不怕死”；其最显著的特点就是革命英雄主义精神。长征精神，是中华民族百折不挠、自强不息的民族精神的最高表现，是保证我们革命和建设事业从胜利走向富强的强大精神力量。

### 三、抗日战争时期：党的凝聚力的快速发展期

抗日战争时期，中国共产党积极动员全国各族、各阶层人民全力抗日。中华各民族之间的亲和力、凝聚力得到空前增强，迅速转化为反抗日本侵略者的巨大战斗力，中国人民最终取得了抗战的伟大胜利。抗日战争的胜利是中华民族由衰败走向复兴的伟大转折点，中国共产党作为抗日战争时期，抗日民族统一战线建立的发起者，抗日斗争的主要领导者与参与者，与广大人民群众建立了血肉相连、不可分割的联系，逐渐成长为抗战中的中流砥柱，党员发展到 120 多万；人民军队发展到 120 余万，民兵发展到 260 万；抗日民主根据地面积达到近 100 万平方公里，

人口近 1 亿。[①] 党的凝聚力在这一时期得到快速增长。

**（一）物质凝聚力的快速发展**

1. 发展农业

减租减息政策是中国共产党在抗日战争时期关于土地问题的基本政策。这一政策同时兼顾农民和地主两方面的利益，有利于团结大多数地主抗日。实行这一政策，在政治上可以动摇封建统治，在经济上可以削弱封建剥削，改善农民的政治地位和生活状况。它是党在民族战争条件下处理土地问题发动农民抗日的重要政策。[②] 进入抗日战争相持阶段以后，为了克服根据地财政经济困难，中国共产党采取了一系列发展农业生产的政策，除前述实行减租减息农业政策外，还实行了一些鼓励农业生产的政策，如中共西北局和陕甘宁边区政府根据毛泽东的指示，采取了三项措施：第一，制定优待移民、难民的政策，鼓励他们开荒生产；第二，开展减租减息，调动广大农民的生产积极性；第三，倡导劳动竞赛，表彰劳动模范。这些措施推动群众性的大生产运动轰轰烈烈地开展起来，人民负担大大减轻，军民生活明显改善。正是由于采取了这些正确的方针，抗日根据地军民的大生产运动取得了显著成就，1942 年到 1944 年，陕甘宁边区共开垦荒地 200 多万亩；到 1945 年，边区农民大部做到“耕三余一”。

2. 发展私营工商业

抗日战争期间，中国共产党领导的各抗日根据地多处于穷乡僻壤、生产落后的地方。大力发展私营工商业一方面可以发展根据地的经济，保证和维护战争的需要，另一方面可吸引广大的私营工商业者，巩固和扩大抗日民族统一战线。抗日战争时期的工商业政策主要包括：（1）实行投资开放政策，奖励私人投资工商业。各根据地都明确规定：除能操纵根据地经济和军事命脉的铁路、军需和一部分矿山外，农业、水利工程、林业、工业、商业、运输业等领域都向外资开放。此外，还制定了

---

① 中共中央党史研究室：《中国共产党历史（第一卷 1921—1949）》，中共党史出版社 2011 年版，第 670 页。

② 张守四、王黎锋：《抗日民族统一战线是抗战胜利的重要法宝》，《光明日报》2015 年 8 月 31 日。

若干具体措施：周转资金不足的，边区政府给予贷款扶助；私营投资者在规定的年限内免收或减收租用公共设施的租金，免收公粮、免收营业税等。（2）保护私营工商业的正当经营。公开承认私有财产的合法性并给予法律保护，保护私人自由营业和正当利益。各根据地也非常重视保护私营工商业者的政治权利，保障私营工商业者享有民主权利和政治自由。（3）发展与调节资本主义私营工商业，限制私人资本的过分剥削。包括限制其规模，使其不能操纵国计民生；限制其不利于国计民生的一面；限制其过分剥削工人。[①]

（二）**精神凝聚力的快速发展**

抗日战争时期是中国共产党的精神凝聚力快速发展至强大稳定的时期。党的第七次全国代表大会确立毛泽东思想为全党的指导思想，标志着中国共产党的精神凝聚力的强大与稳定，各族人民在中国共产党的领导下，展开了持久的抗日保家卫国的正义之战。这一时期精神凝聚力的快速发展由以下几个方面推动。一是高昂的爱国主义精神，使中国共产党具有强大的向心力。在国难当头、民族危机空前的抗日战争时期，中国共产党人表现了比历史上任何一个时期、任何一个阶级政党都更加自觉、更加广泛、更加坚定的爱国主义精神。这种爱国主义精神首先表现在中国共产党最早举起抗日的旗帜，毅然主张“停止内战，一致对外”，号召：“筑成民族统一战线的坚固长城，抵抗日寇侵略”，提出了抗日民族统一战线政策，极大地唤醒了全国人民挽救民族危亡的意识，促进了中华民族抗日高潮的到来。中国共产党的中流砥柱和领导作用，促使抗战时期所表现的爱国主义具有空前广泛的性质，整个民族都投入到抗日救亡的大潮之中。当时在中国大地上，不仅有几百万军队在正面战场和敌后战场同侵略军拼死厮杀，后方工农兵学商、各社会团体、广大海外侨胞，都把挽救民族危亡列为头等大事，从北到南、从东到西，无处不涌动着群众性的抗日救亡运动的洪流。[②]其次是为国家和民族不惜牺牲的

① 唐祯熹、滕敦林：《刍议抗日战争时期党的私营工商业政策》，《重庆社会主义学院学报》2006年第6期，第46—48页。

② 穆春霞：《伟大的爱国主义精神是抗日战争的中华民族之魂——纪念中国共产党成立90周年》，《城市建设理论研究（电子版）》2011年第17期。

英勇献身精神，在抗日战争中得到充分体现。“七七事变”后，毛泽东等中共将领通电全国，响亮提出“为保卫国土流最后一滴血！”的口号，并指出这是“目前时局的根本方针”。抗日战争中涌现出了杨靖宇、狼牙山五壮士、佟麟阁、赵登禹、“四行”仓库八百勇士等无数爱国官兵为国捐躯的英雄事迹。这种强烈的爱国主义精神转化为不怕牺牲、勇于献身的战斗力、凝聚力。二是抗日战争时期形成的艰苦奋斗的“延安精神”。延安精神以实事求是为核心特征，以“自力更生、艰苦奋斗的创业精神；全心全意为人民服务的精神；理论联系实际、不断开拓创新的精神；实事求是的思想路线”为主要内容，由延安时期的联大精神、整风精神、南泥湾精神、白求恩精神、张思德精神、愚公移山精神等原生形态衍生而来，是抗日战争时期中国共产党革命精神的集体体现，是各族人民坚定信念的强大精神动力。三是用行动口号唤起亿万群众的精神诉求，形成强大的精神凝聚力。在抗日战争时期，中国共产党随着国内外战争局势的发展，提出了一系列的行动口号，这些行动口号简单有力，朗朗上口，在群众中广泛传播，极大地激发了抗日热情。例如，1939 年国民党政权颁布《限制异党活动之办法》，在一些地区制造残害八路军军政人员的惨案。在此局势下，毛泽东提出三点主张，概括为“坚持抗战，反对投降”“坚持团结，反对分裂”“坚持进步，反对倒退”三大口号；针对根据地日益严重的经济困难，毛泽东提出“自己动手，丰衣足食”的口号，激励各根据地克服经济困难，实现生产生活的自给，直至新中国成立后，该口号仍作为党和政府鼓励经济困难地区人民生产自救的行动号令；随着世界反法西斯战争的节节胜利，国民党政权准备独吞抗战胜利果实，在这一局面下，1943 年 8 月 25 日，《解放日报》发表题为《没有共产党，就没有中国》的社论，“没有共产党，就没有中国”成为革命群众的共识和口号。后来这个口号还被用作《没有共产党，就没有新中国》歌曲的名称，唱遍全国，一直至今。中国共产党在不同历史时期的口号，用简单明了、朗朗上口的语言快速深入民心，对精神凝聚力的快速发展起到了推动作用。

**（三）政治凝聚力的快速发展**

抗日战争时期政治凝聚力的快速发展并强大稳定下来，主要体现为七大的召开，确定毛泽东思想为党的指导思想，形成了以毛泽东为核心的中央领导集体，实现了全党在思想上、政治上、组织上的空前团结和统一，形成了强大的政治凝聚力，为中国共产党领导各族人民争取抗日战争的胜利和新民主主义革命在全国的胜利，奠定了政治上、思想上、组织上的基础。

抗日战争时期，中国共产党一方面发展和壮大人民力量，抵抗日本帝国主义的侵略；另一方面，高度重视政权建设，在抗日根据地建立共产党领导的统一战线政权，实行各项新民主主义政策，人民群众在根据地内，真正过上了当家作主的崭新生活。政权的建设推动了政治凝聚力的快速发展。这一时期，政权的建设主要表现在以下几方面：一是抗日战争时期各个解放区政权机构的设置上贯彻了“精简机构减少人员”的精神。具体规定，各抗日根据地脱离生产的人员，只能占总人口的3%，其中军队系统人员占2%，党政民系统人员占1%。[①] 实行精兵简政，调整了政权机构，提高了工作效率，减轻了人民负担，同时以精简的干部加强基层，密切了党同人民群众的联系，提高了党在人民群众中的政治地位，推动了政治凝聚力的发展。二是贯彻执行“三三制”原则，从政治上团结各抗日阶级、阶层。“三三制”原则的实施团结了各阶层人民共同抗战，增强了中国共产党在各阶层的政治凝聚力。党外人士李鼎铭在就职演说中说：共产党“很愿意大公无私做到精诚团结”，各党派、无党派人士应“互相信任、互相亲爱”，“看成一家人，同力合作，干这抗战建国的事”[②]。三是保障人民权利，开始在法律层面上展开探索。1941年批准颁布《陕甘宁边区施政纲领》，规定了保障人权、保持政府廉洁以及土地、工商业、文化教育和民族等方面的原则和政策。《新中华报》刊登的《边区中央局发布施政纲领》报道中说：“此纲领内容极为重要，不但表示团结抗战之总方针，并包举各方面的正确政策。”《陕甘宁边区施政纲领》作为一部宪法性文件，一是新民主主义宪政形成的重要法律标志，

① 龚云：《“只要你说得对，我们就照你的办”——“精兵简政”的提出与实施》，马克思主义研究网2008年9月18日。

② 胡为雄：《延安精神：中国共产党人永远的精神家园》，转引自《解放日报》1941年11月21日。

二是中国共产党人新民主主义宪政观的“宪法”体现，三是抗战时期中国民主宪政建设的样板，四是新中国人民民主宪政重要的历史基础。①

**（四）文化凝聚力的快速发展**

文化与文学作品无疑具有感染人心的作用。中国共产党靠弘扬优秀的文化和文艺作品唤起民众，凝聚力量。1937 年全面抗战爆发后不久，毛泽东就在 7 月 23 日提出，文化事业必须服从目前抗战的需要，“新闻纸、出版事业、电影、戏剧、文艺，一切使合于国防的利益”②。1938 年 4 月，毛泽东在陕甘宁边区国防教育会成立大会上指出：“战争规定一切和改变一切，目前的战争是打日本，教育的方针也是打日本，教育方针是根据政治方针而转变的。国防教育的任务是教育和训练全国人民参加抗战，求得民族解放。”③

1. 加强革命根据地的文化教育

加强根据地文化建设，首要和关键的是要加强根据地的文化教育事业，改变边区绝大多数人民群众的文盲半文盲现状，以适应抗战和革命发展需要。一是加强对干部的教育，为战争培养储备人才。抗日战争时期，开办中国人民抗日军政大学、马列学院、中国女子大学等各种类型的学校，培养各方面的干部，并为学校选调了一批经历过战争磨炼、具有军事或政治工作经验的干部到校工作，毛泽东亲自担任抗大（中国人民抗日军政大学）教育委员会主席。抗战 8 年中，先后创办了 8 期，14 所分校，5 所陆军中学，1 所附设中学，总校和分校共培养出 20 多万干部，大多数人在各条战线上成为骨干力量，对争取抗战胜利，对以后的革命和建设事业，作出了重大贡献。二是加强对群众的教育，尽力广泛争取知识分子参加抗日战争。毛泽东提出要多办学校，“在乡村里，一个村办一个小学”，以方便群众就近学习④。还提出了明确教育目标，即陕甘宁边

① 夏雪梅：《陕甘宁边区施政纲领评析》，硕士学位论文，江西财经大学马克思主义系，2010 年，第 43 页。

② 《毛泽东选集》第 2 卷，人民出版社 1991 年版，第 348 页。

③ 吴继轩：《抗日战争时期毛泽东文化建设思想略论》，《光明日报》2011 年 12 月 14 日。

④ 同上。

区“统统把文盲消灭掉，把边区人民的文化提高到一个必要的程度”[①]。到1940年，陕甘宁边区已有小学1341所和中等学校7所，其中小学生达4.36万余人。晋察冀根据地有小学7697所。各抗日根据地普及文化知识的社会教育，如夜校、冬学、识字班（组）、读报组和剧团等也有很大发展。一些世代不识字的农民开始学习文化知识，关心国家大事，思想上和文化上得到启蒙和提高。[②]

2. 加强报纸、文艺等文化载体的宣传

一是发挥报纸在宣传党的抗日政策、凝聚人心方面的重要作用。毛泽东提出，各根据地的领导同志“要以很大的精力来注意（报纸）这个工作”[③]，并提出要“全党办报”。《新中华报》《共产党人》《解放日报》《解放》周刊等报刊，都是抗战时期宣传党的路线、方针和政策的主要报刊。八路军总政治部创办了《八路军军政杂志》，中共中央职工运动委员会创办了《中国工人》月刊，全国青年联合会创办了《中国青年》，中共中央妇女运动委员会创办了《中国妇女》等，这些刊物提高了抗日军民的精神和士气，也提供了党抗日经验的参考材料；为了更好地做好马列著作、党报、党刊的出版发行工作，中共中央于1937年成立了中央党报委员会，1938年5月成立了党历史上第一个编译马列著作的编译部，1939年成立了中共中央出版发行部，1942年又成立了中共中央编译局。在延安，以“解放社”的名义出版、由新华书店发行的报刊和书籍达数百种，在宣传动员组织群众，支援前线等方面发挥了重要作用；1940年底建成的新华广播电台，用于揭露日本侵略者的残暴罪行、国民党顽固派反共反人民行径，宣传党的抗日斗争的方针政策，报道抗日军民的英勇事迹，在各敌后抗日根据地和国内外产生了重要影响。

二是加快发展文学创作。戏剧是人民群众喜闻乐见的艺术形式，可以起到很好的宣传教育作用。抗日战争时期涌现了一大批优秀文艺作品，

① 《毛泽东文集》第3卷，人民出版社1996年版，第108页。

② 吴继轩：《抗日战争时期毛泽东文化建设思想略论》，《光明日报》2011年12月14日。

③ 《毛泽东新闻工作文选》，新华出版社1983年版，第112页。

如《南泥湾》《白毛女》《东方红》《黄河大合唱》《延安颂》等，至今还耳熟能详，广为传唱。这些艺术作品，一方面调动起广大群众的抗日积极性；另一方面建立起各种艺术人员与广大群众的密切联系，凝聚起更加广大的力量加入抗日洪流中去，增强抗战实力。

## 四、解放战争时期：党的凝聚力的成熟高涨期

从国共内战全面爆发到 1949 年 10 月 1 日中华人民共和国成立，时隔仅三年零三个月。这样的转变发生得如此之快，甚至和平解放北平，这出乎所有人的意料。在战争开始之时，国民党统治着国家的大部分区域，尤其是经济发达地区与城市，而中国共产党领导及管辖的仅是偏远贫穷的陕甘宁边区。无论是中国共产党、国民党，还是美国、苏联等国都没有预料到中国共产党能够如此迅速地以弱胜强。在后人寻求这一答案时，可谓仁者见仁智者见智。但大家都有一个共识，即“得人心者得天下”，人心的向背最终决定了战争的胜负。中国共产党能够快速取得胜利靠的是人心，靠的是强大的凝聚力。人民大众凝聚在中国共产党领导下，革命热情高涨，许多中间力量也向人民靠拢，各族各阶层人民的向心力大大加强，最终取得了解放战争的胜利。如 1949 年 7 月 30 日美国国务卿迪安·艾奇逊写给杜鲁门总统的信中所表明的，在具有决定性的 1948 年，国民党军队“没有一次战役的失败是由于缺乏武器或弹药”，“国民党的部队无需别人来击败他们”，他们是因腐败等原因而“自行瓦解”的，中国的人心掌握在共产党人手中。[①]

### （一）物质凝聚力的全面提升

中国是一个农业大国，农村人口占全国人口的 80%，调动农民的积极性，争取最广大农民群众的支持，凝聚最广大农民群众的力量，是中国共产党改变解放初期敌我力量悬殊，赢得战争胜利的关键。在农业方面，各解放区通过兴修农田水利、发放农业贷款、组织变工互助等多种方式，恢复和发展农业生产，为解放军防御作战提供了物质基础。[②] 发展

① 《中美关系资料汇编（第一辑）》，世界知识出版社 1957 年版，第 36—39 页。

② 中共中央党史研究室：《中国共产党历史》，中共党史出版社 2011 年版，第 734 页。

农业最关键的是解决土地难题，最重要的政策是土改政策。1945 年 11 月 7 日，毛泽东在他起草的党内指示中强调："在一九四六年内，全解放区的农业和工业的生产，务使有一个新的发展。不要因为新的大规模的战争而疏忽减租和生产；恰恰相反，正是为了战胜国民党的进攻，而要加紧减租和生产。"① 在 1946 年《五四指示》中，将抗日战争以来实行的减租减息的土地政策改为通过减租、清算等手段实现"耕者有其田"的政策。解放战争时期，随着人民战争的胜利发展，中国共产党在更广泛的范围内开展了更大规模的、更深入的土地改革。1947 年 9 月 1 日，毛泽东在《解放战争第二年的战略方针》中又强调："在一切新老解放区必须坚决实行土地改革，发展生产，厉行节约，加强军事工业的建设，一切为了前线的胜利。"1947 年 10 月《中国土地法大纲》颁布后，土地改革更是迅猛发展。《中国土地法大纲》规定："废除封建性及半封建性剥削的土地制度，实行耕者有其田的土地制度"；"乡村中一切地主的土地及公地，由乡村农会接收，连同乡村中其他一切土地，按乡村全部人口，不分男女老幼，统一平均分配，在土地数量上抽多补少，质量上抽肥补瘦，使全乡村人民均获得同等的土地，并归各人所有。"② 大纲颁布后，土改工作队深入农村，开展发动农民群众、组织贫农团和农会、控诉地主、惩办恶霸等工作。到 1948 年秋，在 1 亿人口的解放区消灭了封建的生产关系。广大农民政治觉悟和组织程度都空前提高。在"参军保田"的口号下，一大批青壮年农民加入了人民解放军，直接奔赴各个解放区战场，直接歼击国民党反动势力。同时，各地军民还从人力、物力等各个方面支援前线，为中国共产党领导的人民解放战争赢得了足以夺取胜利的无尽的源泉。正如毛泽东在当时所说："土地制度的彻底改革，是现阶段中国革命的一项基本任务。如果我们能够普遍地彻底地解决土地问题，我们就获得了足以战胜一切敌人的最基本的条件。"③

---

① 刘学谦等：《国家凝聚力理论与实证研究》，经济日报出版社 2013 年版，第 63 页。

② 刘建飞：《中国共产党农村土地经济理论与政策研究》，博士学位论文，东北师范大学中共党史系，2007 年，第 29 页。

③ 夏月娥：《〈建设一个新世界〉第五章：执行政策严守纪律的精神》，中红网 2007 年 7 月 4 日。

不仅如此，中国共产党领导的农村改革，还彻底改变了中国农村的面貌和农民的精神世界。当时在晋冀鲁豫解放区华北大学任教的美国人韩丁，在观察了土改后的农村社会后说："中国革命创造了一整套新的词汇，其中一个重要的词就是'翻身'。它的字面意思是'躺着翻过身来'。对于全国几亿无地和少地的农民来说，这意味着站起来，打碎地主的枷锁，获得土地、牲畜、农具和房屋。但它的意义远不止于此。它还意味着破除迷信，学习科学；意味着扫除文盲，读书识字；意味着不再把妇女视为男人的财产，而建立男女平等关系；意味着废除委派村吏，代之以选举产生的乡村政权机构。总之，它意味着进入一个新世界。"①

（二）**精神凝聚力的全面提升**

解放战争时期形成的"西柏坡精神"推进了精神凝聚力的全面提升。西柏坡是中国革命史上最后一个农村指挥所。较之井冈山时期和延安时期，西柏坡时期的中国共产党，军事力量、经济力量及政治影响力均已发生重大变化。这一时期的中心任务是夺取民主革命的彻底胜利、实现党的工作重心由乡村到城市的伟大战略转移，把中国社会主义事业推向新的更大胜利。因此，西柏坡精神是紧紧围绕这一中心政治任务发展起来的。以毛泽东为代表的中国共产党人在西柏坡提出了"两个务必""两个敢于""两个善于"的重要论断，这些重要论断即形成了西柏坡精神，其中两个务必成为西柏坡精神的核心。②西柏坡精神和井冈山精神、长征精神、延安精神一样，凝聚和体现着共产党人从中国实际出发，永不停顿的建功立业、艰苦奋斗的精神，是精神凝聚力的集中体现。

（三）**政治凝聚力的全面提升**

一是加强政权建设，极大地增强了政治凝聚力。解放战争时期，中国共产党着手建立全国性政权，为新中国成立后组织建设做了准备。1948 年 8 月，华北临时人民代表大会在石家庄召开，9月，华北人民政

① ［美］韩丁著：《翻身：中国一个村庄的革命纪实》，韩倞等译，北京出版社 1980 年版。

② 李文瑞、胡龙华：《中国梦语境下中国共产党革命精神的历史嬗变》，《南阳理工学院学报》2013 年第 5 卷 5 期，第 6 页。

府正式成立。华北人民政府是在中国新民主主义革命即将取得全面胜利的特定历史时期建立起来的新型人民政府，是中国共产党由局部执政走向全国执政的一次成功预演，是新中国中央人民政府的雏形。它的实践，奠定了新中国一些基本政治制度的基础，在中国革命政权建设和民主政治制度史上留下了光辉的一页。[①]

二是加强党的集中统一领导。过去在被敌人分割的战争环境下，党曾经允许各地保有一定的地方自主权，但是随之也产生了某些无纪律、无政府状态和地方主义、游击主义倾向。[②]因此，1948 年以后，中共中央连续发出指示，要求在全党各级组织中建立请示报告制度。这一制度保证了党的路线、方针、政策的贯彻执行，强化了党的集中统一领导，为党夺取和掌握全国政权作了重要的政治、思想和组织准备。

**（四）文化凝聚力的全面提升**

解放战争时期，人民群众紧紧凝聚在共产党周围，使中国共产党的凝聚力空前强大。共产党针对当前的形势，研究制定发展正规教育；避免物质文化遗产遭到战争的破坏；强调传统文化的保护和继承，为新中国成立后国家文化凝聚力的强大奠定了坚实基础。一是强调传统文化的保护继承和发展。1946 年 2 月 1 日，中共中央就曾下达了《关于注意爱护古迹的指示》。1948 年 12 月 13 日，《中共中央华北局关于平津地下党的组织在接管城市中应做的工作的指示》中指出：完整地接受并管理全部公共产业、公共物资财产，及其他一切公共物质的与文化的建设事业。1949 年 1 月 16 日，《中央军委关于北平守军出城整编和我方准备攻城致林彪、罗荣桓、聂荣臻电》中指出：此次攻城，必须做出精密计划，力求避免破坏故宫、大学及其他著名而有价值的文化古迹。北平解放后，党成立接管委员会进行接管，其中专门成立文化接管委员会负责相关的接管工作，有条不紊地接管了一切属于国家的公共文化教育机关及一切文物古迹。党组织还特地邀请梁思成先生主持编写了《全国重

---

① 张瑞静：《共和国的曙光——华北人民政府》，人民网 2009 年 5 月 7 日。

② 中共中央党史研究室著：《中国共产党历史》第 1 卷下册，《加强党的集中统一领导》，中共党史出版社 2002 年版。

要建筑文物简目》，该书包罗全国 20 多个省市的重要古建筑的目录，全册厚达 100 页，发到军中，以便在作战进攻时注意予以保护。[①] 二是强调文化教育的正规化和全民化。首先是发展社会教育。各解放区举办了多种形式的识字班、民校、扫盲班、夜校等；各大城市开办工人政治大学或政治学校；大的工厂企业附设职工学校等等，这些社会教育为解放战争的最后胜利及新中国成立后各项事业的建设发展打下了基础。其次是恢复和发展中小学教育和高等教育，实现教育的正规化。1948 年 10 月 28 日，在《中共中央关于准备五万三千个干部的决议》中指出："创办中等学校并办好已有的中等学校，培养大批具有中等文化程度的人才，准备补充各级各项工作的干部。""在可能开设大学的地区，应即开办正规大学，以培养将来为政治、经济、文化各方面工作所需要的较高级的人才。"[②] 据不完全统计，仅东北解放区，1947 年有中学 105 所，到 1948 年发展到 145 所，学生达 61898 人。而华北解放区，1949 年就有小学 51900 多所，学生 325 万多人。[③] 解放战争时期实施的一系列教育方针政策，促进了解放区中学、小学、大学教育的发展，为新中国学校教育的继续发展和改革奠定了基础。

**（五）党的安全凝聚力的建设和新中国国家安全凝聚力建设开始起步**

一是我们党建立起了强大的人民军队，为新中国国家安全凝聚力奠定了基础。解放战争时期是国共第二次内战时期，国民党对内掠夺式地夺取抗日战争胜利的果实，镇压爱国人士和共产党员，意图在中国继续维持国民党一党专政的统治，使中国继续处于半殖民地半封建社会；对外依靠美国政府的支持，导致美帝国主义在中国土地上横行霸道，欺压中国人民，在经济上大肆入侵中国，犯下累累罪行。正如美国历史学家费正清所说，美军在上海的种种行为，"其情景远非通商口岸时代所能比

① 周艳芝、刘鹏杰、吴艳丽：《西柏坡时期党对文化教育工作的探索与实践》，《党史博采（理论）》2014 年第 9 期，第 6 页。

② 《中共中央文件选集》第 17 册，《中共中央关于准备五万三千个干部的决议（一九四八年十月二十八日）》，中共中央党校出版社 1992 年版，第 426—431 页。

③ 周艳芝、刘鹏杰、吴艳丽：《西柏坡时期党对文化教育工作的探索与实践》，《党史博采（理论）》2014 年第 9 期，第 7 页。

拟。这同中国新的大国地位是很不相称的"[①]。国民党政府的内战卖国政策和美军的暴行，激起中国人民的极大愤慨。在中国共产党提出的"和平、民主、团结"的方针无果的情况下，中国共产党领导中国人民开展了"自卫战争，粉碎他们（国民党）的进攻"[②]。

二是反抗国民党政府的自卫战争，建立新民主主义的新中国，极大地增强了对中国人民的安全凝聚力。抗日战争后，国民党政府各级军政官员在收复区进行掠夺性接收，激起各阶层民众的强烈不满。正如人民所说"想中央、盼中央，中央来了更遭殃"，国民党在其统治区严重侵害人民群众的利益，丧失了领导全中国的资格。反观中国共产党领导的革命区，"那里不存在铺张粉饰和礼节俗套，言辞上和行动上都如此……这里到处都强调民主和老百姓的鱼水关系。……没有对党的领导人的批评，没有政治闲谈。……总的感觉是泰然和自信"，感觉"我们来到了一个不同的国家，碰到了不同的人"[③]。因此，广大的人民群众支持中国共产党领导的解放战争。解放战争的胜利，结束了帝国主义、殖民主义奴役中国各族人民的历史，使国家的安全凝聚力进一步增强。

三是抗议美军暴行运动是维护国家主权独立的爱国运动。在中国共产党的组织和领导下，全国各地形成了一个反对驻华美军暴行和"要吃饭，要和平，要自由"的大规模群众运动，形成包括工人、农民、城市小资产阶级、民族资产阶级、开明士绅、其他爱国分子、少数民族和海外华侨在内的极其广泛的人民革命运动。在广大人民群众的强烈抗议下，美国政府被迫宣布陆续撤退其驻北平、天津、青岛等地的美军，减少甚至一度中断了对国民党政府的军事援助。抗议美军暴行运动取得重大胜利。反对外国侵略者，反对外国武装干涉的驱逐美军行动，是鸦片战争以来中国人民反对帝国主义、殖民主义，争取民族解放战争的延续。随着国民党统治的垮台，美军在中国的武装干涉也逐步退出，使占人类 1/4 的中国人民获得解放，结束了中国鸦片战争以

---

① ［美］费正清:《美国与中国（第 4 版）》，张理京译，商务印书馆 1989 年版，第 224 页。

② 《毛泽东选集》第 4 卷，人民出版社 1991 年版，第 1159 页。

③ ［美］约瑟夫·W. 埃谢里克:《在中国失掉的机会：美国前驻华外交官约翰·S. 谢伟思第二次世界大战时期的报告》，国际文化出版公司 1989 年版，第 184—185 页。

来 100 多来的半殖民地半封建社会的局面，中国人民的命运从此掌握在自己的手中，国家的主权不再受帝国主义的干涉，国家的安全凝聚力开始强大。

# 主要参考文献

## 一、经典文献

《马克思恩格斯选集》第 1、2、3、4 卷，人民出版社 1995 年版。

《马克思恩格斯全集》第 1 卷，人民出版社 2009 年版。

《马克思恩格斯全集》第 3 卷，人民出版社 2002 年版。

《列宁选集》第 3 卷，人民出版社 1995 年版。

《毛泽东文集》第 3 卷，人民出版社 1996 年版。

《毛泽东选集》第 2、4 卷，人民出版社 1991 年版。

《邓小平文选》第 2 卷，人民出版社 1983 年版。

《邓小平文选》第 3 卷，人民出版社 1993 年版。

《习近平谈治国理政》第 3 卷，外文出版社 2020 年版。

## 二、国内文献

蔡美彪：《中华史纲》，社会科学文献出版社 2012 年版。

当代中国研究所：《中华人民共和国史稿》第 2 卷，人民出版社、当代中国出版社 2012 年版。

《国民经济和社会发展第十三个五年规划纲要》，人民出版社 2016 年版。

湖南省博物馆编：《湖南全省第一次工农代表大会日刊》，湖南人民出版社 1979 年版。

孔庆榕：《中华民族凝聚力学》，中国社会科学出版社 2008 年版。

刘学谦等：《国家凝聚力理论与实证研究》，经济日报出版社 2013 年版。

刘建军：《马克思主义信仰论》，中国人民大学出版社 1998 年版。

梁漱溟：《中国文化要义》，上海人民出版社 2005 年版。

梁启超：《新民说》，商务印书馆 2016 年版。

梁启超：《梁启超全集》，北京出版社 1999 年版。

梁勇：《开放的难题：发展中国家的金融安全》，高等教育出版社 1999 年版。

李治亭：《中国历史五大盛世——清康乾盛世》，河南人民出版社 1998 年版。

马维野：《全球化时代的国家安全》，湖北教育出版社 2003 年版。

牛文元等：《中国科学发展报告 2012》，科学出版社 2012 年版。

牛文元等：《中国科学发展报告 2013》，科学出版社 2013 年版。

钱穆：《中国历代政治得失》，生活·读书·新知三联书店 2001 年版。

齐鹏飞：《中华人民共和国史》，人民大学出版社 2009 年版。

谢春涛：《中国共产党读本》，中国青年出版社 2014 年版。

朱阳明：《亚太安全战略论》，军事科学出版社 2000 年版。

中共中央党史研究室：《中国共产党历史（第 1 卷 1921—1949）》，中共党史出版社 2011 年版。

中共二大史料编纂委员会：《中国共产党第二次代表大会》，中共党史出版社 2006 年版。

李宗桂：《中国文化概论》，中山大学出版社 1998 年版。

中央档案馆编：《中共中央文件选集》第 1 册，中共中央党校出版社 1989 年版。

陈尚伟、高永强：《论人的需要及其合理性》，《理论与现代化》2012 年第 5 期。

刘学谦：《中国国家凝聚力的内涵、特点及动力》，《新疆师范大学学报（哲学社会科学版）》2014 年第 5 期。

刘学谦、周志田、杨多贵：《国家凝聚力理论与演化轨迹分析》，《中国科学院院刊》2016 年第 11 期。

刘学谦：《精神凝聚力论纲》，《学术研究》1998 年第 7 期。

## 三、国外文献

[英]乔治·拉伦：《意识形态与文化身份：现代性和第三世界的在场》，戴从容译，上海教育出版社 2005 年版。

[美] 加布里埃尔·A. 阿尔蒙德：《公民文化——五个国家的政治态度和民主制》，徐湘林等译，华夏出版社 1989 年版。

[英] 罗素：《中国问题》，秦悦译，学林出版社 1996 年版。

[美] 塞缪尔·亨廷顿：《变化社会中的政治秩序》，王冠华等译，生活·读书·新知三联书店 1989 年版。

[美] 塞缪尔·亨廷顿：《文明的冲突与世界秩序的重建》，周琪译，新华出版社 2013 版。

# 后记

凝聚力是国家的生命力。新中国成立后我国经济社会发展取得巨大成就、脱贫攻坚战取得了全面胜利、抗击新冠肺炎疫情斗争取得重大战略成果，彰显了党中央正确领导下强大的国家凝聚力。新发展阶段，在习近平新时代中国特色社会主义思想指导下，统筹推进经济建设、政治建设、文化建设、社会建设、生态文明建设“五位一体”总体布局，全面、均衡增强国家凝聚力，为全面建设社会主义现代化国家，实现中华民族伟大复兴，提供强大持久的动力。

本书是刘学谦研究员 2013 年承担的国家社会科学基金重点项目（13AKS003）的最终成果，项目已通过评审结题。本书以马克思主义的科学社会主义理论和中国特色社会主义理论为理论支撑，首先确定当代中国国家凝聚力的时代意义，明确国家凝聚力的基本概念、内涵、功能及特点，分析确定当代中国国家凝聚力的源泉和动力，根据恩格斯关于社会发展合力的观点，构建了国家凝聚力所包含的五大方面凝聚力，即国家物质凝聚力、国家精神凝聚力、国家政治凝聚力、国家文化凝聚力、国家安全凝聚力，为整体研究奠定理论基础和共识。第四至第九章从国家物质凝聚力、国家精神凝聚力、国家政治凝聚力、国家文化凝聚力、国家安全凝聚力五大分力的角度分别进行理论分析，五大分力按着各自独特的功能发挥作用形成合力。同时，当代中国国家凝聚力具有结构整体性与功能独立性，它们之间相互支撑、相互补充，而又不能相互代替，加强国家凝聚力建设，必须坚持全面建设。第十章按照国家凝聚力发展变化规律，将当代中国国国家凝聚力（1949 年至今）划分为六个时期，即形成时期 (1949—1956 年)、强化发展时期（1957—1965 年)、不平衡发展时期（1966—1976 年)、调整发展时期（1977—1992 年)、全面发展时期（1993—2012 年)、全面增强时期（2013 年至今)。第十一章提出增强当代中国国家凝聚力的途径、方法及措施等。附章部分从历史的角度分析当代中国国家凝聚力的历史传承，以及中国共产党凝聚力的历史积淀。

经过 3 年多的研究、论证和完善，在当代中国出版社王敏、汪宗跃的支持和努力下，《当代中国国家凝聚力研究》一书终于和读者见面了。具体工作是这样进行的：

首先，刘学谦研究员负责本书总体理论体系的设计、各章节写作把关、修改及统稿工作，进行了绪论、第二章、第三章、第十章、第十一章的写作；

第一章 “当代中国国家凝聚力研究的马列理论支撑”由刘学谦、白文娟博士负责；

第四章 “当代中国国家物质凝聚力研究”由陈翔、杨多贵、周志田负责；

第五章 “当代中国国家精神凝聚力研究”由李赞、王健负责；

第六章 “当代中国国家政治凝聚力研究”由刘玉成、何雯雯负责；

第七章 “当代中国国家文化凝聚力研究”由何新生、高鑫负责；

第八章 “当代中国国家安全凝聚力研究”由马志刚、栾笑语、裴珍珍负责；

第九章 “当代中国国家凝聚力的结构整体性与功能独立性”由甄翠敏负责；

附章一、二 “中国历史上的国家凝聚力传承”“中国共产党凝聚力的历史积淀”由李赞负责。

另外唐山学院李菁，中央电视台军事新闻部部明芳，华北理工大学薛晓光、张公嵬、高原也对本书的写作提供了支持，河北大学李赶顺教授和高天跃副教授、中国发展战略学研究会杨柳春和陈甫给本书提出宝贵意见。对此我们一并表示感谢！

课题组成员李赞为本书的统稿、细节的修改完善，以及出版事宜对接做了大量工作；当代中国出版社王敏、汪宗跃为本书的出版付出了辛勤劳动，对此我们表示感谢！

国家凝聚力是一个崭新的学科体系，需要继续探讨、补充、完善的内容还很多，真诚希望听到来自读者的反馈，敬请同行朋友不吝批评指正，共同参与到国家凝聚力的研究中，为全面增强国家凝聚力，实现中国梦提供理论指导。

《当代中国国家凝聚力研究》课题组

2020 年 12 月